本书出版受清华大学自主科研计划文科专项经费支持

U0781758

吴伟光————

著

制度变迁视野下的

大数据技术规治

原理与实践

从血缘社会到代码社会

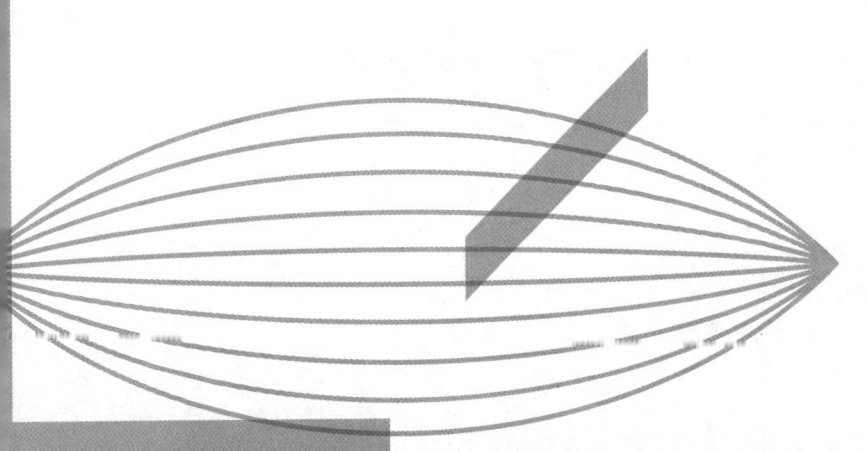

知识产权出版社

全国百佳图书出版单位
————北京————

图书在版编目（CIP）数据

制度变迁视野下的大数据技术规治原理与实践：从血缘社会到代码社会/吴伟光著. —北京：知识产权出版社，2021.1

ISBN 978-7-5130-7006-5

Ⅰ. ①制… Ⅱ. ①吴… Ⅲ. ①知识产权法—研究—中国 Ⅳ. ①D923.404

中国版本图书馆 CIP 数据核字（2020）第 104265 号

内容提要

本书共分为三篇十三章，主要从宏观到微观，从历史到未来，从国际到国内，从技术到制度的多维角度讨论了大数据技术的政治和经济意义，以及对大数据技术进行规治的制度要点。第一篇的五章主要讨论信息技术和社会制度演变之间的内在关系。第二篇由第六、第七和第八章组成，专门讨论中国的制度变迁过程、隐私利益产生的原因、本质以及隐私权在西方国家的发展过程等。第三篇由第九章至第十三章构成，开始从较为具体和微观层面讨论数据、个人信息和代码空间治理之间的关系。

责任编辑：龚 卫 李 叶　　　　　　责任印制：刘译文

封面设计：博华创意·张冀

制度变迁视野下的大数据技术规治原理与实践
——从血缘社会到代码社会

ZHIDU BIANQIAN SHIYE XIA DE DASHUJU JISHU GUIZHI YUANLI YU SHIJIAN
——CONG XUEYUAN SHEHUI DAO DAIMA SHEHUI

吴伟光　著

出版发行：知识产权出版社 有限责任公司		网　址：http://www.ipph.cn	
电　话：010-82004826		http://www.laichushu.com	
社　址：北京市海淀区气象路 50 号院		邮　编：100081	
责编电话：010-82000860 转 8120		责编邮箱：laichushu@cnipr.com	
发行电话：010-82000860 转 8101		发行传真：010-82000893	
印　刷：三河市国英印务有限公司		经　销：各大网上书店、新华书店及相关专业书店	
开　本：720mm×1000mm　1/16		印　张：19.5	
版　次：2021 年 1 月第 1 版		印　次：2021 年 1 月第 1 次印刷	
字　数：337 千字		定　价：90.00 元	

ISBN 978-7-5130-7006-5

技术的历史影响力

人类社会的发展史，就是一部生动的技术演变史。每一个时代，新兴技术的诞生总是推动历史转向下一个关口的重要力量，甚至是决定性力量。无论是第一次工业革命的蒸汽技术，还是第二次工业革命的电力技术，亦或是第三次工业革命的计算机技术以及第四次工业革命的新一代信息技术，都对世界范围内的政治、经济、法律和文化产生了深刻影响。身处第四次工业革命的浪潮之中，作为法律人的我们有必要从历史定位的角度审视当今社会新一代信息技术尤其是大数据技术，从而"不畏浮云遮望眼"，找到法律治理的应然之路。对此，我的同事吴伟光老师一直致力法律与技术的研究。《制度变迁视野下的大数据技术规治原理与实践——从血缘社会到代码社会》一书从"血缘社会到代码社会"的历史脉络中，考察制度变迁视野下的大数据技术规治，可谓是非常有益的尝试和努力。

技术在本质上是一种方法，凝结着人类在不同历史时期的智慧结晶。正如德国法学家海克所言，"在所有的改变中，方法的改变才是最大的进步"。从概念法学到利益法学再到价值法学，每一次法学方法的改变都促使法律解释和法律续造工作向前迈进一大步。而技术的每一次迭代更新，同样在推动人类社会前行的过程中扮演着发动机角色。原因在于，技术是不同领域创新思维的体现和物化，在本质上是一种凝结人类智慧结晶的方法。因此，深刻认识新一代信息技术尤其是大数据技术在历史长河中的重要功用，是考量相应法律治理的首要前提。

技术在事实上具有两面性，蕴含着国家在各个历史阶段的机遇和挑战。作家林达在描述美国这样一个国家时曾说到，"美国不是一个善于遮羞的国家，它投出一片阳光，就落下一片阴影"。技术亦是如此，在造福人类的同时总是潜藏着短期内可能不易察知的风险，对于社会而言着实是一把双刃剑。如何用好这把剑，需要各国作出适于其生存和发展的法政策判断，这一判断不仅要立足于技术的基本规律，更要立足于各国的特殊国情。以大数据技术为例，其在全球范围内带动数字经济增长的同时，也引发了强烈的个人信息保护需求。对此，欧盟在保障人格尊严的理念下出台《通用数据保护条例》（GDPR）对个人信息严加保护，而美国却在言论自由的传统下不予统一立法。中国在对待大数据技术和个人信息保护等问题上，正在探索不同于欧美的第三条制度道路。

技术在竞争上外化为力量，形塑着世界在每个历史节点的权力格局。在企业之间的商业竞争中，技术往往是企业控制市场准入的一种壁垒。在国家之间的国际竞争中，技术也已经成为国家保持领先优势的不二法门。当美国信息法学家雷登伯格第一次提出"代码就是法律"时，人们或许还在困惑信息技术对社会成员行为的控制力究竟有多大。但当近年来世界大国竞相占领技术制高点时，没有人再疑虑新一代信息技术对国家未来竞争力的决定性作用。可以说，如今的法律人在谈论大数据技术的规治时，绝非仅仅是在研究某个技术本身及其相应的法律制度，而是同时在评估该技术对其所在国家的社会文化和综合国力的深远影响。

历史学家黄仁宇曾言，"历史的规律性，有时在短时间尚不能看清，而需要在长时间内大开眼界，才看得出来"。虽然信息技术的发展历程不算久远，但人类社会过往几千年的技术发展历程已经表明，新兴技术作为凝结人类智慧结晶的一种方法，不仅在历史洪流中持续为国家带来机遇和挑战，而且在新的历史窗口期不断塑造着新的世界权力格局。

回到本书，通过阅读相关章节的具体论述可知，伟光敏锐地捕捉到大数据技术在人类社会中的历史定位，并极富洞见地提出中国社会正在对整个世界形成"北京—杭州—深圳"影响力。这一历史脉络的梳理和最新论断的提出，对于法律人和决策者判定如何在制度层面规治新一代信息技术尤其是大数据技术，具有很强的启发性和指引性。就此而言，本书阐明的理念和论述的内容，值得每一位关心大数据技术及其制度治理要义以及中国数字经济发展的同仁的了解和重视。

寥寥数语，以之为序，就教于伟光和各位读者！

申卫星

2020 年 6 月 16 日

本书作为清华大学自主科研计划文科专项经费支持的三年期课题"大数据技术的法律规治：原理、立法与实施"的成果之一，主要内容是以"大数据技术"作为研究的重点，因此本书中一些篇章都突出了大数据技术的概念。但是本书中"大数据"的概念在不同的篇章中意义不同，在第三篇中，大数据技术概念相对狭义，而在其他篇章中提到大数据技术时往往泛指包括网络、大数据以及人工智能等在内的代码技术，因为在这些语境下，它们之间是相互支持和影响的，无法也没有必要加以严格的区分。

本书在大部分内容中使用了"规治"而不是"规制"的概念，其强调对大数据技术的使用应该是综合性的规范和治理（Governance）而不仅仅是公权力的法律规制（Regulation）。社会治理意味着社会秩序的达成和维护不是政府单方面的事务，而是政府与社会和每个公民共同的事务。政府不是单一的管理主体，社会不是被管理的客体；治理过程不再是自上而下的单向度管控，而是多元主体的平等协商与合作。❶ 大数据技术是代码社会的一种技术表现，而代码技术本身便具有规治能力，即"代码就是法律"，利用代码技术来规范和治理社会的主体不仅仅是政府一方，也包括企业和个人。依赖代码技术可以形成自治组织，从而降低对政府公权力的依赖，形成共治社会，中国社会也将从法治社会向代码治理社会转变。因此，对于大数据技术的规范和治理，应该是以规治的视野来研究而不仅仅是法律规制。

---

❶ 俞可平. 中国治理变迁 30 年（1978-2008）[M]. 北京：社会科学文献出版社，2018：338-339.

　　本书希望以系统观的角度来看待代码时代我们所面对的现象和面临的问题，系统观所提供的解释力能够帮助我们更好地理解问题的本质。如科斯对经济学中的系统观所褒奖的那样："经济学者成功地走入其他社会学科之中，这一现象意味着，经济学者在处理这些学科的问题方面占有了特定的优势。我相信，首先是，他们以一个统一且相互依赖的系统视角来研究经济系统……经济学者更有可能揭示社会系统的内在相互关系……经济学的研究特点使其难以忽略那些明显重要且在全部社会系统中都发挥作用的因素。"❶ 库利也指出："我们生活在一个系统中，为了实现正确的目标，或者某种理性的目标，我们必须要学会理解这个系统。公共意识一定来自于这个系统的某种潜意识条件下的某种东西，并且了解和指导该系统的进步。"❷

　　能够以系统观来看待和研究社会问题不仅仅是经济学家的特长，更是中国人的历史观和哲学观的体现，也是马克思主义理论的要求。只有以历史的、系统的、辩证的和发展的世界观来观察和研究社会问题才可避免陷入机械式的和唯心的世界观，后者将世界简单划分为好和坏、落后和先进、民主和专制或者文明和野蛮等。如习近平总书记所说的，"丰富多彩的人类文明都有自己存在的价值。要理性处理本国文明与其他文明的差异，认识到每一个国家和民族的文明都是独特的，坚持求同存异、取长补短，不攻击、不贬损其他文明"❸。

　　本书对大数据技术的规治研究也是秉承这样一种系统观的理念，而不是仅仅局限于对大数据技术本身的描述和规制研究。由于大数据技术或者广义的代码技术是一种正在迅猛发展的方兴未艾的新技术，对大数据技术的规治重要的是把握好正确的方向和基本原则，其他具体细节都是在不断尝试中发展的，而正确方向和基本原则的把握需要能够预测其发展方向的能力和智慧，而这种能力和智慧必然来自对体系性规律的发现和掌握。自 1840 年以来，中国社会处于长期的大变革之中，与西方社会相比，中国社会既有独特的历史发展路径，也有自己的未来发展目标，今天的中国正处于这一转变时期。因此，对于大数据技术规治的研究和制度设计必须在这一大的体系中进行，尤

　　❶ COASE R H. Economics and Contiguous Disciplines［M］//PERLMAN M. The Organization and Retrieval of Economic Knowledge. International Economic Association Series. London：Palgrave Macmillan，1977：481-495.
　　❷ 查尔斯·霍顿·库利. 社会组织［M］. 北京：中国传媒大学出版社，2013：16.
　　❸ 习近平. 在纪念孔子诞辰 2565 周年国际学术研讨会上的讲话［EB/OL］.（2014-09-24）［2019-12-10］. http://www.xinhuanet.com/politics/2014-09/24/c_1112612018_2.htm.

其是不能将欧洲的或者美国的制度设计照搬到中国来，应该表现出中国的制度自信。

本书分为三篇，共十三章。第一篇由五章组成，主要内容是从一般原理层面来讨论信息技术和人类制度形成与演变之间的内在关系，制度演变的推动力，基于不同信息技术所形成的相应社会制度的合理性和局限性。这一篇主要描述人类社会的两条主线之间的相互关系，第一条是信息技术主线，"口语—文字—大众传播技术—代码技术"，第二条是社会组织制度主线，"血缘社会（宗法）—公权力社会（法制）—私权利社会（法治）—代码空间社会（代码自治）"。这样才能预测社会制度的历史发展方向，对大数据技术在制度层面的理解和规治应该在这两条主线之间进行，并自觉顺应其发展方向。

第二篇由三章组成，本篇主要内容是聚焦于中国的问题。首先，要对当代中国的制度特征有明确和正确的理解，对大数据技术的规治应该是在当代中国的体系中进行。如果对当代中国没有正确的理解，便容易被西方社会的做法所迷惑和诱惑，没有了自己的制度定力。其次，在制度比较的视野下分析中国隐私制度的特征和理由。大数据技术规治中最为核心和棘手的问题便是个人隐私如何保护，而欧洲和美国对此都有不同的理解和制度设计，中国的隐私权制度应该是在中国的体系内理解和构建，有关大数据技术规治中的隐私保护问题也不例外。最后，大数据技术的规治与言论自由之间也有联系。因为作为大数据技术基础的代码经常被认为应该属于一种表达而受保护，另外通过大数据技术能够获得信息，那么对有价值的信息的获得、传播和使用也属于言论自由的范畴。因此，只有对言论自由制度在中国体系内有正确理解，才能把握大数据技术规治与言论自由之间的关系。

本书第三篇由五章组成，主要内容是将研究的重点聚焦到大数据技术本身的规治问题上。首先，对国际上有关数据和个人信息保护的一些立法例进行分析和批判，尤其是对欧盟的 GDPR 进行详细的分析和批判，并从制度输出的角度分析 GDPR 的国际影响力和实现。其次，重点研究和分析中国大数据技术规治的基本原则和路径设计，明确反对对个人数据信息的私权利保护，而应该更多依赖公权力规制和企业自治，以实现对大数据技术的社会共治，适应中国社会的发展趋势，而不是被动地困于私权利社会的局限之中。再次，提出了代码空间的概念和相应的权利构造。代码空间将是代码社会中重要的组织形式和新型基本群体。在这种社会组织中，社会成员的行为模式和规范都将发生根本变化，治理社会的机制不再仅仅是文字形式的法律，而是代码，代码空间组织的广泛存在标志着中国社会正在进入代码社会。对大数据技术的规治也依赖对代码空间的保护和规治来实现。最后一章，是对本书内容做最终的总结，是对以中国社会为典型的人类社会从血缘（宗法）到文字（法制），再到大众传播技术（法治）和代码技术（代码自治）这一过程的一个总体描述。

目 录

第一篇

信息技术与社会组织的形成与发展

第一章

熵、人性与社会组织

你越能回溯历史，便越有可能展望未来。

——温斯顿·丘吉尔

一、生命的产生与意义

（一）熵与自组织

薛定谔说，"生命赖负熵而生"[1]。物理学家认为生命的产生与"熵"这一概念有密切的关系。根据热力学第二定律，不可能把热量从低温物体传到高温物体而不引起其他影响。也就是说，在一切与热有联系的现象中，自发地实现过程都是不可逆的，这诞生了一个重要的物理学概念，"熵"（Entropy）[2]。热力学第二定律因此也被称为熵恒增定律，而热力学第一定律便是能量守恒定律。1865 年德国科学家克劳修斯对这两个定律的宇宙学解释便是："宇宙的能量是常量；宇宙的熵趋于最大"[3]。

但是熵增却不是绝对的结果而只是概率最大的状态，用吉布斯的话说"未经补偿的熵之减少的不可能性，已归结为概率极其小"[4]。这意味着负熵状态是可以出现的，只不过是小概率事件，而生命的出现就是这一小概率事件。如果这些大概率上应该趋向熵增的混乱粒子在趋向混乱的过程中，运动慢的被归结在一团，运动快的被归结在另一团，两团总体计算还是熵增，但

---

[1]　冯端，冯少彤. 溯源探幽：熵的世界（修订版）［M］. 北京：科学出版社，2016：123.

[2]　1923 年，物理学家普朗克来中国南京讲学时引入了 Entropy 的概念，中国著名物理学家胡刚复教授为其创设了一个专有的汉字"熵"。见：冯端，冯少彤. 溯源探幽：熵的世界（修订版）［M］. 北京：科学出版社，2016：26.

[3]　冯端，冯少彤. 溯源探幽：熵的世界（修订版）［M］. 北京：科学出版社，2016：126.

[4]　冯端，冯少彤. 溯源探幽：熵的世界（修订版）［M］. 北京：科学出版社，2016：189.

是局部却是熵减，即出现了有序性。而关键是这些快慢不同的粒子不知道自己往哪个方向走，它们需要"麦克斯韦之妖"来告诉它们，即提供信息，因此信息就是负熵。

"对于开放系统，在一个不受干预的系统中无序性不断增加的原则是不适用的。古老的波尔兹曼原理，即熵是无序性的一种度量并趋向于极大，只对封闭系统成立。"❶ 科学家们已经发现在物理世界确实可以出现负熵状态，即自组织状态。❷ 协同学已经揭示："在一个开放系统中各组成部分不断地探索新的相对位置、新的运动过程或者新的反应过程，系统中很多部分都参与了这一过程。在不断输入的能量或许还有新加入物质的影响下，一种或几种共同的即集体的运动或反应过程压倒了其他过程。……通常我们认为系统这样所达到的新状态具有较高级的有序性。"❸

自然界中有序与无序在相互竞争与作用，即负熵与正熵同时存在并相互转化，如同太极图中的阴阳两极。"所谓有序能量和无序能量，其定义正是基于自然界的能量转化方向的规律性：有序能量可以全部无条件转化为无序能量，而无序能量全部转化为有序能量是不可能的或者有条件的……"❹ "但当整个宇宙（如果真的有整个宇宙的话）趋于衰退时，其中具有一些局部区域，其发展方向看来是和整个宇宙的发展方向相反，同时它们内部的组织程度有着暂时的和有限的增加趋势。生命就在这些局部区域的几个地方找到了它的寄居地。"❺ "现代科学的发展表明，生物学虽然有它自己的规律，而它的热现象仍属于物理学范畴，还是应该服从普遍的物理学规律。因而，牵涉到生物的热力学不可能另有一套规律，也就是说，熵原理在生物中亦应有所体现。"❻

❶ 赫尔曼·哈肯. 大自然成功的奥秘：协同学［M］. 凌复华，译. 上海：上海译文出版社，2018：227.

❷ "复杂性科学研究有代表性的工作是以普里戈金和哈肯为代表的远离平衡态的自组织理论。普里戈金提出的耗散结构理论以非平衡热力学和相变理论为基础，运用非线性微分方程以及随机过程等数学工具，揭示出某些生命系统和非生命系统的共同特点，沟通了非生命系统和生命系统的内在联系，说明这两类大系统之间并没有严格的界限，表面上的鸿沟是由相同的规律所支配的。"见：普里戈金. 从存在到演化［M］. 曾庆宏，严士健，沈小峰，等，译. 北京：北京大学出版社，2007：166-167.

❸ 赫尔曼·哈肯. 大自然成功的奥秘：协同学［M］. 凌复华，译. 上海：上海译文出版社，2018：227.

❹ 冯端，冯少彤. 溯源探幽：熵的世界（修订版）［M］. 北京：科学出版社，2016：31.

❺ 维纳. 人有人的用处——控制论与社会［M］. 陈步，译. 北京：北京大学出版社，2010：7.

❻ 冯端，冯少彤. 溯源探幽：熵的世界（修订版）［M］. 北京：科学出版社，2016：104-105.

(二) 生命与自组织

生命之所以形成有序组织，其信息来自基因。基因告诉这些粒子该如何组合，生命的意义便是创造负熵的世界。而负熵就意味着有序和合作，因此，"生命起源于合作"❶。"生物系统最惊人的特点之一在于各部分之间的高度协调。在一个细胞中，数以千计的代谢过程在同一时刻有条不紊地进行着。在动物体内，成千上万个神经和肌肉细胞密切协作，产生了井然有序的运动：心跳、呼吸或血流。识别是一种高度合作的过程，人类的思维和言谈也无不如此。显然，所有这些高度协调、密切相关的过程只有通过交换信息才可能实现。例如，我们将会看到，这些信息被产生、传输、接收、处理，还要转换成信息的新质，同时在系统的不同部分之间和不同的层次之间交流。我们因此得出：信息是生命赖以存在的至为关键的元素。"❷

"生命是作为自组织现象的一种特殊表现。一个生命有机体，在不断地增加着它的熵——你或者可以说是在增加正熵——并趋于接近最大值的熵的危险状态，那就是死亡。要摆脱死亡，就是说要活着，唯一的办法就是从环境里不断汲取负熵，我们马上就会明白负熵是十分积极的东西，有机体就是赖负熵为生的。"❸ 生命的特征便是保持和扩张自己的自组织性，这一特征便是生物中的欲望，而欲望的本质便是维持自己的有序性存在，并且努力将自己的有序性扩大，这表现为繁殖和改造自然的欲望。当今天有人不断讨论人工智能是否能够代替人类甚至奴役人类这一问题时，我们应该注意到人工智能是没有自己的欲望的，那么它就不是生命。如果人类赋予其欲望的能力，那它是人类欲望的执行者，因而还是人类的工具。人工智能如何能够产生独立的欲望是我们目前无法想象的，因此再高级的人工智能都不如一条蚯蚓。

当不同种类和数量的生命相互接触并努力扩大自己的欲望时，它们之间就必然产生相互竞争，并且以各自的方式努力在这种激烈的竞争中存活和扩大自己的有序体，破坏和消灭与其竞争的其他有序体。这一规律被达尔文首先发现并提出了"优胜劣汰，适者生存"理论。生命、欲望和有序组织体之间的关系可以成为本书的基本参数，为我们解释很多问题和现象。

---

❶ 马丁·诺瓦克，罗杰·海菲尔德. 超级合作者 [M]. 龙志勇，魏薇，译. 杭州：浙江人民出版社，2013：143.

❷ H. 哈肯. 信息与自组织 [M]. 本书翻译组，译. 成都：四川教育出版社，1988：35.

❸ 冯端，冯少彤. 溯源探幽：熵的世界（修订版）[M]. 北京：科学出版社，2016：31.

外部世界越是以符合人类欲望来组织的，人类就越有安全感、满足感和自由感。这一欲望在政治上是希望能够将人类社会建成大同世界、天堂或者极乐世界；在技术上希望能够掌握自然规律，洞悉宇宙本质，并将整个世界控制在人类的欲望之中。但是作为个体的人之间有欲望的冲突，作为组织的人类与其他生命形态之间也有欲望冲突，这种冲突就是本书中最重要的概念之一"竞争"的根源。❶

作为自组织的生命体，我们已经看到了共同的因素，即组织、信息、竞争和协作，这些因素将成为本书的核心因素。当这些因素中的一种或者几种发生变化时，人类社会的组织形式也会随之变化，我们到此应该预感到大数据技术作为新媒体技术对信息这一因素将产生重大改变，那么人类组织形式和制度规范也将发生重大变化。人类在欲望驱动和竞争环境中存在和发展，不断地在判断行进的方向和/或竞争方式，包括该接受怎样的生活和制度规范，该和哪些群体合作以及该和哪些群体为敌。不同的人和不同的群体对此判断不同，但是他们往往都把这种诉求称为自由，自由也就成了"最有魔力但难以言表的词"❷，法国历史学家布洛克曾经说："每个时代都按自己的口味来重新确定自由这个概念所包含的内容。"❸

总之，生命的产生是大自然自组织的产物，其意义便是不断保持和扩张自己的自组织性，这便是对欲望的满足，也是对自由的实现。但是社会组织能够形成则需要一个负熵源即组织者。在不同条件下，社会中的组织者也不同。如德鲁克在评价公司时所说的，"是少数领导而不是大多数人决定一个社会的结构。一个社会的典范行为是最接近社会理想的行为而不是大多数人的行为；就定义而言，最接近社会理想的行为只能是极少数的行为"❹。通过本书的论证，读者可知这个极少数在不同社会中的变化以及前提条件。

二、人性本质的争论

（一）人性的自私

作为大自然自组织规律的产物，人性必然和其自然性紧密地联系在一起。

---

❶ "照道家的看法，人失去了原有的德，乃是因为欲望太多，知识太多。人竭力满足欲望，以求快乐。但是欲壑难填，当人力求满足无穷的欲望时，所达到的适得其反。"见：冯友兰. 英汉中国哲学简史 [M]. 南京：江苏文艺出版社，2012：99.

❷ 埃里克·方纳. 美国自由的故事 [M]. 王希，译. 北京：商务印书馆，2018：10.

❸ BLOCH M. The Historian's Craft [M]. New York：Vintage Books，1953：173.

❹ 彼得·德鲁克. 公司的概念 [M]. 慕凤丽，译. 北京：机械工业出版社，2019：5.

不论是基于神的观念将人与自然界或者其他生命区别来看的做法，还是基于政治上的平等诉求而刻意忽视人与人之间生物性不同的做法，都是不科学的，其结果便是在解释人类社会制度的问题时会遇到障碍。

达尔文《物种的起源》的出版宣告上帝造人神话的终结和"上帝的死亡"。但是，以达尔文的进化论所认为的所有生命都来自进化的思想虽然将人类和其他动物从神的不平等关系中解放出来，却又将人类带入"优胜劣汰、适者生存"的种族不平等的认识之中。这被认为为后来的种族主义以及纳粹带来理论上的正当性。而为了反对这种依赖进化论的种族优劣论思想，有些学者反对将进化论思想适用到社会学中，即明确地反对"社会达尔文主义"。❶ 但是，将人的自然性和社会性截然分开，而认为属于自然科学的进化论思想就不能适用到社会科学领域的做法显然是徒劳的和没有说服力的。据说虔诚的基督徒、宗教改革家路德也说过："谁若是不爱美酒和女人，他终生就是一个傻瓜。"❷ 因为将人性和相关知识分为自然性和社会性完全是学者们一厢情愿的想法，是出于某种"道德或者良心"的先入为主的做法。

将人的自然性与社会科学强行分离的做法导致另一个学科的产生，即人类学。在人类学中，人们可以研究和讨论人种的差异、基因的不同等，但是在社会学中却一概被漠视或者隐藏。❸ 然而这种学科上的分隔在人这一主体上却是合一的，不从整体上和综合上认识人的本性和行为，便无法真正理解人的社会性，仅仅是盲人摸象而已，每个盲人都以为掌握了事情的真理和全部，并且相互争吵不断。这种争吵在中国的近现代经常发生，其原因之一便是相当一部分人的知识和理解能力的片面性，仅仅将局部的特征视为全部的真理。"甚至早在19世纪时，达尔文的进步观念所产生的影响就不仅限于生物学领域了。所有的哲学家和社会学家都是从他们那个时代的种种富有价值的源泉中来汲取他们的科学思想的。因此，看到马克思及其同时代的社会学家在进化和进步的问题上接受了达尔文的观点，这就不足为奇了。"❹ 如诺斯所说：

---

❶ 例如，美国最高法院大法官霍姆斯明确表示，"美国宪法第十四修正案不接受赫伯特·斯宾塞先生的《社会静力学》。"参见：Dissenting Opinion by Oliver Wendell Holmes, Jr. in SUPREME COURT OF THE UNITED STATES, 198 U. S. 45, Lochner v. New York.

❷ 赵林. 基督教与西方文化 [M]. 北京：商务印书馆，2013：303.

❸ 爱德华·威尔逊. 知识大融通：21世纪的科学与人文 [M]. 梁锦鋆，译. 北京：中信出版集团，2016：261.

❹ 维纳. 人有人的用处——控制论与社会 [M]. 陈步，译. 北京：北京大学出版社，2010：31.

"自达尔文以来，演化理论已经对我们理解社会性的生存产生了有力的影响……该理论暗示着随着时间的推移，没有效率的制度会被淘汰掉，有效率的会幸存下来，因此这里有一个更有效率的经济、政治和社会组织不断进化的过程。"❶ 如威尔逊所指出的："这是利用科学来理解事物时所面对的基本信条：人类的存在和人类所具有的思维方式，是进化的结果，而不是进化的目标。"❷

作为负熵的产物，人必然为了保持和扩大自己的负熵而努力，与同类、其他生命体和自然界产生了顽强的竞争关系，这是人性的根源，它既自私又合作。竞争是本书中的核心概念，如果将人类的所有知识和学科分类比喻成枝繁叶茂的参天大树，那么竞争便是这棵大树的根基和主干，人类的一切文明都可以说是竞争的产物。如美国历史家杜兰特所说："战争在历史中一直存在，其并没有因为文明或者民主而消失。在有历史记载的近 3421 年中，只有268 年没有见到战争。我们已经知道在人类物种中战争是竞争和自然选择的最终形态……战争或者竞争是一切之父，是思想、发明、制度和国家的源泉。和平是不稳定的状态，只能在已知的超级力量或者均势力量下才能存在。"❸生命的本质是欲望的载体，其表现形式便是一个受着欲望控制的能量体，身体便是由能量体和处理信息的大脑与神经构成的。当我们以人作为研究的角度和对象时，我们也应该知道作为生命体，人和其他生命在产生与演化的过程上以及基本使命上都没有根本性的差异。"达尔文主义是一个更为普遍原理的一种特殊情况。在无生命物质中也有着竞争。按照我们现有的知识，这种类型的竞争过程在每种生物的生长和发展中都起作用，在生物的形成和大脑的发展中也是如此。"❹

（二）人性中的恶

对于人性的本质和善恶评价必须是在一个社会组织中以其与该组织成员之间的关系来考虑才有意义和必要。"让我们站在关系的立场上想问题：如果

---

❶ NORTH C D. Institutions, Institutional Change and Economic Performance ［M］. London：Cambridge University Press, 1990：92.

❷ 爱德华·威尔逊. 知识大融通：21 世纪的科学与人文 ［M］. 梁锦鋆，译. 北京：中信出版集团，2016：47.

❸ DURANT W, DURANT A. The Lessons of History ［M］. New York：Simon & Schuster, 1968：81.

❹ 赫尔曼·哈肯. 大自然成功的奥秘：协同学 ［M］. 凌复华，译. 上海：上海译文出版社，2018：228.

生活中的一切意义都来自关系，那么，善与恶的观念同样如此。任何一种关系都存在对善与恶的最基本的理解，这些理解对维持社会的协调模式而言非常重要。任何背离可接受模式的行为，都会对社会造成威胁……一切违反、破坏或摧毁这种生活方式的行为便都有可能被视为罪恶。"❶ 社会组织是竞争的产物，因此人性的善恶与竞争这一前提是紧密联系在一起的。例如，对充裕的空气没有竞争，因而对于空气量的使用几乎没有道德评价。当人与人之间处于竞争关系时，人性更容易趋向于恶。"人类会亲手终结同类的生命。实际上，有人认为人类才是自己'最大的天敌'"。❷ 哲学家萨特也曾说，"他人即地狱"。❸

中国古代法家思想认为人性是恶的，这体现在韩非子的一段名言中："且父母之于子也，产男则相贺，产女则杀之。此俱出父母之怀衽，然男子受贺，女子杀之者，虑其后便，计之长利也。故父母之于子也，犹用计算之心以相待也。而况无父子之泽乎？"❹ 法家思想认为，人为了功利都可以将自己的女儿杀死，何况其他旁人！❺ 那么，既然人性为了功利算计而可以干出各种恶事，那么就需要通过更大功利来扼制或者利用人性的恶，这便是重奖和严惩制度。通过重奖来利用人性中的欲望，通过严刑重罚来扼制人性的恶。

在西方思想文化中❻，人性恶也是受到很大的关注和警惕。例如，在基督教中，上帝和撒旦是同时存在的，万能的上帝并没有阻止撒旦的存在，需要信徒的努力才能摆脱撒旦的引诱而进入天堂。即使是纯洁和天真的人类祖先亚当和夏娃也无法抵御蛇与苹果的诱惑。而耶稣"如果你们中间谁认为自己从来没有做过错事，谁就可以用石头砸死她"的论断，更直截了当地说出了

---

❶ 肯尼思·J. 格根. 关系性存在：超越自我与共同体 [M]. 杨莉萍，译. 上海：上海教育出版社，2017：364.

❷ 巴斯. 进化心理学 [M]. 张勇，蒋柯，译. 北京：商务印书馆，2017：107.

❸ 肯尼思·J. 格根. 关系性存在：超越自我与共同体 [M]. 杨莉萍，译. 上海：上海教育出版社，2017：36.

❹ 《韩非子·六反篇》。

❺ 例如，宋代重男轻女观念最为突出的体现之一是"溺女婴"成风，特别是东南人口稠密的地区，这种风习更为突出。张国刚. 家庭史话 [M]. 北京：社会科学文献出版社，2012：101.

❻ 西方国家或者西方文明不是一个十分明确的政治概念，也就是说西方和东方或者非西方的分界有不同的标准。但是当使用西方价值观这样的概念时，一般认为是指采纳了英美政治体系特征的国家，如选举出来的议会、人权、合同自由、法律面前人人平等、开放的市场、不受限制的媒体以及宗教自由等。HANNAN D. Inventing Freedom：How the English-Speaking People Made the World [M]. New York：Broadside Books，2013：10.

人的本性。由于人性是有弱点的，腐败是人性的一部分，那么忽视人性弱点的制度构建便是虚伪的，而引诱和利用人性的弱点便是不道德的。❶ 英国阿克顿勋爵的那句名言"权力导致腐败，绝对的权力绝对地导致腐败"❷ 是一条政治公理，但是只说对了部分事实，因为不是权力导致腐败，而是欲望导致腐败。既然人人都有欲望，那么人人都有腐败的倾向。当现代西方政治将这一条作为现代民主法治的公理时，我们必须注意到它的局限性——权力只是赋予了人性腐败的机会和能力。如美国前总统林肯所说："几乎所有人都能够承受苦难，但是如果你想考验一个人的品性，给他权力。"赫拉利也说："历史一再证实，人类有了权力或能力就可能滥用，所以要说能力越高越幸福，看来实在有些天真。"❸

(三) 人性中的善

但是，人性不可能完全是恶的，否则他将是反自然的，而不可能存在于世界之中。现代西方国家的一些有影响力的学者也一再强调承认人的自私本性的道德性。例如，美国学者兰德所说："由于大自然没有给人类提供自然而然就生存下去的方式，由于人类不得不依靠自己的能力来养活自己，因此，如果关心自己的利益是罪恶，那么这就意味着人渴求生存的欲望是罪恶——照此说来，人的生活也是罪恶。再没有比这更邪恶的信条了。"❹ 德国伦理学家包尔生指出："最自私的利己主义给了个人以维护自己权益的最大力量，因而是最大的完善……社会性因而成为一种自我保存的品性，就如同它所依靠的那些德性——如对同伴的真诚和忠实，对领袖的奉献和服从精神。"❺ 承认

---

❶　例如，在 2006 年发生的"许霆盗窃案"中，由于被告利用 ATM 机的漏洞而实施了盗窃行为，一审被判处无期徒刑。该判决引起了极大的关注和讨论，该判决结果被广泛地认为不公平，其根本原因便是银行的失误给被告造成了很大的诱惑，从而导致了盗窃行为。而法院一审判决中不考虑这一情节，将被告判处无期徒刑是极为不公平的，因为每个人在面临类似这样的诱惑时都有可能犯这样的错误。而之所以是许霆而不是我们自己，可能主要靠我们的运气好没有碰上而已。该案被发回重审后被告被改判为有期徒刑 5 年。

❷　阿克顿. 自由与权力 [M]. 侯健，范亚峰，译. 南京：译林出版社，2014：294.

❸　尤瓦尔·赫拉利. 人类简史：从动物到上帝 [M]. 林俊宏，译. 北京：中信出版集团，2017：356.

❹　安·兰德. 自私的德性 [M]. 焦晓菊，译. 北京：华夏出版社，2010：3.

❺　弗里德利希·包尔生. 伦理学体系 [M]. 何怀宏，廖申白，译. 北京：中国社会科学出版社，1988：336.

人的自私性也为市场经济制度打下了道德基础，即《国富论》中的那段名句。❶

生命的本质是欲望的存在，而由于欲望所导致的人性的自私如果通过某种制度将个体的自私与群体的共同利益相统一，那么这种制度便是内在和谐的，可以减少群体内由于无序竞争所导致的内生成本，形成有效的组织。相反，如果由于人性的自私而使得群体内的成员之间相互恶性竞争，那么这个群体就是不和谐的，人性无法向善。这个群体由于组织效率的低下，内生成本过高而处于无效状态。人类历史的竞争过程便是有效率的社会组织不断淘汰无效率的社会组织的过程。人性的善与恶便是在一个社会组织中是相互合作还是相互斗争来决定的。如库利所说的："社会的进步不是因为人性的任何根本改变，而是因为对于人性中所熟悉的冲动的更大规模和更高程度的运用。"❷ "当把囚徒困境放到进化的背景下进行观察时，我们会发现，竞争和冲突始终存在，正如阴阳两面总是形影不离一样。达尔文及其追随者们已经对突变和选择进行了详尽的分析和论证，然而，我们还需要在进化中引入第三个因素——合作，这样才能创造从细胞到社会这一系列的复杂实体。许多研究证明，竞争之路有时可以通向合作。理解这一点，就能解释细胞和多细胞有机体（如人类）是如何进化的，也能解释人们在社会中采取如此复杂的行为方式的原因——合作是复杂生命的设计师。"❸ "因此，一方面是协作和共存，另一方面是竞争。这种现象绝非只限于宏观动物世界，各种有机体的发展也总是遵循这个基本原理。"❹

人性的善与恶之间的斗争在中国儒家思想中用君子与小人来描述，在二元论宗教中以善与恶两种力量来描述，如天堂与地狱，上帝与魔鬼等。"圣经明确指出人心是邪恶的，是倾向于罪恶的。这也正是为什么那些拥有权力的人总是滥用他们的权力。"❺ "二元论与一神论不同之处在于，他们相信'恶'也是独立存在的，既不是由代表'善'的神所创造，也不是归神

---

❶ "我们的晚餐并非来自屠夫、酿酒师或者面包师傅的仁慈之心，而是他们的自利之心。我们不要说唤起他们利他心的话语，而要说唤起他们利己心的话语。我们不说自己有需要，而要说对他们有利。"参见：亚当·斯密. 国富论（上）[M]. 杨敬年，译. 西安：陕西人民出版社，2001：18.

❷ 查尔斯·霍顿·库利. 社会组织 [M]. 北京：中国传媒大学出版社，2013：29.

❸ 马丁·诺瓦克，罗杰·海菲尔德. 超级合作者 [M]. 龙志勇，魏薇，译. 杭州：浙江人民出版社，2013：26.

❹ 赫尔曼·哈肯. 大自然成功的奥秘：协同学 [M]. 凌复华，译. 上海：上海译文出版社，2018：86.

❺ 杰瑞·纽科姆. 圣经造就美国 [M]. 林牧茵，译. 上海：复旦大学出版社，2017：39.

所掌管。二元论认为，整个宇宙就是这两股力量的战场，世间种种就是两方斗争的体现。"❶

善与恶之间的斗争实际上可以理解为负熵与正熵之间的较量。因此，处于不同的组织体中，善恶便是转换和相对的。在一个社会组织中，人与人之间能够合作与否是判断善恶的重要标准，人性恶所导致的腐败行为就是为了个人自私而对集体合作的背叛，"癌症就是细胞间合作失败的结果"❷。因此，在一个社会组织中，其组织者，也就是所谓的统治者应该是那些能够在一定程度上控制自己的欲望所导致的自身腐败并且有能力限制其他社会成员腐败的人。如休谟所说："自由是公民社会的完善，但'必须承认，权威对其存在是必不可少的。'"❸ 在血缘社会中，这些管理者便是兼爱的家长，在公权力社会中便是有德的帝王，在欧洲的中世纪便是教会中虔诚的主教；在今天的私权利社会即所谓的民主法治社会中便是自律的企业家们，而在大数据技术时代便是代码空间主体们。

自 1840 年以来，对于当时的中国，如何改变中国人的国民性，提高国民的政治性、合作性和自治性以适应现代国家的需要是一个至关重要的问题。但是，中国文化的历史惯性极大，地域辽阔，人口众多，改变是一个极大的难题，为此，中国政府大力宣传集体主义、爱国主义和革命英雄主义等，以提高中国人的爱国性和勇敢精神。网络和大数据技术为完成这个任务提供了很好的技术工具，中国对大数据技术的规治应该为实现中国社会的政治目标和理想而服务。

三、竞争的本质与形式

（一）竞争的本质

生命体为了保持生命和传递基因需要耗费资源，由于大部分资源是稀缺的，生命体便不可避免地针对稀缺资源产生竞争。人类应对竞争的过程就是通过器官和工具来掌握和运用能量，改变外在对象的过程，是信息和能量相

---

❶ 尤瓦尔·赫拉利. 人类简史：从动物到上帝 [M]. 林俊宏，译. 北京：中信出版集团，2017：209.

❷ 马丁·诺瓦克，罗杰·海菲尔德. 超级合作者 [M]. 龙志勇，魏薇，译. 杭州：浙江人民出版社，2013：176.

❸ 阿瑟·赫尔曼. 苏格兰：现代世界闻名的起点 [M]. 启蒙编辑所，译. 上海：上海社会科学文献出版社，2016：411 页.

互作用来适应和改变自然的过程❶，也就是克服熵增、扩大组织性的过程。

竞争压力是人类制度演化和变迁的重要推动力。在激烈的竞争过程中，人类形成社会组织，国家是其中典型的一种，"国之大事，在祀与戎"。❷ 当人类的竞争环境、信息技术或者能源技术这三个方面有任何实质性变化时，人类的行为和组织模式都会发生根本性变化。这种关系可以从历史上的一些特定事件中发现其端倪。例如，中国古代四大发明中有三项都是信息技术，而火药是第一个人类发明的能源技术。蒸汽机的出现是人类制造的第二个能源技术并引发了第一次工业革命，催生了资本主义制度。学者芮夫金认为信息技术和新能源的组合不仅仅带来第三次工业革命，而是社会制度的革命。❸ 因此，信息技术、能源技术和社会组织成为文明先进或者落后的衡量标准。❹ 由此预测，大数据技术必然对人类社会组织形态的发展和改变有深刻的意义。

（二）竞争的形式

人类在进化过程中面对着激烈的竞争环境形成了各种各样的竞争形式，人类祖先便是通过对这些竞争形式不断的选择或者组合使用才得以幸存，因此这些竞争形式都有天然的正当性，否则这些能力在自然进化过程中就应该被淘汰了。在现代国家中，交易能力的竞争方式被一些自由主义经济学家认为是唯一正当的方式❺，事实上几乎没有哪个国家能够完全实现。在很多国

---

❶ 马克思将这一过程称为"劳动"。"劳动首先是人和自然之间的过程，是人以自身活动来引起、调整和控制人和自然之间的物质交换的过程。人自身作为一种自然力与自然物质相对立。为了在对自身生活有利的形式上占有自然物质，人就使他身上的自然力——臂、腿、头和手运动起来。"卡尔·马克思. 资本论（英文版）[M]. 萨缪尔·穆尔，等，译. 北京：世界图书出版公司，2013：133.

❷ 《左传·成公十三年》。

❸ "透过历史来看，当人类发现新能源机制以及发明出新的通讯媒介来组织他们时，巨大的经济转变便发生了……这一次是从资本主义市场向合作共有转变。"RIFKIN J. The Zero Marginal Cost Society [M]. London：Palgrave Macmillan，2014：25-26.

❹ MORRISM I. The Measure of Civilization [M]. Princeton：Princeton University Press，2013：53，144，218.

❺ 如自由经济学家罗斯巴德认为，自由市场将丛林的以赤贫的生存为目标的毁灭性竞争，改变为自己以及他人提供服务的和平的合作式竞争。在丛林中，要有所得必以牺牲他人为代价。在市场上，每一个人都从中受益。正是市场—契约性社会—从混乱中理出了秩序，征服了自然，根除了丛林，使得"弱者"得以自食其力，或有尊严地接受生产者的捐赠。而且，市场通过提高生活水平，使得人们有闲暇培养文明的种种素质，而正是这些素质把人和兽类区分开来。正是国家统制主义带回了丛林统治，带回了冲突、不和、等级斗争、所有人针对所有人的征服与战争以及普遍的贫困。穆雷·罗斯巴德. 权力与市场 [M]. 刘云鹏，戴忠玉，李卫公，译. 北京：新星出版社，2007：233-234.

家，当通过市场自由竞争而获得大量稀缺财富的人是少数族群时，那么贫穷的大多数以各种名义抢劫少数人的财富会经常发生。[1]

社会组织之间的竞争更是多手段并存的，在某一特定时期可能是其中之一占主流，如战争期间是屠杀的竞争，而和平期间是交易上的竞争。一个国家，当自己的产业强大时，便提倡全球自由贸易；而当自己的产业竞争不利时，就通过国家公权力来帮助企业竞争，即研究关税的历史学家所说："关税是托拉斯之母。"[2] 而国家公权力的基础是战争能力，如克劳塞维茨所说："战争不仅是政治行为，也是真正的政治工具；它是政治交易的延续，并通过不同方式实现它们。战争所独有的特性仅在于其手段的独特性。"[3] 现代西方国家用于交易的资源在历史上几乎都是利用暴力和战争掠夺来的。

竞争的形式和其正当性也随社会组织的不同发生变化。例如，市场主体之间对交易能力的竞争是正当的，并被合法化，但是在战争期间，企业家如果和敌人进行交易则会被认定为犯罪行为。不同的社会制度便是对其社会成员竞争行为的取舍和规范。当一种社会制度所认可和鼓励的竞争行为恰好符合某些人的个性时，这些人便是幸运的。在血缘社会中，社会成员竞争的是血缘关系；在公权力社会中，社会成员竞争的是公权力等级地位；在私权利社会中，社会成员竞争的是以私权为表现形式的市场交易能力；而在网络与大数据技术环境下，如果社会组织能够塑造出超越私权的新型竞争关系，那么人类社会便进入新型社会组织形式。

（三）技术的本质

对于人类来说，技术的本质是对能量的使用能力，技术水平越高，表明人类使用能量越多，越有效率。对于个人来说，能够利用技术控制的能量越多，就越能帮助人类实现自己的意志，也就越感觉到自由。如果以卡路里来衡量，人类对能量的使用有着急剧的提高，"在 1500 年，全人类每天总共约消耗 13 万亿卡路里，但今天每天要消耗 1500 万亿卡路里（看看这些数字，

---

[1] 蔡美儿. 起火的世界 [M]. 刘怀昭，译. 北京：中国政法大学出版社，2017：40-62.

[2] 保罗·塞缪尔森，威廉·诺德豪斯. 经济学 [M]. 19 版. 萧琛，等，译. 北京：商务印书馆，2017：280.

[3] 爱德华·米德·厄尔，等. 现代化战略的缔造者 [M]. 普林斯顿：普林斯顿大学出版社，1943：104-105；劳伦斯·斯通. 英国革命之起因（1529—1642）[M]. 舒丽萍，译. 北京：北京师范大学出版社，2018：7.

人口增加了 14 倍，生产增加了 240 倍，消耗的能量增加了 115 倍）"[1]。20 世纪 40 年代，著名的人类学家怀特提出把人类历史缩减成一个方程式：$E×T—>C$，这里 E 代表能源，T 代表技术，C 代表文化。[2]

由于技术能帮助人类实现和扩张自己的欲望，技术越发达就使得掌握技术的人实现和扩大自己的自组织性的能力越强，而其结果便是与其他人类或者生命的冲突越严重。冷兵器时代，在战场上一名士兵杀死对方多名士兵是很难的事情，如中国古话所说的，"杀敌一千，自损八百"。但是进入热兵器时代之后，技术的发达使得个人控制能量的能力剧增，那么在一次战斗中，一名士兵杀死几百名敌人也是可能的。当技术的不断发展使得个人已经可以控制几吨重的汽车、飞机、无人机甚至是整个网络组织时，个人对社会的干扰能力已是今非昔比。仅仅依赖个人的理性来祈祷他不会对整个社会进行大规模破坏是不可能的，而依赖惩罚体系来进行事后矫正和补救也是不可能的。如学者所指出的："信息技术和生物技术在 21 世纪给人类带来的挑战，会比蒸汽机、铁路和电力在上个时代带来的挑战大得多。由于现代文明的破坏力过于惊人，人类实在经不起更多的测试失败、世界大战和血腥革命。现代如果测试失败，可能导致的就是核战争、基因工程怪物或生物圈的彻底崩溃。所以，我们只能比面对工业革命时做得更好才行。"[3] 在我们失去纠错能力的情况下，利用大数据技术进行事前预防和规治已经是必须的事情了，那么个人信息自治与隐私权是不是将是过时的概念了呢？

即使是用于和平事业中的技术，从整个自然体系来考量也是具有不道德的一面，因为人类利用技术所实现的和平事业往往是对自然界的改造和对其他生命的挤压。每一座人类宏伟建筑的建成都是其他生命体流离失所和亡宗灭种。人类利用能量来维护和扩张自己的自组织性越强，对系统之外的熵增贡献就越大，其表现为污染日趋严重，温室效应加剧以及物种灭绝的加速。[4] 因此，技术本身作为人的欲望的延伸，有恶的一面，古代中国文化和西方基

---

❶ 尤瓦尔·赫拉利. 人类简史：从动物到上帝 [M]. 林俊宏，译. 北京：中信出版集团，2017：233.

❷ 伊恩·莫里斯. 西方将主宰多久：东方为什么会落后，西方为什么能崛起 [M]. 钱峰，译. 北京：中信出版集团，2017：78.

❸ 尤瓦尔·赫拉利. 今日简史 [M]. 林俊宏，译. 北京：中信出版集团，2018：31.

❹ 可以做个比拟。人体是一个系统，其中有一类细胞具有极强的生命力，消耗人体大量的能量，排出大量的毒素，并且可以侵占很多组织，这一类细胞是癌细胞。他们尽管竞争力和生命力都极强，但是却是非理性的生长。而西方自文艺复兴和宗教改革以来的工业文明也具有极强的竞争力，消耗大量的能源，侵占大片的土地，排出大量的废物，而其抗体如中国古代文明、伊斯兰文明以及基督教文明都被其所挤压。西方现代文明似乎与癌细胞有很多相似之处。

督教都对技术有警惕和贬低的成分。如美国科技史专家宽之博格所说："技术既不好，也不坏，也不中性。"❶ "科学研究之所以能得到经费，多半是因为有人认为这些研究有助于达到某些政治、经济或宗教目的。"❷ 有关大数据技术研发和使用的伦理道德将是对其规治中的重要问题。

(四) 信息技术的本质

对信息的掌握和处理能力在人类社会的形成和发展中发挥着极为重要的作用。如学者所说："传播与社会本身一样长久。实际上，如果没有传播，社会也不可能存在。"❸ 人类社会的形成和发展与三个因素有直接的关系：一是该人类群体所面临的竞争压力，包括人与自然竞争和人与人之间的竞争。二是该人类群体应对竞争的组织能力，其中的核心因素之一是对信息的掌握、传播和影响能力，即信息技术的进步能力。❹ 三是为了应对竞争压力所需要的能量使用能力，如工具或者武器的掌握能力。总结起来，竞争、信息能力和能量使用能力是人类社会形成和发展的至关重要的因素，其中任何一个因素的显著变化都对人类社会组织产生根本的影响，而这三个因素之间又有着内在的关联性，竞争是其中的原动力，而人应对竞争的组织能力便是以制度的形式表现的，制度选择又与人类社会对信息能力和能量使用能力有着直接关系。如库利所说："传播体系是一个工具，一个进步性的发明，这一发明的改进将反作用于人类并且改变每个人的生活和制度。"❺

与其他技术相比，信息技术是人类能够形成多大规模和多高效率的社会组织的关键。自然界中之所以能够以负熵的形式产生自组织，是因为这些能量获得了某种信息，这种信息使得能量的组织形成出现了负熵，即所谓的"麦克斯韦尔之妖"。❻ 制度本质上是信息，是通过人的意识来影响和约束人的行为的稳定和标准化规范。因此，信息技术越发达，信息所传播的速

---

❶ KRANZBERG M. Technology and History："Kranzberg's Laws"［J］. Technology and Culture，1986，27（3）：545.

❷ 尤瓦尔·赫拉利. 未来简史：从智人到智神［M］. 林俊宏，译. 北京：中信出版集团，2017：256.

❸ 凯文·威廉姆斯. 一天给我一桩谋杀案：英国大众传播史［M］. 刘琛，译. 上海：上海人民出版社，2008：10.

❹ 库利将传播定义为："人类关系存在和发展所依赖的机制，包括所有的思想的象征以及将这些象征在空间上的传达方式和在时间上的保存方式。"参见：查尔斯·霍顿·库利. 社会组织［M］. 北京：中国传媒大学出版社，2013：48.

❺ 查尔斯·霍顿·库利. 社会组织［M］. 北京：中国传媒大学出版社，2013：51.

❻ 冯端，冯少彤. 溯源探幽：熵的世界（修订版）［M］. 北京：科学出版社，2016：189-199.

度和范围就越广，信息所能支配的能量就越大，那么依照该信息内容所形成的社会组织就越大越强。❶ "信息技术和能量获取被卷入了一个反馈回路。如果人们的读写能力和计算能力没有发展到一定的水平，18 世纪晚期最初的英国工业革命就不可能发生。而 19 世纪晚期时发生全面工业化的'第二次工业革命'，更是倚重于信息技术。在我们自己这个时代，20 世纪末 21 世纪初生产力的爆炸式发展，与全新形式信息技术的彻底腾飞，关系更是极其密切。"❷

有很多研究和试验已经表明信息交流可以从根本上提高人们之间的信任度，降低社会成员之间的囚徒困境。❸ "我们，人，不是孤立系统。我们从外界取得事物以产生能量，因而我们都是那个把我们生命力的种种源泉包括在内的更大世界的组成部分。但更加重要的事实是：我们是以自己的感官来取得信息并根据所取得的信息来行动的。"❹

相应的，从破坏其信息交流平台解构一个组织更为有效。在血缘社会中，由于血缘关系及其表现物是社会组织的媒介，因而也是保护和被破坏的重点目标。相对应的，在文字时代则是对文字传播的保护和破坏。对文字中的信息内容的保护与破坏成为竞争双方相互博弈的焦点，这也产生了一门重要的学科——密码学。在口口传播的血缘社会中，保密几乎是不需要的，因为信息传播是依赖对人的高度信任。而自文字时代之后，信息可以脱离人的控制而传播，那么对信息的保密便成为重要的制度要求。在今天的代码社会中，对代码的保护至关重要，可以想象在今天的中国社会，如果移动支付被大规模的破坏，社会会瞬间混乱成什么样子。但是，据说在量子通信时代，量子通信是绝对安全的，无法被破译。❺

在社会组织中，竞争与合作的共存关系使得社会成员不断地操控着自己的信息表达来向对方发出善意或者恶意的信号，即合作还是竞争。"任何使得其他人认为我值得相信的信息对我来说都是非常值得造假的。这样可以使得其他人相信我，帮助我，但是却不需要我承担对他们回报的成本，除非它值

---

❶ "透过历史来看，当人类发现新能源机制以及发明出新的通讯媒介来组织它们时，巨大的经济转变便发生了……这一次是从资本主义市场向合作共有转变。" RIFKIN J. The Zero Marginal Cost Society [M]. London：Palgrave Macmillan，2014：25-26.

❷ 伊恩·莫里斯. 文明的度量：社会发展如何决定国家命运 [M]. 李阳，译. 北京：中信出版集团，2014：235.

❸ OSTROM E，WALKER J. Trust & Reciprocity：Interdisciplinary Lessons From Experimental Research [M]. New York：Russell Sage Foundation，2003：27.

❹ 维纳. 人有人的用处——控制论与社会 [M]. 陈步，译. 北京：北京大学出版社，2010：23.

❺ 西蒙·辛格. 码书 [M]. 刘燕芬，译. 南昌：江西人民出版社，2018：392.

得我去做。"❶ 由于社会成员有基于自私性的信息操控，社会组织便需要对这类行为进行规制，否则信息的整体可信性便会被破坏，整个社会组织的合作基础也变得羸弱。这一原则贯穿在整个社会组织历史过程中，即使今天将"言论自由"作为最重要的基本权利，对于言论的规制在不同的国家中都明显存在，只是表现的形式和逻辑不同。

网络和大数据技术等尽管可以让人超越语言和文字的边界而形成更大的社会组织，对其规治的理论却是相通的，对此在本书的第七章和第八章将详细讨论。

四、社会组织的形成与制度功能

(一) 社会组织的形成

非洲有一句谚语："如果你想走得快，一个人走。如果你想走得远，就一起走。"❷ 人类在与自然界的竞争过程中形成了组织，因为在一个组织内，成员之间可以合作共享信息和能量，这相当于提高了各自的信息处理能力和能量。竞争的极端情况就是战争，为了应对战争，人类形成了国家组织。如美国哲学家梯利所说："战争造就了国家，并促进其发展。"❸ 如福山所说："人类通过合作来竞争，而他们之间的竞争又导致合作。利维坦的诞生并没有永久地解决暴力问题，而只是简单地将它转移到了更高级别。"❹ 人类群体所面临的不同的外界竞争压力对社会制度的形成有直接的影响。政治学学者欣茨指出："中世纪或者早期一个既定国家所囊括的地理交界线越长，领土受到战争威胁的可能性也就越大；领土受到的战争威胁越大，所讨论的国家统治者就越有可能成功削弱代议制度和地方自治政府，并且越可能创造出一个由稳定军队和职业化的官僚结构支持的绝对主义国家，以满足克服那种领土威胁

---

❶ SEABRIGHT P. The Company of Strangers：A Natural History of Economic Life（Revised Edition）[M]. Princeton：Princeton University Press，2010：76.

❷ 马丁·诺瓦克，罗杰·海菲尔德. 超级合作者 [M]. 龙志勇，魏薇，译. 杭州：浙江人民出版社，2013：329.

❸ TILLY C. Coercion, Capital, and European States, AD 990-1990 [M]. New York：Basil Blackwell, Inc. 1990：20.

❹ FUKUYAMA F. The Origins of Political Order：From Prehuman Times to the French Revolution [M]. New York：Farrar, Straus and Girous, 2012：90.

的需要。"❶ 为了应对外界的竞争压力，该社会群体成员需要贡献自己的劳动，即自由。❷ 由于社会组织是竞争的集团和产物，社会组织越强大，对外的竞争力也就越强大。如有学者指出，人类的超常合作能力也是一柄双刃剑，它不但是人类之间能够和平生活并且形成社会性信任的基础，也使得不同群体之间存在着最激烈的攻击和相互侵犯。❸ 群体化的人类也使得集团化的竞争强度和范围不断升级，成为地球上最暴力的物种。

在组织中，成员之间是为了增强竞争合力的合作关系，然而成员之间却又具有天然的竞争关系，那么成员之间便面临着合作与背叛的囚徒困境。为了减弱这种困境，社会组织中的人类便逐渐产生了约束自己背叛行为的规范，这便是制度。

囚徒困境产生的条件之一是双方都是精明算计的。但是，如果一方是精明的，且因为懂得道理而不背叛；而另一方是愚笨的，不知道算计，仅仅遵循指令，那么双方背叛的可能性也会很小。这就是中国古代中"将贵精，兵贵愚"的智慧。但这对精明一方的道德要求很高，要求他们不能因此利用另一方。法治社会，也面临这样的问题，立法者和法律的实施者是精英，而法律的遵守者是大众。大众们真诚地遵守法律，这个社会的合作性便提高了。但是精英者如果利用了大众对法治的虔诚，则整个合作的基石便会崩溃。由于信息的不对称，在实际生活中，我们可以发现对于处于信息优势的一方的道德要求是高于一般人的。如在医生与病人之间，将医生比喻为白衣天使；在教师与学生之间，将教师比喻为园丁；在官员与百姓之间，将官员比喻为父母官等。

依赖道德规范来弥补信息的缺失是有其道理的，但也面临着道德风险。如果各方在信息上能够更加对称，或者各方能够在具体层面上跳过自然人而直接合作，则会降低这种道德风险，因为机器是没有故意背叛问题的。例如，在 AI 技术之前，信息和能量的结合需要人作为中介，人自身的弱点使得这种结合可能产生负外部。但是 AI 却可以在设计之初便以代码作为工具来消除这种弱点，

---

❶ 托马斯·埃特曼. 利维坦的诞生：中世纪及现代早期欧洲的国家与政权建设 [M]. 郭台辉，译. 上海：上海世纪出版集团，2010：9.

❷ 经济学家康芒斯认为财产、价值、资本、资产、自由和意志这些词都是同一个含义，只是视角不同而已。参见：约翰·R. 康芒斯. 资本主义的法律基础 [M]. 寿勉成，译. 北京：商务印书馆，2006：37.

❸ SEABRIGHT P. The Company of Strangers: A Natural History of Economic Life (Revised Edition) [M]. Princeton：Princeton University Press，2010：11.

因为 AI 不是自然人，而是一种将信息通过数据与能量相结合的"代码空间"。

（二）社会制度的形成与功能

制度是在社会组织内部限制社会成员之间对于稀缺资源的无序竞争行为的规范。几乎所有的制度，不管他们的正式程度，其目的在于对稀缺资源竞争的限制。❶ "性是一种最稀缺的资源，因此对性的激烈竞争需要精致的制度来规范。在高级社会中，与性有关的规则或者禁忌通常都很复杂、敏感和繁琐。"❷ 库利也指出："总体上我们可以说将现代人类带入密度更大的状态的任何变化也都同时带来了组织上的纪律性和自我控制性，这些将人类越来越远地脱离于暴民状态。"❸ 因此，制度的功能是对内限制和规范社会成员之间的竞争行为，形成该社会组织的有序竞争和合作合力，即"用合法的暴力消灭非法的暴力"。如诺斯所说："制度是一个社会中的游戏规则，或者更正式一点说，是人类设计的限制，来规范人之间的相互关系。""一个社会中，制度的主要作用是通过建立一套稳定的（不一定是有效率的）结构来减少人的相互行为的不确定性。"❹ "阶层组织不是像有些人所声称的，一定和自由敌对。所有组织，正确的话，都是获得自由的方式。"❺ "远在古代社会，亚里士多德就曾告诫人们：不要把'遵纪守法的生活当成奴隶制'来看待。法律是自由的'拯救者'，而不是自由的敌人。"❻ 在代码社会中，代码将代替法律来扮演这一角色。

人作为有意识的能量体，其行为受自己的意识支配，因此，制度的本质是向规范对象提供规范信息，社会成员获得规范信息后，通过自我意识的处理和分析，决定自己的相应行为，从而实现制度目的。❼ 那么，社会成员对于

❶ NORTH D C. Institutions, Institutional Change and Economic Performance [M]. London：Cambridge University Press，1990：1-3.

❷ FUKUYAMA F. The Origins of Political Order：From Prehuman Times to the French Revolution [M]. New York：Farrar, Straus and Girous，2012：36.

❸ 查尔斯·霍顿·库利. 社会组织 [M]. 北京：中国传媒大学出版社，2013：120.

❹ NORTH D C. Institutions, Institutional Change and Economic Performance [M]. London：Cambridge University Press，1990：3, 6.

❺ 查尔斯·霍顿·库利. 社会组织 [M]. 北京：中国传媒大学出版社，2013：192.

❻ 埃里克·方纳. 美国自由的故事 [M]. 王希，译. 北京：商务印书馆，2018：25.

❼ 如马克思和恩格斯所指出："语言和意识具有同样长久的历史；语言是一种实践的、既为别人存在因而也为我自身而存在的、现实的意识。语言也和意识一样，只是由于需要，由于和他人交往的迫切需要才产生的。"卡尔·马克思，弗里德里希·恩格斯. 德意志意识形态 [G] //卡尔·马克思，弗里德里希·恩格斯. 马克思恩格斯选集（第1卷）. 北京：人民出版社，2012：161.

规范信息的获得，获得规范信息后的分析和处理，以及由此来指导人的行为，即对能量的使用，这便构成制度规范的整个过程。也就是说，对社会成员竞争行为加以规范的目的和规范竞争的措施能力是整个制度的基本构成。而社会个体为了自身的最大利益也对这些信息进行分析和计算，从而决定自己的行为模式，即同意贡献出自己的自由量。当制度组织者和社会成员之间对所传递的信息的获得、分析和执行差距较大时便造成了信息的失真，从而增加了组织和管理社会成员的障碍，也就容易造成社会成员自由的损失以及制度的失能，社会便处于非理性状态。因此，人类社会为了解决信息能力问题，在不同的信息技术条件下便诞生出相应的社会组织形式。"根据这种观点，自由市场资本主义和国家控制共产主义就不是意识形态、伦理教条或政治制度上的竞争，而根本是不同数据处理系统间的竞争。资本主义采用分散式处理，而苏联式共产主义则是集中式处理。资本主义让所有的生产者和消费者直接相连，并允许他们自由交接为信息独立作出决定来处理数据。"❶ "在 20 世纪后期，民主国家的表现通常优于专制国家，是因为民主国家更善于处理数据。民主制度采用分布式的信息处理，由许多人和机构来作出决定，而专制制度则是把所有信息和权力都集中在一处。鉴于 20 世纪的科技水平，把太多信息和权力都集中在一个地方并不是有效率的做法。在当时，没有人能够及时处理完所有信息，并作出正确决定。这也就成了苏联作出的决策水平远低于美国，苏联经济远远落后于美国经济的部分原因。"❷

关于制度、科学技术和竞争之间的关系，以色列历史学家赫拉利的观点是正确的，"讲到现代性的历史，一般把它视为一场科学与宗教之争。理论上科学和宗教都是为了追求真理，而因为各自推崇不同的真理，也就注定有所冲突。但事实上，科学或宗教都不那么在乎真理，因此两者十分容易妥协、共存甚至合作。宗教最在乎的其实是秩序，宗教的目的就是创造和维持社会；而科学最在乎的则是力量，科学的目的是通过研究得到力量，以治疗疾病、征伐作战、生产食物。就个人而言，科学家和神职人员可能很在意真理；但就整体而言，科学和宗教对真理的喜好远不及秩序和力量。因此，两者一拍即合。对于真理毫不妥协的追求，其实是一次灵性之旅，

---

❶ 尤瓦尔·赫拉利. 未来简史：从智人到智神 [M]. 林俊宏，译. 北京：中信出版集团，2017：334.

❷ 尤瓦尔·赫拉利. 今日简史 [M]. 林俊宏，译. 北京：中信出版集团，2018：60.

在宗教或科学机构之内却很少见"❶。当在本书第八章中讨论言论自由的问题时，应该注意到西方学者以追求真理这一目的而为其言论自由辩护时，其内在的局限性和虚伪性。

（三）社会组织的制度输出

国家是构建制度的最重要的组织形式，当一个国家的制度具有竞争力，其必然向外输出，这是人的自组织性所决定的。区别可能在于以何种形式向外输出，战争、经济、文化或者其综合。形成新制度并具有输出能力是这个群体自由的提升，因为外部世界越是被本国的制度所同化和影响，本国的国民就越感到安全和自由。古代的中国，其制度成就是卓越的，也是重要的制度输出国，因而可以同化很多具有战斗力却没有成熟制度的民族或者国家。例如，蒙古帝国是具有解构力却不是具有长期组织性的国家，尽管善于作战而横扫欧亚大陆，却无法提供更高级的制度来代替被征服者，因此其丰功伟绩在今天仅仅是一种传说。"对蒙古人来说，不幸的是他们的控制能力没有他们的进击能力那么强。在中国，他们面临着怎样按中国方式统治而仍保持蒙古人的政治控制问题。要做到这点，他们不仅必须有后备力量，必须能维护秩序使之带来繁荣，而且还必须使汉人在文官系统中有发挥才能的机会。"❷

现代国家的制度输出是以英国为代表的盎格鲁-撒克逊文化，英国构建出现代国家制度并推动整个欧洲的发展，进而影响整个世界。直到今天，现代国家的政治、经济、法治和金融等基本制度仍然是以盎格鲁-撒克逊文化为基础。"一直要到 1750 年至 1850 年，欧洲在一系列战争中将传统亚洲大国打得抬不起头，征服了亚洲的大片土地，全球的权力中心才移到欧洲……就算是今天中国经济突飞猛进，很可能即将回归霸主地位，基础仍然是欧洲的生产和金融模式。"❸ 在今天的世界，相比于其他文明，盎格鲁-撒克逊文化下的人民享有更高的自由，这是不争的事实。美国作家贝内特将其称为盎格鲁圈（Anglosphere），"要成为盎格鲁圈的成员，需要遵循那些构成英语文化核心的基本习俗和价值观，他们包括个人自由与法治、注重合同与承诺、自由是政

❶ 尤瓦尔·赫拉利. 未来简史：从智人到智神 [M]. 林俊宏，译. 北京：中信出版集团，2017：176.

❷ 费正清. 中国与美国 [M]. 4 版. 张理京，译. 北京：世界知识出版社，1999：85.

❸ 尤瓦尔·赫拉利. 人类简史：从动物到上帝 [M]. 林俊宏，译. 北京：中信出版集团，2017：263.

治与文化价值的第一追求。组成盎格鲁圈的国家分享着共同的历史叙事:《大宪章》、英国和美国的《人权法案》、陪审制、无罪推定以及'我家就是我的城堡'等当然的普通法原则"❶。

到目前为止,制度都是通过信息来直接规范和影响人的行为的,因此,一个国家如果愿意,其通过对信息的控制和人的接触便可以阻止其他制度向其扩张,除非对方以战争的手段来强行推广,这也是盎格鲁圈在近现代的主要扩张手段。❷ 但是在网络时代,由于互联网本身便是超越国界而互联互通的,那么其与终端产品的结合而形成的物联网便可以形成超越国家的社会组织,即代码空间。该组织的构建者和运行者实际上在这个社会组织中传播和贯彻自己的制度主张,其表现为代码而不是法令。这给今天中国的制度输出提供了前所未有的优势。首先,中国古代的思想文化和今天已经中国化的马克思主义都是具有包容性的文化和价值观,不同于西方民族国家和宗教国家,中国的思想文化和政治经济制度是超越民族、种族和宗教的,这是其优势。其次,中国庞大和日趋优秀的制造业正在成为文化和制度输出的重要载体,随着中国产品向世界各地的输出,中国的制度文化也在随之输出。最后,更为重要的是,不同于之前工业时代的产品,今天中国制造的商品是网络化的,即物联网下的产品。那么,使用这些商品的人便已经被纳入中国的物联网之下。这意味着在中国北京、深圳或者上海的网络中心已经控制着全世界的商品和其使用者,这种制度输出相比于之前的通过战争、资本或者文化输出效率更高而冲突更小。像阿里巴巴、腾讯和华为等中国企业正在构建这些代码空间,并将越来越多其他国家的人纳入这个代码空间。在进行有关大数据技术的规范设计时,我们应该注意到这种制度发展趋势。

五、信息能力与社会组织的关系

(一) 信息能力

在本书中,信息能力是指对信息内容的获得、传播和分析能力以及信息对受众意志的支配力。以对人的支配能力和效果作为参数,库利认为有

---

❶ HANNAN D. Inventing Freedom: How the English-Speaking Peoples Made the Modern World [M]. New York: Broadside Books, 2013: 13.

❷ "所有这些例子都表明,战争或者战争威胁在大多数(即使不是全部)社会合并中起了关键的作用。但是战争,甚至仅仅是族群间的战争,一直是人类社会的一个恒久不变的事实。"贾雷德·戴蒙德. 枪炮、病菌与钢铁 [M]. 谢延光,译. 上海:上海译文出版社,2016:314.

四个因素决定信息传播的效率性：①表达性，该信息传播机制所能承载的思想和感情的范围；②记录的永久性或者时间上的持续性；③敏捷性，即克服空间距离的能力；④传播性，即可以被所有阶层的人获得。❶ 除此之外，还有一个更重要的因素——对受众意志的影响性，即支配性。信息能力越强就意味着信息传播的范围、持续性、敏捷性、传播性以及对受众意志的支配力越大。显然信息能力与信息技术之间有着直接关系，人类社会的发展过程是信息能力随着信息技术的发展不断增强的过程，而人类社会中的很多文化现象，如敬鬼神仪式、宗教以及酷刑等似乎都与增强社会组织者的信息能力有关系。❷ 人类为了增强自己的信息能力而不断操控着信息，如谎言就是增强信息能力的一种重要工具，因而对于谎言在社会组织中的功能和目的要进行具体分析。因为"有些谎言反而是利他的，虽然其数量绝不像说谎者所宣称的那样多。但是，说谎者绝不应轻率地认为，受骗者都愿意被蒙在鼓里；抓谎者也绝不应轻率地以为，自己有权说破每个谎言"❸。在新闻界中有"真实比正确更重要"的说法，但是这并不总是对的，因为这还取决于受众对真实信息的反应。

信息能力的概念可以用来解释在一个社会组织中其组织者的很多行为的目的性，即增强其信息能力，如权力的本质是信息能力的体现。因此，有信息能力的人就都有权力，不仅是古代的帝王，也包括今天的资本家。而网络与大数据时代，代码空间主体可以利用代码技术来规范用户的行为，他们也就拥有了权力。

在一个社会中，任何主体所具有的信息能力越大，其组织能力也就越大，越能形成符合其意志的庞大有序组织。从古代的敬鬼神到今天的区块链，人们都是借用其当时所能获得的信息技术来增强其信息能力。网络、大数据、区块链技术以及 AI 等代码技术，突出的优点是通过技术手段增强信息能力，尤其是支配力，为形成组织规模更大、信赖成本更低的社会组织提供了可能性。例如，有人驾驶的汽车，交通规则这一信息是需要传递给司机，然后由司机来分析、解读和执行。在这一过程中，有多个环节会使信息能力衰减，

❶　查尔斯·霍顿·库利. 社会组织［M］. 北京：中国传媒大学出版社，2013：63-64.

❷　如诺斯所指出的，在早期人类社会中，宗教在使得统治者的强迫力合法化中扮演着重要角色，这些早期的国家都具有宗庙社会的特征；埃及的法老既是统治者也是神。参见：NORTH D C. Structure and Change in Economic History［M］. New York：W. W. Norton & Company，1981：95.

❸　保罗·艾克曼. 说谎：揭穿商业、政治与婚姻中的骗局［M］. 邓伯宸，译. 北京：三联书店，2016：1.

尤其是人自身的弱点，使得这一过程需要大量的公权力执法来增强。但是在AI时代，自动驾驶汽车是由代码来执行的，这一过程几乎没有任何的信息衰减，信息能力急速提高。这对于国家而言意义更加重大，当信息技术的发展使得信息能力迅速提高时，拥有和控制这一能力者便至关重要，这便是对大数据技术治理中的核心问题。

（二）基本群体与社会组织类型

1. 基本群体

基本群体（Primary Group）是指在一个社会中存在的合作性质的社会群体，是该社会中的基本组织单位。基本群体这一概念最早可能是由美国学者库利提出的❶，库利认为在社会的基本群体中，成员的关系以合作为主，从而使得整个群体获得更大的竞争利益，因此在这样的群体中，成员之间的信息交流主要是基于信任而不是防备。❷ 基本群体是一个相对的概念，例如，以整个世界为维度来考虑，那么国家就可以被认为是基本群体；而以国家维度来考虑，则国家之内的企业、家庭以及政府组织就是历史上各个时期不同的基本群体。对于理解人类社会来说，基本群体的概念至关重要，因为正是基本群体的不同才决定了该社会的不同。例如，中国古代商周时期，社会的基本群体是氏族部落，而自秦之后中国社会的基本群体便衰落为家族，同时出现了各级政府，即郡县制。现代国家的基本群体则由家庭、企业和政府构成，而企业占据主要地位。今天的网络时代，中国社会正在形成新的基本群体，即代码空间组织。因此，如果想快速地了解一个社会的性质，只要知道哪一种基本群体在这个社会最重要就可以。

基本群体在社会中存在的意义是相对于外界的竞争压力，基本群体可以成为某种基于信任的利益共同体，从而在社会竞争中获得优势。这种竞争优势的获得主要基于基本群体内部信息分析和处理上的高效率，即由于内部是利益共同体，基本群体成员之间的合作大于竞争，成员之间信息获

❶ 社会群体的概念是社会学家提出的，如库利在其《社会组织》中提出基本群体的概念，后来的学者在此基础上又发展出次级群体的概念。社会学家认为人类形成群体是出于两个需要，即工具性需要和表意的需要。工具性需要是指群体帮助其成员去做那些不容易单独完成的工作，因此许多工具性群体是绝对必要的。而表意需要的群体是帮助其成员实现其情感欲望，通常是提供情感支持和自我表达的机会。参见：戴维·波普诺. 社会学［M］. 11 版. 李强，等，译. 北京：中国人民大学出版社，2007：195.

❷ 查尔斯·霍顿·库利. 社会组织［M］. 北京：中国传媒大学出版社，2013：18.

得和分享迅速，并且真实性和影响力都由于成员的自觉性而大大提高，这样便使得基本群体中的成员可以为了共同的竞争需要而各自贡献出自己的自由。在基本群体中，成员之间的隐私对抗也会相应减弱，对此在第七章中会详细讨论。

在一个社会组织中，对稀缺资源的竞争主要是在这些基本群体之间进行的。在封建氏族社会中，各个氏族集团是社会的主要基本群体。在公权力社会中，基本群体会因为该社会的公权力构成不同而不同。例如，中世纪欧洲的各个教会组织、民族国家是基本群体，自秦以后的中国公权力社会、家族和各种政府组织是基本群体。在私权利社会中，企业组织是社会的主要基本群体，而政府组织、家庭组织和宗教组织开始处于次要地位，这在美国尤其明显。如管理学家德鲁克所描述的，今天发达国家的绝大多数人都是组织的雇员。每10个受过高等教育的人当中就有9个会在毕业后马上进入一家组织，而且在退休之前一直为某个组织工作。❶ 由于企业成为私权利社会的重要的基本群体，企业也就承担着这个社会的制度责任，而不仅仅是生产单位。"我们应该要求自由企业不仅履行经济职责，还要承担艰巨的社会和政治职责。"❷ 当前，企业组织逐渐成为中国社会的重要基本群体，但是与西方发达国家相比，中国的企业组织的质量和规模还有差距，企业组织在中国社会中的作用还与西方国家不完全相同，对此在第六章中详细讨论。

2. 封建氏族社会

到目前为止，成熟的人类社会形式可以分为三大类，即封建氏族社会、公权力社会和私权利社会，他们之间的本质区别是所依赖的信息系统和主要的基本群体的不同。封建氏族社会是以血亲关系作为社会组织的纽带和稀缺资源的分配原则来组织形成的社会，血亲关系是这种社会中最重要的信息系统。封建氏族社会中的主要基本群体一般是氏族集团，这种社会中，稀缺资源的竞争主体便是这些氏族集团，而他们也是这种社会制度的构建者和维护者。在封建氏族社会中，社会成员竞争血缘地位的高低。在一个封建氏族社会中，不同血缘关系的氏族集团越少越好，多个氏族集团的存在则意味着相互之间战争和冲突的可能性较高，合作的可能性降低，因而该社会组织整体竞争力变差。中国历史上的西周是典型的封建氏族社会，而西周之后至秦朝统一中国之前500多年的春秋战国时期则是封建氏族社会逐渐解体而被公权

---

❶ 彼得·德鲁克. 公司的概念［M］. 慕凤丽，译. 北京：机械工业出版社，2019：XXXV.
❷ 彼得·德鲁克. 公司的概念［M］. 慕凤丽，译. 北京：机械工业出版社，2019：2.

力社会代替的过程。

3. 公权力社会

公权力社会是指以超越血亲关系的公权力组织来作为社会基本群体的社会。秦朝之后的古代中国以及苏联都可以属于这一类别，西方中世纪的基督教国家也是典型的公权力社会。

公权力的来源一般是国家政权，但也可以是宗教等其他权力势力。公权力社会组织能够形成的重要技术条件便是文字的使用，文字和有形媒体的发展，使得该社会组织可以超越血缘关系，而以有形媒体来传播信息并形成共识。在中国便是国家的法令，在西方则是依赖一本《圣经》。中国社会也从封建氏族社会的宗法制社会进入公权力社会的法制社会。

在公权力社会中，社会成员竞争的是公权力的大小。公权力社会的特征是公权力渊源数目越少，社会越稳定，公权力数目越多意味着战争和公权力之间无序竞争的可能性越大。专制集权国家是公权力社会最典型的代表，从公权力渊源数目上看，也是最成功的国家。典型的公权力社会中的制度构建者和维持者是超越血亲关系的官僚集团，而社会的基本群体则是各种公权力组织，如中国古代的各级行政机构，西方中世纪时期的各个教区❶。自秦以后封建时期的中国，封建氏族集团便衰落成各个小的家族组织，但是相比于基督教下的西方社会，中国公权力社会并不彻底，家族组织仍然是社会中重要的基本社会组织，但是在家族组织之上又形成了超越血缘关系的各级官僚组织，它们构成了社会中更重要的基本群体，作为国家统治者的皇帝也主要是管理这些没有血缘关系的官僚组织，而不是各个家族组织。

4. 私权利社会

私权利社会是以基于私权利保护与交易而形成的社会组织，在私权利社会中，公权力组织尤其是政府不再是资源竞争与分配的主体，而公民或者公民自发形成的企业组织成为稀缺资源的拥有者和交易者。私权利社会是指以大众传播技术为基础的市场体系作为该社会组织的信息系统的社会。由于市场交易是私权利社会的组织形式，对公权力社会具有解构的效果，因此对商

---

❶ "教会是生活的中心。它选举出教区的长老委员会，甚至选任教区牧师。长老委员会被称为红衣会议，负责照顾穷人和病人，养育教区的孤儿。如有待嫁的少女因为太穷办不起嫁妆，就由红衣会议代劳打点。凝聚教徒的不仅仅是严刑峻法，还有对上帝的信仰和身为选民的信念。"参见：阿瑟·赫尔曼. 苏格兰：现代世界文明的起点［M］. 启蒙编辑所，译. 上海：上海社会科学文献出版社，2016：16.

人的否定和贬低一直是公权力社会的特征，不论是贾谊的士农工商的社会阶层划分，还是基督教都将赚大钱视为一种罪恶。

在私权利社会中，公民自愿形成企业组织，通过企业法人来竞争和合作。因此在私权利社会中，主要的基本群体是企业，对稀缺资源的竞争是企业之间通过私权交易的竞争形式完成的。私权利社会中的制度构建者和维护者是这些企业主或者称为资本家的群体，政府机构是他们意志的执行者，因此这种社会一般表现为民主法治社会。当代的英国、美国以及大部分西方民主法治国家都属于私权利社会。从公权力社会向私权利社会的发展便是从法制到法治的过程。

中国自改革开放以来便开始逐步实施市场经济制度，从底层构建私权利社会组织，民营企业从弱到强，逐渐成为中国社会重要的基本群体，政治上也开始进行法治国家的建设，这些都表明中国社会开始具有私权利社会的基本特征，公民的合法私有财产不受侵犯。❶

5. 代码空间社会

代码空间社会的基本群体是代码空间组织，社会成员是依赖代码技术而形成各个群体，他们不再基于血缘、公权力、财产权交易，而是代码技术本身来形成社会组织。代码空间社会中的竞争是不同代码空间之间的竞争，效率高的代码空间会获得更多的用户，因而形成更大的社会群体。代码空间社会由于是超越血缘、种族、民族、国家、宗教和财产权而形成的社会群体，因而具有更大的组织性，可以跨越家庭、企业、国家和宗教而形成更大的群体。代码技术由于比之前的大众传播技术在信息能力上更有效率、更精确以及更具有直接规范性，因而代码空间下的社会将会更加公平、自由、合作和共享。

（三）自由损失量与制度剩余控制权

1. 自由损失量

在本书中，自由损失量是指某一社会组织中的成员由于信息能力不足所造成的对自由贡献的不准确判断而导致的对自由的损失。在一个社会组织中，社会成员为了该社会组织的共同利益（如对外竞争和内部维持竞争秩序），而需要贡献出自己的自由（如劳役和税赋）。社会成员对自由的贡献是通过履行

---

❶ 《中华人民共和国宪法》（以下简称《宪法》）第13条。

该社会组织制度维持者所构建的规则来完成的，如在封建氏族社会中，则按照贵族指令来进行，在私权利社会中，则是通过企业家的指令来完成。恰当的自由贡献量是为了该社会组织的共同利益而必须贡献的自由，由于社会成员在信息能力上的不足而导致的自由贡献的冗余便是社会成员的自由损失量。社会组织为了成员的目的而存在的，即获得更大的自由。但是因为个人信息能力的有限性，社会组织却可能背离个人目的，越是大的组织越有这种可能。如经济学家西蒙所说："正是因为个体在知识、预见力、技能和时间上都是有限的，所以组织对于个人目的实现来说才是'奇货可居'。"❶

一个社会中的成员自由损失量越小，这个社会越具有理性，也越公平。社会组织成员恰当的自由贡献应是满足应对外界竞争压力和内部维持社会秩序所需要的程度。这种程度的评估是一个计算过程，是对相关信息的处理过程，而对于相关信息的掌握和分析处理能力的不同，直接影响着这一社会政治制度的形态和效果。如孟德斯鸠所说："如果一个共和国太小，它会被外部力量所摧毁，如果它过大，又会被内部的缺陷所毁灭。"❷ 这里的太小和过大的问题根本上是与社会组织中的信息能力有直接关系。如库利指出："为了使得群体所依赖的建议迅速地相互让步，通信必须全面和快捷。在面对面的群体中，肢体和语言保证了这一点，但是只有最近的通信设施的极大提高才使得在更大规模上的自由意志可以被想象。如果没有一种可以使得思想与情感相互作用而形成一体的措施，那么这个团体一定是呆滞的和非人性化的。单独这一原因便可以解释在 19 世纪之前更大自由的缺失。"❸

例如，在公权力社会中，官僚组织是形成其社会组织的核心信息系统，因而具有存在的正当性。为了支持官僚组织的运行，整个社会成员都需要直接或者间接地向其提供税赋，将自己的劳动或者劳动成果作为税赋向官僚组织提供，是自己自由的损失。但是，如果这种损失是支持该官僚组织所必须的，那么便是合理的，因为个人损失了一部分自由是为了从该社会组织中获得更大的自由。休谟已经意识到，即使在最自由的社会，自由也不得不为权力付出"相当大的牺牲"，"权力"必须被认为是为了维护自由所必不可少的存在。关键问题是需要付出多少自由作为代价，18 世纪的英国人与我们面临

---

❶ 奥利弗·E. 威廉姆森. 治理机制 [M]. 石烁，译. 北京：机械工业出版社，2016：58.
❷ 查尔斯·霍顿·库利. 社会组织 [M]. 北京：中国传媒大学出版社，2013：90.
❸ 查尔斯·霍顿·库利. 社会组织 [M]. 北京：中国传媒大学出版社，2013：44.

的问题是相同的。❶ 历史上由于个人的自私性，官僚组织往往利用自己信息能力上的优势而过量征收税赋，那么这些被超额征收的税赋便是社会组织成员自由的损失。

在私权利社会中，以货币为例来说明这一问题可能更具说服力。私权利社会中，货币尤其是纸币是最重要的信息媒介，社会成员依赖对纸币面值的信任来交换自己的劳动成果，而有资格发行货币的机构（如中央银行）如果秘密超发货币，货币就会贬值，但是这种贬值信息传播是有时间差的，越晚获得该信息的社会成员便越有可能以低于正常的价格出卖自己的劳动成果。这被低价出售的劳动成果便是该劳动者的自由损失量，有货币发行权的机构靠发行货币便可以收割社会财富。正是由于货币作为信息媒介在私权利社会中的核心地位，在美国历史上曾经发生过著名的"杰弗逊—汉密尔顿之争"。该争议的核心问题便是中央银行和私人银行哪一个更可信，该争议恰恰是公权力社会与私权利社会的两种理念之争。❷

2. 制度剩余控制权

制度剩余控制权是指社会组织者对社会成员的自由损失量占有的能力。由于在某一社会组织中的组织者相对于社会成员享有信息能力上的优势，因而可以利用这种优势而占有社会成员多余的自由贡献。例如，为了该社会组织的运行和国防的需要，可能需要社会成员纳税 X，但是组织者可以要求纳税 X+Y，而这多余的 Y 便是制度剩余控制权。制度剩余控制权的产生是社会组织中成员由于信息能力损失而产生的自由的冗余，当冗余为正并且数量不合理地过大时，该社会组织者便处于腐败状态；而当冗余为负时，该社会组织者便失去了组织的动力和能力，该社会组织便有可能解构，如果是企业，便意味着破产。❸

---

❶ 阿瑟·赫尔曼. 苏格兰：现代世界闻名的起点 [M]. 启蒙编辑所，译. 上海：上海社会科学文献出版社，2016：191.

❷ 后来，美国在 1913 年成立了美国联邦储备委员会来代替履行中央银行的职责。威尔逊总统在美国成立 12 个联邦储备区，每个区都有一个联邦储备银行，而不是在华盛顿建立一家中央银行。美国联邦储备委员会管理着这个系统，当其制定货币政策时，它会考虑整个国家所有联邦储备银行的意见，再在国家层面上制定相关政策。参见：本·伯南克. 金融的本质 [M]. 巴曙松，陈剑，译. 北京：中信出版集团，2017：18-19.

❸ 如奥斯特罗姆所说的，对于政府的剩余权，"这里不存在竞争市场那样的机制，这就迫使统治者设计出有效的制度。如果选用的措施压制性太强，就会出现叛乱；如果国家没有充分组织起来去赢得战争，就会在军事上被击败"。参见：OSTROM E. Governing the Commons, the Evolution of Institutions for Collective Action [M]. London: Cambridge University Press, 1990: 41.

在不同类型的社会中，制度剩余控制权的主体也不同。封建氏族社会中的贵族集团、公权力社会中的官僚集团以及私权利社会中的企业主集团分别是这三种社会的制度剩余控制权的主体。

制度经济学家认识到制度剩余控制权在企业中的表现便是企业剩余控制权。制度经济学认为在企业中雇主和雇员之间存在着剩余控制权或者权威的不对称分布。雇主拥有使用雇员劳动的剩余控制权。合约从来不设定雇主应该得多少，它只设定雇员能拿多少。雇主有剩余收益索取权，即企业所得减去工资和其他开支后的净余额。❶ 雇主的这种剩余控制权是雇主组建企业的重要动机和驱动力。在企业这种组织中，"获得剩余报酬的专家将成为团队成员的监督者。监督者通过他所带来的偷懒的减少来获取他的剩余，这不仅包括经他同意支付给投入所有者的价格，而且包括观察与指导这些投入的行为与使用"❷。"为了对队员进行纪律约束以减少偷懒，享有剩余索取权的人必须具有修改合约以及在不终止或者改变其他投入合约的情况下，给予个别成员激励的权力。"❸

其他社会组织类似于企业组织，组织者享有该组织中的剩余控制权。如奥斯特罗姆所指出的："统治者就像企业家那样，得到剩余。国民就像代理人，也许因服从统治者的强制，使自己的境况得到实质性改善。如果统治者的努力是很成功的，他就会得到很大部分剩余。"❹

社会组织的公平性与制度剩余控制权的大小有着紧密关系，也决定着人性的善与恶。在一个社会组织中享有制度剩余控制权的人或者集团往往也是最容易腐败的，他们利用其权力占有过度的社会成员的自由量，将社会组织中本来的合作关系蜕变成剥削和压迫关系。在封建氏族社会中，这一腐败的群体是贵族集团；在公权力社会中，这一腐败的群体是官僚集团或者教会集团；在私权利社会中，这一腐败的群体是企业家集团。近年来，

❶ 杨小凯. 经济学：新兴古典与新古典框架 [M]. 张定胜，张永生，李利明，译. 北京：社会科学文献出版社，2003：152.

❷ 阿曼·A. 阿尔钦，哈罗德·德姆塞茨. 生产、信息费用和经济组织 [G] //罗纳德·H. 科斯，等. 财产权利与制度变迁：产权学派与新制度学派译文集. 刘守英，等，译. 上海：格致出版社，2014：50.

❸ 阿曼·A. 阿尔钦，哈罗德·德姆塞茨. 生产、信息费用和经济组织 [G] //罗纳德·H. 科斯，等. 财产权利与制度变迁：产权学派与新制度学派译文集. 刘守英，等，译. 上海：格致出版社，2014：51.

❹ OSTROM E. Governing the Commons：the Evolution of Institutions for Collective Action [M]. London：Cambridge University Press，1990：40-41.

美国社会社会分裂严重，贫富差距加大，都与以华尔街金融资本家为代表的企业家群体的自私与腐败有关。❶

在代码社会中，以代码空间形成的新型社会组织，代码空间主体获得了剩余控制权的新途径，即代码空间组织中的剩余控制权。代码空间主体可以根据其代码空间的不同组织形式而获得利益。例如，可以将该组织社会成员在使用该组织所提供的服务过程中的注意力变为广告收入而占为己有，也可以通过向使用平台的用户和商家收入佣金等方式来获得收入，或者通过用户资金在代码空间主体的账户的滞留时间而获得时间差上的利益，等等。传统的企业一般只能从其直接的雇员身上获得剩余控制权，但在代码社会中，代码空间主体可以从上亿的用户身上获得该自由损失量。代码空间主体由于获得了制度剩余控制权，那么他们是否滥用这一权力而腐败，这便是需要注意规治的问题了。

---

❶ "The real battle is not with China but with America's own giant companies, many of which are raking in fortunes while failing to pay their own workers decent wages." SACHS J D. China Is Not the Source of Our Economic Problems—Corporate Greed Is [EB/OL]. [2019-05-27]. https://www.commondreams.org/views/2019/05/27/china-not-source-our-economic-problems-corporate-greed.

第二章

口语媒介与血缘社会的形成

打虎亲兄弟，上阵父子兵！

——中国谚语

一、口语传播与母系社会

（一）口语传播的特征

有证据证明，人类社会早期是以母系社会存在的，而且这一时期经历了很长时间，估计比人类有文字记载以来的历史都长出很多❶，即便在今天世界上的很多地方还有母系社会的遗迹。但是很多关于母系社会的著作仅仅是对母系社会的现象进行描述，而很少讨论其深层问题，即为什么母系社会是人类历史中必然经历的社会形式？为什么母系社会随后都逐渐消失了？漫长的母系社会在今天的人类生活中是否还存在着影响？我们认为，母系社会的形成和长期存在是在当时信息技术限制下人类社会组织形式的必然结果。

当人与人之间的信息传播主要依赖于肢体动作和口语媒介时，信息能力相对很弱，这时的社会组织能力也很弱，无法形成大规模的组织严密的社会制度。❷ 如麦克卢汉所说："由于人们依赖口语获取信息，他们就会汇集到一起，形成部落组织……口语承载着比书面语更多的情感……依靠听觉和触觉

---

❶ "人类整个历史异常漫长，而有文字记载的历史，才数千年。可是，考古，可到达一万年；古生物学可到一百万年；地质学可以到几百万年。真不知，人类史从何时开始。"参见：顾颉刚. 中国史学入门［M］. 北京：中国青年出版社，1983：2.

❷ 以中国为例，文献学家认为在商代开始使用甲骨作为信息媒体之前，人类社会运载信息的载体主要是人体形态，即种种表情和动作以及口头形态，即以人口发出的声音来传播信息。参见：项楚，张子开. 古典文献学［M］. 重庆：重庆出版社，2010：34-35.

的部落人民，每个人都承载着集体无意识。"❶

　　口语的信息传播能力有很大的局限性，具体表现为以下几个方面。①时间即逝性。不同于有形媒体，口语的内容只能存在于人的记忆里，而无法在外部有长时间的存留，这使得口语内容的可获得性较差。❷ ②空间的短距性。口语传播能力决定了其距离上只能在声音能够听到的范围内，那么依赖口语形成大距离的组织便不可能。③信息容量的有限性。口语所能表达的内容形式和容量是有限的，与视觉相比，口语的信息准确性也有很大减损。即俗语所说的"耳听为虚，眼见为实"。在刑侦中，目击人将自己见到的嫌疑犯通过语言表达出来，形成画像便是很困难的事情。④信息内容的不可认证性。口语的再次传播仍然是依赖于人，而人的自私性所引发的道德危险可能玷污其所传播的口语内容，信息内容的真实性和可靠性便需要依赖中间人对上游信息的忠诚度来决定。

　　口语的上述缺陷使得早期人类社会所能够形成的社会组织在规模上非常有限，还无法形成共同意识，因此人类社会在这一时期主要是依赖于天然的血缘关系来组建。生物学家早已经发现亲近的血缘之间具有相互帮助的利他性现象，不具有这种能力的生物可能无法在自然界激烈的竞争中幸存，它们的基因也自然被淘汰了。❸ 如美国学者莱特所说："我们可以充满信心地说，利他主义、怜悯、同情、博爱、良心和正义感——诸如此类将社会凝聚在一起且让人类对自身评价如此之高的品质的确有牢固的基因基础。"❹ 血缘关系的存在使得社会群体之间的信任感增强，为满足个体私欲而产生的对抗性减弱，增强了血缘关系成员之间的信息能力，从而有利于形成社会组织，这是基于基因的自私性和利他性所天然形成的信息媒介。❺

---

❶　赞姆斯·格雷克. 信息简史 [M]. 高博，译. 北京：人民邮电出版社，2013：45-46.

❷　如小说家巴特勒指出，"口语符号，会立刻消弭于无形。即使它真的存在，也只存在于听到了这些符号的人的思维中"。参见：赞姆斯·格雷克. 信息简史 [M]. 高博，译. 北京：人民邮电出版社，2013：30.

❸　"族群遗传学的数学模型给这种利他主义的进化起源，提供了下列规则：如果利他主义的基因降低个人生存和繁殖成功的程度，低于团体因利他主义而提高的存活率，那么利他主义基因在竞争团体的整个族群中，就会出现得更频繁。用最简捷的方式来说：如果个人的牺牲能使个人的基因和团体受益，利他主义就会广为散播。"参见：爱德华·威尔逊. 知识大融通：21世纪的科学与人文 [M]. 梁锦鋆，译. 北京：中信出版集团，2016：361.

❹　罗伯特·莱特. 道德动物 [M]. 周晓林，译. 北京：中信出版集团，2013：XIX.

❺　如道金斯所论证的，"基因可能帮助存在于其他身体中的它的复制体，这似乎表现为个体的利他性，但是却来自于基因的自私性"。参见：DAWKINS R. The Selfish Gene [M]. 30th ed. Oxford：Oxford University Press，2006：88.

（二）母系社会的合理性与制度特征

依赖血缘关系形成的社会组织中，人类是如何识别相近血缘的？母亲是血缘关系的关键媒介，远古时期的人类正是基于母亲才能够识别基因的远近，因而母亲成了当时社会组织的核心和组织者，即形成母系社会。"社会组织由最初的原始群发展为以母系关系为基础的'血缘家族'或'血缘家庭'。"❶在母系社会中，女性成为社会的组织者，因而享有组织者的制度剩余控制权，同时也承担着作为组织者的义务。例如，人类学家研究发现，在母系社会中，女性一方要通过各种方式来隐藏其子女与该群体中男性之间的真正血缘关系，因为一旦男性明确获得了其与子女之间的血缘信息，他就有可能伤害其他没有血缘关系的子女。❷男性的个体自私性损害了该群体的共同利益。而对血缘信息的隐瞒使得男性能够为了整个群体的利益而行动，而不是仅仅为了自己的子女，因为其子女就在这个群体中，只是不确定是哪一个。"这些上古英雄领袖的出生传说有一个共同点：知其母而不知其父。这正是母系时代在文献中的曲折反映。"❸由此可见，由于人性中腐败的一面，即使在母系社会中，作为组织者的女性也不得不对男性进行信息控制，而不是将真实的信息如实奉告。为了公共利益而需要对信息进行规制和控制这一特征一直贯穿着整个人类社会的历史，只是其表现形式发生了变化。在代码社会中，当代码技术成为社会组织的重要媒介时，对代码技术的控制和规治也成为必然。在互联网发展之初，以巴洛为代表的自由主义者所倡导的"网络空间独立宣言"❹，从制度层面来看是无法实现的，今天我们面临的是对网络世界越来越严厉的监管，除非代码空间主体能够通过代码技术实现高度的自律性规范。

由于在人类历史的大部分时间里都是母系社会，女性是社会的核心和组织者，这种特征也在女性的心理和生理上表现出来。有神经学家发现女性更愿意说话，语言组织能力和表达能力更强。母系社会的长期存在导致了男性之间的竞争，甚至是父子之间的竞争，因而在人的基因中便隐藏着弑父情结。竞争所导致的恶不

---

❶ 张国刚. 家庭史话［M］. 北京：社会科学文献出版社，2012：7.

❷ BAKER R. Sperm Wars：Infidelity, Sexual Conflict and Other Bedroom Battles［M］. London：Fourth Estate，1996：11−14.

❸ 张国刚. 家庭史话［M］. 北京：社会科学文献出版社，2012：9.

❹ BARLOW J P. A Declaration of the Independence of Cyberspace［EB/OL］.（2019−05−27）［2019−12−10］. https://www.eff.org/cyberspace−independence.

仅仅让人杀掉自己的女儿，而且也同样杀掉自己的父亲和兄弟。❶

二、口语传播与父系社会

(一) 父系社会的形成

父系社会的形成主要原因有两个，一是人类社会开始有了除了血缘之外的社会组织工具，即剩余财产；二是父系社会的组织形式比母系社会更大和更有竞争力，因而逐步取代了母系社会。母系社会中，男性之间为了获得女性的青睐，从而传递基因，他们之间竞争激烈，这也导致了男性越来越强壮。❷ 男性自身在生理上的优势，其在捕猎和对外战争与掠夺中也比女性越来越有优势，既可以逐渐控制像食物这样的稀缺资源，也可以向女性提供安全保障。女性为了获得充足的食物来养育自己和子女，也为了自己和子女的安全，便开始栖身于男性之下。而男性向女性提供食物和安全的条件便是要求性的单向忠诚性，以通过对女性性关系的控制来保证其血缘在子女中的单纯性。因此与母系社会中的女性相比，在父系社会中女性选择配偶的自由被相对限制了。❸ "考古资料和古书记载反映：在夏人的统治阶层中，丈夫不仅已取得了对妻子的专有权，而且可以拥有多个配偶。"❹ "春秋战国时代，有一定社会地位和经济条件的人除娶妻之外，往往还置一个或若干个妾，形成一夫多配偶家庭。"❺ 父系社会的产生标志着私有制和家庭开始产生。❻ 对财产的私有化以及对女性性忠诚的要求是男性自私性的表现，本质上是对母系社会共同体的背叛，其结果便是加剧了男性之间的竞争，这使得人类社会的竞争规模更大和激烈程度更残酷，逐步形成了国家机器这一竞争工具。❼

---

❶ 戴维·巴斯. 进化心理学 [M]. 张勇，蒋柯，译. 北京：商务印书馆，2017：262.

❷ 进化心理学家巴伯在总结女性的择偶偏好时谈道："男人的身体特征（比如身高、肩宽和上半身肌肉），不仅对女人具有性吸引作用，也对其他男人具有威慑作用。"参见：戴维·巴斯. 进化心理学 [M]. 张勇，蒋柯，译. 北京：商务印书馆，2017：129.

❸ "人类不仅仅依靠食物来为身体提供能量，还通过分享食物来增强自身的求偶吸引力和巩固社会关系。"参见：戴维·巴斯. 进化心理学 [M]. 张勇，蒋柯，译. 北京：商务印书馆，2017：76.

❹ 张国刚. 家庭史话 [M]. 北京：社会科学文献出版社，2012：12.

❺ 张国刚. 家庭史话 [M]. 北京：社会科学文献出版社，2012：21.

❻ 弗里德里希·恩格斯. 家庭、私有制和国家的起源 [M]. 中共中央马克思恩格斯列宁斯大林著作编译局编. 北京：清华大学出版社，2018：57.

❼ "人生乐事，莫如战胜仇敌，驱仇敌于马前；尽掠其财物，悉夺其骏马；目睹其亲人以泪洗面；搂其妻女伴吾寝室。（成吉思汗，1167—1227）"转引自：戴维·巴斯. 欲望的演化（修订版）[M]. 谭黎，王叶，译. 北京：中国人民大学出版社，2010：268.

一夫多妻制是男性对性自由竞争的结果，破坏了性分配上的公平性，造成了男性之间的对抗和分裂。在西方基督教国家，由于基督教教义要求一夫一妻制，即使是国王也要遵守，从而实现了性的公平性。❶ 在这一点上，中国比西方晚了近千年，但是西方男性也因此失去了对性的竞争自由，这也是古代中国比同时期的西方社会更自由的例证之一。

与母系社会相比，父系社会由于多了一层组织结构，男性通过控制多个女性而形成了更大的族群，因而比母系社会更有竞争力。其结果便是在竞争过程中，母系社会逐步被父系社会取代。古代中国的制度形成过程中充分体现了这一特征，形成了以血缘关系为核心的社会形态，构成了宗法式国家，形成了以商周为代表的封建氏族国家政治制度。在西欧的封建时期历史中，血亲关系也是维持着社会组织的重要媒介，如学者瑞夫金所说："在封建经济中，非常有限的经济交易很少超过紧密的家庭关系或者血亲社区……在紧密的血亲社区中，言论是邻居之间交易的信誉保证。"❷

同样的道理，破坏这种社会组织的有效方式便是破坏其血缘关系的表现物，这包括对宗祠和祖坟的破坏，以及对其祖先和血缘关系的玷污。中国古代社会中挖竞争对手的祖坟、焚毁其宗祠都是一个道理。❸ 由于血缘表现物是这种社会的信息媒介，它们也是被制度重点保护的目标，破坏他人的祖坟和宗祠都是重罪。❹ 而在今天的中国，这种行为可能都够不上犯罪，而仅仅受到行政处罚。相反，在代码社会中，网络、代码空间以及相应的终端却成为制度保护的重点。❺

在封建氏族社会中，只有贵族统治者可以有姓氏、祖坟和宗祠，而被俘获的奴隶和野人是不能有自己的姓氏、祖坟和宗祠的，以防止他们利用血缘

---

❶ 《中华人民共和国婚姻法》（1950 年 3 月 3 日政务院第二十二次政务会议通过，1950 年 4 月 13 日中央人民政府委员会第七次会议通过）第 1 条："废除包办强迫、男尊女卑、漠视子女利益的封建主义婚姻制度。实行男女婚姻自由、一夫一妻、男女权利平等、保护妇女和子女合法权益的新民主主义婚姻制度。"

❷ Jeremy Rifkin. The Zero Marginal Cost Society [M]. London：Palgrave Macmillan，2014：30.

❸ 在质疑 Facebook 公司要发行的 libra 币时，有美国议员指责它比 "911 恐怖袭击" 撞击世贸大厦还危险。参见：Congressman. Facebook's "Zuck Bucks" May Be More Dangerous Than 9/11 Posted by Eugene Townes [EB/OL]. （2019-07-18）[2019-12-10]. https：//moneyandmarkets. com/facebook-libra-dangerous-911/.

❹ 根据《清律》等中国古代律法，破坏他人坟冢可以被处绞刑。参见：吉同钧. 大清律例讲义 [M]. 闫晓君，整理. 北京：知识产权出版社，2018：117-119.

❺ 手机太重要，偷手机捡手机不还者，应受更严厉的惩罚 [EB/OL]. （2019-03-08）[2019-12-10]. https：//baijiahao. baidu. com/s?id=1627417887470927977&wfr=spider&for=pc.

关系再次组织起来成为一股破坏力量，这是社会组织者对媒体的规制。这种规制特征在不同的社会中都有所体现，只是规制的目标不同。

人类早期基于血缘关系形成的氏族社会与人类的信息能力的限制有直接的关系，因而不能形成基于更大理性的大规模的跨越血缘关系的社会组织形式。在这一时期，人类对抗外界竞争压力的主要能量来源是人自身的生物能量，这样就更加需要一个可靠的信息处理组织和能量供应组织，这便是基于血缘关系的奴隶主阶层和被征服的其他非血缘阶层，即提供能量的奴隶阶层，也即丧失自由的阶层。没有能量的供给而谈论自由是一种妄想。❶ 可以说，这种社会组织的形成与当时的信息技术和能源技术有着直接的关系，而竞争压力又影响着社会组织的具体紧密程度，这是在地中海沿岸和东亚地区形成了较为紧密的社会组织，并逐渐发展出四大文明，而在非洲和南太平洋诸岛上的社会组织则较为松散的主要原因。❷

（二）封建氏族社会的特征

由于血缘关系的天然合作性，氏族集团能够较大程度地克服集团内部的背叛和逃避问题，形成一个较为紧密的政治集团。该政治集团通过一系列政治制度来约束和控制其他血缘关系较远的社会成员以及没有血缘关系的奴隶阶层，他们主要是来自其他部落的战争俘虏。❸

该政治制度的主要内容由三个部分组成，一是意识形态的构建，通过意识形态来增强该政治组织的正当性，减弱社会成员的抵抗性和被判性。早期这种意识形态的构建大多利用了超自然的现象，如天地鬼神等神秘力量，来赋予该政治组织以正当性，使得该政治组织具有超自然力量的代理人的身份，

---

❶　直到 18 世纪的美国，将自由作为最高政治目标的政治家们，如托马斯·杰弗逊写下那些生命力永恒的文字、强调人拥有不可被剥夺的自由权的时候，他本人正拥有 100 多名黑奴。参见：埃里克·方纳. 美国自由的故事 [M]. 王希，译. 北京：商务印书馆，2018：62.

❷　FUKUYAMA F. The Origins of Political Order：From Prehuman Times to the French Revolution. New York：Farrar, Straus and Girous, 2012：90-91.

❸　例如，从商代的权力结构来看，商王还需要透过氏族组织来进行间接的统治，意味着权力是分散的。权力的分散与土地、人口的分割等现象指示商代的政治体制是接近封建的。而周代的制度是依赖血缘关系构建起来的更加成熟的封建氏族制度，在这种制度中，整个国家的政治秩序是构建在血缘关系的宗法上，宗主对宗人的权利相当大，可以杀戮或者放逐宗人，在战时宗主则是全宗人的统率；而对宗主尊敬、服从是宗人的义务。而野人不允许有宗法组织。参见：萧璠. 中国通史·先秦史 [M]. 北京：九州出版社，2009：121-122.

增强其信息命令对社会成员意识的说服力。❶ 二是奖励制度，由于单纯依赖血缘的利他性已经不能有效解决庞大社会组织中的合作问题，直接刺激社会成员的自私性的奖励制度便开始制度化。对于社会组织制度的维护者，即统治阶层来说，这一奖励制度便是制度剩余控制权。对制度剩余控制权的分享也成为该社会组织的奖励制度，这使得该社会组织成员除了为了该社会组织的公共利益而贡献自己的自由之外，还有竞争该社会组织制度剩余控制权的目的。而后者越显著，社会组织成员之间的竞争关系就越明显，该社会组织作为利益共同体的特征就会越暗淡。❷ 三是严厉的惩罚制度。与奖励制度相对应的，便是严厉的惩罚制度开始普遍化和制度化，当通过意识形态的说服力以及制度剩余控制权的奖励机制已经无法使得社会组织的成员全部自愿遵守该社会组织制度维护者的指令时，严厉的惩罚制度便是另一种控制社会成员意志的措施，尤其是对那些无法参与到制度剩余控制权分配之中的奴隶阶层。这一时期刑罚制度的明显特征是刑罚措施简单和残酷，并且注重公示性。其目的是增加制度维护者对社会成员意识的影响力和控制力。

在封建氏族社会中，各个氏族集团是社会组织主要的基本群体，组织和保持社会组织的存在和运行是贵族的职责，而获得该组织的制度剩余控制权便是对贵族本身自私性的回报，这便在制度上大致形成了权力和职责的平衡，因而具有正当性。而当贵族已经不履行这种制度上的职责却还要享有这种制度剩余控制权时，便失去了正当性，这是西周逐渐解体的重要原因之一。❸ 而商鞅在秦

---

❶ 例如，历史学家认为在中国的商代，商王在宗教上扮演着大祭司的角色，同时一切占卜所卜问的问题是凶还是吉，都由王来裁决，王是上帝、鬼神与人沟通的桥梁，以人与鬼神之间的媒介关系来传达神意，假神权来进行统治。参见：萧璠. 中国通史·先秦史 [M]. 北京：九州出版社，2009：82.

❷ 中国封建氏族社会早期的王从禅让制到继承制的转变与这种制度剩余控制权的出现可能有极大的关系。如史学家研究表明："夏代是历史上政治大转折的时代，禅让制度，即部落联盟大酋长的选举制蜕变成为局限在一姓一家内的继承制，意味着君主的统治力量已经加强到足以有效地制服联盟内的各个部落。但这种转变也不是很顺利地达成的，启继禹位便引起了维护传统制度的有扈氏部落的反对，启打败了有扈氏才把世袭制度确立下来。"参见：萧璠. 中国通史·先秦史 [M]. 北京：九州出版社，2009：59-60.

❸ 如托克维尔所指出的："当贵族不仅拥有特权，而且拥有政权时，当他们进行统治管理时，他们的个人权利更大，却不引人注意。在封建时代，人们看待贵族近似于我们今天看待政府：为了取得贵族给与的保障，就得接受贵族强加的负担。贵族享有令人痛苦的特权，拥有令人难以忍受的权利；但是贵族确保公共秩序，主持公正，执行法律，赈济贫弱，处理公务。当贵族不再负责这些事情，贵族特权的分量便显得沉重，甚至贵族本身的存在也成为疑问。"参见：托克维尔. 旧制度与大革命 [M]. 冯棠，译. 北京：商务印书馆，2012：73.

国所实施的变法便削弱了秦国贵族的这种制度剩余控制权❶，将对稀缺资源的竞争规模扩大到了贵族之外的社会成员，使得更多的人参与制度剩余控制权的分享中，从而调动了社会成员的积极性，自愿贡献出自己更多的自由。❷ 秦国便因此具有了更强的组织性，并且依据这种竞争性扫灭了其他仍旧囿于旧制度中的竞争者，形成了超越血缘关系的新型组织形式，这在当时是一种革命性的新制度。而后人往往忽略的是，这种新制度形成的条件之一便是文字的广泛使用，社会组织信息可以文字律法的形式传播而减弱了对血缘关系的依赖，中国社会开始从宗法制进入法制。对此，在第三章会详细讨论。

三、封建氏族社会的进步性与局限性

（一）封建氏族社会的进步性

相比于部落联盟形式的社会组织，封建氏族社会的社会组织规模更大，制度维护者对社会组织成员无序自由的控制更加有效，从而能够形成更大的能量集合和竞争优势。❸ 这主要是因为对社会成员的意志控制和自由的占有已经从单纯的基于血缘的利他性转变为以血缘关系为主的，并以意识形态和奖罚相结合的综合政治措施。❹ 更大规模的社会组织减弱更多的成员之间内部的无序竞争导致的冲突，实现了对内的和平❺，而对外则形成更加强大的组织力量，提高战争和国防的力量。

例如，西周时期的周王作为该社会组织的最高组织者与各个封建诸侯国

---

❶ "法家的主导思想是打倒贵族，因为贵族是无功受禄。法家要使人民直接隶属于国君，不归贵族所有，所以，开创一个新时代。"参见：顾颉刚. 中国史学入门［M］. 北京：中国青年出版社，2007：37.

❷ 秦国商鞅变法中的一个重要制度便是军功爵制度，军功大小以斩敌首多少为依据。立有军功者，依军功大小赐爵及田、宅、庶子，杀敌越多，赏赐越厚。参见：漆侠. 中国改革史［M］. 石家庄：河北教育出版社，1997：50.

❸ 史学家研究表明，西周不断对外战争来显示周天子的势力，在东南方、南方一带，康王时代的铜器宜侯大簋铭透露周的势力已经发展到长江之南，今江苏丹徒一带，其后昭王南征荆楚更是大规模的对外战争，穆王时代对淮水流域的民族也进行了攻击，兵锋甚至更远及于越。参见：萧璠. 中国通史·先秦史［M］. 北京：九州出版社，2009：128.

❹ 例如，商代已经有正规的常备军，当时的军队常由氏族或者血缘关系编成，卜辞上有"王族""小王族""多子族""三族""五族"等，就是由与王、王子以及子孙有血缘关系的亲属组成的军队或者某三个或者五个氏族构成的军团。参见：萧璠. 中国通史·先秦史［M］. 北京：九州出版社，2009：85-86.

❺ 如美国历史学家莫里斯认为："通过战争，人类创造出更庞大、组织更完善的社会，而这样的社会减少了社会成员死于暴力的风险。"参见：伊恩·莫里斯. 战争：从类人猿到机器人，文明的冲突和演变［M］. 栾力夫，译. 北京：中信出版集团，2015：XVII.

的最高组织者之间具有亲近血缘关系，这种基于血缘关系的氏族关系网形成了该社会组织的主体结构，而其他较为疏远的血缘群体便被镶嵌在这一主体结构中，成为该社会组织的组成部分。这是一种典型的宗法制社会，宗成为社会组织的基本媒介。除了这些具有血缘关系的社会成员之外，封建氏族社会中还有相当数量的没有血缘关系的，从其他血缘部落俘获的人群，他们成为该社会组织最底层的自由量贡献者，即奴隶阶层。❶

通过以上可知，人类社会组织从部落联盟形式的禅让制到继承制以及逐渐发展成封建氏族社会是一种制度上的进步，最终形成更具有竞争力的社会组织形式。

（二）封建氏族社会的局限性

以血缘为媒介的信息传播社会中，由于人的局限性，信息能力会因为地域和血缘关系的疏远而衰减。因此，在这种信息条件下所形成的社会组织不能形成大规模的超越血缘关系的国家形态，并且由于围绕着血缘亲疏所形成的血缘国家或者社会组织之间同样存在着激烈的竞争关系，进而发生战争、血亲复仇和种族灭绝等集团行为。❷

这种基于血缘关系所构建的封建氏族社会是不稳定的。与宗主之间血缘关系比较疏远或者没有血缘关系的群体由于不能享有制度剩余控制权的分享机会，其对该社会组织的自由贡献便缺乏自觉性，而更多的是被迫性，这将增加制度维护者的管理成本，减弱这部分社会成员的意志与行为的统一性，其所贡献自由的质量便是低下的。例如，商纣灭亡的重要原因之一是贵族集团对制度剩余控制权的过度使用，导致了社会内部的纷争加剧。"殷人贵富。以商王为首的奴隶主贵族利用权势不择手段地攫取财富，史称其'贵而不亲'，'胜而无耻'。在他们残酷暴虐的统治下，不但奴隶的反抗从未停止过，到后来，平民也相继而起，即'小民方兴，相为敌仇'，整个社会'如蜩如螗，如沸如羹'。"❸

---

❶ 例如，西周社会组织成员中居民除公、卿、大夫之外叫做"国人"。国人的构成中主要部分是周人，与封君之间或有疏远的血缘关系，而其他被统治的原住民则被称为"野人"，这种"国人"与"野人"一为统治者，另一为被统治者的对立现象一直延续到春秋时代封建体制瓦解后才逐渐消失。参见：萧璠. 中国通史·先秦史 [M]. 北京：九州出版社，2009：117.

❷ 有学者认为人类的历史是一部暴力史："战争和种族灭绝；征服和殖民；在多神教或者一神教旨意下构建的帝国；民主和帝国的致命结合；以及革命、屠杀、折磨、破坏、残暴。"参见：DOCKER J. The Origins of Violence：Religion，History and Genocide [M]. London：Pluto Press，2008：2.

❸ 张铭新. 中国法制史 [M]. 武汉：武汉大学出版社，1992：16-17.

西周的衰落和解体过程中明显的现象便是西周王室和各个基于血缘关系所形成的诸侯国之间由于血缘关系不断疏远而相互之间愈发不信任和不合作，王室组织和管理各个诸侯国的能力不断降低。而铁器和农业的发展，各个诸侯国的竞争力不断增强，同时由于外部竞争压力的减弱，这个封建国家存在的合理性便进一步丧失，最终导致了封建王朝解体。❶ "周初各封国在与敌意尚未全消的被征服的各国原住民犬牙交错地相处的情况下，必须彼此相互支援，讲究'兄弟阋于墙，外御其侮'，但到后来各国的政权巩固了，东方各国遗民完全屈服了，外患这层顾虑自然就消失了；而子孙相继，彼此的关系一代比一代疏远，只靠次数不多的祭祖、宴享是难以溶化世代的疏远和空间的隔离所造成的陌生冷淡。在这样的背景下，封建贵族们之间的纠纷开始出现，彼此争夺权益的事就日渐繁多了。"❷

随后的春秋战国时期各诸侯国之间割据纷争，又回到了基于血缘关系而形成的社会组织之间的激烈竞争状态，而能否形成一个更大和更紧密的社会组织来将各个诸侯国统一起来便成为一个重要的制度选择。中国社会面临着历史上第一次制度大变革，文字作为这一大变革的信息工具已经相对成熟。

---

❶❷ 萧璠. 中国通史·先秦史 [M]. 北京：九州出版社，2009：129.

文字媒介与公权力社会的形成

言之无文，行而不远。

——孔子❶

一、文字传播时代与公权力社会

（一）文字传播与公权力社会的形成

在文字出现之前，人类只有一个地方可以记录信息，即大脑。但是大脑的存储能力是有限的，原因有三：一是大脑的容量有限，二是大脑会死亡，三是人类的大脑经过演化，只习惯存储和处理特定类型的信息。这种人脑的限制大大局限了人类合作的规模和程度。正因如此，就算在农业革命后的数千年间，人类的社会网络还是相对规模较小，也相对简单。如维特根斯坦所说："我所使用的语言的边界限制了我的世界。"❷ 在公元前3500年~公元前3000年，苏美尔人发明了书写文字，可以在人脑之外储存和处理信息，从此苏美尔人的社会秩序不再受限于人脑的处理能力，而开始走向城市、王国和帝国。中国在大约公元前1200年、中美洲各地在公元前1000年~公元前500年，也都创造出了完整表意的文字。❸ 对人类来说，除了语言之外，最早的信息技术便是文字，文字的出现可以超越语言的限制而形成更大规模的合作网络。

文字技术使得信息传播的准确性大为提高，具有了可获得性、延时性和

---

❶ 《左传·襄公二十五年》。

❷ 肯尼思·J. 格根. 关系性存在：超越自我与共同体 [M]. 杨莉萍，译. 上海：上海教育出版社，2017：380.

❸ 尤瓦尔·赫拉利. 人类简史：从动物到上帝 [M]. 林俊宏，译. 北京：中信出版集团，2017：116-122.

超视距性，使得信息传递可以保持相当长的时间和相当广的范围。人本身还是信息传播载体，但是已经不再直接对内容负责，从而起到代替血缘关系的作用，有了组织跨血缘关系社会的可能。如库利所指出的，恰恰是书写可以使得思想长久存在，从而具有了使得人类思想可以更加确定地、持续地和多样化地成长的社会功能。在书写能力到来之前，思想的累积只能靠口语，其能力受到传播它的人的利益和记忆力的限制。❶

　　"苏美尔人发明了文字与货币。这两者就像双胞胎——同时同地由同一父母产出——让人突破了人类大脑的数据处理限制。文字和货币让人类开始能够向数十万人收税，从而组织起复杂的官僚体系，建造出幅员辽阔的王国。"❷从西周便已经开始出现的竹帛媒体技术为这种制度的出现准备了条件，商鞅变法以及后来的制度执行者正是在这种信息技术的背景下完成的，而之后对文字、度量衡等信息媒介的统一都为这种制度提供了信息支持。纸张和印刷术的发明更是有利于这种政治制度的发展和完善。❸这种制度扩大了社会成员竞争制度剩余控制权的机会和范围，从而能够组织和利用更多社会成员，形成超越血缘关系的官僚组织，因而扩大了社会组织的参与范围，激发了更大的能量供应，使得这一制度下的社会组织具有更大的竞争力。

　　在公权力社会中，公权力的掌握者是该社会组织的信息处理中枢。不同的公权力社会中，公权力的掌握者即制度的维持者是不同的。例如，以宗教为基础构建的公权力社会，教会组织是制度的维持者，而这种社会中的基本群体是各个教会组织，他们之间的竞争与合作构成了该社会制度的主要特征。在中国，官僚集团则是该公权力社会的维持者，是该社会组织的信息处理机构。❹而家庭是中国社会的第二级基本群体，各个家庭之间对公权力的竞争与合作构成了中国社会的显著特征和相应的伦理思想。即韩非子所说："臣尽死

---

　　❶ 查尔斯·霍顿·库利. 社会组织. 北京：中国传媒大学出版社，2013：57.

　　❷ 尤瓦尔·赫拉利. 未来简史：从智人到智神 [M]. 林俊宏，译. 北京：中信出版集团，2017：139.

　　❸ 西周建立后不久，竹、帛迅速取代龟甲成为主要的书写材料，竹、帛之中，竹的使用又当更早一些。在西汉王莽新朝之后，质量较为低劣之植物纸渐次在民间流行。随着蔡伦造纸法的推广，纸在公元 2 世纪亦推广到部分行政领域，但官府公文仍以简牍为主。直到 5 世纪初，纸质文献方才取代了简牍的地位，一跃而成为公私领域的主流载体。参见：项楚，张子开. 古典文献学 [M]. 重庆：重庆出版社，2010：44-52.

　　❹ 例如，秦朝的改革总体目标便是增强社会组织的效率性，降低各种阻碍因素，包括销兵器、迁豪强、筑道路、文字、度量衡、货币标准化、土地和徭役制度的改革以及加强思想控制等。参见：漆侠. 中国改革史 [M]. 石家庄：河北教育出版社，1997：71-74.

力以与君市，君垂爵禄以与臣市。"❶ "在没有文字的社会，人类通过大脑完成所有计算，作出所有决定；而有了文字之后，人类就能组成网络，每个人完成庞大算法里的一个小步骤，而最后的重要决定由整个算法作出。这正是官僚体系的本质。"❷

(二) 中国公权力社会的制度特征

1. 混合型的公权力社会

秦孝公支持下的商鞅在秦国所进行的一系列重大变革，其基本思路便是以超越血缘关系的法制代替血缘社会。废井田制度，使得国家对土地有了所有权，得以对所掌握的土地进行重新分配。废除世卿世禄制度，官爵利禄一律按军功大小而定，使得被血缘束缚的人才得以解放。制定户籍制度，改革税源、役源、兵源分配，剥夺了旧领主贵族所占有的人口，使得全国所有的人口都成为君主集权的编户齐民。❸ "春秋战国是传统家庭模式的形成期，随着父系家族公社分化瓦解，个体小家庭独立成为社会基层的组织实体……再加上'商鞅变法'的推动，以小型核心家庭和直系家庭为特点的传统家庭形态占据了社会主流。"❹

秦朝统一中国后所形成的中央集权国家对内可以实现更大范围的社会成员的合作，而对外可以组织更大的社会力量进行竞争或者防御，形成了更大的负熵。因此这一政治制度相比于基于血缘而形成的社会组织形式更具有竞争力，我们将这种社会称为公权力社会。"中国自有文字以来就一直只有一种书写系统，长期以来只有一种占支配地位的语言，以及两千年来牢固的文化统一。相比之下，欧洲与统一始终相隔十万八千里：14 世纪时它仍然分裂成1000 个独立的小国，公元 1500 年有小国 500 个，20 世纪 80 年代减少到最低限度的 25 国，而现在就在我写这句话的时候又上升到将近 40 个国家。"❺

中国的公权力社会与中世纪的欧洲相比，其纵向程度并不彻底，因为中国的公权力只能到达家族这一层面，而社会基本层面是家族构成的，即"皇

❶ 《韩非子·难一》。

❷ 尤瓦尔·赫拉利. 未来简史：从智人到智神 [M]. 林俊宏，译. 北京：中信出版集团，2017：141.

❸ 叶振鹏. 中国历代财政改革研究 [M]. 北京：中国财政经济出版社，2013：15-65.

❹ 张国刚. 家庭史话 [M]. 北京：社会科学文献出版社，2012：6.

❺ 贾雷德·戴蒙德. 枪炮、病菌与钢铁 [M]. 谢延光，译. 上海：上海译文出版社，2016：442.

权不下乡"。❶ 金字塔形式的各级政府组织成为社会的主要基本群体，但是基于血缘的家族组织仍然是社会的第二级基本群体，因此1949年中华人民共和国成立之前的中国社会基本上是公权力社会组织与弱化后的封建氏族社会遗留下来的家族组织的混合型。❷ "家庭，不仅是社会的细胞，也是个人物质和精神生活的主要依托。传统中国就是一个家庭为本位、'家国同构'的社会。"❸ 例如，在中国的家庭中，供奉自己的祖宗而不是皇帝。中国的"亲亲相隐"制度，可以以家庭来对抗公权力。"从官僚的怠工做到无为而治的、'天高皇帝远'的、不发生作用的、被软禁的皇权——这才是孔孟老庄合作努力达到的理想政治。"❹ 因此，中国古代社会与同时期的西方相比是相当自由的，这也为近代中国社会的无组织性埋下了祸根。事实上，"天高皇帝远"的现象一直到中华人民共和国成立才根本改变。❺

而欧洲中世纪时期，依赖宗教力量所形成的公权力直达每个家庭内部。在欧洲，每个家庭中都有上帝这个无影无形而又无时不在的额外家庭成员与其生活，教会法庭甚至可以干预夫妻之间的性生活。"如果那对夫妻生活在几个世纪前的欧洲，妻子可能会在庭审时获得更多同情，因为那个时候的法庭经常干预夫妻的卧室生活，欧洲法庭记录的此类案件比比皆是——夫妻被指控或者夫妻相互指控对方施展性巫术。惩罚这些违犯者的法官经常辩解说，他们的裁决是必需的，可使社会免受上帝怒火之焚烧。"❻ 当现代西方将自由和隐私权作为重要价值来追求时，我们需要注意到他们的历史特殊性，对此在第七章中会详细讨论。

因此，以家庭为第二级基本群体的中国社会与西方中世纪的基督教社会有很大区别。与中世纪欧洲相比，中国农民显然比欧洲中世纪封建领主制或农奴制或者庄园制中的农民或者农奴更自由、更独立。❼ 到了清康熙五十五年

---

❶　苏力. 大国宪制：历史中国的制度构成 [M]. 北京：北京大学出版社，2018：111.

❷　如学者梁漱溟所指出的，旧日中国之政治构造，比国君为大宗子，称地方官为父母，视一国如一大家庭。所以说，"孝者所以事君，弟者所以事长，慈者所以使众"。伦理关系即表示一种义务关系；一个人似不为其自己而存在，乃仿佛互为他人而存在者。参见：梁漱溟. 中国文化要义 [G] // 梁漱溟. 梁漱溟全集（第三卷）. 济南：山东人民出版社，2005：85-92.

❸　张国刚. 家庭史话 [M]. 北京：社会科学文献出版社，2012：1.

❹　费孝通. 论绅士 [G] //费孝通，吴晗，等. 皇权与绅权. 上海：华东师范大学出版社，2015：5.

❺　苏力. 大国宪制：历史中国的制度构成 [M]. 北京：北京大学出版社，2018：215.

❻　埃里克·伯克维茨. 性审判史———部人类文明史 [M]. 王一多，朱洪涛，译. 南京：南京大学出版社，2015：3.

❼　苏力. 大国宪制：历史中国的制度构成 [M]. 北京：北京大学出版社，2018：312.

（1716 年），在"一条鞭法"的基础上，又实行了摊丁入地改革，彻底取消丁银。百姓名义上不再服徭役，劳动者有了更大的人身自由。❶

家庭是中国社会的基层群体组织，其承担了中国社会几乎所有的功能，中国社会中成员之间的竞争便是各个家庭之间的竞争，家庭是社会的权利主体、义务主体和责任主体。但是，由于政府组织已经超越血缘关系，任何家庭都可以因为自己对国家的贡献和能力而成为政治核心，这显然是扩大了社会组织的组织范围和效率。不过，基于家庭组织的竞争关系，也造成了不同家庭之间的自治和囚徒困境，使得相对当时的西方基督教社会，中国的组织紧密性和效率性不足，这造成了中国近代的竞争劣势。"与严复相反，孙中山在谈到传统中国政治与自由的关系时，则强调传统中国社会的主要问题不在于专制，不在于缺乏自由，而在于自由过度，造成整个民族缺乏纪律、缺乏凝聚力、缺乏国家观念，最终导致在现代世界的竞争中软弱无力。"❷

2. 专制集权下的法制社会

由于公权力社会是以公权力组织来对社会稀缺资源进行分配的政治制度，那么实现和保持公权力组织的唯一性便是至关重要的。当有两个以上的公权力组织存在时，他们对于社会稀缺资源的分配便会有不同的主张，两个公权力组织之间会因为制度剩余控制权的竞争而发生冲突。这种冲突将使该社会组织存在的正当性受到严重损害，因为这种冲突对内会损害该社会组织的竞争秩序，使得社会组织有解构的倾向；对外会损害该社会组织的国防能力，两个公权力组织之间会为承担国防责任而存在囚徒困境。因此，在公权力社会中，专制集权是成功的组织方式，也是正确的价值观。如儒家思想所表达的"天无二日，土无二王，家无二主，尊无二上"❸。而在中国近代，辛亥革命之后公权力的崩溃使得中国这一社会组织中众多的军阀和地方势力这些小的公权力的出现，导致了社会的竞争混乱和国防能力的急剧衰弱。❹ 因此，从历史上来看，公权力社会中的专制集权的政治制度是组织效率最高的政治制

---

❶ 张守军. 中国古代的税赋与劳役 ［M］. 北京：中国国际广播出版社，2010：109.

❷ 李强. 自由主义 ［M］. 3 版. 北京：东方出版社，2015：6.

❸ 《礼记·曾子问》。

❹ "中国方面，第一，我们是一个半殖民地半封建的国家。从鸦片战争，太平天国，戊戌变法，辛亥革命，直至北伐战争，一切为了解除半殖民地半封建地位的革命的或者改良的运动，都遭到了严重的挫折，因此依然留下这个半殖民地半封建的地位。我们依然是一个弱国，我们在军力、经济力和政治组织各个方面都不如敌人。"参见：毛泽东. 论持久战 ［G］//毛泽东. 毛泽东选集（第二卷）. 北京：人民出版社，1991：449.

度，也是最有竞争力的公权力社会政治制度，在没有更好的组织制度能够代替之前，这一制度尽管有历史局限性，但是却是当时最成功的政治制度。❶

基督教和伊斯兰社会则是通过一神论来实现这一制度目的的。例如，在欧洲历史上，在较长时间内存在着宗教这一公权力组织和世俗政权的公权力组织的冲突和对抗问题。宗教内部也分裂成不同的派别并相互竞争，而世俗政权所形成的民族国家之间也一直存在着激烈的竞争和冲突。这种情形在中世纪以后变得更加明显，因为宗教势力作为唯一的公权力组织被严重削弱，各个民族国家便进入了长达数百年的冲突与战争之中，血流成河。❷

由于公权力社会是超越血缘关系而构建的更大规模的社会组织，血缘的利他性在这种组织中已经不能成为社会组织的主要合作途径，而是依赖文字传播工具来形成共同的意识形态。西方是以《圣经》这部律法来规范社会，中国不同的朝代则有自己不同的法典。这种意识形态以文字形式来表述并且要求社会组织成员来接受，人类社会便进入了法制时代。"上帝的裁决被他的侍从们所记录下来，这便是法制思想的开端。"❸

没有文字和纸张使法令能够广泛传播，便无法形成法制社会。如耶鲁大学教授芮志曼所指出的，"有足够的理由令人相信汉谟拉比法典从没有实施过。那些负责作出决定的人和那些从官员那里寻求决定的人是基于完全不同的行为规范在行事"❹。

二、公权力社会的进步性与局限性

(一) 公权力社会的进步性

1. 形成大规模社会组织

文字传播的超距离性和跨越时间性，使得依赖文字所形成的社会组织在规模上更大。公权力社会所形成的官僚组织是进一步超越血缘性的政治组织，

---

❶ 如美国学者李侃如所评价的，"传统的中国曾有令人敬畏的政治成就，是世界上最先进的政府体制"。参见：李侃如. 治理中国：从革命到改革 [M]. 胡国成，赵梅，译. 北京：中国社会科学出版社，2010：5.

❷ "宗教改革就是大众起义，使得欧洲进入了一个半世纪的血雨之中。"参见：WHITEHEAD A N. Science and the Modern World [M]. New York：The Macmillan Company，1925：2.

❸ JAYNES J. The Origins of Consciousness in the Breakdown of the Bicameral Mind [M]. Boston：Houghton Mifflin，1976：198.

❹ KATSH M E. The Electronic Media and the Transformation of Law [M]. Oxford：Oxford University Press，1989：68.

相对基于血缘关系的封建氏族社会，其更为开放和理性，具有了一般性和超血缘性。当公权力社会的政权发生更迭，其制度和官僚组织往往能继续存在和运行，中国历史便是一个明显的例证，所谓"百代皆行秦政法"。

黑格尔认为中国的历史从本质上看是没有历史的，它只是君主覆灭的一再重复而已，任何进步都不可能从中产生。❶ 但是，这从另一方面也许说明这一制度在当时中国社会具有合理性和稳定性，因而被不断传承和完善。这种制度极大提高了社会的组织能力，使得更多的社会成员进入到社会稀缺资源分配的竞争之中，并且以更加专业化和广泛化的官僚集团作为社会信息处理机构，提高了社会信息处理能力，这种社会组织使得社会成员关系相比于封建氏族社会更加紧密，人口更加庞大，地域更加广阔。如福山所指出的，"中国人创造出了一种统一的，多层次的管理官僚体系，这从没有在希腊或者罗马出现过。中国人发展出了明确的非家族式的政治理念，并且它的早期统治者试图打破家族和血亲团体的力量以便发展出非人格化的治理模式。这个王国致力于一个国家的建设工程，从而产生了一个强大的和统一的文化，这一文化强大到可以经得起两千年来的政治断裂和外来入侵"❷。

2. 形成更有效率的社会组织

相比于封建氏族社会中的贵族和封建诸侯，公权力社会中的官僚组织截流制度剩余控制权以及与国王或者皇帝讨价还价的能力降低很多，因此这种社会制度进一步解决了社会组织中成员之间的囚徒困境问题。❸ 公权力社会中的官僚组织实行的薪俸制度，从理论上讲不再具有像封建氏族社会中各个诸侯国所具有的独立的制度剩余控制权，这样社会成员所贡献的自由便可以更多地直接为公权力社会的国王或者皇帝所利用，这种社会组织形式便更加具有效率。❹

"在秦以前，没有皇帝只有王，从王到皇帝，我国传统社会结构有一个空前的改变。这改变不仅是名义上的而是本质上的。因为在秦以前，王之下有

---

❶ 黑格尔. 历史哲学：人对私利的追求是历史的原动力 [M]. 张作成，等，译. 北京：北京出版社，2008：48.

❷ FUKUYAMA F. The Origins of Political Order：From Prehuman Times to the French Revolution [M]. New York：Farrar，Straus and Girous，2012：93.

❸ 例如，秦国商鞅变法中的一个重要制度便是军功爵制度，军功大小以斩敌首多少为依据。立有军功者，依军功大小赐爵及田、宅、庶子，杀敌越多，赏赐越厚。参见：漆侠. 中国改革史 [M]. 石家庄：河北教育出版社，1997：50.

❹ 如史学家顾颉刚所总结的，"法家的主导思想是打倒贵族，因为贵族是无功受禄。法家要使人民直接隶属于国君，不归贵族所有，所以开创一个新时代"。参见：顾颉刚. 中国史学入门 [M]. 北京：中国青年出版社，2007：37.

诸侯、诸侯之下有卿大夫。诸侯封有领地，割据一方，号称国王，诸侯管制下的土地，就是顶头高高在上的王也丝毫没有权力可以干预。至于诸侯下的卿大夫亦分有领地，世代传袭，也不是诸侯的力量可以任意调遣的。王、诸侯、卿大夫，这是一个贵族的封建等级。权力是分散的，谁都不是绝对的盟主。自秦以后，一改旧观，权力集中在天子一人手里。在崇高无比的天子前，谁都不敢正面仰视，其下文武百官，不过是皇帝的耳目，家奴臣仆。"❶

"科举制也带来了中国社会的流动性。何炳棣曾用跨越5个多世纪的12 226名科举进士档案研究中国社会的流动性。通过对功名家世背景的分析，他发现明清时代有30%以上的进士和20%以上的举人和贡生出生于平民家庭，即三代之内没有任何功名的家庭。这两个数字本身，以及他的个案研究，还指出了中国社会有向下的流动，影响向下流动的因素之一就是科举制的竞争淘汰，科举不能被已获得功名的家庭垄断。'朝为田舍郎，暮登天子堂。将相本无种，男儿当自强。'这种社会流动本身是对古代中国的另一种政治构成和整合。"❷

（二）公权力社会的局限性

1. 制度剩余控制权的滥用

由于官僚组织与皇权分享制度剩余控制权，那么官僚组织就有机会为个人私利而滥用这一权力。因此，官僚组织道德品质对该社会组织的性格和品质直接相关。当政府清廉能干时，国民便也愿意支付税金，即贡献自己的自由。18世纪的英国尤其是英格兰便是突出的例子，"英格兰人愿意支付较多的税金，是因为其政府善用税收"❸。官僚组织是否能够解决以及以何种方式解决这一矛盾便成为不同的公权力社会的重要区别特征，在这一点上，中国和西方国家有着重要区别，这种区别也导致了中国之后的不同发展路径。西方社会主要通过宗教尤其是基督教来减弱社会成员的自私性和血亲关系的小利益集团性，强化社会成员之间的利益共同体关系。而中国社会则是强化社会成员之间的血亲关系，以家庭伦理制度来构建社会的利益共同体关系。这种差别使得西方社会在以后比中国社会更容易实现向私权利社会的变革。

---

❶ 袁方. 论天高皇帝远 [G] //费孝通，吴晗，等. 皇权与绅权. 上海：华东师范大学出版社，2015：58.

❷ 苏力. 大国宪制：历史中国的制度构成 [M]. 北京：北京大学出版社，2018：437.

❸ 阿瑟·赫尔曼. 苏格兰：现代世界闻名的起点 [M]. 启蒙编辑所，译. 上海：上海社会科学文献出版社，2016：33.

公权力社会中这种带有普遍性的问题，存在的根本原因是官僚组织包括社会组织成员由于各自的自私性所导致的相互背叛性所产生的，是皇权信息能力不足的后果。如蒋廷黻所总结的中国古代社会是个循环套，"总而言之，在中国旧日的社会里，有心事业者集中于政界，专心利禄者也都挤在官场里。结果是每个衙门的人员永在增加之中，而衙门的数目亦天天加多。所以每个朝代到了天下太平已久，人口增加很多，民生痛苦的时候，官吏加多，每个官吏的贪污更加厉害，人民所受的压榨也更加严重"❶。

2. 法制导致的暴政

由于这一时期信息传播方式主要通过文字抽象传播，传播信息具有时间的滞后性，传播信息的渠道具有特定人群的依赖性。内容抽象性、时间滞后性和人群依赖性使得所传播的信息对社会成员的影响力随着这些因素的变化而衰减。为了增强信息能力，制度维护者必须在三个方面对信息进行加强：一是加强信息源本身的影响力，这便需要对权力的核心（帝王）进行神化，而帝王的威严和奢华的宫殿以及各种服饰和礼仪都是这种神化的需要和表现。二是对影响和分散权力源所发出的信息加以干扰的各种信息源和信息传播进行消除，这便体现为对言论的控制。因为权力中心在信息获得上时间的滞后性和人群的依赖性使得其他干扰的言论的传播具有时间空间和人群空间，而社会制度的维护者又始终存在着少数统治多数的困境，那么对言论的控制，甚至是过于严厉的恐吓式的控制便有一定的必要性。❷ 而通过信息获得和传播的不对称性来分散多数的被统治者的信息传播和联系，实现少数统治者对多数被统治者的规治。三是强化对制度违反者的制裁信息的影响力来加强制裁信息对潜在的制度违反者在时间持续性上和人群广泛性上的影响力。

因此，这一时期的制度都具有这样的特征，刑罚罪名相对简单，刑罚惩罚较重并且处罚形式残忍，对于惩罚的实施注重信息传播的效果，尤其是通过血亲关系将刑罚实行血亲连坐。经过这种制度设计，潜在的制度违反者将会权衡由于施罚者信息迟钝而逃脱惩罚的几率与一旦不幸被施罚者发现后所面临的后果的严重性两者之间的关系。但是需要说明的是，由于中国的公权力社会是官僚组织与家族组织的二元结构，中间由士绅阶层作为沟通协调组

---

❶ 蒋廷黻. 中国近代史［M］. 武汉：武汉出版社，2012：37.

❷ 库利认为："谴责和惩罚本质上是标志性的，它们的功能是确认和执行公共意愿，并不是有任何暗示违犯者与我们其他人有什么不同的本质。"参见：查尔斯·霍顿·库利. 社会组织［M］. 北京：中国传媒大学出版社，2013：13.

织，因此中国的公权力并不直接施行到每个社会成员身上。而中世纪的西方却有完全不同的情形，教皇的公权力是施行到每个教徒身上，穿透家庭的屏障。因此，相比于同时期的西方，中国社会是相当自由的社会。这种自由也为后来的中国埋下祸根，并直接影响到今天中国制度变迁的路径选择。当面对这些被后人认为是制度上的缺陷时，库利指出，"总的来说，社会体系中的错事更多是来自不胜任而不是坏的动机。确实不能希望所有的关系都全部是理性的和同情的，我们不得不满足于将理性和同情投入到更重要的方面"❶。公权力社会中的这种由于信息能力不足所造成的缺陷为私权利社会这一更具有竞争力的社会组织形式的出现提供了机会和条件。当制度违反者获罪几率越高时，惩罚程度则越有谦抑的趋势；罪与罚之间的信息准确度越高时，就越不需要通过惩罚的残酷性来恐吓。❷ 而当大数据技术不断发展时，社会组织成员之间通过惩罚和恐吓来增强社会组织信息能力的需求越来越弱了，那么监狱和惩罚体系也必将发生变化，传统的监狱制度可能将不断被瓦解。

---

❶　查尔斯·霍顿·库利. 社会组织［M］. 北京：中国传媒大学出版社，2013：45.

❷　"惩罚随确定性（监禁的可能性）、严重性（刑期的长短）和迅捷性的不同而变化。这三维变量中的每一项都在惩罚中发挥着作用。一些证据表明，通过严惩，特别是通过精确量刑，可以减少犯罪。"参见：戴维·波普诺. 社会学［M］. 11 版. 李强，等，译. 北京：中国人民大学出版社，2007：258.

第四章

大众传播技术与私权利社会

> 企业是一个经济性的、政府性的和社会性的机构，
> 它是一个将三者同时都结合在一起的组织。
>
> ——皮特·德鲁克❶

一、大众传播技术与私权利社会

(一) 私权利社会的形成

1. 私权利社会观念的形成与现代印刷技术

私权利社会的观念和道德形成与大众传播技术的发展有着直接的关系。根据韦伯的观点，路德基督教改革使得欧洲社会从教会的束缚中解放出来，直接面对上帝，为了信义而努力工作，为资本主义的发展提供了伦理道德基础。❷ 但是，路德宗教改革能够得到相当一部分社会成员响应的重要前提是大众传播技术的发展，使得社会成员能够摆脱对教会的依赖，而直接阅读和理解圣经。如库利所说的，"印刷意味着民主"❸。学者爱森斯坦指出，"特别令人遗憾的是，虽然韦伯关心的发展变化（含理性与科学）正是在印刷术这种新媒介的强大影响产生的，但他的著作给予印刷术的地位却不很引人注目。印刷术发明以后，业已存在于西方文化里的走向理性化和系统组织化的驱动力就能够更加有效地付诸实施。与此同时，传播革命使科学数据的采集建立

---

❶ DRUCKER P F. The New Society：The Anatomy of Industrial Order ［M］. New Jersey：Transaction Publishers，2010：50.

❷ "相比于天主教的态度，宗教改革的影响只是使那些为了履行天职而进行的有组织的世俗劳动得到越来越多的道德重视和宗教认可。"参见：马克思·韦伯. 新教伦理与资本主义精神 ［M］. 马奇炎，陈婧，译. 北京：北京大学出版社，2012：79.

❸ 查尔斯·霍顿·库利. 社会组织 ［M］. 北京：中国传媒大学出版社，2013：59.

在一个全新的基础上"❶。因此当时的传教士们称"印刷机是魔鬼的发明"。

在大众传播技术的背景下所进行的宗教改革与社会成员教育水平的提高几乎同时进行，使得个人的信息能力得到增强，这也为企业组织这一代替教会的基本群体的广泛形成提供了条件。"路德出生之前20年，德语版的第一部《圣经》已经在这个城市问世。从1480年到1510年的30年里，神圣罗马帝国杰出的学者和文人被吸引到这座城市来担任编撰、翻译、校对和咨询的工作……在这30年里，在同样的氛围里，德意志历史的新观念和国民性得以形成并广为人知。世俗人的公民义务和宗教责任经过了重新评估；新的公共教育体制规划制订出来了。教育规划尤其得到急速的推进。正如温普斐灵所言：'没有教育，人们就看不懂《圣经》，也看不懂法律书'。"❷ 也如瑞夫金所说："信仰的民主化正好迎合了赋予新兴资产阶级以力量的新信息/能量组合。"❸ 在历史上，美国排名前123位的学院或者大学几乎都有基督教渊源。❹ 现代资本主义是基督新教的产物，正如赫拉利所指出的，"最成功的现代宗教：资本主义"❺。而没有基督教传统的国家，如中国和伊斯兰国家是没有接受资本主义的文化传统的。

2. 私权利社会的形成与现代通信技术

从经济上看，社会大分工是私权利社会形成的前提条件之一。马克思和恩格斯指出，"其实，分工和私有制是相等的表达方式，对同一件事情，一个是就活动而言，另一个是就活动的产品而言"❻。"分工可以提高社会获取信息的能力，并加速知识的累积。"❼ 但社会分工程度与社会交易成本是关联在一起的，当交易成本较高时，分工和交易方式便不能产生较高的生产力。在以私权交易为竞争规则的私权利社会中，交易的效率性决定着这一制度的效

❶ 伊丽莎白·爱森斯坦. 作为变革动因的印刷机 ［M］. 何道宽，译. 北京：北京大学出版社，2010：234.

❷ 伊丽莎白·爱森斯坦. 作为变革动因的印刷机 ［M］. 何道宽，译. 北京：北京大学出版社，2010：230.

❸ RIFKIN J. The Zero Marginal Cost Society ［M］. London：Palgrave Macmillan，2014：48.

❹ 杰瑞·纽科姆. 圣经造就美国 ［M］. 林牧茵，译. 上海：复旦大学出版社，2017：164.

❺ 尤瓦尔·赫拉利. 人类简史：从动物到上帝 ［M］. 林俊宏，译. 北京：中信出版集团，2017：116-217.

❻ 卡尔·马克思，弗里德里希·恩格斯. 德意志意识形态 ［G］//卡尔·马克思，弗里德里希·恩格斯. 马克思恩格斯选集（第1卷）. 北京：人民出版社，2012：163.

❼ 杨小凯. 经济学：新兴古典与新古典框架 ［M］. 张定胜，等，译. 北京：社会科学文献出版社，2003：35.

率性，而决定交易效率的重要因素便是信息，信息的效率构成了交易成本的绝大部分。自由经济学家哈耶克认为"贸易比国家还古老"❶，但是，贸易成为竞争稀缺资源的主要方式被制度化却是近现代的事情，这与技术的发展程度尤其是信息技术的发展程度有直接关系。❷ 如芮夫金所批评的，第一次工业革命使得产品极大丰富，人们的生活水平有了很大提升，"启蒙经济学家们便开始颂扬市场中私权关系的天生美德，开始认为对私产的获得是固有的生物性所驱动的，而不是由某种特定的传播与能源模式所塑造的社会倾向而已"❸。在这种社会组织中，社会成员所竞争的是交易能力，而决定交易能力的最重要因素仍旧是信息，因为社会成员如何贡献自己的自由，从而提供市场需要的产品或者服务是由市场信息决定的。

私权社会的成功是人类社会发展过程中信息能力和能源能力大幅度提高的结果，而不是人性有本质的改变。如美国学者方纳所总结的，"19 世纪上半叶，一场被历史学家称为'市场革命'的经济转型风靡了美国。交通和通信发明是这场革命的催化剂"❹。早期的美国，邮局推动着这个国家在整个北美大陆破土开疆。海量的、多种形式的活跃资本通过信件得以传递。"根据任职于 1828 年到 1855 年之间的邮政署长麦克莱恩在报告中的一项估计，通过邮局完成的交易额几乎两倍于联邦政府的预算。邮政网络向南部和西部的拓展与新土地的占有和巩固密不可分。国会允许将抢劫邮件判处死刑并不是意外事件，直到 1872 年这一罪行一直以死刑论处。"❺ "在独立仅仅几十年的时间里，美利坚合众国建立起了比英国和法国现存邮政系统更为广泛的国家邮政网络。1831 年，这个国家的 8700 名邮政管理员占到联邦文职人员总数的整整 3/4；30 年以后，将近 3 万个邮局的所有工作岗位都由这个国家最大的单一劳动力部门所提供。没有任何一个组织能够在规模上望其项背。1792 年，邮政支出仅占联邦支出的 1% 不到，到 1860 年该项支出占到整个国家政府全

---

❶ F. A. 哈耶克. 致命的自负 [M]. 冯克利，等，译. 北京：中国社会科学出版社，2000：45.

❷ 如恩格斯所指出的，"私有制不是一向就有的：在中世纪末期，产生了一种工场手工业那样的新的生产方式，这种新的生产方式超越了当时封建和行会所有制的范围，于是这种已经超越旧的所有制关系的工场手工业便产生了新的所有制形式——私有制。"参见：弗里德里希·恩格斯. 共产主义原理 [G] //卡尔·马克思，弗里德里希·恩格斯. 马克思恩格斯选集（第 1 卷）. 北京：人民出版社，2012：303.

❸ RIFKIN J. The Third Industrial Revolution [M]. London：Palgrave Macmillan，2008：213.

❹ 埃里克·方纳. 美国历史：理想与现实 [M]. 王希，译. 北京：商务印书馆，2017：396.

❺ 丹·席勒. 信息资本主义的兴起与扩张：网络与尼克松时代 [M]. 翟秀凤，译. 北京：北京大学出版社，2018：20.

部支出的将近 1/4。同一时期，每年寄送的信件数量则从 30 万增加到数以亿计。"❶ 而在 19 世纪下半叶的美国，电报业呈现爆发式的增长，远胜于其他国家，已经成为商业系统中的神经系统，是极其重要的商务交流媒介。"电报的发明使在全国范围内进行即时通讯联络成为可能。这项发明是由纽约市一名业余科学家莫尔斯于 19 世纪 30 年代完成的，1844 年投入商业运用……电报的出现加速了信息的流通，也带来了统一的全国市场价格。"❷

二、私权利社会的特征与进步性

(一) 私权利社会的主要特征

1. 企业成为最重要的基本群体

私权利社会的本质是社会组织形式发生了变化，企业代替家庭或者教会成为社会最重要的基本群体，企业家是社会的组织者，即负熵的提供者。❸"公司的本质是社会性的组织，也就是说人本组织，这好像是同义反复。而实际上，在大多数人眼里，现代工业生产的本质不是社会组织而是原材料生产或是生产手段……结果，大多数人——包括很多工业生产过程的人们——没有理解现代生产，特别是现代大规模生产，不是基于原材料或是技术而是基于组织的原理——不是机器的组织而是人类的组织，也就是说，现代生产是基于社会组织的。"❹ 德鲁克指出，企业这种组织在市场经济中才是最重要的和不可替代的要素。"在一个以工业生产为基础的经济中，生产资源的组织不仅是个先决条件，这种组织本身也构成了一种核心资源。传统经济学认为，生产的实现必须结合三种要素：劳动力、原材料和资本设备。但是，最简单的工业操作也还需要第四种要素：有管理的组织。这第四种要素是现代大规模生产中最重要的，同时也是唯一不能被替代的要素。"❺

---

❶ 丹·席勒. 信息资本主义的兴起与扩张：网络与尼克松时代 [M]. 翟秀凤，译. 北京：北京大学出版社，2018：21.

❷ 埃里克·方纳. 美国历史：理想与现实 [M]. 王希，译. 北京：商务印书馆，2017：401.

❸ 如苹果公司 CEO 库克在一次毕业演讲中所指出的，"如果你建立了一个混乱的工厂，你对此混乱无法逃避责任"。HOWLEY D. Tim Cook on tech industry："If you've built a chaos factory, you can't dodge responsibility for the chaos" [EB/OL]. [2019-06-17]. https://www.yahoo.com/finance/news/tim-cook-stanford-commencement-graduation-190034923.html.

❹ 彼得·德鲁克. 公司的概念 [M]. 慕凤丽，译. 北京：机械工业出版社，2019：17.

❺ 彼得·德鲁克. 公司的概念 [M]. 慕凤丽，译. 北京：机械工业出版社，2019：156.

　　在每一个工业国家，企业已经成为决定性的、代表性的和构建性的制度。❶ 企业是一种新机构，它同时并且在一个机构内作为经济、管理和社会组织而发生作用。❷ 在企业内部，它类似于政府组织，工业生产组织要求其有一个基于权威和服从的内部秩序，即一种权力关系。❸ 而作为企业的政府性质的权威性绝不是来自于企业外部的法律、政治或者经济因素，而是来自于企业自身的性质和目的。❹ "企业作为一种专门收集、整理和出售信息的市场制度"❺，比政府组织具有更强的信息能力，社会成员可以通过市场更加快速、准确和及时地获得信息，并且这些信息具有更强的执行性，那么社会成员便可以依据这些信息来决定自己的自由贡献，而不再完全依赖政府机构来提供信息。因此，市场经济的社会组织能力更强，直接参与竞争的社会成员更加广泛。社会成员由于知识水平的提高，信息能力也不断加强，对自己自由的贡献也就更加积极和更有效率，社会成员贡献自由的理性增强。如布坎南等学者指出，在集体选择中参与者的理性程度要低于在市场选择中的参与者，因为在集体选择中参与者的个人行为和集体结果之间没有一个精确的关系，不论是他因此获得的利益还是承担的成本都没有在市场选择中容易被评估。❻例如，在1900~1970年，美国劳动工人从1000万增加到了2900万，而白领雇员则从500万增加到了3800万；在1860~1960年的百年时间，贸易雇员比劳力雇员增加两倍；而专业监管职业、会计和审计则从1900年的2300人增加到1970年的71.2万人。❼

　　在私权利社会中，尤其是大工业时代，大型企业成为社会组织的核心，

　　❶ DRUCKER P F. The New Society：The Anatomy of Industrial Order ［M］. New Jersey：Transaction Publishers，2010：27.

　　❷ DRUCKER P F. The New Society：The Anatomy of Industrial Order ［M］. New Jersey：Transaction Publishers，2010：38.

　　❸ DRUCKER P F. The New Society：The Anatomy of Industrial Order ［M］. New Jersey：Transaction Publishers，2010：45.

　　❹ DRUCKER P F. The New Society：The Anatomy of Industrial Order ［M］. New Jersey：Transaction Publishers，2010：100.

　　❺ 阿曼·A. 阿尔钦，哈罗德·德姆塞茨. 生产、信息费用和经济组织 ［G］//罗纳德·H. 科斯，等. 财产权利与制度变迁：产权学派与新制度学派译文集. 刘守英，等，译. 上海：格致出版社，2014：61.

　　❻ BUCHANAN J M，Gordon Tullock. The Calculus of Consent：Logical Foundations of Constitutional Democracy ［M.］ Indianapolis：Liberty Fund，1999：38.

　　❼ NORTH D C. Structure and Change in Economic History ［M］. New York：W. W. Norton&Company，1981：176-177.

尽管很多人都不直接为他们工作，但是大多数人的生活都和他们相关。小企业主们、自由职业者以及专业人士甚至农民们都主要作为大企业的供应端或者销售端而谋生。❶ "总之，是大公司——自由企业经济中大型工商业的特有组织形式——成为代表性和决定性的社会经济机构，它为人们树立了典范，决定了人们的行为……因此，我们社会的特征决定于和规范于大企业的结构组织、大规模生产工厂的技术，以及我们的社会信仰和承诺在公司里和通过大公司能够实现的程度。"❷ 在工业社会中，除了少数的艺术家或者专业人士可以自己生产之外，所有其他人都依赖加入某一组织来生产。在工业社会中是组织而非个人在生产。这也使得失业或者失业的威胁对于社会来说是不可忍受的，不仅是其经济后果，而是其社会后果。长期失业所造成的后果不仅是物理性的，而是心理性的：失去自尊、失去动力，最后，在极端情况下，失去理智。❸ 工业社会中失业的政治意义与血缘社会中被家族开除、宗教社会中被剥夺教籍或者代码社会中被断网是一样的。

如同在血缘社会中家长对家族享有很高的自治权一样，在私权利社会中，企业组织作为基本群体，其也享有很高的自治权。企业作为法人可以享有诉权以要求公权力来裁判企业之间的纠纷，"但它会拒绝受理企业内部一个部门与另一个部门之间发生的有关纠纷。既然通向法庭之路被堵死了，双方就会在内部解决它们的分歧。这样，层级制就是它自己的最终上诉法庭"❹。在代码社会中，当代码空间逐渐成为重要的基本群体时，代码空间主体对代码空间中的成员活动的自治权也会相应扩大，表现为今天的网络公司越来越多地承担起社会责任。对此在第十二章会专门讨论。

2. 陌生人合作的标准化社会

与公权力社会往往是强化身份和人格特征不同，私权利社会是去身份和人格特征的标准化社会。如梅因所说："人类社会进步的过程，迄今为止，是从身份到契约的过程。"❺ 诺斯也指出，"非人格的贸易制度对于减少交易成

❶ DRUCKER P F. The New Society：The Anatomy of Industrial Order ［M］. New Jersey：Transaction Publishers，2010：30.

❷ 彼得·德鲁克. 公司的概念 ［M］. 慕凤丽，译. 北京：机械工业出版社，2019：7.

❸ DRUCKER P F. The New Society：The Anatomy of Industrial Order ［M］. New Jersey：Transaction Publishers，2010：6.

❹ 奥利弗·E. 威廉姆森. 治理机制 ［M］. 石烁，译. 北京：机械工业出版社，2016：100.

❺ 梅因. 古代法 ［M］. 沈景一，译. 北京：商务印书馆，1997：97.

本和经济发展是必需的。许多市场决策都是如此的非人格的网络决策"❶。库利也指出，"商业已经使人没有了特性，时时地交互通信，旅行、街道、书籍和报纸中的摩擦使得我们越来越相似，我们如同在同一个海滩上的鹅卵石，被同样的波浪所冲刷着"❷。市场经济以标准化的语言、货币和法律来形成更大规模的合作，形成更大的负熵。

"市场经济是一部复杂而精良的机器，它通过价格和市场体系来协调个人和企业的各种经济活动。它也是一部传递信息的机器，能将数十亿各不相同的个人的知识和活动汇集在一起。"❸ 而这一标准化社会不是一蹴而就的，是通过公权力组织碾压出来的，在历史上这个公权力组织便是英国。"从 18 世纪起，英国的官僚组织、抽象化的技术、物质基础建设的新形式都得到了发展，这使得权力和权威拥有了不具人格的样态，也使二者以很多新途径在更远的距离上不断扩张。"❹ "如果说是印刷文化通过将市场信息和商业实践从个人和地方处抽象化，使其'云游四方'，那么就是英国政府开辟出了一方平坦的、统一的、同质的国家（以及之后的帝国）空间，促进了陌生人之间的经济交易。对一个国家经济体的塑造，对于国家成型重要性不亚于对一个国家共同体的想象和政治化，这种塑造需要通过建立金钱和度量的新标准来完成。这就使过去因交易对象而产生的信任问题不复存在，你只需一些注册名单，就能与你不认识的人做生意了。"❺

"斯密相信商业活动的增加创造了陌生人社会，而我则认为陌生人社会重构了经济生活中的行为。长久以来，经济生活都是围绕着地方市场和认识且信赖之人的当面交易而展开的，然而逐渐分散、城市化的人口持续且迅速的增长，为这种经济生活的运作带来了新的挑战。为了促成陌生人之间跨越远距离的交易，市场信息通过印刷品，从人和地方被提取并抽象化。此外，通过印刷，交易的各种形式——不论是公司的法律地位、货币的使用，还是度量衡单位——都被标准化了，因而信任关系的重心由与谁做生意让渡给了如

---

❶ 杨小凯. 经济学：新兴古典与新古典框架［M］. 张定胜，等，译. 北京：社会科学文献出版社，2003：261.

❷ 查尔斯·霍顿·库利. 社会组织［M］. 北京：中国传媒大学出版社，2013：74.

❸ 保罗·塞缪尔森，威廉·诺德豪斯. 经济学（上册）［M］. 19 版. 萧琛，等，译. 北京：商务印书馆，2017：34.

❹ 赞姆斯·弗农. 远方的陌生人［M］. 张祝馨，译. 北京：商务印书馆，2017：108.

❺ 赞姆斯·弗农. 远方的陌生人［M］. 张祝馨，译. 北京：商务印书馆，2017：157.

何做生意。"❶

3. 产权神圣

如同血缘社会中的家长、宗教社会中的上帝、公权力社会中的国王一样，在私权利社会中，产权是竞争秩序的基石，因而产权神圣不可侵犯。❷ 市场经济中的产权制度是传递信息的重要载体和系统，如经济学家杨小凯所指出的，"在原苏联式经济里……由于产权没有被很好地设定和行使，个人没有动机努力工作，分工模式和资源配置被扭曲了……在美国，情形刚好相反，因为产权得到较好的设定和法律保护……个人大多愿意努力工作，因为信息传递方面的扭曲较少"❸。产权制度将社会组织成员的竞争行为加以限定，从而增加了成员之间合作的确定性。"产权是一种社会工具，其重要性就在于事实上他们能帮助一个人形成他与其他人进行交易时的合理预期。这些预期通过社会的法律、习俗和道德得到表达。一个所有者期望共同体能阻止其他人对他的行动的干扰，假定在他的权利的界定中这些行动是不受禁止的。"❹

产权的重要作用便是赋予市场主体自愿决定是否以及如何处理自己产权所代表的稀缺资源的时间差。经济学家科斯认为，如果市场中交易可以瞬间完成，不需要市场主体的分析和判断便可以形成最优配置，那么产权就可以不存在❺。相反，如果通过市场交易成本如此之高，以至于无法实现产品的交易时，那么社会也不会出现分工，也就不会出现市场经济下的产权制度，而是自给自足的自然经济。❻

---

❶ 赞姆斯·弗农. 远方的陌生人 [M]. 张祝馨，译. 北京：商务印书馆，2017：144.

❷ 如亚当·斯密所说的："每一个人对他自己的劳动的所有权是所有其他财产权的原始基础，它是最神圣的和不可侵犯的。"参见：亚当·斯密. 国富论（上）[M]. 杨敬年，译. 西安：陕西人民出版社，2004：154.

❸ 杨小凯. 发展经济学：超边际与边际分析 [M]. 张定胜，张永生，译. 北京：社会科学文献出版社，2003：241.

❹ 哈罗德·德姆塞茨. 关于产权的理论 [G] //罗纳德·H. 科斯，等. 财产权利与制度变迁：产权学派与新制度学派译文集. 刘守英，等，译. 上海：格致出版社，2014：71.

❺ "我在《社会成本问题》中表明，如果没有交易成本，法律就无关紧要，因为人们可以无成本地进行有关获得、分割和联合权利的谈判，从而提高生产的价值。在这样的世界中，构成经济体系的制度既没有实质意义也没有什么目的。张五常甚至这样论证，如果交易成本为零，'在丝毫不否认科斯定理的情况下，私人产权的假设就可以不再讨论了'。毫无疑问，他是正确的。"参见：罗纳德·哈里·科斯. 企业、市场与法律 [M]. 盛洪，等，译. 上海：格致出版社，2009：14.

❻ "如果交易成本超过分工经济，各种模式之间分工的协调将失败，使得一般均衡是自给自足。"参见：杨小凯. 发展经济学：超边际与边际分析 [M]. 张定胜，张永生，译. 北京：社会科学文献出版社，2003：76.

但是产权制度的成本是较高的,"不仅产权的界定有时是费用很高的(想想界定知识产权的种种难题吧),而且法庭裁决的费用也可能很高"❶。因此,以个人的能力是无法处理产权交易的,必须由某种社会组织来完成,这便是企业存在的合理性。如德鲁克所指出的,企业组织尤其是大企业其产权和管理是分家的,股东对企业已经无法控制,他们既不能也不想控制这些大型企业,而是由职业经理人来管理。"所有权和管理是两个不同的事情,并且快速地分离。一个是基于法律,另一个是基于功能;一个是变化的并且市场化的,另一个与企业捆绑在一起。所有权主要是一种权利,而管理主要是一种权力和责任。"❷

大企业中社会成员的产权与其企业的管理开始分离,这是不是暗示,在网络时代,个人数据信息等法益也需要交给代码空间主体呢?在第十章和第十一章会详细讨论。

4. 契约精神

社会组织能够有效合作的条件之一是社会成员的不背叛,因此,对信息媒介的信赖是能否成为有效率的组织的前提。血缘社会中是对血缘关系的信赖与忠诚,宗教社会中是对上帝的信仰与虔诚,公权力社会中是对国王的信赖与忠诚。而私权利社会中,社会成员通过市场交易来进行信息处理,契约精神的本质作用便是增加社会的信息能力,减少社会成员之间由于人的自私性所导致的信息能力滥用而产生的信息扭曲。如经济学家所指出的,"契约系统是一个可以避免或减少由道德风险或信息不对称产生的内生交易成本的制度安排"❸。非人格化的契约精神使得私权利社会能够形成更大规模的社会组织,甚至超越主权范围,与陌生人实现合作。"英国人在 19 世纪末开始处于一种新型的经济环境中:一种已经适应了陌生人社会的经济。曾一度围绕地方和面对面交流而建构的市场,被重新构建为抽象的空间,其中的商品交换模式是不具人格的,这使与陌生人做生意成为可能。这场转变的中心是印刷文化,是它从具体的个人和地方提取抽象的信息,并将其散布至千里之外。然而,与此同时,这个国家还构建了经济的一种新概念——一个统一且同质

❶ 奥利弗·E. 威廉姆森. 治理机制 [M]. 石烁,译. 北京:机械工业出版社,2016:310.

❷ DRUCKER P F. The New Society:The Anatomy of Industrial Order [M]. New Jersey:Transaction Publishers,2010:102.

❸ 杨小凯. 发展经济学:超边际与边际分析 [M]. 张定胜,张永生,译. 北京:社会科学文献出版社,2003:338.

的领域，依靠着货币和度量的标准化而维系。一旦国家政府保证了这些统计单位的统一性，那么长久以来阻碍着经济关系的问题——'该信任谁'——就在很大程度上被解决了，人们只要知道'该信任什么'即可。如果说是印刷文化帮助市场扩张至地方以外，甚至使其能想象出一种陌生人经济，那么就是国家提供了基础建设，使人们能将这种经济构想为一种均质的国家和帝国空间。这个过程可能是循序渐进且不均匀的，跨度从 17 世纪末一直到 20 世纪初。"❶

"亚当·斯密在其 1759 年出版的著作《道德情操论》中提出，由于在逐渐成形的商业社会中陌生人之间的交易越来越多，整体人口的道德性会因此提升。这是因为我们在亲朋好友或熟人面前，往往比在陌生人面前更容易作出不端行为。斯密认为，旧世界是围绕亲密的地方及个人关系而构建的，陌生人在与彼此的交往中会发展出律例、约束和道德规范，这些是旧世界的熟人社会无法提供的。斯密承认，商业社会日益增强的流动性和复杂性会蚕食个体之间、社群之中的情感纽带。他希望个人利益（使一种希望他人对自己的看法与自我认识一致的欲望）会成为道德责难的主要对象。"❷ 由于契约是私权利社会的信息工具之一，违反契约便会使这种社会组织效率被破坏，因而违约自由是被严格限制的，现代西方国家的言论自由不保护商业领域中的虚假承诺的自由。

5. 以资本作为主要信息媒介形成社会组织

有学者指出，希腊文明有两个值得强调的方面：法律与货币。❸ 货币是社会组织的信息工具。❹ "货币是人类最伟大的发明之一，因为它帮助人类缩小了个人聪明才智与其他人利益之间的隔阂；它帮助我们的发明用于服务目的而不是相互偷盗。"❺ 货币是形成信任关系的重要媒介，可以说资本主义就是

❶　赞姆斯·弗农. 远方的陌生人［M］. 张祝馨，译. 北京：商务印书馆，2017：175.

❷　赞姆斯·弗农. 远方的陌生人［M］. 张祝馨，译. 北京：商务印书馆，2017：18.

❸　威廉·戈兹曼. 千年金融史［M］. 张亚光，熊金武，译. 北京：中信出版集团，2017：3.

❹　"经济学也逐渐认识到自身实际上是一门信息科学。即使是在货币看上去是一种物质财富，在口袋、货舱或银行金库里显得沉甸甸时，它也是一种信息。无论是硬币、纸币，还是金币、贝壳，它们都只不过是阶段性的技术，用以表明谁拥有什么的信息。"赞姆斯·格雷克. 信息简史［M］. 高博，译. 北京：人民邮电出版社，2013：6.

❺　SEABRIGHT P. The Company of Strangers：A Natural History of Economic Life ［M］. Revised ed. Princeton：Princeton University Press，2010：94.

以资本形成信任关系的社会。"金钱正是有史以来最普遍也最有效的互信系统。"❶ "我们所知道的是,一旦货币获得了某种特征,它的使用便是自我增强的,人们在货物交易中愿意接受货币是因为他们真的愿意这样做,而不是因为法律强迫要求他们这样做。这种自我增强的特征使得货币可以成为在陌生人之间形成信任的机制。"❷

但是如果仍然以贝壳、稀有金属作为金钱,那么这种互信系统仅仅能够被有限的人使用。而现代印刷技术使得纸币能够代替金属货币而被广泛使用,这实际上扩大了相互信任的社会成员的范围,从而扩大了合作组织规模。"所有人类创造的信念系统之中,只有金钱能够跨越几乎所有文化鸿沟,不会因为宗教、性别、种族、年龄或性取向而有歧视。也多亏有了金钱制度,才让人就算互不认识、不清楚对方人品,也能携手合作。"❸

当比特币出现而且可能成为一种法定货币之外的货币时,比特币的使用者实际上已经通过该货币形成了新的社会组织,这是脱离现行法定货币而形成的社会组织。那么这种新型社会组织与已经存在的社会组织之间的关系的不可预测性和不确定性都是现存的社会组织维护者所无法容忍的。2014 年,在《新闻周刊》的一次采访中,比特币基金会的负责人安德烈森将比特币视为一种更完善、更有效率、不受政府摆布的货币,而不是无政府主义者用来推翻政府的"黑市工具"。而在名为"暗黑钱包"的比特币项目创始人阿米尔看来,比特币就是用来推翻政府的工具。如果没有比特币,线上毒品市场"丝路"可能永远不会出现。❹ 因此,"比特币的核心是一场政治活动"❺。中国人民银行等五部委禁止比特币作为货币进行流通,从社会治理角度来说是正确的。❻ 最近美国 Facebook 公司要推行的 Libra 币也受到了美国国会的严重

---

❶ 尤瓦尔·赫拉利. 人类简史:从动物到上帝 [M]. 林俊宏,译. 北京:中信出版集团,2017:116-173.

❷ SEABRIGHT P. The Company of Strangers:A Natural History of Economic Life [M]. Revised ed. Princeton:Princeton University Press, 2010:94.

❸ 尤瓦尔·赫拉利. 人类简史:从动物到上帝 [M]. 林俊宏,译. 北京:中信出版集团,2017:116-176.

❹ 杰米·巴特利特. 暗网 [M]. 刘丹丹,译. 北京:北京时代华文书局,2018:100-107.

❺ 杰米·巴特利特. 暗网 [M]. 刘丹丹,译. 北京:北京时代华文书局,2018:106.

❻ 中国人民银行、工业和信息化部、中国银行业监督管理委员会、中国证券监督管理委员会中国保险监督管理委员会《关于防范比特币风险的通知》,(银发〔2013〕289 号)。

警告。❶ 但不论是比特币还是 Libra 币，本质上都是代码，通过代码来组织社会已经在更深层次挑战现行制度。

(二) 私权利社会的局限性

1. 契约专制的标准化社会

私权利社会是以交易方式来分配稀缺资源，其他以非交易方式对稀缺资源的竞争都被禁止，否则当社会组织中有多种竞争方式并存时，如抢劫、欺诈或者基于权力、身份、宗教、民族以及血缘关系来进行分配，市场交易的信息处理效率就会受到损害，这种市场经济的组织效率会出现严重低下，社会成员又回归到多种竞争方式，无法有效选择的囚徒困境状态，这种社会组织的效率性可能比运行良好的公权力社会还要差。例如，同样是采纳私权利社会制度模式的中南美洲国家（包括印度），其组织效率普遍较差，社会混乱和贫穷。❷ 因此，私权利社会中社会成员的竞争行为只有竞争交易能力这种单一模式，就必须有对社会成员竞争行为的同质化过程，而这一过程往往就有相当的强制性和专制性，中世纪的宗教专制为西方社会打下了制度基础，而之后基督教改革为同质化的私权利社会竞争秩序提供了道德支持，使得社会成员的竞争行为标准化和道德化。❸ 如芮夫金所指出的，"古典经济理论认为通过市场所进行的产权交易是产生经济活动和创造繁荣最有效的方式。资本主义给我们带来的这一核心特征有着几个被认为是根植于人的本性的假设，但是经过反思，这些假设只是强化某种具有时代特征的特定组织经济活动方

---

❶　ISICHEI A. US Congress Wants Facebook to Halt Libra Cryptocurrency Project［EB/OL］. (2019-07-03)［2019-12-10］. https://btcmanager.com/us-congress-facebook-libra-cryptocurrency/?q=/us-congress-facebook-libra-cryptocurrency/&.

❷　"如勒庞所指出的，'我们看到，有些国家，譬如美国，在民主制度下取得了高度繁荣，而另一些国家，譬如那些西班牙人的美洲共和国，在极为相似的制度下，却生活在可悲的混乱状态之中。这时我们就应当承认，这种制度与一个民族的伟大和另一个民族的衰败都是毫不相干的。各民族是受着它们自己的性格支配的，凡是与这种性格不合的模式，都不过是一件借来的外套，一种暂时的伪装'。"参见：古斯塔夫·勒庞. 乌合之众：大众心理研究［M］. 冯克利，译. 北京：中央编译出版社，2005：70-71.

❸　如韦伯所指出的，"资产阶级商人意识上他们领受着上帝完全的恩典，并且受到上帝切实可见的保佑。只要他们注意保持言行举止的正确得体，道德行为的无可挑剔，以及他们对财富的使用不会引起异议，那么他们就可以竭尽全力地去追求经济利益，并且将其视作是一种责任的履行。与此同时，宗教禁欲主义的力量还为这些资产阶级商人提供了严谨、尽责又极为勤勉的劳动工人，而这些人将工作视为上帝安排给他们的人生目标"。参见：马克思·韦伯. 新教伦理与资本主义精神［M］. 于晓，等，译. 北京：北京大学出版社，2012：178.

式的社会结构而已"❶。

马克思和恩格斯对此有深刻的论述,"只要分工还不是出于自愿,而是自然形成的,那么人本身的活动对人来说就成为一种异己的、同他对立的力量,这种力量压迫着人,而不是人驾驭着这种力量"❷。这说明在这种社会中,由于信息能力的限制,人类自由还是有很大损失的,也就是说人还不得不作为一定的工具性存在。在 19 世纪的美国镀金时代,这被称为"契约奴隶",是一种工资奴隶制。"一家劳工报纸把美国的发展描述成是一个由不同形式的奴隶制形式组成的历史,从封建主义到人身奴隶制,再到工资劳动制,都是同一'种类'的成员。"❸ 如美国最高法院大法官布兰代斯在 20 世纪初指出,"政治自由"与"工业奴隶制"之间的矛盾,是美国最严重的社会问题❹。

因为社会成员表现出工具性,私权利社会仍然是去人格化的社会形态。社会成员都以各种方式参与对交易能力的竞争之中,并为此贡献自己的自由。如马克思和恩格斯所指出的,"在大工业和竞争中,各个人的一切生存条件、一切制约性、一切片面性都融合为两种最简单的形式——私有制和劳动"❺。"对通用的文化和技能的训练与过去相比好像变得越来越紧迫,而且它们的要求明显地与日俱增,这不仅仅在学校中,而且在生活中。不能达到这种要求的人便会在社会进程中落后,而且在某种程度上便是失败者;或者不能谋生,或者与大众的活动接触越来越少,以至于没有接触。"❻ 这种对社会成员的信息能力的训练使得社会成员的人格性受到损失,因为凡是不能提供信息能力的个体差异性都会被忽视或者消减,由于这种竞争规则的单一性,导致社会成员便被迫表现出行为的一致性。

但是世界上没有抽象的"人"的存在,如法国保守主义学者梅斯特尔所说:"世界上并没有'人'这种东西。在我一生中只见过法国人、意大利人、俄国人,等等。但是如果说'人',我却从没碰到过。就算他真的存在,至少我不认识。"❼ 如同里斯曼在他的名为《孤独的人群》的书中所形容的,美国

---

❶ RIFKIN J. The Third Industrial Revolution [M]. London:Palgrave Macmillan,2008:212.

❷ 卡尔·马克思,弗里德里希·恩格斯. 德意志意识形态 [G] //卡尔·马克思,弗里德里希·恩格斯. 马克思恩格斯选集(第 1 卷). 北京:人民出版社,2012:165.

❸ 埃里克·方纳. 美国自由的故事 [M]. 王希,译. 北京:商务印书馆,2018:187.

❹ 埃里克·方纳. 美国自由的故事 [M]. 王希,译. 北京:商务印书馆,2018:209.

❺ 卡尔·马克思,弗里德里希·恩格斯. 德意志意识形态 [G] //卡尔·马克思,弗里德里希·恩格斯. 马克思恩格斯选集(第 1 卷). 北京:人民出版社,2012:207.

❻ 查尔斯·霍顿·库利. 社会组织 [M]. 北京:中国传媒大学出版社,2013:78.

❼ 李强. 自由主义 [M]. 北京:东方出版社,2015:250.

人是"受他人指导"的顺民，缺乏内在的力量来过一种真正独立自主的生活。其他的社会评论家认为，公司企业制已将曾经有独立思想能力的雇员转化成了"组织化了的人"❶。"卡尔·马克思在一个多世纪前指出，资本主义市场在人与人之间，除了自身的利益之外，什么也没有留下，当然也不会留下一个道德社会的基础。"❷

私权利社会中这种构建于私权利之上的社会道德产生了很大争论，如桑德尔所指出的，"我们从市场经济（Market Economy）转变成了市场社会（Market Society）。其区别是：市场经济是一个工具——组织生产活动的有价值的和有效工具。市场社会则是一种生活方式，市场价值渗透到人类行为的每个方面，是一个所有社会关系都依赖于市场而建立起来的社会。在现代政治中缺少了一个关于市场的作用和范围的重大讨论。我们需要一个市场经济还是市场社会？"❸ 这里的市场社会便是私权利社会。在第六章中会讨论中国社会的五层组织机构，其中需要注意的问题之一是私权利社会组织对其他层级的社会组织的破坏和解构。

2. 制度剩余控制权失控的社会

在私权利社会中，由于受到大众传播信息技术的限制，信息的获得和处理最终还是依赖于自然人的分析和判断，而自然人精力、时间和分析能力的局限性损害了他们的信息能力。为解决个人信息能力的局限性，企业组织和专业人士便出现了，他们具有优势信息能力，享有该制度中的制度剩余控制权。❹ 但是，与封建氏族社会的贵族阶层和公权力社会的官僚集团不同，私权利社会中，这些制度的构建者和维护者不是直接通过自己的命令和强制力来规范社会成员的具体行为，而是通过纳税以及所谓的民主法治制度来供养和约束公权力组织为其服务。公权力组织的作用是减少私权利交易中由于成员

❶　埃里克·方纳. 美国自由的故事［M］. 王希，译. 北京：商务印书馆，2018：381.

❷　埃里克·方纳. 美国自由的故事［M］. 王希，译. 北京：商务印书馆，2018：432.

❸　SANDEL M. What Money Can't Buy：The Moral Limits of Markets［M］. New York：Farrar, Straus and Giroux，2012：27.

❹　例如，在美国，上层中产阶级的出现主要是因为技术社会中对专门知识的需求，这个阶层的成员大约占整个劳动人口的10%～15%，占国民收入分配的20%。这个阶层成员从事各种工作，范围从牙医、律师和医生等自由职业到拿薪水的公司主管这样的职位。上层阶级是美国最有权、最富有的群体，大约只占美国总人口的1%～3%，上层阶级成员占据着大型商业、娱乐业、工业、政府以及军事等部门的许多高层位置。参见：戴维·波普诺. 社会学［M］. 11版. 李强，等，译. 北京：中国人民大学出版社，2007：299-300.

自私性而导致的对交易秩序的背叛所产生的内生交易成本。❶ 法国经济学家皮凯蒂研究指出，基于私权的市场经济，尤其自己来决定的话，将是包含有与知识和技能关联在一起的强大聚合力，但是同时也有分离的力量，这将对民主社会以及其所基于的社会正义的价值观产生潜在的威胁。从长远来看，基于资本所产生的回报率将远远高于收入和产出的增长率。企业家将不可避免地成为出租者（Rentier），对那些除了劳力而一无所有的人越来越具有支配力。一旦开始，资本对自身的生产就快于劳动产出的增长。过去正吞噬着未来。❷

私权利社会是物质生产效率较高的社会组织形式，但是，企业主享有该制度的剩余控制权，这种剩余控制权会使得企业主可以获得更多的社会稀缺资源，而该稀缺资源的获得又会进一步增加企业的组织者和管理者信息能力的优势，从而进一步扩大这种剩余控制权，这将造成社会成员之间财富差距的增大。❸ 社会成员因此所丧失的自由量也就越大，从而增加了社会不同阶层之间的竞争压力，这种竞争压力越大，对私权利社会所主张的竞争秩序的危险也就越大。❹ 这在今天美国社会中有明显的表现，在经济上美国社会越来越不平等。在美国"到 20 世纪 90 年代中期，最富有的 1% 的美国人拥有美国40% 的财富，相当于 20 年前他们所占比例的两倍"❺。而最近美国经济政策研究机构的研究报告表明，在美国从 1978 年以来 CEO 的报酬增加了 940%，而

---

❶ 如经济学家诺斯等认为，在英国，成功的工业化最重要的推动力是在 17 世纪，通过制度的演进，政府对宪法的承诺变得可信。这大大减少了国家机会主义，从而大大减少了社会中的寻租和相关的内生交易成本。参见：杨小凯. 经济学：新兴古典与新古典框架 [M]. 张定胜，等，译. 北京：社会科学文献出版社，2003：358.

❷ PIKETTY T. Capital in The Twenty-Frist Century, translated by Arthur Goldhammer [M]. Boston：the Belknap Press of Harvard University Press，2014：686-687.

❸ 全球财富报告. 1% 的人拥有全球近一半财富 [EB/OL]. （2014-10-16）[2019-12-10]. http://news. sohu. com/20141016/n405157182. shtml.

❹ 马克思和恩格斯认为，"这种社会分工所导致的单个人的利益或者家庭的利益与所有互相交往的个人的共同利益之间的矛盾……正是由于特殊利益与共同利益之间的这种矛盾，共同利益才采取国家这种与实际的单个利益和全体利益相脱离的独立形式……这些阶级是通过每一个这样的人群分离开来的，其中一个阶级统治着其他一切阶级"。参见：卡尔·马克思，弗里德里希·恩格斯. 德意志意识形态 [G] //卡尔·马克思，弗里德里希·恩格斯. 马克思恩格斯选集（第 1 卷）. 北京：人民出版社，2012：164.

❺ 埃里克·方纳. 美国历史：理想与现实 [M]. 王希，译. 北京：商务印书馆，2017：1320.

一般雇员的报酬仅仅增加了 12%❶。在政治上则表现为代表资本精英利益的政治力量与代表大众利益的政治力量的分裂和对立。例如，美国 2008 年金融危机之后，一个民意测验显示美国银行家在社会公众的尊重度排行榜上排名倒数第三，仅仅高于妓女和重罪犯人。❷ 随之而来的是犯罪人数的急剧上升。2008 年美国监狱人口达到 230 万，是 1970 年的 10 倍。还有几百万人处在假释、缓刑或者某种形式的犯罪监管形势之中。美国监禁犯人占了整个世界犯人总数的 1/4，远远超过其他任何国家。❸ 根据调查，今天的俄罗斯 87% 的财富集中在最富有的 10% 的人手中。❹ "经济学家皮凯蒂认为不平等的根源在于金融投资和经济发展的不同回报率。有资本进行投资的人能够实现财富的高速增长，罗马统治阶级就是典型的例子。由于他们的权力极度依赖于财富，因此需要财富不断增长。他们将财富投资于债务和股权证券，最重要的是，他们利用其政治影响力促成投资结果。"❺

"权力和金钱一样会使人腐败。"❻ 这种基于市场经济所产生的剩余控制权在经济全球化过程中则会体现在发达国家和发展中国家之间的对稀缺资源和社会成员自由量的不同占有能力，从而加剧了全球范围内不同国家之间的竞争压力。根据李嘉图的比较优势理论，参与国际贸易的国家之间都会因此得到好处❼，但是，由于参与国家的竞争力不同，或者说信息能力不同，那么发达国家在这一过程中所获得的稀缺资源更多于发展中国家。也就是说，当发展中国家的社会成员也参与到这种市场经济制度中时，他们的自由量会更多地被发达国家所剥夺。因此，尽管国际贸易是一个双赢游戏，但却是更有利于发达国家的游戏。用索罗斯的话说："全球化的趋势是剩余资金从外围国

❶ MISHEL L，WOLFE J．CEO Compensation Has Grown 940% Since 1978，Typical Worker Compensation Has Risen Only 12% During That Time［R/OL］．（2019-08-14）［2019-12-10］．https://www.epi.org/files/pdf/171191.pdf.

❷ 埃里克·方纳．美国历史：理想与现实［M］．王希，译．北京：商务印书馆，2017：1409.

❸ 埃里克·方纳．美国历史：理想与现实［M］．王希，译．北京：商务印书馆，2017：1358-1360.

❹ 尤瓦尔·赫拉利．今日简史［M］．林俊宏，译．北京：中信出版集团，2018：12.

❺ 威廉·戈兹曼．千年金融史［M］．张亚光，熊金武，译．北京：中信出版集团，2017：91.

❻ 肯尼斯·阿罗．组织的极限［M］．陈小白，译．北京：华夏出版社，2014：18.

❼ "李嘉图争辩道，只要存在着这样一种比较优势，则即使一个国家在任何产品的生产上都没有绝对优势，它也能像其他在所有产品生产上都具有绝对优势的国家一样从贸易中得到好处……罗森（Rosen 1978）将此类分工经济称为一加一大于二的效果，这是一种人与人之间的互补经济。"参见：杨小凯．经济学：新兴古典与新古典框架［M］．张定胜，等，译．北京：社会科学文献出版社，2003：38-40.

家转移到中心国家，即美国。"❶ "强迫其他国家开放市场进行自由贸易和自由投资的最强有力的代理人是山姆大叔，而美国的全球武装部队维持着这些市场和海道为全球化而敞开大门……"❷

私权利社会有其严重的制度性缺陷，这种制度性缺陷依靠修修补补是无法解决的，必须是一种制度上的变革，即找到一种新型的社会组织形式。但是，这种新型社会组织形式不是想象出来的，必须有相应的技术尤其是信息技术条件。如英国历史学家伯克所说的："要推翻一个社会，仅仅证明它不完善是不够的，还必须证明新的社会或机构可以做得更好。"❸ 网络与大数据技术可能为此打开了新制度的大门。

❶ 蔡美儿. 起火的世界［M］. 刘怀昭，译. 北京：中国政法大学出版社，2017：303.
❷ 蔡美儿. 起火的世界［M］. 刘怀昭，译. 北京：中国政法大学出版社，2017：300.
❸ 彼得·德鲁克. 公司的概念［M］. 慕凤丽，译. 北京：机械工业出版社，2019：100.

第五章

大数据技术与合作共享社会

> 历史可以视为是人类通过组织来实现自己愿望的斗争记录；而新的传播是实现这一目标的有效工具。
>
> ——查尔斯·库利❶

一、大数据技术的概念与特征

（一）大数据技术、大数据、数据与信息

数据是大数据技术的基本元素，但是数据的真正价值在于其中的信息，因为信息才能产生负熵，数据仅仅是信息的数据化（Datafication）表现形式。但是，没有数据化的信息是很难直接被大数据技术所利用和分析的，因此信息的数据化是前提条件。信息论将数据、信息和知识之间的关系描述为"三元组"式的信息金字塔，形成沙玛所称的"'数据—信息—知识'金字塔"模型（见图5-1）。❷在这一基础上又被扩展到更上层的才智，形成"数据—信息—知识—才智金字塔"模型（见图5-2）。本书基于这一模型将大数据技术中数据、信息、知识与才智之间的关系描述为"大数据金字塔模型"（见图5-3），该模型体现了对信息、数据、知识和才智之间的关系。当数据可以提高相关主体的才智能力时，这种能力是否被正当利用的担忧便成为对大数据技术加以规治的理由之一。

---

❶ 查尔斯·霍顿·库利. 社会组织 [M]. 北京：中国传媒大学出版社，2013：71.

❷ 马克·布尔金. 信息论：本质·多样性·统一 [M]. 王恒君，嵇利安，王宏勇，译. 北京：知识产权出版社，2015：107.

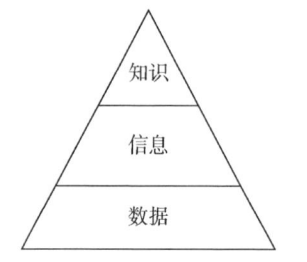

图 5-1 数据—信息—知识金字塔

图 5-2 数据—信息—知识—才智金字塔

图 5-3 原始信息—数据—大数据技术—再生信息—知识—才智金字塔

1. 大数据技术

大数据技术这一概念包含三个内容："第一是技术，是指能够最大化计算能力和算法精度的技术；第二是分析，是指通过数据的筛选和对比而进行分析的工具；第三是方法论，是指认为大数据能够产生更加真实、客观和精准结果的一种理念。"❶ 在不同的语境下，大数据技术可能分别意味着这三个不同的内容。现在产业界越来越同意这样一个观点，代码技术、网络、大数据、云计算和人工智能将是合并趋同的技术，将它们分开来讨论和规范的企图既没有意义也无法实现。例如，人工智能和大数据技术几乎是合二为一的，没有智能处理的数据是没有意义和价值的，没有数据的人工智能是无法实现的。大数据技术与云计算也是密切相关，大数据技术可以看作是云计算技术的延伸。

因此，本书在提到大数据技术这一概念时，在一些情景中是宽泛意义上的使用，它可以包括代码、网络、云计算、大数据技术和人工智能等综合代码技术。

---

❶ DOYD D，CRAWFORD K. Critical Questions for Big Data［J］. Information，Communication & Society，2012，15（5）：662-679.

2. 大数据

大数据是指一般的软件工具难以捕捉、管理和分析的大容量数据，一般以"太字节"（TB）为单位。大数据的具体量级并没有明确的意义，由于收集、存储和分析能力的发展可以指数级地提高所能分析数据的容量、种类和速度，所以大数据的概念是不断变化的。大数据有"体量大、多样性、价值密度低以及增长速度快"四个特征，即所谓的四个 V（Volume，Variety，Value 和 Velocity）❶。有报告认为大数据除了这四个特征之外，还有一个特征：数据价值的时效性（Perishability）。数据的时效性与要求个人同意作为对其个人数据信息使用的前提条件是有冲突的，因为人的局限性，个人往往需要时间来判断是否同意，而大数据技术却无法忍受这一拖延。这意味着私权利社会中的个人自治原则受到了挑战。

3. 数据

大数据是由数据（Data）构成的，而数据是指以代码技术为基础的以各种格式所表现的数据电文❷。数据是信息的一种表现形式，其关键在于以数据形式所表现的信息是可以被机器智能处理的。数据只有被处理、被结构化和被理解之后才有用处。通常，数据只有表明某种信息时才有用处。美国 FTC 相关报告中将数据依据来源分为三类：政府来源数据、公共来源数据和商业性数据。❸ 不同来源的数据可能对应着不同的数据主体和相关权益。

4. 信息

关于信息（Information）的定义有很多，至今也没有统一的认识。❹ 在本

---

❶ 数据体量大，一般是在 10TB 规模以上的数据量，实际中有些企业用户的数据已经形成 PB 级的数据量。数据多样性是指数据来自多种数据源，数据种类和格式日渐丰富，包括了半结构化和非结构化数据。价值密度低是指大数据所创造的价值密度明显更低。速度快是指在全球范围内，数据以每年 50% 以上的速度在增加，已经超过了 IT 设计发展的速度。参见：李军. 大数据：从海量到精确［M］. 北京：清华大学出版社，2014：7-8.

❷ 《中华人民共和国电子签名法》第 2 条对数据电文这一概念有定义，"是指以电子、光学、磁或者类似手段生成、发送、接收或者储存的信息。"

❸ Federal Trade Commission. Data Brokers：A Call for Transparency and Accountability［EB/OL］.（2014-05）［2019-12-10］. https://www.ftc.gov/system/files/documents/reports/data-brokers-call-transparency-accountability-report-federal-trade-commission-may-2014/140527databrokerreport.pdf.

❹ 范·里斯伯根和莱姆在 1996 年写道："信息一直是个难以捉摸的概念。尽管如此，许多哲学家、数学家、逻辑学家和计算机科学家仍然认为它是基础。人们做了许多尝试，试图想出某种合情理的、直觉上可接受的信息定义。到目前为止，这些尝试没有成功的。"香侬也写道："几乎无法设想一个单一的信息概念会完全地解释这个一般领域里众多可能的应用。"转自：马克·布尔金. 信息论：本质·多样性·统一［M］. 王恒君，嵇利安，王宏勇，译. 北京：知识产权出版社，2015：9，12.

书中，信息是指能够被人通过感官所感知和分析，从而可以获得知识和才智的内容。由于受到人感官能力的限制，自然人只能直接感受到一定状态、数量和范围的信息，信息需要以人类感官所能感受和理解的载体来表现，即"信息的所有使用都依靠符号"❶。而以数据为载体的信息是不适合被人所直接感知的，大数据技术的功能之一便是实现信息和数据之间的相互转换，即从原始信息经过大数据技术获得再生信息的过程，以便人类通过再生信息来获得才智，并作出判断。

5. 原始信息

如图 5-3 所示，大数据技术金字塔中的信息分为原始信息和再生信息两类。被直接转化成数据的信息可以称为原始信息。例如，网络用户的个人信息在注册网络用户的过程中被直接数据化，这些被数据化的个人信息就是原始信息。原始信息不仅仅包括静态的身份和状态信息，也包括动态的行为信息，而且这类信息更加庞大和有价值，如"人们对信息的搜索本身便是信息"❷。公共场所的各种信息被数字化摄像和采集之前也是原始信息。

6. 再生信息

再生信息是依据大数据技术而对数据分析和处理之后获得的信息。能够从大数据中产生有价值的再生信息是大数据技术四大能力中的第三大能力的体现，"大数据技术能够使我们有意义地聚焦到数据中某一部分，来洞察我们是谁……如果我们有足够的数据，我们可以看到某一城镇或者城市的人是如何生活的，可以知道他们每小时甚至是每分钟的行为"❸。例如，据报道，潜逃至重庆的杀母嫌疑人吴某某就是在重庆机场被人脸识别系统捕捉，并和数据库中的嫌疑人头像数据对比后被发现而被现场抓捕的。❹ 如何保证再生信息的使用主体正当地利用这一能力则是对大数据技术加以规治的目标之一。

---

❶ 阿诺·彭齐亚斯（Arno Pensias）语，转自：马克·布尔金. 信息论：本质·多样性·统一 [M]. 王恒君，嵇利安，王宏勇，译. 北京：知识产权出版社，2015：33.

❷ DAVIDOWITZ S S. Everybody Lies：Big Data, New Data, and What the Internet Can Tell Us about Who We Really Are [M]. New York：Harpercollins, 2017：4.

❸ DAVIDOWITZ S S. Everybody Lies：Big Data, New Data, and What the Internet Can Tell Us about Who We Really Are [M]. New York：Harpercollins, 2017：215.

❹ 中国经济网. 发现吴谢宇的"天眼"是什么? 人脸识别已覆盖超八成大型机场 [EB/OL]. (2019-04-29) [2019-12-10]. https://baijiahao.baidu.com/s?id=1632108613085464718&wfr=spider&for=pc.

（二）信息主体和数据主体

1. 数据主体

数据主体是重要的概念，因为它们是对大数据技术规治中的主要权利主体、义务主体和责任主体。美国 FTC 的相关报告中曾经使用数据经济人（Data Brokers）的概念，其与这里的数据主体概念基本相同。❶ 数据主体可以分为两类，一是数据产生与存储主体，简称数据产生主体；二是数据分析和应用主体，简称数据分析主体。❷ 在实践中，这两个主体是可以重叠的，即一个企业同时扮演着多种数据主体的角色，但是，在很多情况下也是分离的。例如，数据分析公司在为客户（如政府机关或者企业）进行数据分析服务时，既可以对客户已经产生的数据进行分析，也可以按客户的要求自己采集数据并进行分析。对于后一种情形，数据分析公司实际上已经收集新数据，因而也是数据产生主体。

数据分析主体需要判断哪些数据是信号（Signal），哪些数据是噪音（Noise）。"信号与噪音是数据相关性统计方面的行话，相关性的数据是信号，随机产生的非相关性的数据是噪音。社会性数据之所以复杂是因为什么是信号以及什么是噪音，对于不同的使用者和不同的场景是变化的。"❸ 噪音就是混乱的数据，是正熵，而信息是有规律的数据，是负熵。

2. 信息主体

信息主体分为原始信息主体和再生信息使用主体。原始信息主体是数据化之前的信息相关持有者。《中华人民共和国民法典》第 111 条规定自然人的个人信息受法律保护，第 1037 条表明自然人是个人信息的主体。依赖大数据技术获得再生信息的主体便是再生信息主体。

根据"大数据技术金字塔模型"，大数据技术中的整个应用流程以主体为角度可以相应描述为：原始信息主体——数据产生主体——数据分析主体

---

❶ Federal Trade Commission. Data Brokers：A Call for Transparency and Accountability［EB/OL］. (2014-05)［2019-12-10］. https://www.ftc.gov/system/files/documents/reports/data-brokers-call-transparency-accountability-report-federal-trade-commission-may-2014/140527databrokerreport.pdf.

❷ 例如，北京国双科技有限公司（http://www.gridsum.com）、安客诚（acxiom）公司（http://www.acxiom.cn），埃森哲、IBM 和 Oracle 等都是提供大数据分析处理服务的公司，主要属于大数据分析主体。

❸ WEIGEND A. Data For the People：How to Make Our Post-Privacy Econony Work［M］. New York：Basic Book，2017：29.

——→再生信息主体，形成"原始信息主体—数据产生主体—数据分析主体—再生信息主体"金字塔模型（见图5-4）。

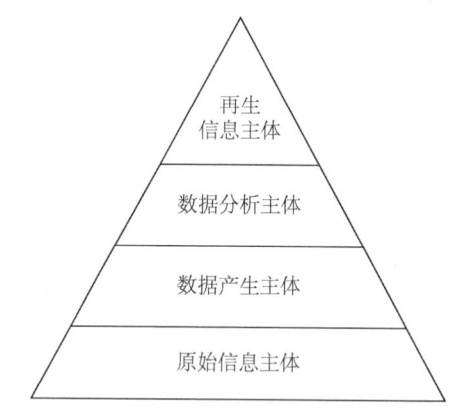

图5-4 原始信息主体—再生信息主体金字塔

（三）大数据技术的特征

1. 数据化信息的全景性

大数据技术的全景信息感知能力对社会成员的信息能力可以有巨大提升。人类主要是通过感官来获得外界信息的，但是在进化过程中，受到大脑信息处理能力的限制，人的感官能力是有限的，这意味着人类从外界直接获得信息的能力是非常有限的。例如，超声波、红外线、射线、磁场、微弱气味以及微弱的压力等信息都是我们无法直接感知的，人类对自身的绝大部分信息的感知也不足。这种感知信息能力的限制也限制了人类对世界和自身的认识能力。而大数据技术极大增强了人类对信息的感知能力，并且这一增强还在不断地进步中。通过数据终端技术的帮助，人类可以直接和有意识地获得感官无法直接获得和感知的信息，如超声波、红外线、辐射、磁场、气味、压力以及自身的数据信息。信息能力的极大增强一定会改变人的思维和判断能力，从而影响人的行为模式。人类获得的信息越充分，其信息能力越强，其行为的理性便可能越高。

2. 数据化信息的全存储性

大数据技术的全数据信息存储性对社会成员信息能力的巨大提升。人类自身对信息的存储能力主要是依赖人大脑的记忆力，这种信息存储能力不但容量有限，而且精确度也不高。而对信息的存储是人类分析信息之间关系和规律的重要前提，只有足够的信息量才能帮助人类发现其中的规律，从而对自己的行为进行指导和预测。以代码形式技术存储的全景信息数量巨大，远远超过了人类以往的信息存储能力。如在 2013 年，世界上所存储的信息总量估计有 1200 艾字节（Exabytes），其中只有不到 2% 的信息是非数字化的。[1] 而数据存储技术目前还在飞速发展，从电磁存储到将来的生物蛋白存储，以及最后物联网时代的全物质存储，人类社会正在向全数据信息存储时代前进。信息的全数据存储性可以使人类对信息在时间维度上的能力有巨大提升。

3. 数据化信息传播的均衡性

信息对人的影响与它的传播能力有直接的关系，大数据的全时性与无地域性信息传播能力可大大提升社会成员的信息能力。信息传播是需要载体的，因为信息本质上是能量的作用过程，信息传播依赖于人对能量的控制和使用能力。口语时期，信息的传播主要依赖人自身的能量，因此信息传播范围极为有限，对传播者对信息内容的忠诚度要求很高，传播信息的容量和准确度很差。文字和印刷时期，信息传播开始逐渐摆脱对传播者的信息内容忠诚度要求，信息传播范围随着物流能力的增加而增加，但是信息内容较为抽象，信息传播具有明显的时间滞后性。而以电磁技术为基础的广播时代，信息内容传播具有了即时性，地域范围明显扩大，信息内容开始具体化。

大数据技术下的信息传播是全时性和无地域性的。全时性是指在任何时间点都可以即时性地获得过去有数据记录以来发生的信息，当然也可以随时获得正在发生的信息数据。不论过去的印刷技术还是现在的广播技术都不能做到这一点，大数据信息传播的全时性对于人类理解相关对象在时间维度中的变化关系有着重要帮助。大数据传播的无地域性是容易理解的，因为计算机网络已经实现这一功能。而随着物联网等技术的发展和使用，这种无地域性的数据传播将更加无缝隙化。数据传播的无地域性一方面为人类形成超越资本的更大规模的社会组织提供了可能性，但是另一方面也为防止数据信息不被滥用提出了难题。各个国家都在强调数据存储的本地化以及数据跨国传输的各种限制性，而解决这一问题的前提便是如何提高人与人之间的互信这一基本问题上了。

---

[1] SCHONBEKGER V M, WKIER K. Big Data: A Revolution That Will Transform How We Live, Work and Think [M]. Boston: Eamon Dolan/Mariner Books, 2003: 24.

4. 数据化信息的智能性

大数据技术的智化性处理能力能大大提升信息能力。人类对信息的处理和计算主要依据人类的大脑，为此人类发明了很多用于信息计算的工具，如数学运算、逻辑推理以及中国的算盘等，数字技术和计算机技术也是这一过程的产物和工具。但是，这些运算工具的掌握和应用对特定的人要求很高，为此人类社会需要付出很大的自由来掌握这些技能，如从儿童开始的长达十几年的教育过程，很多是用于学习如何处理和分析信息的技能。

大数据是以数据技术为基础的信息存储与传播技术，因而更加容易智能化处理。这使得人类可以利用计算机技术来对大数据内容进行分析和计算，从而将人脑自身的存储和计算能力的有限性加以解放，帮助人来完成这些分析和计算信息的任务，这是大数据的智化性特征。例如，有关身体状况和食物营养之间的信息分析和处理，有关人的行为的安全控制以及有关社会稀缺资源的优化配置问题等，都可以实现以大数据为基础的智能化控制。❶ 对于这一理解，我们可以想象一下人自身对信息处理的过程。人类自身有相当一部分信息是不需要我们大脑有意识分析和处理的，而是自动分析和处理的，即医学上所称的自主神经系统；而另一部分信息才需要人的大脑有意识分析和处理，从而作出判断。同样，我们身上的稀缺资源，如营养也不是被各个器官或者细胞所独占，而是依据人体系统和营养的供给状态进行优化配置。在大数据时代，人类社会越来越具有类似于人体的有机特征，这是符合我们对人和自然的认知方向的。

5. 数据化信息的理性效力性

对于信息的发送者和接收者，一个重要问题便是信息能力，也就是信息发送者所希望的信息效果与信息接受者，通过对信息特征的分析和判断之后而对其行为所产生的支配力之间的差距和对比。在口语时代和文字时代，信息能力都比较弱，因而需要更加强化的措施来辅助增加信息能力，如利用血缘关系、物质激励以及严酷刑罚等，社会成员依据信息能力所作出的行为理性就较低。在大众传播时代，由于信息技术的进步和公众对信息分析和理解能力的增强，信息能力有很大程度的增加，从而通过强化措施来增加信息能力的要求减弱，社会表现出更加自由和民主，但是也仍然需要很强的惩罚体

---

❶ SCHONBERGER V M, CUKIER K. Big Data: A Revolution That Will Transform How We Live, Work and Think [M]. Boston: Eamon Dolan/Mariner Books, 2003: 30.

系来实现。❶

大数据技术下所传播的信息能力是空前的，包括前面所提到的全景性、全数据性、即时性、无地域性和智能性等，这种特征下的信息使得公众之间的信息量、对称性和透明性都极大增强。在这种情况下，大数据所承载的信息能力对人是有极大提升的，也就是说，在大数据技术下的社会，社会成员越来越因为理性判断而自愿遵守信息内容，社会成员的个人私利与社会组织的共同利益之间进入高度的理性一致性。❷ 在这种社会中，制度维护者滥用制度剩余控制权的机会和能力会减弱。

从上述大数据技术的特征我们可以看出，大数据技术可能从根本上提高人类的信息能力，也将从根本上改变人类自身的组织能力和目标。这也就意味着人类自身的行为模式以及相关联的制度设计将可能有巨大变化。

二、大数据技术与合作共享社会形成的可能性

（一）大数据技术将催生新型基本群体

之前已经讨论过，在不同类型的社会组织中，人类所形成的基本群体也不同，从开始的基于血缘关系所形成的家族，到公权力社会中依赖法令所形成的各种政府组织，再到私权利社会中依赖资本所形成的企业组织。而在代码社会中，依赖代码媒介正在形成新型的基本群体——代码空间。他们不是家庭，不是政府，不是企业，而是在代码空间中所形成的群体。信息技术的发展使得依赖血缘的封建氏族被解构而成为家族组织，同时超越血缘关系的公权力组织即官僚组织出现。这就是中国从西周到秦汉的历史大转折。信息技术的进一步发展又解构了官僚组织，形成了企业这种小的公权力组织，政府成为企业的工具，这便是以英国为代表的西方现代国家的形成，这是人类历史上的又一次大转折。网络技术出现后，传统的企业也正在被解构而形成

---

❶　2008 年美国监狱人口达到 230 万，是 1970 年的 10 倍。还有几百万人处在假释、缓刑或者某种形式的犯罪监管形势之中。2010 年，美国监禁犯人 230 万人，占了整个世界犯人的 1/4，远远超过其他任何国家。参见：埃里克·方纳. 美国历史：理想与现实 [M]. 王希，译. 北京：商务印书馆，2017：1358－1360.

❷　例如，中国社会在构建的征信体系，其基本是依赖网络与大数据技术实现的。"央行当天披露的数据显示，截至今年 8 月末，我国金融信用信息基础数据库累计收录信贷信息 33 亿多条、公共信息 65 亿多条，为 2542 万户企业和其他组织、9.7 亿自然人建立统一的信用档案；接入各类法人放贷机构 3900 多家，日均查询企业信用报告 29 万余次、个人信用报告 477 万余次。"（2018－10－22）［2019－12－10］. https://www.creditchina.gov.cn/toutiaoxinwen/201810/t20181019_128616.html.

代码空间组织，这些代码空间组织与传统企业有很大的区别，其正在发展和完善。而很多传统企业都必须网络化以实现生存。

大数据下的社会组织，由于信息提供的准确性和及时性，社会成员之间基于这种信息作出自己利益和社会组织利益之间的最佳配置，使得对自己自由的贡献更具理性。这种社会便从私权利社会转变为代码社会，有人也称之为有机社会。这种社会组织形式如同人体一样，社会成员类似于细胞，这些细胞形成不同的组织并承担人体所需的各自功能，而细胞之间和组织之间都协调地受着神经系统的指挥，以应对人体整个系统的需求，稀缺资源也根据这种需求而动态配置，如同人体中带有营养的血液一样。❶ 在这种社会组织中，社会成员根据自己的特征和意愿，理性地竞争各种社会组织中的功能部门，这种竞争不是为了最大限度地获得和占有稀缺资源，而是为了最大限度地满足自己作为社会组织成员的理性需求。因此，在大数据技术下，社会成员可能摆脱基于竞争稀缺资源而形成的基本群体形态，而形成基于共同特征和爱好的互助和共享的基本群体。

这种情况在我们生活中已经发生。例如，微信用户利用微信组建各种"群"，这些群中的成员往往有共同的目的和合作意愿，并且在没有契约义务的前提下自愿共享自己的信息和资源。除此之外，众多的APP所形成的群体，这些用户群体内部之间的合作关系都超出了之前基于私权加契约的市场经济关系，强调合作与共享。

有一个例子能够说明一些问题，尽管有些令人尴尬。有学者发现，在西方，"网络使得搜寻色情内容变得十分简单，也降低了色情制品的制作及贩售成本。借助高质量的网络摄像头及宽带，任何人都能坐在家中自制色情影片。许多人会将自制的低成本图片和视频，上传至网络。如今主宰成人影片市场的不再是专业艳星，而是普通大众。目前观看量最高的成人视频网站都是免费的，且都充斥着自制的色情影像。15家访问量最高的成人网站里的大约200万个视频是由非专业人士制作并发布的。尽管没法得到确切的数据，但是传统的色情产业（虽然还没消失）因此遭受了巨大的冲击。据自由言论联盟

---

❶ 经济学家马歇尔在20世纪20年代已经感受到这种有机性社会组织的发展趋势，"有机体——不论是社会的有机体还是自然的有机体——的发展，一方面使其各部分之间机能的再分部分有所增加，另一方面使各部分之间的关系更密切，这个原理没有很多例外情况。每部分的自给自足都变得越来越少，而为了自身的福利却越来越多地依赖其他部分。因此，一个高度发达的有机体的任何部分出了毛病，都会影响其他各部分。"参见：阿弗里德·马歇尔. 经济学原理 [M]. 廉运杰，译. 北京：华夏出版社，2005：206-207.

估计，2007～2011 年，由于互联网上免费色情内容的数量大增，全球（包括美国）的色情产业收入减少了约 50%"[1]。如果我们暂时抛开色情内容这一问题，而仅仅将其视为一种传统企业组织与新兴组织之间的转变，那么这一例子表明，依赖代码所形成的共享群体代替了原来的基于资本形成的企业，这种情形在其他领域可能也会不断发生。如传统的英语教学正在被另一种跨国界的英语学习网络组织所代替，他们形成了新的社会组织形式。[2]

（二）大数据技术将削弱私权制度

大数据技术将减弱私权利制度，从而可能逐渐诞生出组织效率更高的社会制度。大数据技术可以使得资源配置比通过市场交易的配置方式更加有效率，从而可以削减市场的作用，甚至可以在一些领域取代市场。交易成本的存在使得稀缺资源的持有人必须有足够的时间来消化这些交易成本，而保障这一时间的制度便是私权制度。"新经济模式的合作特征与经典经济理论是根本不同的，经典经济理论太注重于这样的假设上，即个人在市场上对私利的追求是驱动经济增长的唯一有效方式。"[3] 而个人注重私利的根本原因是对稀缺资源的竞争压力以及对是否能够获得合理的稀缺资源的不确定性两者的共同作用造成的，是对如何获得稀缺资源的信息能力不足的非理性后果。当大数据技术可以取代交易成为更有效的信息处理机制时，产权制度便逐渐失去价值。例如，在共享单车服务中，使用者关心的是使用机会而不是产权占有。如果能够方便地获得使用机会，那么产权占有实际上是一种负担。

以科斯为代表的经济学家认为企业的出现是因为利用价格机制是有成本的。通过价格机制"组织"生产活动的最明显的成本就是发现相关价格的成本。[4]"直至企业内部组织一笔额外交易的成本，等同于在公开市场中进行此项交易的成本，或者在另一企业中组织此交易的成本为止，企业将一直扩大规模。"[5] 电话、电报等技术创新会降低组织成本，从而导致企业规模扩大，所有能够改善

---

[1] 杰米·巴特利特. 暗网 [M]. 刘丹丹，译. 北京：北京时代华文书局，2018：186.

[2] 例如，VIPKIDS 是一个将 7 万北美英语教师与 50 万中国英语学习者通过网络组织起来进行一对一教学的平台。

[3] RIFKIN J. The Third Industrial Revolution [M]. London：Palgrave Macmillan，2008：126.

[4] 奥利弗·E. 威廉姆森，西德尼·G. 温特. 企业的性质 [M]. 姚海鑫，邢源源，译. 北京：商务印书馆，2010：25.

[5] 奥利弗·E. 威廉姆森，西德尼·G. 温特. 企业的性质 [M]. 姚海鑫，邢源源，译. 北京：商务印书馆，2010：29.

管理技术的创新都会使企业规模扩大。❶ 在互联网络技术下，市场的交易成本和企业的管理成本又急剧下降，按照科斯的交易成本理论，市场的交易成本下降会降低对企业规模的需求，而企业管理成本的下降会增大企业规模。两者之间似乎存在着矛盾。但是，在今天的中国社会可以看到这两个方面的相互作用，一方面像阿里巴巴这样的网络公司，其规模和经营范围越来越大，形成了除传统公司以外的由用户构成的庞大代码空间组织。另一方面众多的传统企业包括零售企业正在被淘汰。究其原因是阿里巴巴这样的网络公司正在利用资本之外的网络进行社会组织建设，从而极大提高了组织效率。

大数据技术下的社会组织形式可以是稀缺物品的订制社会而非市场经济社会。其成员可以通过商品市场交易之外的信息智能处理机制来进行信息交换，实现稀缺物品提供者和消费者的直接自动匹配，社会组织不再主要依赖于市场进行有关稀缺资源的最优配置，那么与市场经济有关的制度因素，如企业、产权以及交易规则等制度特征也会逐步消失。❷ 对于有形物品，大数据技术将提供准确的预订信息，并根据该信息进行物品的生产和配送，而市场经济中需要进行的市场预测、广告宣传以及价格议定等过程都将通过大数据系统提前完成。这将极大节省由于市场经济中信息不对称所造成的资源浪费和资源分配的不均衡。对于无形物品，如电影或者音乐，由于使用上不具有稀缺性和排他性，即边际成本接近于零，公众可以随时直接获得这些内容，并且按照使用量计算和分摊这些无形物品的初始成本，从而无需再对无形物品赋予排他性的私权来实现市场交易的目的。❸ 当社会分工不再需要市场交易来分享各自的稀缺资源和劳动贡献时，私权制度便也没有必要了。有机社会中稀缺资源的分配将是"共同创造—共享—按需（理性）分配"模式取代私权利社会中的"分工—私权—交易"模式，如同人体组织对营养的

---

❶ 奥利弗·E. 威廉姆森，西德尼·G. 温特. 企业的性质 [M]. 姚海鑫，邢源源，译. 北京：商务印书馆，2010：30.

❷ 例如，在今天的电子商务中，相关消费者对商品的评价成为其他消费者决定是否购买的重要信息，从而减弱了传统市场经济中对企业的信誉以及对商品的品牌的绝对依赖。那么，像商标权这样的私权，其功能便开始减弱了。有调查显示，自2012年美国广告市场已经开始萎缩，因为消费者从被动接受信息的方式转为主动和平等的分享商品信息。参见：RIFKIN J. The Third Industrial Revolution [M]. London：Palgrave Macmillan，2008：178.

❸ "当生产一个额外单位的产品或者服务的边际成本接近于零时，意味着充裕代替了稀缺。那么交易价值便没有意义了，因为每个人都可以想要多少便有多少而不需要支付对价。产品或者服务只有使用和分享的价值，而没有了交易的价值。"参见：RIFKIN J. The Third Industrial Revolution [M]. London：Palgrave Macmillan，2008：195.

需求和分配一样。但是从历史经验来看，人类社会不可能以一种组织形式完全代替另一种组织形式，而是多种组织形式并存。其中一种会成为主要形式和制度核心。在第六章中会详细讨论中国社会的五层组织形式以及其历史形成和特征。

（三）大数据技术将削弱二元社会结构

大数据技术下的社会组织将不断减弱私权利社会中的二元社会结构，形成一元的代码空间社会。在大数据技术的社会组织中，由于市场功能的萎缩，通过市场竞争所完成的信息处理与交换，大部分可以通过大数据体系来完成，那么围绕着维护市场竞争秩序的政府功能将极大减少。政府的功能可能主要在于维护和完善代码空间体系，由于大数据的智能化以及社会成员的高度参与与自治，对政府的需求将会进一步降低，政府机构将极大减弱，社会结构趋于一元社会。随着大数据技术的全球化，各个国家之间由于国家囚徒困境所产生的竞争压力也将逐步减弱，国家之间的关系越发出于理性，国防压力也将逐步削弱。根据美国学者莫里斯的观点，国家的出现尽管会提高战争的规模，但是却使得暴力冲突发生的频率下降了。❶ 依照这一观点，我们可以认为，当网络将全球人口组织起来，形成超越国家的代码空间组织时，国家之间战争的频率将可能进一步降低，因为代码空间在一定程度上消除国家之间对立的程度。这也符合人性中的自组织性，因为战争的目的是一个自组织对抗另一个自组织。但是，当对立的双方实际上已经形成更高层级的共同组织时，他们之间对抗的可能性会下降。

大数据技术下的社会组织中社会成员之间的物质持有更加公平和理性。在封建氏族社会、公权力社会和私权利社会中，社会组织中的特定集团享有剩余控制权的主要原因是这些集团具有信息能力的优势地位，而大数据技术下的社会组织，信息的获得、分析和实施主要是通过大数据体系自动完成的，信息的准确、透明和即时性大大减弱了不同主体之间有关信息上的优劣地位，那么这种剩余控制权便大大减弱，社会成员之间的稀缺资源的分配和持有便更加趋于公平和理性。这种社会地位的理性和公平降低了社会成员之间针对稀缺资源的竞争性和敌对性，增强了成员之间的合作性。那么与竞争性有关的私权制度如产权制度和隐私权制度将会显著减弱，社会成员将更容易放弃

---

❶ 伊恩·莫里斯. 战争：从类人猿到机器人，文明的冲突和演变 [M]. 栾力夫，译. 北京：中信出版集团，2015：XVII.

或者共享隐私利益，更加趋于社会组织共同利益下的理性状态，对于这一点，在第七章中会详细讨论。如瑞夫金所指出的，"在新出现的合作共享社会中的创新民主化是基于新的激励机制，对财富回报的期望越来越少，而对提高人类社会福祉的期望越来越多"❶。随着公共物品的社会化承担，公权力组织存在的意义便减弱了。但需要注意的是，公权力组织的重要功能在未被代替之前便解构公权力组织将是危险的，因为社会将再次进入无序竞争状态，如中国历史上的春秋战国时期和辛亥革命之后。美国国会反对 Facebook 公司的 Libra 币也是出于这种担心。

大数据技术社会中针对稀缺物品的非法竞争行为将显著降低。由于大数据技术下的社会组织是物品订制社会，大数据计算系统会对社会成员的订制需求进行精细的计算并提供最优化的配置。社会成员对稀缺物品的供求之间的紧张度会明显下降，会根据社会成员的精确信息计算和预测其对稀缺物品的需求状况，并作出及时的供应，如此一来，社会成员便可以从对稀缺物品的激烈竞争中解放出来，而有关针对稀缺物品的非法竞争行为将迅速降低，甚至完全消灭。"越是分布式和合作式的工业进步，相应的，不可避免地导致其所产生的财富的更加分布式享有。"❷ 由于这种竞争压力的减轻，使得社会成员之间由于竞争产生的对抗性减弱，那么社会成员的行为便更加具有合作性，降低了非法竞争行为的可能性。因此，大数据技术下的社会，剥夺社会成员自由的监狱和惩罚体系将会极大瓦解，根本原因是大数据社会不需要这些奖罚制度来增强信息的可执行力和约束力。经济学家奥斯特罗姆的研究指出，在一些情形下，即使没有外部约束力，某些社会团体中的成员也可以通过自我承诺和监督来解决成员之间的公地悲剧问题，成员之间不仅仅因为背叛而无处躲藏，而且也会对该团体产生耻辱感和负疚感。❸ 这种邻里效应的产生是因为成员相互之间信息能力的增强，而大数据技术下，可以将这种邻里效应扩大到整个网络中。如库利所说的，"从心理学角度来看，历史的本质事实可以被认为是社会共识和理性合作逐步扩大的过程"❹。

---

❶ BIFKIN J. The Third Industrial Revolution［M］. London：Palgrave Macmillan，2008：34.

❷ BIFKIN J. The Third Industrial Revolution［M］. London：Palgrave Macmillan，2008：115.

❸ OSTROM E. Governing the Commons：the Evolution of Institutions for Collective Action［M］. London：Cambridge University Press，1990：59.

❹ 查尔斯·霍顿·库利. 社会组织［M］. 北京：中国传媒大学出版社，2013：89.

（四）大数据技术将产生合作共享社会

大数据技术由于与 AI 的结合使得人类可以逐渐摆脱信息分析和处理这一繁重任务，本质上提高人的信息能力。这将产生比市场经济制度更为有效的信息处理和分析机制，那么也会逐渐改善甚至取代市场经济制度，诞生出新的人类社会制度，称为有机社会组织，也有学者称为"合作共享社会"（Collaborative Commons）。❶ 这种社会中最重要的基本群体是代码空间群体，在代码空间中，成员被代码空间所规范，并利用代码空间形成合作性组织。❷ 有机社会中的社会成员在稀缺资源上将是合作分享而不是竞争占有为主。"市场将被网络所取代，获得（Access）比所有权更为重要，对自利的追求将被合作利益所缓和，而传统的对富裕的追求将被可持续的生命品质的新追求所取代。"❸ "在真正的有机生活中，个人是自觉的并且奉献于自己的工作，感觉自己和所做的工作是一个大的和快乐整体的一部分。他自己是自作主张的，仅仅因为他知道在整个事件网络中存在着危险，知道在作为一个家庭、国家、人类以及不管何种更大的其信念所构想的存在之成员而努力。"❹ 在有机社会组织中，社会成员的组织形式将发生革命性变化，例如，传统民法中的物权与合同的概念正在被代码空间的自主权和自治权的概念所代替，对此在第十二章中会具体讨论。

有机社会应该是一种更加自由的社会，不是竞争上的自由，是一种意志与身体相一致的自由，或者说是个人的信息分析判断之后所产生的意志与人的行为相互认可的自由。如库利所指出的，"自由秩序的理论认为每个人的出生都以某种方式为人类服务。人们可以通过一个智慧的教育和实验体系来发现这种方式是什么，并且为此而加以训练。在这一过程中，人们为了服务社会也同时为了自己的幸福而努力。只要这样的阶层存在，他们只是通过合作来增加效率的组织，他们的成员身份完全由自然的适合所决定"❺。

我们可以发现这种有机社会与马克思主义所描述的共产主义社会有极大的相似性。经济学家诺斯认为："马克思主义靠证明阶级是结构变革的发动者

---

❶　RIFKIN J. The Zero Marginal Cost Society［M］. London：Palgrave Macmillan，2014：10.

❷　例如，水滴筹、水滴互助等平台便是一种代码空间，其用户自愿互助而不需要市场交易。该代码空间主体对代码空间行为进行规治，而不是依据法律的公权力规制。在该空间中，由于互助的需要，用户必须共享自己的相关隐私信息和身份信息。

❸　RIFKIN J. The Zero Marginal Cost Society［M］. London：Palgrave Macmillan，2014：22.

❹　查尔斯·霍顿·库利. 社会组织［M］. 北京：中国传媒大学出版社，2013：77.

❺　查尔斯·霍顿·库利. 社会组织［M］. 北京：中国传媒大学出版社，2013：187.

便取巧地解决了整个问题，但那个论点则根本没有被说明，因为马克思主义完全不考虑白搭车问题并使信念来了个大飞跃，认为人民为了阶级的利益会将他们自己的个人私利置于不顾，甚至愿意承受重大的个人牺牲。然而，马克思主义积极分子本身提供了证明这不是标准行为的最好证据，正是他们把莫大精力贡献出来，试图使无产阶级确信能像一个阶级那样行动。"❶ 在马克思所描述的这种社会形态中，社会成员由于信息能力的增强而形成了更高的理性结果。因此，不能以私权利社会中社会成员的理性程度来理解和解释在有机社会中社会成员的行为状态，就如同站在封建氏族社会的层面上，很难理解私权利社会中社会成员的行为模式一样。马克思主义者所期望和构想的社会是人类个体获得充分自由的社会，"只有在这个阶段上，自主活动才同物质生活一致起来，而这点又是同各个人向完整的个人的发展以及一切自发性的消除相适应的。同样，劳动转化为自主活动，同过去的被迫交往转化为所有个人作为真正个人参加的交往，也是相互适应的。联合起来的个人对全部生产力总和的占有，私有制也就终结了。在迄今为止的历史上，一切特殊的条件总是表现为偶然的，而现在，各个人本身的独立活动，即每一个人本身特殊的个人职业，才是偶然的"❷。

三、结论

人类在竞争所驱动的进化过程中形成了社会组织，这是社会组织形成和变化的外部力量，而社会组织的形成又是其成员之间合作与背叛相互博弈的过程，这是社会组织形成和发展的内部力量。外部力量和内部力量共同促进了社会组织的制度构建。社会组织的构建过程是消除社会成员基于个体的自私性而导致的非理性对抗的过程，是通过个体意识所形成的，并基于该社会组织共同利益所实现的理性合作过程。在这一过程中，信息技术发挥着至关重要的作用。如库利所指出的，"历史可以视为是人类通过组织来实现自己愿望的斗争记录，而新的传播是实现这一目标的有效工具"❸。

在封建氏族社会中，口口传播技术使得社会组织所依赖的信息处理机制是基于血亲关系的封建贵族集团，这样的社会组织由于血亲关系的限制，一

---

❶ 道格拉斯·C.诺斯. 经济史上的结构和变革［M］. 厉以平，译. 北京：商务印书馆，2007：15.

❷ 卡尔·马克思，弗里德里希·恩格斯. 德意志意识形态［G］//卡尔·马克思，弗里德里希·恩格斯. 马克思恩格斯选集（第1卷）. 北京：人民出版社，2012：210.

❸ 查尔斯·霍顿·库利. 社会组织［M］. 北京：中国传媒大学出版社，2013：71.

般规模较小并且较为松散，贵族集团和平民之间形成信息上的非对称状态。这种信息能力上的非对称性使得贵族集团获得了该社会组织的制度剩余控制权，造成社会成员自由的损失。贵族集团的制度剩余控制权和社会成员的自由损失之间因此存在着冲突和对抗，因而这种社会组织具有潜在的不稳定性。而贵族集团之间针对制度剩余控制权的竞争又会利用这种不稳定性，形成周而复始的破坏性竞争状态。

在以专制集权社会为代表的公权力社会中，由于有形媒体和文字的广泛应用，社会组织的信息处理机构打破了血亲关系的束缚而形成了不依赖血缘关系的官僚集团。官僚集团的信息处理工具主要依赖有形媒体和文字，因而组织能力增强，社会组织精确度提高，社会成员的自由损失减弱，能够形成更大规模的社会组织形式，因此这种社会制度具有更大竞争力。但由于官僚集团掌握着社会组织中的信息处理优势，因而占有该制度的剩余控制权。这种剩余控制权容易导致官僚集团和社会成员之间稀缺资源分配的不平衡，从而产生阶级冲突。

在以民主法治社会为代表的私权利社会中，大众媒体的广泛应用使得社会组织的信息处理机构进一步社会化，从公权力社会的官僚组织转移到了市场组织中。市场组织中的信息处理主体主要是企业，因而社会成员参与信息处理的程度更高，社会成员的自由损失进一步减小，社会组织效率进一步提高，组织范围也进一步扩大，可以形成超越国家的市场经济。由于市场经济中的信息处理机构主要是企业组织，因而企业的管理者具有信息处理的优势，也就具有了该制度的剩余控制权。这形成了雇主和雇员之间稀缺资源配置的不平衡，这种不平衡就是社会成员自由的损失。因而市场经济制度本身具有浪费性，社会成员之间由于信息处理的不平等而仍然具有非理性。这种非理性使得社会成员对稀缺物质的竞争和占有更为激烈，这进一步导致了社会成员自由的损失和对稀缺资源的浪费。

而在大数据技术下的有机社会组织中，个人成员的信息能力获得极大提高，并且不再因为信息处理能力的限制而出现信息获得上的明显区别。这种社会组织便不再需要贵族组织、官僚组织或者企业组织这样的专门信息处理主体，社会成员可以自行依赖智能处理系统平等获得信息，不再有因为信息处理优势而获得制度剩余控制权的阶层或者组织，那么社会成员之间也就不会因为稀缺资源的竞争能力不同而产生不同的社会等级和阶层。社会组织成员由于信息的及时和对称而理性程度很高，不再有较大的自由的浪费，社会成员的自由度获得极大提升。社会成员根据大数据技术所提供的充足信息和自己的意愿来履行社会组织中的职责，不再具有盲目性、强迫性和剥削性。理性、合作、分享与自由是社会成员的主要特征，因而可以形成有机社会组织制度。

　　尽管这一过程的实现需要漫长的时间，而且在很长时间内，上述几种社会组织形式会具有重叠性。但是，大数据技术所驱动的社会进步方向会不断向前发展，并且在私权利社会制度的一些边际地带会表现得更为明显。

第二篇

制度变迁视野下的中国社会制度特征

CHAPTER 6

第六章

制度变迁过程中中国五层社会组织的形成

家天下的政治必是：消极方面无能，积极方面贪污。

——全慰天[1]

"历史是对民族性格的形成产生最强烈影响的因素。"[2] 今天的中国在政治、经济和文化上是非常独特的，与其他国家都有很大的不同，因此中国必须有自己的制度选择和道路设计，任何国家的经验都无法照搬到中国，任何人也无法做中国人的教师爷。2016 年 7 月 1 日，习近平总书记在庆祝中国共产党成立 95 周年大会上明确提出：中国共产党人"坚持不忘初心、继续前进"，就要坚持"四个自信"，即"中国特色社会主义道路自信、理论自信、制度自信、文化自信"。

那么，中国社会的特殊性在哪里？如何将对大数据技术规治的理论和实践镶嵌在独特的中国政治经济制度体系之中来研究？这些是我们首先要了解的问题，只有明白了这些道理，才能在下面的与网络和大数据技术有关的言论自由、隐私保护、个人信息保护以及大数据技术规治等具体问题上有自己的方案。

中国历史上重大的制度变革大致有两次：第一次是秦朝统一中国，开启了专制集权的政治制度，即从西周的宗法社会进入法制社会，从封建氏族社会进入公权力社会。第二次是自 1840 年鸦片战争开始的第二次制度大变革，其是为了应对西方私权利社会组织形式的竞争压力，开始从法制社会向法治社会发展，或者说从公权力社会向私权利社会发展。中国的第一次制度变革从制度层面来讲是成功

---

[1] 全慰天. 论"家天下"[G]. 费孝通，吴晗，等. 皇权与绅权. 上海：华东师范大学出版社，2015：89.

[2] 阿克顿. 自由与权力 [M]. 侯健，范亚峰，译. 南京：译林出版社，2014：334.

的，造就了中华文明。而第二次制度大变革至今仍在进行。❶

一、中国近现代制度变迁的制度障碍

自辛亥革命以来的中国从混合型的公权力社会向私权利社会的转变经历一百余年的过程，并且有过重大的挫折，这一转变过程至今仍然在进行，没有完成。需要在三个方面努力来克服形成的障碍，努力超越西方私权利社会，形成更加公平和效率的社会组织形式。

（一）血缘社会的羁绊

西方私权利社会是以私权交易为主要竞争模式和基本道德要求的社会，因此这种社会是消除身份、血缘、家庭、宗教、地方利益以及各种非市场化的利益集团的社会，是竞争模式单一的社会形态。向现代化国家转变过程中，中国的任务之一便是以现代企业组织取代家族血缘组织。

而中国自秦朝以来两千余年的专制集权社会或者说公权力社会，本质上是血亲社会和专制集权社会混合体，与欧洲中世纪所形成的专制集权社会有明显的不同。中国的专制集权社会并不是一个从上到下的完全的公权力社会，而是由官僚组织这一公权力体系所管理起来的，以家庭为社会基本群体的社会组织形式。这种社会的官僚组织已经具有公权力社会的明显特征，但是社会的底层却是由基于血缘关系以及血缘关系基础上延伸的民族关系和地域关系等形成社会基本群体所构成。如学者黄仁宇等所描述的，"概括言之，中国政治体系的早熟在当日不失为一种成就，可是中国人也必须为此付出代价。从外表形式看来，在基督之前有了这些设施，国家的机构便形成流线型，可是其下端粗率而无从成长发展，以日后标准看来尤其如此"❷。

中国社会这种下端粗率的、利益主体多元的社会组织形态使得私权利社会的形成非常困难。如前面已经讨论的，私权利社会是以私权和市场交易来处理和分析信息的机制，这一机制的成本是与市场成员意识形态的统一性和市场信息与物流交换的顺利性成反比的。后者越差，这一机制的成本就越高，那么社会成员就无法从公权力制度下的自然经济中转换过来。

---

❶ "历史是延续的，但永远是变的……就中国而论，以19世纪中期以来，最为显著。当时有心之士，已有此认识……有人强调为三千余年的大变局，为秦汉以来未有之世变。"参见：郭廷以. 近代中国史纲［M］. 3版. 上海：格致出版社，2012：1.

❷ 黄仁宇. 中国大历史［M］. 北京：三联书店，2007：37.

美国学者福山指出，"中国在3000多年之前就实现了从血缘关系的组织形式到国家组织形式的转变，然而复杂的血缘关系组织仍然是今天中国社会的特征"❶。私权利社会是陌生人之间依赖法治这一统一标准进行合作的社会组织，而中国社会是依赖基于血缘关系的伦理道德的熟人之间合作的社会组织形式。"中国的社会制度便是家族制度。传统中国把社会关系归纳成五种，即君臣、父子、兄弟、夫妇、朋友。在这五种社会关系中，三种是家庭关系，另两种虽不是家庭关系，却也可以看作是家庭关系的延伸……儒家思想中的一大部分是这种社会制度的理性论证，也就是它的理论表现。经济环境成为这种社会制度的基础，儒家思想反映了它的伦理价值。"❷

因此，如何超越2000多年的血缘关系的束缚形成现代国家，即如何以现代企业组织代替传统的家族和家乡观念和利益集团是中国社会面临的障碍之一。这一过程需要长期的推进和转变，不可能一蹴而就。

（二）多元文化价值观的羁绊

自路德宗教改革之后，西方所形成的大都是单一民族国家，他们不但有统一的语言，而且还有统一的宗教，即使今天的美国是多民族国家，其在历史上也是由具有统一宗教和语言的单一民族作为主体而逐渐发展起来的多民族国家，他们经常被称为"白人盎格鲁—萨克逊清教徒"。而在近代，中国这片土地上却生存着几亿人口，他们有上百种语言，有几十个民族，有多个种族，没有统一的宗教和价值观。❸ 在这样的群体中，要实现以私权和交易为主要组织形式的国家，因其制度成本极高而几乎不可能。

从历史上看，自戊戌变法为开端的制度变迁过程中，中国有利于私权利社会形成的组织条件非常薄弱，地缘辽阔，语言和文化多样，不同民族林立，教育水平低下以及十分落后的交通基础设施等都是在全国范围内形成市场经济的致命障碍。在这种条件下，如果以私权利来对社会资源进行分配，其结果可能出现无数小的本地化公权力组织与中央政权对抗，而地

---

❶ FUKUYAMA F. The Origins of Political Order: From Prehuman Times to the French Revolution [M]. New York: Farrar, Straus and Girous, 2012: 51.

❷ 冯友兰. 英汉中国哲学简史 [M]. 南京: 江苏文艺出版社, 2012: 28-29.

❸ 中华民族自古以来就是许多小的民族经过相互间靠拢与融合后的整体。"中华"不是单一的民族，而是许许多多、大大小小民族的汇合。"中华民族"自最古时代，到近古，到当代，是在中国领域共同生活的各族人民的总称呼。参见: 顾颉刚. 中国史学入门 [M]. 北京: 中国青年出版社, 2007: 151.

区之间发展的不平衡可能造成经济上和政治上的分裂。前面已经讨论过，改变竞争规则的过程往往是囚徒困境的过程，由于信息分析和处理的高成本和不可预测性，改变竞争规则的人或者组织往往面临着竞争不利的状态。因此，这种社会需要公权力组织有意识地强制改变竞争规则，以消除囚徒困境现象。但是公权力组织自身的自私性常常导致这种改革半途而废，因此，如何形成这样一个公权力组织是制度变迁成功的关键，也是难点。而中国共产党是一个能够保持革命性、先进性和自我更新的政治组织，因此中国今天的成功不是偶然的。

由于以市场交易为主要甚至是唯一的竞争稀缺资源的制度设计，私权利社会中的社会成员中绝大多数需要通过这一竞争机制获得他们正常生活所需要的稀缺资源。如果私权利社会中有相当数量的社会成员无法通过市场交易获得基本的生活保障，以及没有参与到社会竞争中的能力，那么这部分社会成员就有可能不认可私权利社会的这种竞争模式，并且改变其竞争行为。欺诈、盗窃、贩毒、暴力抢劫、强奸、谋杀、制造假冒伪劣商品、贿赂官员以及组织黑社会或者暴力集团等违法或者犯罪行为本质上都是以该制度所不允许的方式获得稀缺资源的行为。如果这些行为在社会上较为普遍的存在，将损害和干扰以私权交易为根本的竞争秩序，私权利社会的优越性便无法良好实现，这种社会将有可能比公权力社会效率还低下。

因此，在私权利社会中，社会成员的就业率和犯罪率成为社会是否健康的两个重要指标，前者表明社会成员参与合法竞争的程度，后者表明社会成员以非法竞争获得稀缺资源的状态。例如，美国社会作为典型的私权利社会，其人均犯罪率是世界最高的，约每140人中便有一人在监狱中关押，其中大部分都是新移民。❶ 如果中国所要形成的私权利社会是以美国今天的犯罪率为代价的，则意味着中国将有近千万人需要被关进监狱，这显然是中国社会所无法承担的，剥夺这么多人的自由的制度也很难说是正义的。因此，中国社会必然需要找到一条能够实现更大范围的公平和效率的社会组织形式。

---

❶ "在过去的30年，根据国会研究服务（CRS）所做的报告，联邦监狱的犯人已经从2.5万人跃升到21.9万人，增加了790%。这些数据意味着美国比世界上任何一个国家羁押的犯人都多，今天的美国每10万人中就有716人被羁押。"参见：BIRON C L. Prison Population Seeing "Unprecedented Increase"［EB/OL］（2013-02-04）［2019-12-10］. http://www.ipsnews.net/2013/02/u-s-prison-population-seeing-unprecedented-increase/.

(三) 民族国家观念缺失的障碍

由于两千余年的中国公权力社会是一种基于血缘关系构建起来的混合型的社会，没有形成现代意义上的民族国家，更没有形成超越民族的拥有共同政治理念的国家。人类社会组织的本质是为了应对该社会组织所面临的竞争需要，而对社会组织成员能量的集合使用，战争作为最高形式的竞争行为，在国家制度的形成过程中起到至关重要的作用。之所以欧洲能够率先形成民族国家，与欧洲历史上战争不断有直接关系。对于中国，民族和现代国家观念的出现也仅仅是近一百余年的事情，是在与西方列强竞争的需求下才逐渐形成和发展的，而历史上由于没有像西方这样长期的和激烈的竞争环境，也没有形成内部认同感很强的单一民族的现代国家观念。

在国家之间存在竞争时，主权观念较强的国家，国民会更加团结和奉献自己的自由，从而形成较强的竞争力，获得竞争优势。因此，如何使中国成为民族国家或者是拥有共同意识形态的超民族国家是一个至关重要的问题和任务，中国社会需要一个强大的并且具有历史使命感和责任感的政治组织来维护中国内部的统一性和利益的一致性，主动协调和解决内部各种利益集团的相互冲突，强化社会成员市场竞争行为的一致性，引导社会组织形成具有私权利社会竞争模式、道德观念和国家意识形态的现代国家制度。显然，中国共产党便是这样的政治组织。对于中国共产党的这种历史使命，毛泽东在1939 年的《中国革命和中国共产党》一文中有较为系统的阐述。"中国革命是由对外推翻帝国主义压迫的民族革命和对内推翻封建地主压迫的民主革命构成……两个革命任务是联系在一起的……而这里的民主革命是新民主主义革命，是世界无产阶级社会主义革命的一部分，它是坚决反对帝国主义即国际资本主义的……所谓新民主主义革命，就是在无产阶级领导之下的人民大众的反帝反封建的革命。中国的社会必须经过这个革命，才能进一步发展到社会主义的社会去，否则是不可能的。"[❶] "没有一个全国范围的、广大群众性的、思想上政治上组织上完全巩固的、布尔什维克化的中国共产党，这样的任务是不能完成的。因此，积极地建设这样一个共产党，乃是每一个共产

---

❶ 毛泽东. 中国革命和中国共产党 (一九三九年十二月) [G] //毛泽东. 毛泽东文集 (第二卷). 北京：人民出版社，1993：637-647.

党员的责任。"❶

中国共产党形成了具有革命性的政党组织，具有将中国从旧制度解放出来形成新制度的使命。这需要中国共产党组织具有承当这一伟大使命的坚强信念、组织性和社会动员能力，要放弃中国历史文化中的家族观念和乡土观念，成为全国性的政党组织，要有为共同理念牺牲和奉献的精神，减弱个人的自私性所产生的囚徒困境问题，要形成团结紧密的组织体系，从而形成革命的合力，带动整个中国的变革。因此，中国共产党是完全不同于西方政党的政治组织。为了实现中国社会的伟大理想，维护中国共产党的权威性和先进性不仅仅是中国共产党自己的任务，更是中国人民的任务。当网络新媒体技术所提供的社会组织工具对中国共产党造成解构性危险时，我们应该予以警惕并加以规治，对此在第八章中会详细讨论。

（四）地缘政治障碍

处在制度变迁过程中的国家往往会出现新旧制度相互博弈和转换的薄弱期，如果没有有利的地缘政治优势，一方面，旧制度维护者往往不敢冒眼前竞争失败的风险而进行长远的制度规划，另一方面，即使大胆地进行制度变迁，却可能因为制度变迁过程中社会组织能力的暂时衰落而导致外族入侵，使得制度变迁夭折甚至是国家灭亡。因此，历史上制度变迁成功的国家往往具有地缘政治优势，如战国时期的秦国、近代的英国、日本以及美国等。

秦国能够实现从封建氏族社会向公权力社会的变迁有其地缘政治优势。"如古代历史学家指出，秦国与他国竞争统治中国时得到地理之便。它的东方为山川所阻塞，秦人可以开关迎敌，对方却无法来去自由地出入秦境。秦之西南的土著文化程度低，可以任意吸收合并。战国之争雄，以统一为最后目标，外围之雄着重长久之计，必较中央诸国占优势，因中央诸国不断地为彼此间的纠纷、龌龊、阴谋、伎俩所眩惑也。直到最后几十年各国要对付秦国的攻势，才图谋互相结盟。一般很少提及，秦国实际上得到经济落后的好处。经济落后才能强调农业一元，动员起来，专一雷同，内部的凝聚力也强。这时期仍是以数量取胜的时期，军事技术大致在平衡状态，没有一个交战国因为质量上的优势而使战局改观。"❷ 地缘政治优势为秦国重新构建和统一内部

---

❶ 毛泽东. 中国革命和中国共产党（一九三九年十二月）[G] //毛泽东. 毛泽东文集（第二卷）. 北京：人民出版社，1993：652.

❷ 黄仁宇. 中国大历史 [M]. 北京：三联书店，1997：37.

竞争秩序提供了时间窗口和安全保障。

英国在历史上之所以能够率先从公权力社会转变为私权利社会，与其地缘优势也有紧密关系。得利于英吉利海峡这道天然屏障，英国可以从欧洲大陆获得丰硕的技术与制度的成果，但同时又不像欧洲大陆国家那样，直接面对邻国的强烈竞争压力。美国学者兰德斯说："英国早就具备了作为一个国家的优越条件。我这么说，并非仅仅是指统治者的疆域，也并非只是指一个政府或者政治实体，而是指一个自觉的、自知的、具有共同的认同和忠诚以及公民身份平等为特征的单位。这样的国家能够使社会目标与个人的欲望和积极性相调和，使集体的协同作用能增强行动的实绩，其整体大于各个局部的总和。这样的一个国家的公民会较好地响应国家的鼓励和倡议，反过来，国家也同积极的社会势力一致，知道做什么和怎样做更好……和英吉利海峡对岸的各国人民相比，英国人是自由和幸运的。"❶ 而欧洲大陆主要国家之间却因为来自对方的威胁非常的直接和现实，国家为了应对这种威胁就需要强大的政府和军事力量，这种强大的政府和军事力量的对内反应便是对国民的专制与集权，因为这种专制与集权能最有效率地获得强大的政府和军事力量所需的财力和人力。如托克维尔所描述的，法国能够在欧洲实现中央集权是杰出的成就，是为欧洲所艳慕的。❷

与英国类似，美国也是一个具有地缘优势的国家，在独立战争胜利之后，美国便可以在 200 年内不受外界的侵扰而独立地发展和完善自己的政治经济制度，这使得美国具有了欧洲国家所无法具有的自信和发展空间。如基辛格说："欧洲的势力们发动了无数的战争来阻止潜在的优势势力的产生。在美国，距离与国力的结合使得美国有这种自信来克服任何产生出来的挑战。欧洲国家，由于更狭窄的生存空间，形成了阻止任何变化可能性的联盟。美国有足够的距离来调整自己的政策以抵御实际的变化。"❸ "美国无限的资源与其隔离的位置相结合，使得它成为局势的掌握者，并且实际上对任何其他或者所有势力来说都无懈可击。"❹ 这种地缘优势上的自信自然也反映到美国的国内和国际政策上。在国内，由于国防上的安全性，使得美国政权避免了欧洲大陆国家为了国家安全而不得不采取的集权与专制，能够从容地发展自由

---

❶ 戴维·S. 兰德斯. 国富国穷 [M]. 门洪华，等，译. 北京：新华出版社，2011：235-236.
❷ 托克维尔. 旧制度与大革命 [M]. 冯棠，译. 北京：商务印书馆，2012：75.
❸ KISSINGER H. Diplomacy [M]. New York：Simon & Schuster Paperbacks，1994：31-32.
❹ KISSINGER H. Diplomacy [M]. New York：Simon & Schuster Paperbacks，1994：38.

资本主义制度，并且形成民主法治国家。而在国际社会，由于这种实力、安全感和自信，美国在军事外交政策上也不支持欧洲的所谓平衡理论，而是推行美国理念的单一政策。"美国发现它必须在一个比自己得到更少保佑的世界里与其他拥有更小生存空间、更狭窄目标和更缺乏自信的国家一起来推行自己的理念，并且美国已经保持住了。战后世界主要是美国的产物，因此，最终它开始扮演威尔逊所设想的角色——作为指引的灯塔，并且去实现其希望。"❶ 美国如果没有这种地缘优势，在南北战争时其他外国势力可以有更为强力的干预，那么美国可能就此分裂为两个国家，而不是现在的南北统一的国家。

在亚洲，日本明治维新的成功转型也与此有直接关系。由于隔海相邻，日本不但在漫长的历史中从中国获得丰富的文化、技术和制度营养，而且在近代西方的激烈竞争来临时，中国为其承担了主要挑战。如郭廷以所说的，"日本的成就之所以超越中国，原因之一为日本的资源贫乏，不为列强垂涎；中国地大物博，取之不尽，最好是永远为被掠夺者。所谓象有齿而焚其身"❷。日本明治维新前期的著名思想家佐久间象山对当时中国和西方列强之间的冲突，尤其是鸦片战争中中国的失败进行了密切观察。他指出，日本必须准备迎战，不但要购买武器而且还要学会制造。西方之所以强大，是因为其知识是理性的，而中国的不是。由于中国没有认识到这一点，才在鸦片战争中被打败，而日本如果要避免重蹈中国的覆辙，则必须全方位学习西方，而不是仅仅学习直接用于战争的东西。❸ 在这种较为从容的国际环境下，日本通过"尊王攘夷"的战略实现了明治维新，加入对中国的掠夺之中，并且比任何国家都贪婪和残暴。

中国近代的制度变迁则没有明显的地缘政治优势。这也使得当时的清政府在制度变革的问题上犹豫不决，从而促成了辛亥革命的强迫式变革。如曾国藩所领导的以维持清政府作为政治中心的自强运动，一方面要革新，接受西方文化的一部分，另一方面要守旧，恢复固有的美德。蒋廷黻认为其原因之一便是曾国藩担心清政府的灭亡要引起长期的内乱。在闭关自守、无外人干涉时代，内战虽给人民无穷的痛苦，尚不至于亡国。到了 19 世纪，有帝国

---

❶　KISSINGER H. Diplomacy [M]. New York：Simon & Schuster Paperbacks，1994：55.

❷　郭廷以. 近代中国史纲 [M]. 3 版. 上海：格致出版社，2012：204.

❸　BEASLEY W G. The Rise of Modern Japan [M]. New York：St. Martin's Press，1990：25.

主义者环绕，长期的内乱就能引起亡国之祸。❶ 由于没有地缘政治优势，辛亥革命之后的政治动荡给觊觎中国已久的日本以可乘之机，中国为此付出巨大代价。在这种国际政治背景之下，中国社会无法以缓慢和从容的方式来进行社会变革，不得不采取激烈的方式来改造和组织社会，应对国内外的竞争压力。❷

因此，在中国的制度变迁过程中，中国社会必须有强大国防和军事力量来保障中国的社会安全，弥补中国地缘政治的不足，使得中国能够以自己的方式和步骤来持续推进中国社会的变革，避免外部竞争者以军事力量强迫中国社会放弃自己的竞争优势，破坏中国社会的改革进程。这些政策主张在有关大数据技术的安全治理方面以及网络上言论内容的监管方面都应该表现出来。

二、中国现代以来制度变迁的阶段与成就

在中国这次伟大的制度变革中，可以明显地分为三个阶段，他们是从不同的层面推进制度变革，相互之间有内在的关联性和继承性，各自在解决当时中国社会的主要矛盾。第一个阶段是 1945～1966 年，主要是恢复中国的公权力秩序和赢得国际竞争的战略空间的阶段。第二个阶段是 1966～1976 年，是从文化上推动制度变革的阶段。第三个阶段是 1976 年至今，是从私权利制度构建上推动制度变革的阶段。

(一) 恢复公权力社会组织

在 1945～1966 年这一阶段，一是恢复了公权力职能，对外实现国家主权的完整和独立以及国防的安全，对内则实现社会竞争的有序，并形成新型的社会关系。这主要表现为抗日战争、解放战争和朝鲜战争的胜利以及国防科学技术的长足进步，为国家主权独立和国防安全奠定了基础。二是从政治制度上推进中国社会向现代国家的变革。中国共产党是整个中国社会政治制度的核心和公权力的渊源，强调权力的集中和组织的团结。而政府组织则具有

---

❶ 蒋廷黻. 中国近代史 [M]. 武汉：武汉出版社，2012：49.

❷ 如毛泽东在 1921 年 1 月新民学会长沙会员大会上的发言中指出，"中国问题本来是世界的问题，然从事中国改造不着眼及于世界改造，则所改造必为狭义，必妨碍世界。至于方法，启民主用俄式，我极赞成。因俄式系诸路皆走不通了新发明的一条路，只此方法较之别的改造方法所含可能的性质为多。" 参见：毛泽东. 在新民学会长沙会员大会上的发言（一九二一年一月一日、二日）[G] // 毛泽东. 毛泽东文集（第一卷）. 北京：人民出版社，1993：1.

民主社会的特征，采取了人民代表大会制度的宪政制度，因此中国社会的政治结构具有独特性，即本质上是共产党所组织的公权力社会，但是政治架构上却是民主宪政社会，属于私权利社会的政治制度。这两种政治架构并存的独创性政治格局为中国的制度变革提供了制度空间和框架，使得公权力组织可以根据社会发展的情况和不同阶段向私权利社会的政治组织移交自己所控制的公权力。三是在经济制度层面学习苏联模式，从自给自足的小农经济向计划经济转变。计划经济相对于中国几千年的小农经济是一次巨大的进步，这是以公权力为组织的社会分工过程，打破了自给自足的自然经济模式。

私权利社会之所有具有更高的效率性是基于社会分工和市场交易，但是在市场交易成本很高的情况下，社会分工是无法自然形成的，必然会退回到自然经济状态。[1] 而计划经济的特征是以政府组织比当时的市场更有效率的信息处理机制来作为社会分工和合作的媒介，推进社会的大分工。杨小凯认为，"一个中央计划和国有企业体制可能会减缓社会获得组织信息的过程。但是，如果发达国家已经通过自由放任政策，通过保护私人产权和私人企业所有者剩余权的制度安排获得了大量的组织信息，则后来者可以用这些免费的组织信息，通过中央计划和国有企业制度来模仿有效的分工结构，以实现其工业化。通过这种方法，后来者可以跳过很多中间水平的分工而实现大推进工业化"[2]。这一时期的政治成就为之后的改革开放政策的顺利实施打下了坚实的基础。当1979年中国改革开放时，可以发现这次开放的主动权是在中国人手里，而不是100多年前被迫开放的情形。中国的哪些城市和经济领域对外开放以及开放到什么程度都由中国政府控制，而不是西方用舰炮来决定的。另外，在开放的形式上，加强中国企业与外国企业的平等合作也是主要形式，即"三资"企业模式而不是19世纪末20世纪初的买办经济模式。[3] 通过这种方式，中国企业可以很快地学到西方的先进技术和管理经验，而这种合作模式能够实现是以前30年国有企业的建设为基础的，如果没有之前的计划经济时代国有企业的建设，那么改革开放时中国就可能没有自己的企业与外国企

---

[1]　"如果交易成本超过分工经济，各种模式之间分工的协调将失败，使得一般均衡是自给自足。如果分工经济超过交易成本，市场能够利用正的分工网络效应。"参见：杨小凯. 发展经济学：超边际与边际分析 [M]. 张定胜，张永生，译. 北京：社会科学文献出版社，2003：76.

[2]　杨小凯. 发展经济学：超边际与边际分析 [M]. 张定胜，张永生，译. 北京：社会科学文献出版社，2003：372.

[3]　关于开放经济特区的过程以及出台"三资"企业法的背景，参见：曹普. 当代中国的改革开放史（上卷）[M]. 北京：人民出版社，2016：177-198.

业合作，而又不得不采取 20 世纪初期中国社会所经历的买办经济形式，那么中国社会便又会成为西方国家的资源供应者和低端消费者。

（二）文化层面的变革

这一阶段是 1966 年开始的"文化大革命"。"文化大革命"是从文化层面所推动的制度变迁，其过程是惨烈的，代价巨大，争议很多，对此笔者无法在此进行评论。但是，通过 10 年的"文化大革命"，中国社会至少有以下方面的明显变化。一是整个中国社会政治参与度空前提高，社会一体化程度加深，很大程度上改变了中国社会两千年来上层专制，下层粗率的相互隔离的社会组织格局。二是动摇了中国基于血缘关系的伦理道德社会秩序，社会成员之间的社会关系从远近生疏不同的伦理关系向超越血缘关系的平等和对等关系转变，为构建现代社会组织关系提供了空间。❶ 三是改变了民众对执政党的"打天下者坐天下"的合法性的传统认识，执政党必须不断构建作为执政者的合法性基础，使得中国共产党推动制度变革的使命不会因为中华人民共和国的建立而被忘记和停顿。❷ 在今天，中国共产党也以"不忘初心、牢记使命"来教育和鞭策全体党员。❸

（三）构建私权利社会组织

这一阶段是以自 1978 年开始的改革和开放政策为标志。改革开放政策的本质是从经济层面开始逐步接受市场经济制度，以市场经济代替计划经济，是向私权利社会的制度变迁过程。在经济层面上所进行的重大制度变革并不是对前两个阶段的根本否定，而是在其之上的进一步变革，如果没有前两个阶段的成就，改革开放很难顺利进行。首先，主权完整和国防安全为改革开放奠定了国际竞争的基础，使得中国可以根据自己的意愿和情况来决定改革开放的步骤和范围，100 多年前通过坚船利炮和不平等条约来强迫中国开放自

---

❶ 在这一时期，国家主席刘少奇被造反派打倒，而农民出身、没有革命经历的、几乎是文盲的陈永贵成为国务院副总理，可能是这场革命中所追求的政治目标的一个缩影。

❷ 毛泽东曾经对身边的护士吴旭君说过，"……要是按照他们的作法，我以及许多先烈们毕生付出的精力就付诸东流了"。"我没有私心，我想到中国的老百姓受苦受难，他们是想走社会主义道路。所以我依靠群众，不能让他们再走回头路。""建立新中国死了多少人？有谁认真想过？我是想过这个问题的。"

❸ 习近平. 全党必须始终不忘初心牢记使命　在新时代把党的自我革命推向深入［EB/OL］. (2019-06-26)［2019-12-10］. http://cpc.people.com.cn/n1/2019/0626/c64094-31194990.html.

己的竞争市场的情形不复存在。其次，教育水平的大幅度提高，文字简化和普通话推广以及大规模的群众运动整合和同化了中国社会，提高了基础设施的建设，提高了整个社会沟通与联系效率，使得社会市场化的成本大幅度下降，破除了中国几千年小农经济对基于分工和交易的市场经济的天然阻碍。最后，计划经济时代所取得成绩为市场经济提供了基础，尤其是已经形成的社会分工和大工业格局，为市场经济提供了分工的基础构架，而改革开放则是将市场和价格作为不同分工主体之间信息分析和处理的机制，来代替原来的政府指令。可以说，中国的计划经济强迫性实现了社会分工，中国的改革开放推进了市场交易，这两个阶段的结合完成了私权利社会的基本特征，即社会分工与市场交易，完成了西方私权利社会二三百年才能完成的任务。

自 1949 年以来，经过 70 年的努力，中国社会已经超越诸多障碍，进入发展和完善私权利社会的轨道上，这是几代中国人前仆后继的成果。但是，与成熟的私权利社会相比，中国社会还有明显的缺陷和不足，因此还需要长期的发展和变革。这些不足主要体现在以下方面，一是中国的私权利社会的竞争秩序还没有充分形成，社会成员对私权的尊重和保护还不稳定，还没有形成尊重私权和诚信交易的私权利社会道德体系，因而私权交易成本和社会管理成本很高，整个社会还需要强大的公权力力量来维护和塑造这一竞争规则。❶ 二是中国地域庞大，人口众多，还有相当大的地区和相当多的人口并未有效地参与到私权利社会的竞争体系中，这些地区和人口会因为私权竞争中的劣势而不断拉大与其他发达地区的差距，形成两种不同的社会状态。这种长期的竞争劣势会造成后者有可能改变竞争规则，拒绝参与到私权利社会的竞争体系中，造成社会甚至政治分裂。因此，为了弥补私权利社会这种竞争规则所可能造成的不良后果，中国社会需要具有革命性的超越个体自私性的政治组织，对市场经济的竞争规则和结果进行适度干预，纠正私权利社会的固有弊端，使得中国社会能够同步发展，进一步实现社会竞争关系的均匀化。❷ 三是中国社会尽管相对于 100 年前已经取得长足进步，但是，就目前而言，还没有形成特别稳固和团结的民族国家，这对于具有广阔地域和复杂历

---

❶ 《中共中央、国务院关于完善产权保护制度依法保护产权的意见》。

❷ "城镇化是伴随工业化发展，非农产业在城镇集聚、农村人口向城镇集中的自然历史过程，是人类社会发展的客观趋势，是国家现代化的重要标志。按照建设中国特色社会主义五位一体总体布局，顺应发展规律，因势利导，趋利避害，积极稳妥扎实有序推进城镇化，对全面建成小康社会、加快社会主义现代化建设进程、实现中华民族伟大复兴的中国梦，具有重大现实意义和深远历史意义。"参见：中共中央、国务院印发《国家新型城镇化规划（2014—2020 年）》。

史背景的中国本身便是非常困难的任务。因此，中国需要一个稳定的、具有代表性的并且能够将中国社会团结起来的政治组织，以弥补中国社会的这一历史缺陷，并且继续推动中国社会的变革，实现中华民族的伟大复兴。显然，中国共产党在这一历史使命中的作用是不可替代的。❶

近100多年来中国社会的制度变迁过程，就目前而言是从公权力社会向私权利社会的转变过程。自戊戌变法以来，为这次巨大的制度变革，中国仁人志士和无数先烈前仆后继，作出了巨大的牺牲和贡献，这一过程至今仍在继续，没有彻底完成。在制度变迁过程中，不但要清楚知道所要达到的目标，而且更为重要的是需要清楚认识自己所处的位置，这样才能有合适的路径选择，而不会迷失方向或者半途而废。如果没有对自己的状态和位置的清楚认识，而将其他已经成功转型的私权利社会的制度、理念甚至是意识形态进行简单地照搬或者移植，那么无异于削足适履。目前网络和大数据技术为我们提供了组织社会的新技术，如何利用这一新技术以帮助中国实现伟大的目标，则需要对中国的历史发展路径和未来道路有较为清晰的认识。

三、中国的五层社会组织

制度变迁的本质是对社会成员的组织形式的改变过程。今天的中国不是凭空形成的，而是从漫长的历史中一步步发展过来的，是为了应对当时的竞争环境，并且在当时的条件下而形成的相应的社会组织。因此，在不同的历史时期，中国社会的基本群体不同，主要基本群体在发生变化，从氏族、家庭、政府到企业组织等。今天的中国社会由五层社会组织构成，即"中国共产党—政府—企业—家庭—代码空间组织"。他们能否各自承担自己应有职责并且处理好与其他层级社会组织之间的关系，对中国社会的顺利发展至关重要。

（一）中国共产党组织

中国共产党是中国社会最重要和最根本的社会组织，是中国社会政治、经济和社会秩序的根基和核心❷，也是中国社会在第二次制度大变迁过程中的

---

❶ 《宪法》第1条第2款，"社会主义制度是中华人民共和国的根本制度。中国共产党领导是中国特色社会主义最本质的特征。禁止任何组织或者个人破坏社会主义制度"。

❷ 《中国共产党章程》总纲："中国共产党的领导是中国特色社会主义最本质的特征，是中国特色社会主义制度的最大优势。党政军民学，东西南北中，党是领导一切的。"

指导者、推动者和掌控者。中国共产党在中国社会中的政治地位是在中国近现代以来的革命斗争中取得的，这表现在《中国共产党章程》和《宪法》之中❶，并且承担着领导中国人民不断取得变革成功的历史使命。中国共产党成为政治组织的基础是信仰，而不是血缘、资本或者命令。因此，中国共产党与西方政党的性质和政治任务是完全不同的，西方政党是私权利组织，即企业家和资本家的政治工具，是为后者服务的，而中国共产党则是代表着中国社会最广泛利益的革命党，其有自身的革命性和政治性。

中国共产党是超越血缘关系、家族组织、不同地域利益、单个民族利益以及不同宗教组织利益的，具有广泛代表性的政治组织，这对于中国社会意义重大，因为之前讨论过，具有5000年历史的中国社会形成了多种文化、宗教、民族、种族和价值观的社会群体，西方基于单一宗教、民族或者种族的政治理念和价值都无法适应中国社会的需求。❷ 如果没有中国共产党的自我革命性和坚强领导，中国社会有可能沦落到各个小的社会组织和利益集团相互斗争的四分五裂的历史状态之中。因此，只有在中国共产党的领导下，中国社会才能实现更加广泛公平的社会组织，超越西方私权利社会的组织形式。

（二）公权力社会组织

中国社会的第二层组织便是公权力组织，主要是各级政府组织。自秦统一中国之后，中国就进入公权力社会，以中央集权的郡县制代替西周的封建制度。但是这种公权力社会并不彻底，其仍然是建立在血缘组织之上，即家族。这一混合性的公权力社会的缺点已经讨论过。中华人民共和国成立之后，中国进行了更为彻底的公权力社会组织模式的改造，实行全面的国有化和计划经济模式，农村的土地变成集体土地模式，打破了基于家庭的小农经济模式，实行人民公社化的集体劳动模式。❸ 因此，各级政府组织是中国社会的重要组织力量和社会秩序的构建与维护者，是中国共产党意志的重要执行机构。

在中国，国有企业是一种特殊的公权力组织，因为它不同于政府机构，是市场经济中的企业法人主体，但是它又执行着中国共产党的意志和政策，因此具有经济和政治的双重特征，是中国特有政治制度的重要物质基础和政

---

❶ 《中国共产党章程》总纲、《宪法》序言。

❷ "中华人民共和国是全国各族人民共同缔造的统一的多民族国家。平等团结互助和谐的社会主义民族关系已经确立，并将继续加强。在维护民族团结的斗争中，要反对大民族主义，主要是大汉族主义，也要反对地方民族主义。国家尽一切努力，促进全国各民族的共同繁荣。"参见：《宪法》序言。

❸ 吴敬琏. 当代中国的经济改革教程［M］. 上海：上海远东出版社，2010：30-33.

治基础。❶ 因为国有企业是从计划经济时代发展出来的，但是又能够在一定程度上克服计划经济的弊端，同时国有企业又能避免私有企业的弊端，即企业家本身的自私性和政治局限性甚至是对国家的背叛性。因此，国有企业在中国社会中承担着重要社会责任。❷ 由于国有企业的这种特殊性，在网络和大数据技术领域的企业中也有国有企业的身影。❸

（三）私权利社会组织

自改革开放政策实施之后，借鉴西方的市场经济秩序，中国开始表现出私权利社会的特征。从公权力社会的法制社会开始向私权利社会的法治社会转变❹，从计划经济向市场经济制度转变❺，具有公权力组织性质的国有企业在国民经济中的比例在缩小，而民营企业逐步扩大等❻。但是，与西方私权利社会不同，中国的私权利社会是在公权力社会中逐渐培养和发展出来的，公权力组织仍然对社会竞争秩序具有基本的规范，也就是说，只要是公权力组织还没有允许的竞争领域，私权利组织是不得进入的。明显的例子便是社会团体的成立是需要公权力审批的❼，而不是像企业法人那样基本是自由设立原则。其原因是社会团体的目的和功能是与公权力组织有冲突和竞争的可能性，因而目前还不允许自由竞争。

私权利社会制度中的法律体系开始构建并逐渐体系化，中华人民共和国

---

❶　习近平在全国国有企业党的建设工作会议上强调：坚持党对国企的领导不动摇［EB/OL］.（2016-10-11）［2019-12-10］. http://www.xinhuanet.com/politics/2016/10/11/c_1119697415.htm..

❷　习近平. 怀疑、唱衰国企的思想和言论都是错误的，党中央毫不动摇地支持民营经济发展［EB/OL］.［2018-09-27］. http://politics.people.com.cn/n1/2018/0927/c1001-30317462.html.

❸　《互联网视听节目服务管理规定》（2015年8月28日国家新闻出版广电总局令第3号），第8条。

❹　1997年10月，中共十五大报告首次明确提出"建立社会主义法治国家"的目标。1999年3月，全国人民代表大会对1982年宪法进行修改，将法治与法治国家予以宪法确认："中华人民共和国实行依法治国，建设社会主义法治国家。"

❺　1992年10月12日，中国共产党第十四次全国代表大会在北京举行。江泽民代表党的第十三届中央委员会向大会作题为《加快改革开放和现代化建设步伐，夺取有中国特色社会主义事业的更大胜利》的报告。在报告中明确提出建立社会主义市场经济体制。

❻　"截至2017年年底，我国民营企业数量超过2700万家，个体工商户超过6500万户，注册资本超过165万亿元。概括起来说，民营经济具有'五六七八九'的特征，即贡献了50%以上的税收，60%以上的国内生产总值，70%以上的技术创新成果，80%以上的城镇劳动就业，90%以上的企业数量。在世界500强企业中，我国民营企业由2010年的1家增加到2018年的28家。"参见：习近平：《在民营企业座谈会上的讲话》，2018年11月1日。

❼　《社会团体登记管理条例》第3条："成立社会团体，应当经其业务主管单位审查同意，并依照本条例的规定进行登记。"

第一部民法典已经出台，个人财产不得侵犯已经在宪法和民法中明确下来❶，加强保护产权利益，约束公权力，构建公平的市场竞争秩序❷是私权利社会的任务。民营企业已经成为重要的社会基本群体，因而民营企业家也成为社会重要的组织者，享有相应的政治地位和法律保护。❸

（四）血缘社会组织

中国的第四层社会组织关系是基于血缘的家庭。基于血缘所形成的家庭和其衍生出来的伦理关系是中国自西周以来的历史遗迹，在今天的中国仍然是明显的文化特征，有时干扰着中国现代社会组织关系的形成和健康发展，即所谓的"潜规则"。❹ 在制度变迁过程中消除血缘关系的历史遗留和不当影响是重要的政治任务，而中国共产党从建立之初便是一个超越血缘关系的政治组织❺，今天仍然在完善自身并努力克服中国这一历史惯性。❻在价值观层面，社会主义核心价值观中已经用"爱国、敬业"代替中国传统七德之首的"忠、孝"。

血缘关系在市场经济中的表现主要是家族式企业，家族式企业在处于较差的信任环境下，能够利用血缘之间的信任形成有效率的组织。但是，家族式企业的缺点是明显的，如家庭自身天赋的约束，规模小而不经济，从非生产活动转入到生产活动而造成的冲突外溢、原谅无效率或者松懈行为的倾向等。❼ 因此，在今天的中国，家庭已经不是社会组织中最重要的基本群体了，

---

❶ 《宪法》第 13 条，《民法总则》第 3 条。

❷ 《中共中央、国务院关于完善产权保护制度依法保护产权的意见》。

❸ 《中共中央、国务院关于营造企业家健康成长环境弘扬优秀企业家精神更好发挥企业家作用的意见》。

❹ 李克强. 以清单"明规矩"打破寻租腐败"潜规则"［EB/OL］.（2016-03-28）［2019-12-10］. http://www. gov. cn/guowuyuan/2016-03/28/content_5059195. htm.

❺ "中国共产党从批判儒家思想开始其革命目标的追求，并且建立了一套完全不同的话语系统来为党对国家和社会的控制、领导进行辩护。"参见：俞可平，等. 中国的治理变迁（1978～2018）［M］. 北京：社会科学文献出版社，2018：33.

❻ "这里，我还要强调一下家风问题。从近年来查处的腐败案件看，家风败坏往往是领导干部走向严重违纪违法的重要原因。不少领导干部不仅在前台大搞权钱交易，还纵容家属在幕后收钱敛财，子女等也利用父母影响经商谋利、大发不义之财。有的将自己从政多年积累的'人脉'和'面子'，用在为子女非法牟利上，其危害不可低估。古人说：'将教天下，必定其家，必正其身。''莫用三爷，废职亡家。''心术不可得罪于天地，言行要留好样与儿孙。'"参见：习近平在第十八届中央纪律检查委员会第六次全体会议上的讲话［EB/OL］.（2016-05-03）［2019-12-10］. http://cpc. people. com. cn/n1/2017/0823/c64094-29489862. html.

❼ 奥利弗·E. 威廉姆森. 治理机制［M］. 石烁，译. 北京：机械工业出版社，2016：80.

而以超越血缘关系的陌生人之间信任和合作关系来取代家庭伦理关系是中国社会进入现代国家的重要步骤。这种信任和合作关系需要长期的努力来构建，西方是通过1000多年的宗教专制来实现的，而网络技术和大数据技术为今天的中国提供了极好的技术条件。❶

但是，家庭仍然有其重要的社会价值和功能，对于中国人的身心健康尤为重要，保留和发扬中国家庭的优良传统，抑制其弊端才是关键。因此，应当防止网络、大数据等技术对中国家庭组织的解构和破坏性作用，这一政策应该表现在对网络和大数据技术的规治之中。

（五）代码空间组织

代码技术是继大众传播技术之后成为社会组织的新媒介。利用代码技术形成的代码空间可以将人和物组织起来，形成新型基本群体。在代码空间中，代码空间群体的数量可以从几人到几亿人，他们被代码技术所规范和组织，而不是依赖血缘关系、文字性的命令、共同的信仰或者资本力量。在代码空间中，代码就是法律。代码空间这种新型的基本群体对于人类社会发展意味着什么还是一个未知数，但是从历史经验来看，一种新的信息技术的出现，往往对人类已经存在的社会组织形式会产生颠覆性的结果，这种情形在中国社会正在上演。中国社会正在利用代码技术形成超越私权利社会组织形式的、更为公平和高效的社会组织形式，形成从"法治"到"代码自治"的综合社会治理模式。

四、结论

由于悠久的历史和复杂的社会发展历程，当今中国社会由五层社会组织构建起来的，他们有的是历史遗迹，有的则是新媒体技术所催生出来的。这五层社会组织形式在中国社会中都发挥着各自的作用，有的甚至起着至关重要的组织作用。而西方国家由于发展历程不同，他们往往没有像中国这样复杂的社会组织关系，因此西方制度在当今中国社会面前都显得简单化和不适应。例如，德国学者在评价欧盟GDPR中的个人信息自决模式时指出，"个人自决理念的困境是：它作为权利在对抗政府方面是有正当性的，但是在个人

---

❶ 《征信业管理条例》（国务院令第631号）第2条，"在中国境内从事征信业务及相关活动，适用本条例。本条例所称征信业务，是指对企业、事业单位等组织（以下统称企业）的信用信息和个人的信用信息进行采集、整理、保存、加工，并向信息使用者提供的活动"。

之间，它却是对抗交流的（Anti-communicative）"❶。而中国社会由于上端集权，下端粗率的历史格局，需要的是社会成员之间的进一步紧密合作，而不是对抗交流。有关个人信息权利的设计方面，西方理念下的正当性在中国是否是正当的则需要审慎思考。对此在第三篇会详细讨论。

理解中国社会制度必须在中国社会体系中进行，以大数据技术为代表的新媒体技术所带来的问题与挑战也应该在这样的背景下来理解，而不是将西方的制度、理论或者价值观照搬到中国。例如，下面要讨论的隐私保护问题、言论自由问题、个人信息保护问题以及大数据技术规治问题等，都需要以这样的视角来进行。正如习近平总书记所说的，"在中国这样一个有着 5000 多年文明史、13 亿多人口的大国推进改革发展，没有可以奉为金科玉律的教科书，也没有可以对中国人民颐指气使的教师爷"❷。

---

❶ WINFRIED V. The GDPR：The Emperor's New Clothes-On the Structural Shortcomings of Both the Old and the New Data Protection Law［J］. Neue Zeitschrift Für Verwaltungsrecht，2018（10）：5.

❷ 习近平. 在庆祝改革开放 40 周年大会上的讲话［EB/OL］.（2018-12-18）［2019-12-10］. http://www.gov.cn/xinwen/2018-12/18/content_5350078.htm.

第七章

制度变迁与比较视野下的中国隐私权制度*

当市场设计能够鼓励人们去交流那些他们本会保守
为秘密的重要信息时，市场会被大幅度地改进。

——埃尔文·E. 罗斯❶

19 世纪末，沃伦和布兰代斯在《隐私权》一文中明确要求对隐私利益给予隐私权保护之后❷，有关隐私利益如何认定和保护的研究和判例就不断出现。在互联网络和大数据技术飞速发展的今天，对公民隐私利益的关切更引起社会各个层面的注意。如谷歌 CEO 施密特曾经说过，"我们知道你现在在哪里，也知道你曾经去过哪儿，对你想的东西也都大致了解"❸。但在面对如何认定和保护隐私问题时，不同国家、不同文化甚至在一个国家内不同群体之间都有不同的理解和认识。这使得对隐私利益这一重要问题的认识十分模糊，往往仅凭直觉便认为隐私权保护具有普遍性和一致性。如学者惠特曼所质疑的，"如果隐私是人类需要的普遍性人权，那么为什么却有如此令人困扰的多样形式？对于那些依赖人格价值角度的隐私权支持者来说这是个难题，比他们承认的还要难。之所以是个难题是因为他们通常得出其结论的路径：隐私支持者通常依赖的是伦理哲学家所说的'直觉主义'主张"❹。我国研究隐私权的学者

---

* 本章主要内容已发表。参见：吴伟光. 从隐私利益的产生和本质来理解中国隐私权制度的特殊性 [J]. 当代法学，2017，31（4）：50-63.

❶ 埃尔文·E. 罗斯. 共享经济：市场设计及其应用 [M]. 富帅熊，译. 北京：机械工业出版社，2016：167.

❷ WARREN S D，BRANDEIS L D. The Right to Privacy [J]. Harvard Law Review，1890，4（5）：193-220.

❸ 成田真琴. 数据中间商 [M]. 邓一多，译. 北京：北京联合出版公司，2016：2.

❹ WHITMAN J Q. The Two Western Cultures of Privacy：Dignity versus Liberty [J]. Yale Law Journal，2004，113（6）：1154.

在何为隐私这一关键问题上也经常是模糊的和凭直觉的将西方的概念简单的援引，这使得我国隐私权制度的法理研究和制度构建都没有坚实的基础。

中国的隐私保护问题应该通过制度比较的方式来认识其特殊性，并以制度变迁的角度来理解其制度功能性。隐私权制度的产生与其他制度一样，都是竞争的产物。隐私利益的本质便是在某一特定竞争关系中，权利人对能够产生竞争优势的信息利益的关切。而由于在某社会群体中，该群体的共同利益与个人私利之间既有一致性又有冲突性，这造成了个人独占信息利益与该群体共享信息利益之间的冲突，而隐私权所认可和给予保护的隐私利益便是在符合该社会群体共同利益的前提下的个人可独占的信息利益。由于不同的社会群体的组织方式和存在目的都不同，同一个人在不同社会群体中就存在着不同的独占信息利益，也就意味着有不同的隐私利益和隐私权保护。由于不同的国家和社会有不同的历史发展路径和价值选择，那么对于隐私利益的认可和保护也就不同，这也是美国和欧洲大陆国家形成不同的隐私权价值观和制度的原因。这意味着中国也一定有自己的特定的隐私权价值观和制度设计，尤其是在网络与大数据社会中，隐私观念将会有很大变化。

一、隐私利益的本质和隐私权制度的产生

（一）隐私利益的产生与本质

隐私权所保护的利益是隐私利益，但是，隐私利益的内容是什么，以及如何确定却是一个难题。在我国，学者们经常将西方的相关制度进行简单的移植❶，或者凭直觉将一些价值归属于隐私利益上，而没有仔细分析和研究其产生的价值和制度目的❷。这使得我国隐私权制度的根基非常脆弱。因此，这里首先讨论隐私利益的产生和其本质。

1. 隐私利益的产生

制度产生于竞争，而隐私权制度的产生和发展也应该与社会成员的竞争

---

❶ 王利明，杨立新，姚辉. 人格权法［M］. 北京：法律出版社，1997：144-149.

❷ 例如，有学者认为，"个人隐私又称私人生活秘密或私生活秘密，是指私人生活安宁不受他人非法干扰，私人信息保密不受他人非法搜集、刺探和公开"。参见：张新宝. 从隐私到个人信息：利益在衡量的理论与制度安排［J］. 中国法学，2015（3）：38. 这种对隐私的概念描述一方面没有说明隐私利益的本质，只是将其替换为"秘密"一词，而何为秘密又是不清楚的概念，因此只是在做名词之间的转换。另一方面是进行循环定义，因为只有确定了隐私之后才能确定相应的权利内容和边界以及界定非法行为。而这里在界定何为隐私这一前提概念时，却已经将非法性因素考虑进入，使得对这一概念的界定没有了逻辑性。

关系有直接的联系。由于人自身的自私性和资源的稀缺性，人与人之间会存在着竞争关系。而由于竞争的需要，人与人之间也存在着合作关系，形成具有共同利益的社会群体。如庞德所说："各种利益之间之所以产生冲突或竞争，就是由于个人相互间的竞争，由于人们的集团、联合或社团相互间的竞争，以及由于个人和这些集团、联合或社团在竭力满足人类的各种要求、需要和愿望时所发生的竞争。"❶ 人类通过合作可以实现信息能力和能量使用能力的提高，从而增强竞争力。之前已经讨论过，社会群体的概念很宽泛，包括像家庭、学校、企业、社团甚至国家这样的基本群体，也包括通过网络形成的各种社会群体。例如，作为政治组织的国家是一个典型的社会群体，市民社会也是一个典型群体，而依赖市场交易所形成的市场交易体系也是一个群体。在不同的群体中，成员的隐私利益都是不同的。

学者哈文认为隐私需要给予保护的道德理由有四个：①基于信息的伤害。如在美国发生的某女演员租车信息包括其住宅信息被泄露后而遭杀害。②信息上的不平等。如市场中某些商家可以获得有关消费者的很多信息，造成竞价优势。③信息上的不公平。例如，属于某一领域的信息被传播到另一领域便会造成信息的不公平；求职人的医疗或者宗教信息被潜在雇主知道后就有可能对其求职形成偏见。④对道德自主性的侵蚀。❷ 可以发现，这些理由所对应的都是人与人之间的竞争关系。在社会群体中，人与人之间存在着合作关系时，合作主体对于信息交流的偏好是分享与合作利益有关的信息，从而使得该群体形成信息优势。那么在这种群体中，成员对于隐私利益的关切相对较弱。例如，市场经济中，企业是最重要的竞争主体，企业之间存在着竞争关系，而企业内部成员之间则主要是为了企业这一群体的竞争优势而形成的合作关系。在企业内部，成员对于与该企业竞争利益有关的个人信息的隐私关切就较弱，企业管理者掌握着成员的相关数据信息。❸ 而网络和大数据技术使得我们可以形成代码空间组织时，在这种代码空间组织中成员如何控制和分享自己的信息便成了新问题。

---

❶ 罗斯科·庞德. 通过法律的社会控制 [M]. 沈宗灵，译. 北京：商务印书馆，2013：40.

❷ NISSENBAUM H. Privacy in Context: Technology, Policy, and the Integrity of Social Life [M]. California: Stanford Law Book, 2010: 78-81.

❸ 欧洲人权法院判决认为企业雇主监视雇员在专为工作开设的电子邮件中的通信内容是合法的，并没有侵犯雇员的隐私权。《中华人民共和国劳动合同法》第8条规定，"用人单位招用劳动者时，应当如实告知劳动者工作内容、工作条件、工作地点、职业危害、安全生产状况、劳动报酬，以及劳动者要求了解的其他情况；用人单位有权了解劳动者与劳动合同直接相关的基本情况，劳动者应当如实说明"。

出于竞争和合作的双重目的，处在多个社会群体中的社会成员之间各自在判断自己的独占信息利益和共享信息利益的划分。"人们的隐私偏好不是简单地反映为控制和屏蔽信息，而是表现出对分享和控制之间的变化和精确的调整倾向。"❶ 而现代信息技术被广泛应用之前，社会成员主要的信息工具是自己的器官，通过物理措施就可以保护独占信息利益。如利用居所或者衣物隔离信息传播渠道，或者对自己表达器官的控制来保护自己的独占信息利益。如16世纪西方格言所说的，"不知道如何掩饰的人就不知道如何存活（Nescit Vivere Quinescit Dissimulare）"❷。库兰指出，社会成员在社会生活中经常有公共谎言的偏好。"在每种场合，你都面对着公开与隐藏之间、自我坚持和社会包容之间、坚持自己的品性和保护自己的形象之间的选择。这总有选择不诚实的好理由，其好处要多于从毫不掩饰和诚实中获得的利益。"❸ 显然，这种虚假信息偏好的目的是使得社会成员在相应的社会关系中获得他所认为的竞争或者合作利益。"我们个人之所以选择虚假偏好（Preference Falsification）是因为他的公开偏好影响对他的评价和对待。"❹ 总之，隐私利益与在某一群体中社会成员对于独占信息利益和共享信息利益之间的划分和控制而产生的法益有直接关系。当事人对这种独占信息利益所产生的情感诉求经常被诸如秘密、独处、自由、尊严或者人格自治等概念所描述或者掩盖。

2. 隐私利益的本质

总体来说，在任何一个社会群体中，某一成员与其他成员处于竞争关系时，他便对其信息利益具有独占权利，当某一成员与其他成员处于合作关系时，他便对其信息利益承担共享义务。如学者尼森鲍姆所归纳的，"隐私不是与一个维度而是与公/私之分的三个维度相关联：（1）行为人的维度，分为政府和私人行为人。（2）区间维度，包括空间，可以分为公共和私人维度。（3）信息维度，可以分为公共和私人信息"❺。在不同的维度下，个人独占信

---

❶ NISSENBAUM H, Privacy in Context：Technology, Policy, and the Integrity of Social Life ［M］. California：Stanford Law Book，2010：151.

❷ KURAN T. Private Truth, Public Lies：The Social Consequences of Preference Falsification ［M］. Boston：Harvard University Press，1995：40.

❸ KURAN T. Private Truth, Public Lies：The Social Consequences of Preference Falsification ［M］. Boston：Harvard University Press，1995：4.

❹ KURAN T. Private Truth, Public Lies：The Social Consequences of Preference Falsification ［M］. Boston：Harvard University Press，1995：26.

❺ NISSENBAUM H, Privacy in Context：Technology, Policy, and the Integrity of Social Life ［M］. California：Stanford Law Book，2010：102.

息利益和共享信息利益是有变化的，因此必须以不同的维度来单独分析。不同的社会群体以及在不同的竞争环境下，该社会群体的竞争对象和竞争程度都会不同，因而其共同利益也会有所不同，其内部成员之间的竞争与合作的关系也因之而不同，那么群体成员的独占信息利益与共享信息利益之间的划分也不同。❶ 例如，在我国多次发生的男医生与女病人之间有关身体裸露的侵犯隐私权纠纷中，争议的焦点是女病人的身体裸露是否为治疗目的的必要，如果是治疗目的的必要，那么女病人和男医生之间便有为了应对疾病而合作的需要，因而病人需要承担信息共享义务。反之，如果不是治疗目的的必要，那么这种裸露便是男医生出于对性的竞争这一动机而实施的，那么女病人和男医生之间便是围绕着性的竞争关系而不是合作关系，这时女病人便享有对这一信息利益的独占性。由于男医生身份的双重性，这种冲突便始终存在，而如果像 AI 这样的自助设备能够代替医生便可以在很大程度上消除这一矛盾。

因此，隐私利益的本质是社会成员在某一特定社会群体中可以享有的独占信息利益，是个人独占信息利益与该社会群体所需要的共享信息利益之间的恰当分配。由于不同社会群体的性质和功能不同，以及面临的公共利益也会发生变化，那么相同的信息在一个群体中是隐私，在另一个群体中可能就不是。如美国法院在 IRSG, Inc. v. FCT 案中所说的 "是信息所公开的场合，而不是信息本身的内在性质决定了该信息是否受《金融服务现代化法案》（Gramm-Leach-Bliley Act）的保护"❷。例如，在 2005 年，《中华人民共和国妇女权益保障法》首次以法律形式对女性的隐私权给予保护，这是对围绕着性的竞争关系中一般处于弱势地位的女性隐私利益的特殊保护。❸ 同样可以推论出，当像国家这样的社会群体面临着战争或者国防安全这种重要共同利益时，公民的信息独占利益便会相对变小，而让位于为此目的的信息共享利益。如学者里根所说的，"隐私是一种自私的价值，其为了安全这一集体利益而需要牺牲"❹。这一点在 2020 年抗击新型冠状病毒中表现得非常明显。

---

❶ 例如，在美国的 Katz v. United States（389 U. S. 347）案中，公民出于自己私利考虑而对通过公共电话所交谈的信息有隐私关切，而侦查机关出于维护公共利益的目的以及自己工作业绩考核的需要而希望获得更多的共享信息。公民与侦查机关之间有针对信息利益的竞争关系，也有维护公共利益的合作关系。

❷ Individual Reference Services Group, Inc. v. FCT, et al. Civil Action No.：00-1828（ESH）.

❸ 《中华人民共和国妇女权益保障法》第 42 条。

❹ REGAN P. Legislating Privacy：Technology, Social Values, and Public Policy［M］. Carolina：The University of North Carolina Press，2009.

(二) 隐私权的产生与隐私利益的判断

隐私利益伴随着竞争关系在人类社会中很早就存在了，就如同财产利益一样。但是，隐私权却是近代的制度产物，因为以私权来对隐私利益给予保护是信息技术发展与私权利社会形成后的双重结果。

1. 隐私权的产生

当信息传播主要还是依赖人的自然器官时，社会成员可以依赖自己的物理措施来基本上实现对隐私利益的保护，这种隐私利益被称为物理性隐私（Physical Privacy）。保护物理性隐私是以通过禁止他人未经许可对本人的身体、住所或者私人物理空间的侵入来实现的。❶ 由于对自己居所和身体的保护就可以达到保护其独占信息利益的目的，所以这一时期并没有明确意义上的隐私权制度，而是以对物理性空间的保护来间接保护个人的隐私利益，即所谓的侵入原理（Trespass Doctrine）。在美国历史上，这一时期则表现为侵犯隐私利益和侵犯其他人权的违宪行为往往是重叠的，是对宪法所保护领域的物理性侵入，这包括"个人［包括］其身体和个人的衣物；房屋［包括］公寓、宾馆房间、车库、办公室、商店以及仓库；纸张，像书信；以及其他财产，像汽车"❷。

而当信息技术的发展使得社会成员发现已经无法通过居所、衣物等物理设施甚至是表情管理保护自己的独占信息利益时，就开始诉求公力救济，隐私权观念开始出现了。沃伦和布兰代斯的《隐私权》一文的出现便是这种背景的表现。19世纪后半叶是美国社会变革激烈的时期，工人大众都可以买得起的"便士报"开始出现并流行，而为了吸引劳动阶级，提高销售量，报纸内容也开始通俗化甚至是庸俗化。在此之前，美国的报纸主要是依附于主要政治党派，并且主要是为受过良好教育的人提供的。❸ 这一时期意味着美国社会开始进入大众传播时代，信息技术和水平显著进步，电话、电报以及铁路等大众传播和交通工具都开始出现。信息技术和交通工具的进步使得社会成

---

❶ CRAIG T, LUDLOFF M E. Privacy and Big Data ［M］. California：O'Reilly, 2011：14.

❷ LAURA D. Anglo-American Privacy and Surveillance ［J］. Journal of Criminal Law and Criminology, 2006, 96（3）, 1070.

❸ "19世纪的最后岁月是一个生机勃勃、繁荣昌盛的年代，而这一特征在报业则表现为报社、报纸的繁荣和整个报业所取得的卓越成就。这个时期也是黄色新闻大放异彩的时代，它是一种复杂的、饱受诽谤中伤的新闻类型，对后世产生了持久的影响、留下了不朽的神话。"参见：大卫·斯隆. 美国传媒史 ［M］. 刘琛，等，译. 上海：上海人民出版社，2010：325.

员可以主动的也可以被动地组织到更大的社会群体之中，之前的流言蜚语都是在本社区之中，而现在却在以报纸为媒介的更大的社区中传播，不论是空间上还是时间上都扩大了。而沃伦和布兰代斯写这篇论文的背景便是有这种类型的报纸将沃伦侄儿的婚礼情况进行了照片报道。❶ 当社会成员已经无法通过居所或者表达器官的控制来保护自己独占信息利益时，隐私权的诉求便自然出现了。如沃伦和布兰代斯所主张的，"隐私是个人决定在多大程度上将自己的思想、感情和情绪传播给其他者的权利"❷。"摄影技术是这样一种状态，对于画像来说，一个人如果不是为此目的有意识地端坐在那里，这样的画像很难完成，那么合同法或者信托法就能够足以赋予一个谨慎的人来防止对其肖像不当使用的能力。但是，由于摄影技术的最新发展已经能够即时地拍摄照片，合同或者信托原理已经无法满足这样保护的需要了。"❸ 也就是，仅仅依赖私力救济已经无法保护自己的隐私了，因而开始寻求隐私权这一公力救济。

因此，隐私权主要保护的是信息性隐私（Information Privacy）。所谓信息性隐私是指当本人的信息被其他信息技术收集、存储以及分享时，本人因此而产生的对该信息中的隐私利益的期望。美国历史上的表现便是像窃听以及红外线等技术开始被侦查机关使用时，不需要发生传统意义的侵入便可以获得公民的居所或者电话中的信息，这时依赖美国宪法第四修正案对物理空间的保护来保护个人隐私利益已经力不从心。美国最高法院便开始以"对隐私的合理期望（Reasonable Expectation of Privacy）"来代替侵入理论对隐私利益加以重新确认和保护。中国对隐私利益的关注和保护也是从通信服务开始的，1982 年《宪法》中没有隐私权概念的出现，而是对通信自由和通信秘密给予宪法上的保护。直到 2009 年的《中华人民共和国侵权责任法》（以下简称《侵权责任法》）才在一般意义上明确规定了隐私权。而之前有关媒体尤其网络新媒体侵犯隐私权的案例也开始频繁发生。

2. 隐私利益的判断

隐私权制度的功能是对某一社会群体中的成员的信息独占利益与该社会群体所需要的共享信息利益之间所产生的冲突进行协调。隐私权所保护的隐

❶ SAMANTHA B, The Death of the Public Disclosure Tort：A Historical Perspective ［J］. Yale Journal of Law & The Humanities，2010，22（2）：177-178.

❷ WARREN S D，BRANDEIS L D. The Right to Privacy ［J］. Harvard Law Review，1890，4（5）：198.

❸ WARREN S D，BRANDEIS L D. The Right to Privacy ［J］. Harvard Law Review，1890，4（5）：211.

私利益便具有了相对性和动态性特征，而作为私权的隐私权却是对世性权利。对世性权利一般需要有明确的法益和明确的权利边界，不论是针对有体物的物权还是针对信息的知识产权都是这样的。那么隐私利益的相对性和动态性与隐私权的绝对性和对世性便产生了矛盾，这也是隐私权的内容和边界难以界定的主要原因。因此，确定隐私利益应该在其特定的社会群体中衡量。"如果隐私权是与场合有关的恰当信息流动的权利而不是秘密或者对与自己有关的信息控制的权利，那么只要对信息的分享和持有与该场合的规范所确定的原则性条件相一致，那么就不会有关于对隐私的关切和渴望分享信息之间的悖论。"❶ 如尼森鲍姆所说，"隐私权既不是针对秘密的权利也不是针对控制的权利，而是针对个人信息的恰当传播的权利"❷。尼森鲍姆认为这里的恰当性是基于场合的完整性（Contextual Integrity）决定的，她所说的场合完整性就是这里所讨论的某特定社会群体的存在目的。"场合（Context）是构建起来的社会存在，其特征由规范性的活动、角色、关系、权力结构、规则以及内在的价值所决定。"❸

确定隐私利益应该遵循以下步骤。首先，作为一般原则，在判断隐私利益是否存在时，应该基于权利人与相对人在特定社会群体中的关系来确定。不同的社会群体有不同的组织目的，成员之间的竞争与合作关系也就不同。❹在第六章中讨论了中国社会的五层组织结构，在不同的组织结构中成员的隐私利益和期望也不同。❺通过该特定社会群体存在的目的和功能来确定其所应该享有的公共利益，并根据该公共利益来确定所涉及的信息是应该属于权利人所独占的信息利益，还是属于该特定社会群体所共享的信息利益。如雇员是否是乙肝病毒携带者这一信息在不同类型的企业中就可能属于不同的信息

❶　NISSENBAUM H. Privacy in Context：Technology，Policy，and the Integrity of Social Life ［M］. California：Stanford Law Book，2010：187.

❷　NISSENBAUM H. Privacy in Context：Technology，Policy，and the Integrity of Social Life ［M］. California：Stanford Law Book，2010：127.

❸　NISSENBAUM H. Privacy in Context：Technology，Policy，and the Integrity of Social Life ［M］. California：Stanford Law Book，2010：132.

❹　例如，高某某与中国政法大学关于在某国际会议中将高某某的个人联系信息印发的行为是否侵犯其隐私权的争议中，特定社会群体是高等学校中围绕着这个国际会议所形成的临时性社会群体。高某某诉中国政法大学隐私权纠纷案，北京市昌平区（县）人民法院民事判决书（2015）昌民初字第3682号。

❺　例如，《中国共产党章程》第3条："党员必须履行下列义务……（五）维护党的团结和统一，对党忠诚老实，言行一致，坚决反对一切派别组织和小集团活动，反对阳奉阴违的两面派行为和一切阴谋诡计……"

类别。❶ 需要注意的是，人类社会的发展历程表明，人类之间越来越倾向于合作，越来越形成更大规模的社会组织，这也就意味着越来越倾向于共享信息利益而不是独占信息利益。如 20 世纪前叶庞德就指出，"合作的观念远比自由的个人自我主张的传统观念更接近于工业的现实情况。不管怎么说，在大企业中雇主和雇员是进行着合作的。那种认为他们，并引导他们自己认为，他们彼此之间必然要而且无论如何要从事相互斗争的看法，完全是徒劳的"❷。当网络与大数据技术可以使得我们形成更大的社会组织，从而形成更为广泛的合作关系时，在这种代码空间中隐私利益的判断应该符合这一大趋势。对此在第十一章中会专门讨论。

其次，在制度目的上确定该社会群体的主要功能，并根据其功能来确定该社会群体的共同利益，这类似于尼森鲍姆所主张的"场合的完整性"。"场合的完整性为隐私提供了基石，产生评价侵犯隐私的共同情感和路径。"❸ 例如，国家作为最重要的社会群体有其重要的存在目的、功能和国民的共同利益的诉求。企业作为私权利社会中的基本群体，有其存在的目的、功能和共同利益的追求，那么同一个社会成员在这两个社会群体中的隐私利益便也会不同。不同的国家或者地区，由于不同的政治经济或者文化制度，对于国家和其中的特定社会组织所竞争的共同利益的理解和主张是不同的。这种不同性可能导致在这种国家以及其中的特定社会组织中的社会成员对于信息利益是应该独占还是应该共享的选择上而不同，那么也就导致了对隐私利益的不同理解。如戴西所说的，"怎样才能既不削弱联合行动的权利，又不剥夺个人自由权的价值；怎样才能既不限制联合行动的权利，又不破坏个别公民的自由权或者政府的权力？目前到处都提出了这个问题，而且任何一个地方都没有得到一个相当满意的解决，了解这一点是极为重要的"❹。例如，当《中华人民共和国反家庭暴力法》（以下简称《反家庭暴力法》）将反家庭暴力视为国家、社会和每个家庭的共同责任时❺，那么家庭内部发生的与家庭暴力有关的信息便不再是家庭这个群体的内部信息，而是属于国家和社会这个群体

---

❶ 郭某某与常德市职业技术学院附属第一医院暨常德市第三人民医院隐私权纠纷上诉案，常德市中级人民法院民事判决书（2012）常民四终字第 166 号。

❷ 罗斯科·庞德. 通过法律的社会控制［M］. 沈宗灵，译. 北京：商务印书馆，2013：78.

❸ NISSENBAUM H. Privacy in Context：Technology，Policy，and the Integrity of Social Life［M］. California：Stanford Law Book，2010：150.

❹ 罗斯科·庞德. 通过法律的社会控制［M］. 沈宗灵，译. 北京：商务印书馆，2013：66.

❺ 《反家庭暴力法》第 3 条。

中一定程度的共享信息了。相关信息是否属于隐私利益也要在国家和社会这个群体中，为了保护相关人的独占信息利益和反家庭暴力这一公共利益两者之间来衡量了。❶

再次，在确定该社会群体的目的、功能和共同利益之后，再对其中成员的独占信息利益和共享信息利益进行区分和确定。这类似于尼森鲍姆所说的传播原则，"传播原则是在某一场合中对信息流动的限制。以信息规则形式表现的传播原则是这些传播应该或者不应该发生的条件"❷。被广泛应用的"对隐私的合理期望"这一在司法实践中判断隐私利益的做法，也只能在确定群体的共同利益和其成员的个人利益之间的关系后才能正确适用。如尼森鲍姆所说的，"应该清楚的是，在无数的司法裁决和政策制定中很有用的'对隐私的合理期望'原理是与场合的完整性在概念上有紧密的联系。像其他的'合理人'标准一样，它有一个植入性的但是又不是明确的规则要求，因为它要求法官或者其他裁判者进行事实上的裁判，这不仅仅是一个期望而且还是一个合理的期望。因为我们无法想象裁判者们在面对某一具体的案例或者裁决时会立即进行大规模的调研或者观察来确定什么是合理的，所以我们认为他是通过对良知和自由裁量的适用来确定什么是合理"❸。

最后，信息技术的不断发展，社会成员主动地或者被动地形成各种新的社会群体，社会成员的独占信息利益与该社会群体的共享信息利益将产生冲突，那么在判断是否赋予社会成员以隐私权来保护其独占信息利益的问题上，需要对该社会群体的发展趋势进行价值判断。如美国最高法院在 Kyllo 案中所说的，"认为美国宪法第四修正案所保护的隐私程度丝毫不受技术进步的影响是愚蠢的……我们今天所面临的问题是技术力量对所保护的隐私领域的界限在哪里"❹？可以借鉴美国社会学家米尔斯的《社会学的想象力》的思想，即在社会学中，通过对极端情况的思考，经常可以得到最具启发性的思想。通过对社会问题设置两极模式的方法来获得社会学的想象力。❺设想两种极端社会，一种是社会成员具有绝对隐私权，也就是说与其他成员没有共享信息利

---

❶ 《反家庭暴力法》第13条。

❷ NISSENBAUM H. Privacy in Context：Technology，Policy，and the Integrity of Social Life［M］. California：Stanford Law Book，2010：145.

❸ NISSENBAUM H. Privacy in Context：Technology，Policy，and the Integrity of Social Life［M］. California：Stanford Law Book，2010：233.

❹ Kyllo v. United States，533 U. S. 27（2001）.

❺ MILLS W. Sociological Imagination［M］. Oxford：Oxford University Press，2000.

益；另一种是社会成员完全没有隐私权，与其他社会成员具有完全的信息利益共享。对于前一种，可以想象，根本无法形成社会群体，人类在自然界中是无法生存下来的。对于后一种，则意味着这种社会群体成员之间的关系非常紧密，信息分享和处理非常准确和有效率性，那么这种社会组织具有超强的合作性和竞争力。因此，对于隐私利益的判断，不是担心共享信息利益是否过多，而是担心信息分享的不均衡所造成的社会成员竞争力之间的不均衡所产生的内生成本问题。因此，总的来说，人类在信息技术的帮助下越来越群体化，那么也就越来越倾向于信息的分享。如学者奈格雷所说的，隐私是一个"明显的时代性的概念"❶。当大数据技术使得人类社会可以形成更加广泛和紧密的社会群体时，在这种群体中的成员的隐私利益应该以这种场合来考虑，而不应该以之前的工业社会的隐私观念来考虑。

二、美国和欧洲隐私权制度的发展路径及其特征

当以社会群体中的个人独占信息利益与共享信息利益的分配来确定隐私利益时，通过对美国和欧洲对隐私利益的不同态度和做法的比较，可以帮助理解隐私利益与社会群体的目的和价值观之间的关系。某国家的政治形态和历史发展路径都可能影响其对隐私权制度的选择，同样都对隐私利益给予保护的国家，美国和欧洲国家的差距就较为明显，前者对隐私的保护相对较弱，而后者相对较强。

（一）美国隐私权制度的发展路径和制度特征

与欧盟相比，美国的隐私权是隐私利益的弱保护模式，其与普通法国家私权利社会的形成一样，是从下到上的制度构建并表现出功利主义特征。

首先，美国法认为隐私权是公民作为对抗政府的制度工具，被自由权所涵盖，在历史上主要通过对住所或者身体的保护来保护这种自由。❷ 这是因为在当时的信息技术条件下，美国公民可以通过住所以及对身体自由的权利来保护自己对信息利益的独占性。❸ 与美国相比，"德国宪法中的基本权利包括

---

❶ NEGLEY G. Philosophical Views on the Value of Privacy [J]. Law and Contemporary Problems, 1966, 31（2）：319-325.

❷ WHITMAN J Q. The Two Western Cultures of Privacy：Dignity Versus Liberty [J]. Yale Law Journal, 2004, 113（6）：1161.

❸ 这主要表现为 18 世纪末《美国宪法》的第三、第四和第五修正案中，对公民的住所给予保护，防止政府的非法侵入或者搜查，也禁止强迫公民自证其罪等。

人格权对私主体的行为也有限制。相反，美国宪法中的基本权利只是保护个人来防范国家的权利。在德国法律术语中，美国的权利是'防御权'或者保护性的权利，只是用来对抗政府行为的"❶。在美国，隐私权保护是以住所为核心的，当事人距离他的住所越远，对他的隐私保护也逐渐变弱。一个人对其隐私合理期望的主要场所显然是家里，而在家之外便相应地很少有隐私保护了。❷ 布兰代斯与沃伦在《隐私权》一文中认为隐私权是一种人格权利，但是学者认为这种抽象意义上的隐私权在美国是找不到法律根据的，由于布兰代斯的德国移民和文化背景才形成他的这种观点。❸ 因而隐私权在美国社会中并不是作为一个根本权利而单独存在的。直到 20 世纪 60 年代，学者普洛斯才将这一抽象意义上的权利化解为四种具体的侵权行为。❹ "当我们考虑对隐私的侵犯时，我们首先要问的是损害是什么？这里的损害必须是有形的。而对于欧洲人或者其他国家和地区的人，隐私是与其他自由相提并论的基本人权。当以尊重和尊严的角度来看时，它是不定形的，当他们考虑对隐私的侵害时，他们首先要问的是如何对个人造成损害。但是对他们来说，这里的损害是无形的，基于是否是令人尴尬的或者羞辱性的信息。"❺

其次，在市民社会这一群体中，美国的突出特征便是言论自由要高于对公民的隐私利益的保护。如在 Time, Inc. v. Hill 案中布伦南法官所说的，"保障言论与出版自由不得禁止对公共事务的政治表达或者评价，这一切对于健全政府来说是至关重要的。一个人只要随意拿起一份报纸或者一本杂志，便可以了解到呈现在公众面前的各种人事，既有关于政府官员的，也有涉及公民个人的。不同程度的曝光自己，是文明共同体中个人生活的必然产物。在一个特别注重言论与出版自由价值的社会中，被曝光的风险成了生活中必然的一部分"❻。也就是说，以通过大众传媒所形成的社会群体中，美国将群体

---

❶　SCHWARTZ P M, PEIFER K N. Prosser's Privacy and the German Right of Personality: Are Four Privacy Torts Better than One Unitary Concept? [J]. California Law Review, 2010, 98 (6): 1953.

❷　WHITMAN J Q. The Two Western Cultures of Privacy: Dignity versus Liberty [J]. Yale Law Journal, 2004, 113 (6): 1194-1195.

❸　SCHWARTZ P M, PEIFER K N. Prosser's Privacy and the German Right of Personality: Are Four Privacy Torts Better than One Unitary Concept? [J]. California Law Review, 2010, 98 (6): 1943.

❹　即 (1) 对隔离生活的侵犯；(2) 对令人窘迫的私人事实的公开发布；(3) 错误性的宣传；(4) 对姓名以及类似内容的不当使用。参见：William L. Prosser. Privacy [J]. California Law Review, 1960, 48 (3): 389.

❺　CRAIG T, LUDLOFF M E. Privacy and Big Data [M]. California: O'Reilly, 2011: 69.

❻　Time, Inc. v. Hill, 385 U. S. 374 (1967).

的共享信息利益高高置于个人独占信息利益之上。而更早的 Sidis v. FR Publishing Corp. 案中，法院对媒体重新报道原告几十年前有关其神童的事情，使得原告重现陷入公众的关注和难堪之中的行为给予支持。❶ 这更是与欧洲的为保护隐私目的而产生"被遗忘权"制度形成鲜明对比。Sidis 上诉案中的克拉克法官认为，原告试图以个人隐私方面的利益抗衡社会在自由评论方面的利益，"他认为后者的分量更为重要，因为我们所生活的社会乃是一个言论自由的社会。一旦某人成为公众人物，那么不管是否情愿，他便永远地成为媒体所追逐的对象"❷。美国的这种有关隐私权保护和言论自由的价值取向有利于美国社会的整合性和一体化，统一社会的价值观以及减少社会不同群体之间的隔阂。

再次，美国对于隐私利益的确认和保护主要采取了针对不同的社会群体而单独立法的模式，表现出立法的功利性特征，而不是像欧洲那样更倾向于统一保护模式。从 1782 年开始的针对保护邮件隐私的立法到 2002 年的《国土安全法》，以及 2004 年的《情报改革和防止恐怖法》等，200 多年美国颁布了近 30 部与隐私有关的法律。❸ 美国的这种部门性立法实际上是以不同的社会群体来认识和划分成员的隐私利益，并针对不同的社会群体中的特定隐私利益采取了不同的立法。例如，在有关个人数据信息的保护上，美国没有像欧盟那样通过一个普遍性的保护指令和规则，而是针对不同的隐私问题颁布了一系列法律。❹ 如尼森鲍姆所总结的，"相比较，美国针对信息隐私的立法方式是部门性的（Sectoral），因为在美国宪法中没有明确的隐私权规定，立法机构有意采取不同部门的独立立法形式。这样，特定社会组织有特定的法律，包括健康关怀、金融、商业、通信和执法部门"❺。

最后，当将整个国家放在国际社会这个更大的群体时，由于竞争形态发

---

❶ Sidis v. FR Publishing Corp., 113 F. 2d 806（2d Cir. 1940），cert. denied. 311 U. S. 711（1940）.

❷ 安东尼·刘易斯. 言论的边界：美国宪法第一修正案简史［M］. 徐爽，译. 北京：法律出版社，2009：65.

❸ 具体的法律名称以及主要内容可见 SOLOVE D J. A Brief History of Information Privacy Law［M］//MATHEWS K J. Proskauer on Privacy：A Guide to Privacy and Data Security Law in the Information Age. New York：Practising Law Institute，2018.

❹ SOLOVE D J. Privacy and Power：Computer Databases and Metaphors for Information Privacy［J］. Stanford Law Review，2001，53（6）：1141.

❺ NISSENBAUM H. Privacy in Context：Technology，Policy，and the Integrity of Social Life［M］. California：Stanford Law Book，2010：238.

生了变化，国家的安全性便成为最重要的共同利益。在这种共同利益的要求下，该群体成员的隐私利益相对于共享信息利益便会减弱，这在美国隐私权制度历史上表现得非常明显。例如，美国在 20 世纪 30 年代通过《1934 年通信法》，将对信息截获和窃听所取得的证据排除在联邦刑事裁决之外，在 Nardone v. United States 308 U. S. 338（1939）和 Nardone v. United States 302 U. S. 379（1937）案中，美国最高法院确认联邦官员都要遵守这一法律。但是在 1940 年 5 月 21 日的一份备忘录中表明，美国总统罗斯福认为美国最高法院的判决没有意图将这种政策适用到有关国防安全的这类重大关切上。他指示联邦调查局为了国家安全可以继续使用窃听技术。在 1946 年，杜鲁门总统确认窃听技术可以使用到所有与国家安全有极重要关系的情形中。❶ 又例如，在 2001 年 "911 恐怖事件" 之后，美国迅速通过《美国爱国法》，其赋予了美国政府很大的侦查权力，公众的隐私权受到很大限缩，尤其是外国人的隐私权更是受到限制。❷ 这些例子都说明隐私利益只有在特定时期和特定社会群体中讨论才有意义。

（二）欧洲国家的隐私权制度

与美国相比，欧洲尤其是欧盟的隐私权保护可以称为是强保护模式并表现出明显的自然权利主义特征。英国资产阶级革命之后所形成的以市场经济为特征的私权利社会推动了整个欧洲的变革。但是，这种变革是以克服专制统治这种公权力社会的阻力为前提的，因此需要一种变革的力量和共识来实现这种目的。这种特征使得欧洲大陆国家私权利社会的制度要求和权利种类与内容都需要以成文法的方式明示，而不同于英美这些普通法国家是在历史发展中逐渐成长起来的。❸ 这使得欧洲大陆国家形成了与普通法国家相反的 "从上到下" 的制度模式。欧洲国家的隐私权制度构建因此也具有这种特征，

---

❶　LAURA D. Anglo-American Privacy and Surveillance［J］. Journal of Criminal Law and Criminology, 2006, 96（3）：1067-1068.

❷　2001 年的《美国爱国法》对 1978 年的《外国信息监控法》进行了重要修改，使得美国政府可以更容易监控和获得外国人的信息。参见：SOLOVE D J. A Brief History of Information Privacy Law［G］//MATHEWS K J. Proskauer on Privacy：A Guide to Privacy and Data Security Law in the Information AgeNew York：Practising Law Institute, 2018.

❸　例如，墨克认为英法之间的竞争是法国大革命期间及其后法国制度激进转轨的一个重要推动力量。法国大革命为向以拿破仑法典和法律面前人人平等为基础的新宪政规则转轨清扫了道路。参见：杨小凯. 发展经济学：超边际与边际分析［M］. 张定胜，张永生，译. 北京：社会科学文献出版社，2003：440.

并有自己的发展路径和价值取向。

首先，欧洲国家认为隐私利益属于公民的尊严而需要保护，因而不论是在住所内还是在住所之外，不论是政府还是企业都不能侵犯。"欧洲人对于为什么尊严在他们的法律中如此重要总是给出了戏剧性的解释：他们断言当今欧洲大陆国家的尊严是反抗法西斯尤其是纳粹的产物。经历了20世纪三四十年代可怕的没有尊严的时代，欧洲人认为欧洲大陆社会对此改过自新。欧洲今天强调尊严是因为70年前的创伤。"❶ 例如，"德国法认为隐私权是对基于人格尊严中的利益的保护。在这种法律体系中，每个人都有不可侵犯的尊严权利是基本原则。这一概念影响着整个《基本法》——德国的宪法——并且为人格权提供了一般基础，它是为其他法益提供丰富资源的'渊源权利'"❷。"对人格利益的保护是为了防止将人降低为仅仅是客体，或者按照德国法所主张的，防止对其主体性的否定。在没有得到前女友同意的情况下将有关个人关系的细节加以出版，作者将当事人降格为自我实现的客体而已。"❸ 很明显这种观点可以回溯到康德思想，即人作为理性的存在不能成为他人的客体。在德国基本法的制定过程中，起草者之一的斯密德将这一原则总结为："国家是为了个人而存在，个人不是为了国家而存在。"❹

其次，通过《欧洲人权公约》的实施，使得欧洲人权保护包括隐私权的保护要高于主权利益。❺ 在欧洲国家，包括隐私权在内的人权承担着约束和限制国家机器的重要制度任务。由于欧洲历史上不断的纷争给各个国家的国民造成的深重灾难，尤其是两次世界大战所带来的深刻教训，人权思想便开始被欧洲人所接受，并且是通过政府的意志不断落实。在欧洲国家，对于隐私权给予保护是政府的政治责任，也就是说政府具有保护个人隐私利益的积极

---

❶ WHITMAN J Q. The Two Western Cultures of Privacy：Dignity versus Liberty ［J］. Yale Law Journal，2004，113（6）：1165.

❷ SCHWARTZ P M, NIKOLAUS P K. Prosser's Privacy and the German Right of Personality：Are Four Privacy Torts Better than One Unitary Concept？［J］. California Law Review，2010，98（6）：1928.

❸ SCHWARTZ P M, NIKOLAUS P K. Prosser's Privacy and the German Right of Personality：Are Four Privacy Torts Better than One Unitary Concept？［J］. California Law Review，2010，98（6）：1929.

❹ SCHWARTZ P M, NIKOLAUS P K. Prosser's Privacy and the German Right of Personality：Are Four Privacy Torts Better than One Unitary Concept？［J］. California Law Review，2010，98（6）：1948.

❺ 以瑞士为例，首先，瑞士宪法明确规定《欧洲人权公约》作为国际条约，效力高于联邦法，联邦法院认为其高于国内法。其次，瑞士宪法只在保护人权上比《欧洲人权公约》的要求更宽时才有自治性。最后，对这些基本权利的保护不仅仅针对国家，而且还针对个人和公司。随着这种所谓的"积极义务"的被认可，使得法院和政府有义务保证这些传统仅仅是针对政府的权利也适用于针对私人主体。

义务，而不仅仅是公民对抗政府的消极权利。"我们今天看到的欧洲大陆国家的法律是几个世纪的反抗身份社会的慢慢演进过程……今天每个人都应该像以几个世纪之前对待高级身份和富裕的人的方式来被对待。"❶ 由于大陆法系国家的私权利社会秩序不是由企业家自发形成的，而是政府作为公权力组织根据自己的意志来实现的，那么这种社会的竞争秩序便无法像普通法国家那样更多地依赖企业的自律行为，而是需要政府更多地予以干预。也就是说，在大陆法国家中，政府在社会竞争秩序的塑造和规范上扮演着更为重要的角色，而不是完全依赖企业家的自律性。有学者指出，"可以从信任文化上来理解这种隔阂。欧洲人相信政府而不相信市场，美国人则正好持相反的观点。总体上，美国人认为将信息向政府流动将导致其滥用而不是得到明显的好处，而欧洲人则对于市场持有相似的观念。因此保护隐私就意味着向不信任的机构切断信息。结果便是欧洲人更能接受政府对其监视以及进入他们的居所，而美国人则更能接受对他们信用历史的市场披露和买卖"❷。例如，在有关1996 年欧盟颁布《个人数据保护指令》的背景上，瑞登伯格解释为"欧盟这一指令的背景在哲学基础上与美国有很大的区别……最近几年，美国将对个人隐私的保护交给了市场而不是法律。相反，欧洲将隐私保护视为根植于基本人权之中的政治使命"❸。

最后，就整个欧洲社会群体而言，人权也是高于财产权和市场自由竞争的。这种制度选择的具体表现便是在这些国家的民法典中都将人身权作为最重要的内容加以明示和保护，并且是不可剥夺和不可放弃的。也就是说这些权利所保护的根本利益是不得以任何竞争方式所剥夺的，既包括强迫的方式，如政府公权力的剥夺，也包括自愿的方式，即市场交易。"对于欧洲人来说，隐私的主要敌人是媒体，他们总是有以损害我们在公众面前的尊严的方式报道令我们不快的信息的危险……在欧洲，对个人尊严的保护是很多代人的关切。"❹ "特别是回溯到 19 世纪，欧洲大陆国家一直将隐私视为被过度的言论自由和过度的自由市场所侵害的价值……确实，欧洲大陆隐私法律的历史本

❶ WHITMAN J Q. The Two Western Cultures of Privacy: Dignity versus Liberty [J]. Yale Law Journal, 2004, 113 (6): 1166.

❷ FRANZ W. The Right to Inform v. The Right to be Forgotten: A Transatlantic Clash [M] Baden: Nomos Verlagsgesellschaft, 2009: 299.

❸ JOEL R. Reidenberg. E-Commerce and Trans-Atlantic Privacy [J]. Houston Law Review, 2001, 38 (3): 717-750.

❹ WHITMAN J Q. The Two Western Cultures of Privacy: Dignity versus Liberty [J]. Yale Law Journal, 2004, 113 (6): 1161.

质上是以'荣誉'的名义对美国自由主义中的两个根本价值的抵抗：自由言论的价值和通过市场私产交易的价值。"❶ 与欧洲相反，美国社会认为言论自由本身便是这个社会的公共利益，保护言论自由是原则，保护个人隐私是例外。因此，在美国因为个人隐私利益而限制媒体的言论自由是非常罕见的。❷ 如有美国学者指出，"有关隐私的核心问题是，隐私是一种可以被买卖的商品，还是一种超越商业化的基本人权？在美国的历史脉络中，隐私是一种由侵权法所规制的财产权，与自由相比是第二级别的权利"。"自从 20 世纪 60 年代，在对隐私权的保护上，美国的新闻价值例外原则适用范围上越来越大。言论自由在美国是宪法意义上的价值而对个人荣誉的保护却不是，这意味着言论自由几乎总是胜出。"❸

欧洲的这种来自自然权利主义的隐私权主张由于其抽象性和虚幻性而被批评为是一种直觉主义的表现。"这些主张假想人类具有某些能够针对对错的直接和直觉的掌握能力——一种能够在通常的伦理道德判断中指导我们的直觉能力……既然侵犯隐私对每个人来说看起来都是很可怕的事情，对隐私的保护便一定是法律的首要责任，就像对财产和合约的保护一样重要。如此，隐私对我们如此重要，那么法律对其保护一定是属于基本人权。"❹ 这种凭借直觉而对隐私权保护的主张无法解释为什么所谓根本权利所保护的隐私利益却在不同时期、不同群体或者不同政治与文化中有如此之多的变化和差异。如惠特曼所说的，"这些不是我们假设人类对于隐私享有相同的原始直觉就能回答的问题。对于不止在一个国家居住过的人都应该知道，我们有不同的直觉。我们所拥有的恰恰是其他的东西：我们的直觉是被我们所居住的社会中已经存在的法律和社会价值所塑造过的……是反映我们对我们文化中的基本法律价值所了解和尊重的直觉"❺。

---

❶ WHITMAN J Q. The Two Western Cultures of Privacy：Dignity versus Liberty ［J］. Yale Law Journal, 2004, 113（6）：1171.

❷ "在美国，媒体被寄希望于发现真实并且报道它，不仅仅是有关政府和公共事务的而且也包括民众的。法律保护这些期望。而当这些期望与对隐私的期望相冲撞时，隐私总是让路。"参见：KIRK W R. The Right to be Forgotten ［J］. Hastings Law Journal, 2012, 64（1）：274.

❸ WHITMAN J Q. The Two Western Cultures of Privacy：Dignity versus Liberty ［J］. Yale Law Journal, 2004, 113（6）：1196.

❹ WHITMAN J Q. The Two Western Cultures of Privacy：Dignity versus Liberty ［J］. Yale Law Journal, 2004, 113（6）：1154.

❺ WHITMAN J Q. The Two Western Cultures of Privacy：Dignity versus Liberty ［J］. Yale Law Journal, 2004, 113（6）：1160.

三、中国隐私权制度的发展路径和特征

我国采取何种隐私权制度是合适的，尤其是在大数据技术下，中国社会该向哪个方向前进？这既需要理解中国的目前状态，又需要明确中国的发展目标，只有这两个方面的结合才能发展出中国的隐私权制度。如学者惠特曼在评价欧美隐私法律制度时所指出的，"隐私不是逻辑的产物，但也不是'经验'或者想象出来的现代社会都'感觉需要'的产物，而是当地的社会忧虑和理想的产物。在美国，这些忧虑和理想主要是关于警察和政府官员的，围绕着'确保自由事业'这一雄心。而在欧洲大陆则是关注于社会中每个人的位置以及每个人的'荣誉'"❶。如在第六章所讨论的，中国社会由于有着自己独特的历史发展路径、制度价值选择和发展目标，隐私权制度建设也应该有自己的特点和要求。

(一) 中国隐私权制度的发展路径

自中华人民共和国成立到改革开放政策实施之前的 30 年时间，中国并没有隐私权制度，但是这并不意味着中国人的隐私利益完全不受保护，而是体现出当时的制度特征和信息技术的背景。改革开放之前的 30 年，中国社会在政治上强调集体主义，在经济上施行国有和计划经济制度。这一时期政治制度的特征之一是强化中国社会的组织性，以便解决中国社会两千年来形成的上层专制，下层粗率的社会组织状态。❷ 相对于社会成员来说，作为公权力渊源的政府机构应该具有信息优势，否则将损害该社会群体的紧密性和效率性。因此，在当时的社会制度中，公民相对于国家所享有的独占信息利益较弱，而共享信息利益较强，国家相对于公民具有制度规范上的信息优势。在市民社会层面，公民参与的主要社会群体是家庭以及国有或者集体性经济单位。家庭中的隐私利益主要是物理性隐私，因而可以主要依赖居所这一物理空间来保护。而在国有或者集体性经济组织中的公民相对于组织的隐私利益，以及公民相对于国家的隐私利益则相对较弱，因为需要赋予公权力组织较高的信息优势来实现组织或者社会的有效治理，那么在这些社会群体中，公民的隐私利益较弱，而且也不是以私权利的方式给予保护。在以大众传媒为信息

---

❶ WHITMAN J Q. The Two Western Cultures of Privacy: Dignity versus Liberty [J]. Yale Law Journal, 2004, 113 (6): 1220.

❷ 黄仁宇. 中国大历史 [M]. 北京：三联书店，2007：37.

传播媒介的社会群体中，由于这一时期的中国采取的是严格的媒体国家控制主义，除了政府以及准政府机构之外的社会组织或者公民个人并没有媒体资源，那么公民之间便几乎不存在信息性隐私利益的冲突。而公民与这些媒体产业主体之间的有关信息利益的冲突，又以保障公权力的信息优势为价值取向，因此也不会产生信息性隐私利益的保护需要。

自1979年开始的改革开放政策标志着中国逐步开始从制度层面构建私权利社会，即以市场经济为基础的民主法治社会。社会成员的竞争秩序开始从以公权力为主要渊源向私权利为主要渊源的转变，而公民的隐私利益也开始向私权利保护转变。但是，隐私利益成为中国社会的主要关切还是在中国大众传媒企业开始市场化之后，尤其是互联网络发展之后，由于市场化媒体产业的市场逐利性和互联网络的自媒体特征，使得大量网络用户都提高了自己的信息能力，这对公民的信息性隐私利益有很大挑战，也相继出现了有关隐私权保护的法律法规和案例。[1]

(二) 中国隐私权制度构建的价值取向和特征

中国既不需要像欧洲国家那样将隐私权神圣化地视为整个国家和社会成员之间竞争秩序的基石之一，也不需要像美国人那样将隐私权主要视为保护私权利而对抗国家公权力的制度工具。概括起来，中国的隐私权制度应该有两方面的价值取向：一是促进社会成员之间信息利益的共享，提高社会治理的效率性和公平性，从而增强中国社会的整合性和一体化以及公民的认同感和归属感。二是平衡各个社会群体中成员之间对信息利益的竞争能力，通过隐私权制度来保护处于弱势一方的社会成员的信息利益，从而构建合作型的和有道德的社会关系。

首先，中国近现代制度变迁的重要使命之一便是努力实现国家主权的完整和独立，并认为国家主权的完整和独立是中国人权的基础和保障。因此，中国并不需要像欧洲那样超越国家主权的隐私权观念。中国隐私权制度的目的和形成条件与美国更加不同，这是因为政府在中国社会中的政治地位和功能与美国有很大区别。在以政府主导的社会治理过程中，公民与政府之间有关信息利益的分配上就应该倾向于政府，而政府具有利用这些信息优势来促进社会改革和提高组织效率的制度责任。例如，有关银行服务的实名制、移动通信的实名制以及微博账号中的实名制等措施中都有有关公民隐私权保护

---

❶ 张新宝. 我国隐私权保护法律制度的发展 [J]. 国家检察官学院学报，2010，18 (2)：11-16.

的争议和关切，但是这些实名制可以大幅度降低政府对社会的治理成本，提高社会组织效率性和公民行为的自律性。"隐私价值是与其他价值相互竞争的。个人隐私利益的增加意味着法律执行效力的下降或者是信息不足的社会。认识到这些加强隐私权的主张所产生的后果，绝不是完全反对这些主张，而是建议应该仔细分析他们所带来的价值以及因此失去的价值。"❶ 因此，中国的隐私权制度应该是倾向于政府共享信息利益的制度设计。

其次，在市民社会群体中，隐私权制度上要倾向于促进社会信息的交流和沟通。一方面，为了促进社会的沟通、整合和同质性而弱化对个人独占信息利益的保护。另一方面，防止具有信息优势的一方出于私利而通过媒体手段对其他公众的独占信息利益的过度挤压，构建合作型的社会道德秩序。我们知道美国社会在社会组织层面上是向社会群体共享信息利益倾斜的，当公民隐私利益和言论自由冲突时，言论自由享有优先性，也就是说美国社会注重通过媒体传播来形成更为紧密的和一致性的社会群体。欧洲国家在这一点上与美国有较大区别，欧洲国家刻意保护公民的独立性和自主性，对被动加入或者扩大社会群体的行为持负面态度。与美国和欧洲社会不同的是，作为一个单一制国家，中国社会两千余年的组织形式是上端集权、下端粗率的中央集权和自然经济模式，没有形成紧密的和高度一致性的市民社会，而这种缺失正是中国近现代形成现代国家的障碍之一。因此，目前中国的重要任务之一就是要利用媒体传播，特别是新媒体技术强化中国社会成员之间广泛的联系性，减弱不同地区或者不同人群之间的隔阂，增强整个社会认识的共识性和利益共同性。这一目的的达成必然要加强媒体的传播和组织功能，减弱像隐私权这样的私权利对信息传播的阻碍和隔离。例如，有学者认为隐私的保护是一种社会的倒退。人是社会性的，人从社会中汲取营养，隐私的保护应该是使得公民能够更好地参与社会而不是相反。❷ 也有女权主义者认为对隐私的过度保护不利于防止妇女免受家庭暴力的威胁。❸ 因此，在这一社会组织层面上，中国公民的隐私利益应该相对弱化，为了社会共同利益可以减弱隐私权对媒体传播信息的阻碍。

例如，在对待中国是否采纳类似欧洲的"被遗忘权"制度这样的问题时，

---

❶ REHNQUIST W H. Is an Expanded Right of Privacy Consistent With Fair and Effective Law Enforcement？[J]. University of Kansas Law Review, 1974, 23 (1): 3.

❷ SOLOVE D J. Understanding Privacy [M]. Boston: Harvard University Press, 2008: 80.

❸ SOLOVE D J. Understanding Privacy [M]. Boston: Harvard University Press, 2008: 81.

可以发现中国的价值观与欧洲在这一点上有明显区别。欧洲人认为被遗忘权的正当性是基于"遗忘与原谅"（Forget and Forgive）这样的理念上，而中国人则持有"前事不忘后事之师"以及"明鉴历史开辟未来"的理念。由于传统媒体的稀缺性，人类历史似乎总是重要人物的历史，而历史是每个人的，每个人都有权利也有义务成为历史记录中的一分子，这样才能为未来的社会群体成员提供更多的历史信息和人类智慧。让社会进步的力量不是利用遗忘权的躲避，而是社会成员观念的改变。"某些种类的机器和若干生命体，特别是比较高级的生命体，都能在过去经验的基础上来改变自己的行为模式，从而达到反熵的特定目的。"❶ 而经验来自现在古人的信息，现在我们为了获得古人的信息历经艰难，颇费周折，就是因为古代社会信息技术的限制使得他们的信息没有存留下来。而今天，我们已经可以通过信息技术将我们的生活事无巨细的记录下来，我们应该将这些留给后代，而不让他们再像我们一样面临同样的困难。因此欧洲的"被遗忘权"制度不一定适合于中国。

最后，在市场经济中，公民基本属于两种类型的社会群体中，一是企业法人的雇员，二是作为消费某种商品或者服务的消费者，与提供这些商品或者服务的企业成为社会群体。在第一种社会群体中，关系到企业雇员在企业群体中的个人独占信息利益与企业共享信息之间的冲突问题。由于企业本身是市场竞争主体，获得竞争优势是企业的共同利益，为了这一共同利益而形成企业管理者与雇员之间的一揽子雇佣协议，雇员接受雇主的指令，雇主通过对企业的管理来提供其竞争力，雇主也拥有对企业的剩余控制权。企业中雇员的隐私利益往往与企业自治权之间存在冲突，因为对于企业组织成员的隐私利益保护越大，企业管理者对企业的治理能力越被限制，企业雇员也就越有利用信息优势而产生消极劳动的机会主义和道德风险。在美国，企业主具有相对较高的自治权，因此雇员在企业中的隐私利益较弱。而在欧洲，作为人权的隐私权限制着企业主对雇员的管理，因此能够获得更多的隐私保护。由于中国市场经济伦理道德正在构建之中，企业主还没有较高的伦理道德基础，雇员的市场谈判能力也较弱，对于隐私保护问题，如果赋予企业主较高

---

❶ 维纳. 人有人的用处——控制论与社会 [M]. 陈步，译. 北京：北京大学出版社，2010：41.

的自治权，那么可能会对雇员隐私利益产生不合理的剥夺。[1] 因此，在中国，通过公力救济来对企业中的雇员隐私利益给予适当保护是必要的，以纠正雇员在公司的不利竞争地位，促进企业管理者与雇员之间形成良性的合作关系，而不是相互防范的敌对关系。

消费者和商家之间在有关隐私利益的冲突上，应该采取的隐私政策是减弱消费者和商家之间有关隐私利益的冲突性，增加其合作性，从而减弱市场的内生成本，提高市场的交易效率和企业的竞争力。[2] 因此，在商业活动中，尤其是电子商务中，对于个人数据信息的收集和使用上，不应该过于注重抽象意义上的隐私利益的保护，而应注重其使用目的和结果是否有利于市场交易的准确性和效率性，从而提高中国社会资源配置的效率性和公平性。对此在第十一章中会详细讨论。

四、结论

隐私利益根植于人类在进化过程中，由于竞争关系的存在而对信息优势的追求。为了获得竞争优势，人类需要独占信息利益；同样为了获得竞争优势，人类又需要形成社会群体，在群体内共享信息利益。而处于既有竞争关系，又有合作关系的社会群体中的社会成员便需要对独占信息利益和共享信息利益之间进行判断，并确定恰当的独占信息利益。当信息技术的发展使得社会成员已经无法通过物理设施和自己的表达器官来对独占信息利益进行有效控制时，就需要隐私权制度来对这种法益给予保护。隐私权制度实施的难点是恰当的隐私利益的确定。对隐私利益的理解应该根据特定的社会群体中成员之间的竞争与合作关系来进行。不同的社会群体有其特定目的和共同利益，根据这种特定的目的和共同利益来确定其成员之间的独占信息利益和共享信息利益之间的恰当划分，从而决定其作为隐私利益的独占信息利益的内容和程度。

---

[1]　例如，我国一些企业有员工上班期间上厕所次数不得超过两次，每次不得超过 5 分钟的规定以及限制结交男女朋友的奇怪规定等都是企业管理者在利用管理权侵害雇员的隐私利益。参见："上厕所不超 2 次"规定底气何来 [N/OL]. (2013-12-23) [2019-12-10]. http://opinion. people. com. cn/GB/363551/372702/index. html.

[2]　例如，在百度公司与朱某有关利用网络用户的使用信息推送定向广告是否侵犯网络用户隐私权的争议中，百度公司的涉案行为并没有直接损害网络用户在接受服务过程中与百度之间的竞价能力，因此百度的行为不应该被认为侵犯网络用户的隐私权。参见：江苏省南京市中级人民法院民事判决书 (2014) 宁民终字第 5028 号。

　　在国家、市民社会和市场三个大的社会群体中，社会成员的隐私利益会因为这些群体的制度需要而发生变化。由于社会群体的形成与竞争环境和历史发展路径有直接的关系，那么这三种社会群体在不同的社会中的政治目的、组织形式和社会价值都不同，也决定了他们有不同的隐私价值观和制度选择，这在美国和欧洲国家的对比中有明显的呈现。中国社会的形成和发展有自己的历史路径、背景和目标，这决定了中国有自己的隐私价值判断和制度选择。总体来说，中国既不选择美国那种将政府和公民视为对立和不信任的隐私价值观和制度模式，也不选择欧洲国家那种将公民的隐私权作为基本人权而超越国家主权保护的价值观和制度模式。中国应该是基于努力实现可信任的政府、有道德的公民和有效率的市场这样的目标来设定其隐私权价值观和制度设计，从而构建有中国特色的和谐社会，实现制度上的创新和对西方私权利社会的超越。在网络与大数据技术时代，中国社会正在形成新的社会群体，即代码空间组织。在代码空间组织中，成员合作更加效率性和智能性，信息和数据交流和共享更加全面和及时，因此成员之间的隐私利益冲突将更为减弱，形成比私权利社会更加高级的社会组织。对此，在第十二章中还会详细讨论。

第八章

制度变迁与比较视野下的中国言论自由制度*

禁奸之法，上者禁其心，中者禁其言，下者禁其事。

——韩非子

韩非子这句话中的"言"已经从古代的血缘发展到了今天的代码，变化的是媒体，不变的是克服人性恶的任务。自互联网普及后，关于对网络内容的自由与规制便成为焦点问题，美国的自由主义论者约翰·佩里·巴洛在1996 年发表的《网络空间独立宣言》中提到："现实世界中财产、言论、身份、社会活动及环境的法律定义，皆不适用于网络世界……网络中的个人身份没有实体，因此，与现实世界的公民不同，我们不以任何人身威胁的方式制定社会秩序。"❶ 但是，各国政府都开始不断地对网络进行监控，如1993 年美国政府推出了加密芯片"剪刀芯片"计划，将网络加密系统列为工业标准，这意味着美国安全局将掌握互联网的所有密钥。❷ 2019 年由英国数字、文化、媒体和体育部和内政部联合发布的《在线危害白皮书》中，专家们再次要求相关企业和政府部门对网络上的危害行为进行更为严厉的监管，并且要承担更大的责任。❸

有关言论自由的保护与法律规制是个复杂问题。一方面，言论自由被普遍认为是基本自由和人权，应受重点保护。另一方面，不同的国家对其言论

---

* 本章主要内容已发表。参见：吴伟光. 从言论自由制度的本质分析来理解其中国特色［J］.清华法学，2018，12（3）：76-94.

❶ 杰米·巴特利特. 暗网［M］. 刘丹丹，译. 北京：北京时代华文书局，2018：9.

❷ 杰米·巴特利特. 暗网［M］. 刘丹丹，译. 北京：北京时代华文书局，2018：90.

❸ Online Harms White Paper［EB/OL］.（2019-03-21）［2019-12-10］. https：//assets. publishing. service. gov. uk/government/uploads/system/uploads/attachment_data/file/793360/Online_Harms_White_Paper. pdf.

自由的态度和政策差距又很大。即使在将言论自由视为第一自由的美国❶，对言论加以限制的法律和判例也非常复杂。我国《宪法》明确将言论自由列为公民基本的政治自由和权利，但我国其他相关法律以及政策中又对言论自由有着诸多限制。西方国家经常以言论自由作为政治工具来诘难中国，他们认为言论自由是人类的普世价值观，应该得到每个国家的尊重，否则便属于专制国家。而我国法律界对于言论自由的理论研究也往往以西方的言论自由制度为前提或目标来加以研究，无法回答中国有关言论自由制度的现实问题。因此，如何在理论上理解和讲清中国的言论自由制度就非常有必要，尤其是在网络新媒体时代，这一任务更加紧迫。

一、言论自由的本质以及西方言论自由理论的局限性

（一）言论自由的本质

人生来便是自由的，为了在相互竞争的环境中获得更大的自由，人类形成了社会组织。社会组织的形成使得社会成员可以共享信息和能量，增强对外竞争优势，但这需要社会成员之间的信息沟通和表达，否则无法形成社会组织。❷ 信息技术的发展和进步在这一过程中至关重要。如有学者所说的，"传播与社会本身一样长久。实际上，如果没有传播，社会也不可能存在"❸。在第一章中已经讨论过，言论是信息，信息是人类形成社会组织的工具，而人是自组织的产物，通过组织来实现竞争优势，因此言论自由本质上是通过言论进行社会组织的自由，既然每个人都希望有社会组织的自由，那么必然产生冲突和竞争，也必然因此产生对言论自由的规治。

人类通过行为来竞争稀缺资源，人类也通过对自己言论的控制来形成信息优势，从而提高竞争力。由于行为和言论在目的上的内在一致性，将两者

---

❶ 例如，美国最高法院法官卡多左在1973年认为，言论自由几乎是所有其他自由的核心和不可缺少的条件。富兰克林·罗斯福在1941年度国情咨文中认为言论自由是美国宪法第一修正案的核心和其他四大自由之首。参见：SPEECHLESS B B：The Erosion of Free Expression in the American Workplace ［M］. Oakland：Berrett-Koehler Publisher, Inc., 2007：2.

❷ 如马克思和恩格斯所指出的，"语言和意识具有同样长久的历史；语言是一种实践的、既为别人存在因而也为我自身而存在的、现实的意识。语言也和意识一样，只是由于需要，由于和他人交往的迫切需要才产生的"。参见：卡尔·马克思，弗里德里希·恩格斯. 德意志意识形态 ［G］//卡尔·马克思，弗里德里希·恩格斯. 马克思恩格斯选集（第1卷）. 北京：人民出版社，2012：161.

❸ 凯文·威廉姆斯. 一天给我一桩谋杀案：英国大众传播史 ［M］. 刘琛，译. 上海：上海人民出版社，2008：10.

截然分开在一些情形下是做不到的。如美国学者波斯特所说的，尽管美国学者和美国最高法院都试图确定言论是什么，如言论被定义为"观点的交流"，但事实上很多行为都是观点的交流，如恐怖主义行为都是在表达一种观点，因此，很难将言论与行为分开而决定是否受美国宪法第一修正案的保护。❶ 美国法律界为了适应美国宪法第一修正案这一最高原则，不得不在何为言论上绞尽脑汁，从而将受其保护的言论和不受其保护的行为进行区别。而在无法区分的情况下，就不得不再对言论本身进行所谓的"价值高和价值低"的区分❷，或者有社会意义和无社会意义的判断❸。这种区分和判断本身便与将言论自由作为最高自由这一政治主张相矛盾，因为区分和判断的过程便是歧视某种言论的过程。

　　这种矛盾是因为试图将言论自由在政治上特殊化造成的，不论是从理论上还是从制度上都无法支撑对言论的这种特殊待遇。因此，言论与其他行为一样，都需要遵守其社会组织中的共同政治基础和制度规范，其区别仅仅在于程度和具体表现形式上，而本质上没有区别。也就是说，言论自由并不比其他行为自由有特殊的正当性和道德性。如同德沃金认为美国宪法第一修正案中的宗教信仰自由不应该是一种特殊自由和权利一样❹，言论自由又何尝不是这样？

　　将言论与行为区分的做法在网络时代更是遇到难题，因为代码本身承载着信息，但是，它不仅可以影响人类的意识，更是可以直接驱动物体。当"三网合一"之后，万物互联，将网络中的代码区分为言论或是行为来加以不同的规治，几乎是不可能的。

---

　　❶　罗伯特·波斯特. 民主、专业知识与学术自由——现代国家的第一修正案理论 [M]. 左亦鲁，译. 北京：中国政法大学出版社，2014：7.

　　❷　如支持言论自由是个人自主性决定的这一观点的学者米克尔约翰认为，言论自由的核心不是每个人都应该说话，而是任何值得说的事情都可以说出来。参见：MEIKLEJOHN A. Political Freedom：The Constitutional Powers of the People [M]. New York：Harper & Brothers Publishers，1948：26.

　　❸　例如，在 Roth v. United States，354 U. S. 476（1957）案中，美国最高法院在判定何为不受保护的淫秽内容时的标准便是没有可取的社会意义的，对于一般人或者按照社区标准其主要引起淫欲的内容。但是不可否认，不管内容如何不堪，淫秽内容都是一种表达。

　　❹　"我们在定义宗教自由时面临的问题，源于我们试图将宗教和上帝分离的同时还将宗教自由权作为一项特殊权利。我们应该考虑不再将宗教自由作为特殊权利，这样我们就不用对其给予高门槛的保护，因此也就免于严格的限制和审慎的定义。我们应该考虑赋予它更为普遍的伦理自决权……伦理自主的一般权利关注政府和公民间的关系：它限定了政府可以限制公民自由的理由。"参见：罗纳德·M. 德沃金. 没有上帝的宗教 [M]. 於兴中，译. 北京：民主法制出版社，2015：100.

（二）西方国家言论自由相关理论的局限性

西方有关言论自由的相关理论中最为代表性的有三种。一是个人自治的观点。美国宪法第一修正案对言论自由给予保护的目的是确保个人实现的需要。二是思想市场的观点。其目的是获得知识，即促进知识和真理的发现。三是政治民主需要的观点，即言论自由是公民参与民主社会的需要。但是，这些理论基础是在西方政治制度语境下所特有的，一旦脱离这一语境，这些理论的支撑力明显不足。如美国学者贝尔金所说的，"对言论自由给予保护的每一个理论都是对言论自由加以规治的理论。支持这一理论的价值观为我们提供了该理论的外延；相对应的，这些价值观也同样告诉我们这一理论无法超越的边界，因为这一基础性的宪法性价值观不能给予支持或者无法加以实施"❶。

个人自治的观点认为，民主国家的公民是政治自由的，因而是自治的，言论自由是个人自治特征和需要。"我们美国人认为我们自己是政治自由的，我们相信自治。如果人民需要被管理的话，那么这种管理一定不是被其他人，而是被他们自己。"❷而自治的人民是需要自由思想的，"对任何思想的恐惧都不适合自治性。第一修正案对任何有关共同利益的思想的压制都绝对的反对。思想的自由不能被限制"❸。因此言论自由是实现个人自治的需要和保证。

这种理论的缺陷之一是没有足够的依据和经验来支持人是自治的这一先验特征，美国人享有较高的政治自由主要归功于美国特殊的历史发展路径和地缘政治优势，美国人的自治性是长期被基督教规制的结果，而不是天生的，美国人的自治性在历史上也是非常有限，即仅仅是白人—盎格鲁—萨克逊—清教徒的自治。❹ 因此，个人自治这种思想在 19 世纪末和 20 世纪初便处于被

---

❶ BALKIN J M. Cultural Democracy and the First Amendment [J]. Northwestern University Law Review, 2015, 1（09）：13.

❷ MEIKLEJOHN A. Political Freedom：The Constitutional Powers of the People [M]. New York：Harper & Brothers Publishers, 1948：9.

❸ MEIKLEJOHN A. Political Freedom：The Constitutional Powers of the People [M]. New York：Harper & Brothers Publishers, 1948：28.

❹ 埃里克·方纳. 美国历史：理想与现实（上册）[M]. 王希，译. 北京：商务印书馆，2017：350.

抛弃的趋势中。❶ 霍姆斯法官是这一趋势的领导者，他认识到自然权利主张对社会秩序的威胁。他反对洛克和康德的有关个人天生的自由与尊严的观点。他坚持认为对于法律和宪法的理解应该脱离基于道德情感的个人权利理念。权利不是独立存在的，而是来自实证法律，其目的是促进社会目标的实现。法律纷争包含社会利益的冲突，而这只能通过对社会利益的权衡才能解决。❷个人自治的理论也无法回答在现实生活中对个人言论的诸多限制。如波斯特指出，"如果保护自主性是第一修正案的基本目标，那么所有可以促进自我实现的表达都可以拥有平等的第一修正案价值。但情况显然不是这样。很多对发言者自主意义重大的言论并没有被第一修正案所覆盖"。他认为："公共与非公共言论的区分早已深深嵌入第一修正案原则之中，但基于个人自主的第一修正案理论却无法清晰地区分二者。"❸ 个人自治的观点也无法解释为什么言论相对于行为有特别的自由，个人自治也应该包括行为自治，但是，行为自由却没有言论自由那样的特殊保护。而互联网络从一开始的自治到今天各个国家都不断加强规治，尤其是脱离规治的暗网所造成的危害都表明个人自治这一理论的脆弱。

有关言论自由的思想市场的观点在穆勒的《论自由》和霍姆斯法官在ABRAMS v. US 案中得到主张。❹ "根据思想市场理论，言论的价值不在于个人的自由利益，而在于不受妨碍的辩论中所产生的社会利益。社会从不受妨碍的辩论中所获得的利益如此之大，以至于任何言论自由而产生的成本都相

---

❶ "在 19 世纪末期和 20 世纪早期，自然权利理论已经让位于更为实证的和功利的法学概念。根据这种观点，法律的功能不是保护个人的内在权利，而是促进由这个社会或者国家所确定的社会利益。"参见：HEYMAN S J. Righting the Balance：An Inquiry into the Foundations and Limits of Freedom of Expression, in Freedom of Speech ［M］. New York：Prometheus Books，2009：42.

❷ HEYMAN S J. Righting the Balance：An Inquiry into the Foundations and Limits of Freedom of Expression, in Freedom of Speech ［M］. New York：Prometheus Books，2009：43.

❸ 罗伯特·波斯特. 民主、专业知识与学术自由——现代国家的第一修正案理论 ［M］. 左亦鲁，译. 北京：中国政法大学出版社，2014：15, 18.

❹ 如穆勒认为："因为他感到一个人了解一个问题的全部真相的唯一途径就是听取人们对那个问题所发表的各种意见，研究各种不同思想的人对它可能有的各种看法。没有一个聪明的人不是通过这种模式获得其智慧的。"参见：约翰·穆勒. 论自由 ［M］. 谢祖钧，译. 郑州：河南文艺出版社，2013：20. 霍姆斯认为："当人类意识到光阴已然击败了许多争斗着的信仰，比起他们曾经相信的自己的行为的基础，他们会更愿意相信，人类最终期待的事物应当通过言论的交换而得以更好的实现：对真理的最好的测试，是将他们的想法置于言论的竞争市场中，看这种想法被他人接受的能力有多强。而且真理是确保他们的想法能够被安全实现的唯一的基石。"参见：ABRAMS v. US, 250 U. S. 616 (1919)，250 U. S. 616.

对很小，因此社会为了真理不能容忍对言论的任何限制。"●

这一理论有两个严重缺陷。一是世界上是否有唯一的真理存在？这里所说的真理是客观存在的还是主观利益的反应？如果真理是客观的，那就意味着随着真理的不断被发现，人类社会就会变得一致，文化的多元性会逐渐消失，人类都受一个真理指导，也就不会再有冲突和矛盾。但是，事实上是人类总是独自地或者集体性地选择或创设，而不是发现他们的观点、理解和真理。如果真理是主观性的，那么就意味着不同的人或者不同的人群都会有自己的真理标准和理解，它们之间会相互冲突和矛盾，如何能够通过激烈的辩论便可以有唯一的或者最好的真理？● 二是为什么激烈的观点辩论便是获得真理的最好手段？市场会不会失效？在各个群体都有不同利益诉求的情况下，思想市场能够导致"最好的""正确的"或者"进步性的"观点的假定只能在一个条件下成立，那就是市场所偏爱的群体或者利益就是应该被选择的那一种，或者是市场能够在不同的人或者人群中恰当地分布影响力从而导致最优的妥协。● 但这不是事实。例如，在将探索真理作为最高原则的学术领域中的正确或者有价值的言论恰恰是学术精英们不断选择和限制错误言论的过程才实现的，而不是通过市场交锋自动产生的。波斯特指出，如果第一修正案不承认存在"错误"的观点，那么它就无法支持或容忍专业知识生产所必要的学科实践，创造专业知识就是区别真实和错误观点的实践。如果一本科学期刊因受制于第一修正案原则而不能判断投稿的合理性和真实性，那么它很快无法生存下去。●

持有言论自由是民主社会的必要这一观点的学者认为民主社会必然需要言论自由，两者是不可分的。美国学者贝尔金认为，"我主张言论自由的目的是为了促进民主文化。民主文化不仅仅是民主的代表机构，而且也不仅仅是对公共问题的议论。民主文化是个人都有公平的机会参加到使他能够成为独立个人的意识形成过程。民主文化既是关于个人自由也是关于集体自治的，是关于每个人都有参加到文化的形成和传播中的能力。"●

● BAKER C E. Human Liberty and Freedom of Speech [M]. Oxford: Oxford University Press, 1989: 4.

●● BAKER C E. Human Liberty and Freedom of Speech [M]. Oxford: Oxford University Press, 1989: 13.

● 罗伯特·波斯特. 民主、专业知识与学术自由——现代国家的第一修正案理论 [M]. 左亦鲁，译. 北京：中国政法大学出版社，2014：14.

● BALKIN J M. Digital Speech and Democratic Culture: a Theory of Freedom of Expression for the Information Society [J]. New York University Law Review, 2004, 79 (1): 3.

将言论自由与民主政治联系在一起的理论的不足在于无法说明为什么言论自由是有利于民主而不是破坏民主；公民为什么可以根据自由的言论而作出有利于民主社会的聪明决定，而不是为了自己的自私性而利用这种自由和民主来破坏公共利益。"人们的看法和理解如果不是被他们的经验和利益所决定的话，也是被他们明显影响着，他们的经验和利益反映了他们在历史特定的社会经济结构中的不同地位。"❶ 民主社会中的各种政治势力为什么不能利用这种言论自由而形成言论优势从而蒙蔽或者愚弄公众？这种理论恰恰暗示着对言论需要规治，因为民众需要得到有利于民主的、有价值的信息。支持这一观点的米克尔约翰认为，"言论自由的关键是说出所有值得说的东西，而不是每个人都能说"❷。那么，谁来决定什么是值得说的？值得说的标准是什么？这本身便已经暗含着需要对言论进行规治，以使得值得说的信息不被淹没。波斯特更是从这一理论中发展出了民主胜任（Democratic Competence）这样的理论来为学术性言论中对言论自由的限制提供理论支撑。❸ 民主制度是人类各种制度中的一种，如果为了民主胜任或为了民主价值这样的目的可以限制言论自由，那么推而广之，为了制度胜任或者制度价值这样的目的也可以限制言论自由，对言论自由的限制是具有制度普遍性的，采取不同制度的国家可以依据自己的政治基础来限制言论自由，而这也是笔者的主要立场。

可以发现，有关言论自由正当性的理论的共同缺陷是将言论自由的某一方面在特定语境下的优点或合理性作为言论自由正当性的全部和普适性理由，而忽视了这种正当性的前提条件或相应的场合。而当这种前提条件或相应的场合不存在或发生变化时，这些理论就失去了其存在的基础。对于中国的言论自由制度的理解应该从更高层次的视角来进行而不是将西方特定前提下的理论来作为中国的指导思想。

二、言论自由的政治基础在典型社会中的表现

政治制度的形成是对人类竞争行为的规范，是为了克服个体自私性所导致的无序竞争与群体合作性所需要的有序竞争的矛盾而形成的行为规范，即克服

---

❶ BAKER C E. Human Liberty and Freedom of Speech ［M］. Oxford：Oxford University Press，1989：14.

❷ MEIKLEJOHN A. Political Freedom：The Constitutional Powers of the People ［M］. New York：Harper & Brothers Publishers，1948：26.

❸ 罗伯特·波斯特. 民主、专业知识与学术自由——现代国家的第一修正案理论 ［M］. 左亦鲁，译. 北京：中国政法大学出版社，2014：5.

霍布斯所说的"一切人反对一切人的战争（Bellum Omnium Contra Omnes）"。个体都需要承担该社会组织赖以存在的制度责任，从而依赖该社会组织来获得更大的自由。制度规范的形成和选择是不同的社会群体在特定的历史时期和内外环境的约束下，依赖经验逐步形成的。❶ 在不同的社会条件下，尤其是不同的信息技术条件下，其形成的合作机制是不同的。如在第一篇第二章至第五章中讨论的，他们大致经历了以血缘关系为政治基础的社会，以公权力组织为政治基础的社会和以私权利为政治基础的社会。由于社会组织所依赖的政治基础不同，其所衍生出来的制度规范也不同，言论自由的政治基础和边界也就不同。

（一）血缘关系社会中言论自由的政治基础

在中国历史上，尽管自商代就开始出现文字的雏形，但是直到西周灭亡之前，文字还无法承担为社会组织传播信息的重要作用。因此，以商周为代表的中国封建氏族社会主要是依赖口口传播而构建政治组织。血缘关系的存在使得社会群体之间的信任感增强，为满足个体私欲而产生的对抗性减弱，增强了血缘关系成员之间的信息能力，从而有利于形成社会组织，这是基于基因的自私性和利他性所天然形成的信息媒介。❷ 封建氏族社会中社会组织是"个人—血缘组织—社会组织"模式，即个人都归属于某个血缘氏族集团，基本群体是这些血缘氏族，整个国家也是基于血缘氏族之间的血缘关系而形成。因此，血缘氏族便是这种社会得以存在的政治基础。

在这种社会中，由于血缘关系是形成社会组织的基本媒介，对言论自由的规制便是对血缘关系和其表达物的规制。例如，在西周时期，周公创制之一是将封建与宗法关系结为一体。"每个诸侯的疆域内，必有宗庙，它成为地区上神圣之殿宇，其始祖被全疆域人众供奉，保持着一种准亲属的关系（所以时至今日，很多中国人的姓氏，源出于当时部落国家的名号）。"❸ 因此，维护血缘组织的权威性和统治力便是这个社会的正义性，否则，社会成员将

---

❶ 如德肖维茨所总结的，"自然法以及从自然法衍生的各种说法都是人类的发明，人类为它们穿上发现与启示的外衣，好赋予它们更高的权威。自然法充其量不过就是法律或道德的虚构"。参见：艾伦·德肖维茨. 你的权利从哪里来？[M]. 黄煜文，译. 北京：北京大学出版社，2014：54.

❷ 如道金斯所论证的，"基因可能帮助存在于其他身体中的它的复制体，这似乎表现为个体的利他性，但是却来自于基因的自私性"。参见：DAWKINS R. The Selfish Gene [M]. Oxford：Oxford University Press，2006：88.

❸ 黄仁宇. 中国大历史 [M]. 北京：三联书店，1997：17.

再次衰落到多个部落之间相互杀害和掠夺的无序竞争状态。❶ 西周将社会成员分为国人和野人，国人是与周天子有着或远或近的血缘关系的人，因而是统治者；而野人则是被征服的其他血缘关系的人，因而是被统治者。为了防止野人通过血缘关系进行联络、组织和发展从而可能形成竞争性的血缘群体，必然对血缘关系的表达物即言论进行规制。"野人是不许有宗法组织的，他们的宗庙通常在周人征服之后也被摧毁。他们的亲属只限于父母及子女构成的核心家族之内。《礼记》上的话最足以证明这一点，《丧服》传说：'野人曰：父母何算焉？都邑之士则知尊祢（父）矣，大夫及学士则尊祖矣，诸侯及其大祖，天子及其始祖之所自出。'"❷ 只有通过这种规制才能使血缘氏族社会中作为政治基础的血缘关系稳定和可靠，增强社会组织者信息的传递效力，从而提高社会组织的安全性和组织效率性。

总之，在"个人—血缘组织—社会组织"模式下的社会中，对血缘组织这一政治基础需要重点保护，对其威胁越大的言论就越受到限制，相反就越自由。用一句话来总结其言论自由的政治基础便是，"祖宗神圣不可侵犯"。而这一政治基础在文化中表现为宗祠和祖坟都是神圣之物，因为他们是社会组织的关键信息基础设施，这一文化痕迹至今存在于中国社会之中。

（二）公权力社会中言论自由的政治基础

当文字不断发展和成熟之后，人类社会便可以减弱对血缘关系的依赖而形成组织范围更大、组织效率更高以及时间更持久的超血缘社会组织，即公权力社会，即从西周的宗法社会发展到秦朝之后的法制社会，是以没有直接血缘关系的官僚组织作为政治基础的社会组织形式。自秦朝开始的专制集权社会便是这种社会组织形式的典型，西方中世纪的基督教国家也是公权力社会。在中国，从西周便已经开始出现的竹帛媒体技术为这种制度的出现准备了条件，而秦汉之后纸张和印刷术的发明更是有利于这种政治制度的发展和完善。

公权力社会的组织模式可以描述为"个人—公权力组织—社会组织"模

---

❶ "周初各封国在与敌意尚未全消的被征服的各国原住民犬牙交错地相处的情况下，必须彼此相互支援，讲究'兄弟阋于墙，外御其侮'，但到后来各国的政权巩固了，东方各国遗民完全屈服了，外患这层顾虑自然就消失了；而子孙相继，彼此的关系一代比一代疏远，只靠次数不多的祭祖、宴享是难以溶化世代的疏远和空间的隔离所造成的陌生冷淡。在这样的背景下，封建贵族们之间的纠纷开始出现，彼此争夺权益的事就日渐繁多了。"参见：萧璠. 中国通史·先秦史 [M]. 北京：九州出版社，2009：129.

❷ 萧璠. 中国通史·先秦史 [M]. 北京：九州出版社，2009：122.

式，公权力组织在不同社会中的具体表现可能不同，尤其是中国和欧洲国家有很大的差别。欧洲中世纪社会是"个人—教会组织—社会组织"的模式，中国自秦朝统一以来的公权力社会是"个人（家族）—官僚组织—社会组织"的模式，与西方不同，中国公权力社会框架下的家族仍然是该社会的基本群体，其是封建氏族社会解体后的产物。中西方社会组织基础在历史上的这次分野造成了两种文明非常不同的发展路径。

在专制集权社会中，不但稀缺资源是由公权力组织所控制的，如土地，媒体本身也由公权力组织来控制，表现为明显的媒体国家控制主义特征。因为只有这样才能将社会成员团结在公权力组织周围，形成社会共同体。公权力通过建立一整套的管理体系来实时进行信息的收集、分析和处理，并作出相应的判断。这种管理体系主要是以文字形式所表现的信息处理机制，在中国便是自秦朝以来所实施的郡县制度以及内部所包含的官僚体系，其通过对信息的收集、分析、处理和发布来组织社会。欧洲中世纪时期则是以教会体系为核心所形成的政教合一的政府体系。❶ 那么，在"个人—公权力组织—社会组织"的社会模式中，对公权力组织这一政治基础及其所衍生出来的制度规范和道德规范威胁越大的言论就越不自由。欧洲中世纪则表现为教会组织对言论的要求和限制，如对科学言论的限制。在中国历史上则是对公权力组织的权威性以及所衍生出来的制度规范的保护。❷

（三）私权利社会中言论自由的政治基础

现代西方国家，尤其以美国为代表的社会组织形式是"个人—私权与市场—社会组织"的模式。由英国率先形成的现代国家是以财产权保护和市场交易作为社会成员合作的制度工具而形成的新型社会组织形式。这种社会的政治秩序的根基在于对财产和财产交易的保护，即财产权神圣不可侵犯，因而产生出企业制度、市场交易制度以及相关的民主法治的政治制度。在这种社会中，社会成员通过企业组织来实现社会性的合作，从而形成更有竞争力的甚至可以超越国家主权的社会合作关系。因此，在极端情况下，这种社会

---

❶ "在中世纪，'教会'和'国家'是不存在的。在西方，它们都熔合在被称为基督教世界（Christendom）的宗教与政治的共同体中。"参见：SOUTHERN R W. Western Society and the Church in the Middle Ages [M]. London：Penguin Books, 1970：preface.

❷ 如有学者归纳总结中国古代的报纸功能："它是为封建统治阶级服务的，是一种政治的控制和运行的工具。"参见：陈昌凤. 中国新闻传播史：传媒社会学的视角 [M]. 2版. 北京：清华大学出版社，2009：12.

可以没有政府这种公权力组织形式，但是不能没有企业和市场。

在这种社会中，言论对私权、市场和企业危害越大就越不自由，相反，对其威胁越小就越自由。❶ 如美国最高法院法官布莱克在 Associated Press v. United States 案中所说的，"第一修正案下的不受政府干预的言论自由并不惩罚私利（Private Interests）对自由的限制"❷。例如，当言论自由与版权保护发生冲突时，对版权保护是优先的和根本的，只有在不损害版权这一财产权根本利益的前提下，才可以为了言论自由的需要而使用他人作品。❸ 在西方国家中，美国的言论自由制度是最有代表性的，因此下面以其为例做进一步分析。

三、美国言论自由制度政治特征的具体表现

美国法律实践中，言论根据内容基本可以分为四类：一是商业性言论，与私权和市场有直接的关系。二是学术性言论，其主要是为私权和市场服务的言论。三是政治性言论，与私权与市场没有直接关系但与公权力有关的言论。四是社会伦理性言论，其与私权与市场经济秩序没有直接关系，但与历史、传统和宗教所产生的伦理道德有关的言论。通过对四类言论的自由程度的分析，可以验证以上的规律。

（一）商业性言论

商业性言论在美国是最不自由的一类言论，即所谓商业性言论的例外，因为商业性言论是与其政治基础最直接相关的信息。直到 20 世纪 70 年代，美国第一修正案都根本不适用于商业性言论上❹，并因此产生一系列理论来论证对这种言论自由不给予保护的正当性，如言论无价值理论以及商业性而非

---

❶　有学者认为，在网络时代，美国的言论管制"从政府 vs 个人二元对立转向个人—企业—政府三角关系"。参见：左亦鲁. 告别"街头发言者"——美国网络言论自由二十年 [J]. 中外法学，2015（2）：433. 笔者认为，美国社会的言论管制一直都是个人—企业—政府的三角关系，只是在网络社会之前，这种关系隐藏在市场经济规制之中。

❷　Associated Press v. United States, 326 U. S. 1 (1945)

❸　例如，美国在 1996 年颁布的《通信正当行为法》是针对互联网络内容加以规治，以及网络服务提供者如何对网络内容承担责任的法律，与言论自由有直接的关系。但是，该法明确将有关知识产权的问题排除在外，而是由另外单独的法律来规范对网络环境下版权作品的保护问题。《通信正当行为法》第 230 条（d）（4）"与知识产权无关——本条中的任何内容都不得理解为对知识产权有任何的限缩或者扩张的关系。"

❹　在 Valentine v. Chrestensen, 316 U. S. 52 (1942) 案中，美国最高法院判定在马路上的商业性言论不受宪法的保护。

政治性言论❶等。在 20 世纪 70 年代的 Virginia 案之后，美国最高法院才开始判定商业性言论也受宪法第一修正案的保护，但明确保留政府对商业性言论的审查职责。❷ 美国法院认为可以对政府规制商业性言论的行为是否符合宪法第一修正案进行违宪审查，但这种审查也是中等严格，其中审查的标准是所保护的利益与规制程度是否相匹配，并且所考虑的利益也是为了促进市场竞争秩序健康。❸ 因此，即使现在政府对商业性言论的规制受宪法第一修正案的审查，但其目的仍然是更好地保护财产权和市场交易。

例如，美国政府对证券市场中言论的监管一直是美国宪法第一修正案的法外之地。美国证券委员会所颁布的法律法规都是对公司言论的规范或者禁止，并且对公司言论的内容、形式以及范围都加以规制，这些都免于美国宪法第一修正案的审查。❹ 在 1973 年的 Slaton 案中，美国最高法院明确表示"不论是第一修正案还是'自由意志'都没有禁止政府通过'蓝天法'来规制证券商对于他们产品的描述或者发表行为。这样的法律是为了对那些为了实现自己的意愿而属于弱势的、信息不全的、容易相信的以及容易被骗的人给予保护"。❺ 在 1978 年，美国最高法院再次表明："有很多例子可以用来表明对传播的规制是不违反第一修正案的，像有关证券交易的信息以及有关公司代理声明……每个这样的例子都表明每当言论是这种行为的一部分时，对于对公众有损害的商业行为，国家都没有失去加以规制的权力。"❻ 在 Lowe v.

❶ 在 Chaplinsky v. New Hampshire, 315 U.S. 568 (1942) 案中，美国最高法院首次提出低价值言论的观点，法院认为"某些严格定义的和有限范围的言论……是没有有关思想表达的任何实质内容的，而且他们对发现真理的社会价值如此之小，基于秩序和道德的社会公利显然超过从他们中可能产生的任何好处"。之后，美国最高法院相继认为煽动性表达、对于事实的虚假陈述、淫秽内容、商业性言论、挑衅语言以及儿童色情内容都是仅有很低价值的言论。参见：STONE G R. Content Regulation and the First Amendment, in Freedom of Speech [M]. New York: Prometheus Books, 2009: 155.

❷ 布莱克本法官在判决中认为政府有规范一些商业性言论的权力，如基于内容中性的有关时间、地点和方式的规制。另外，政府也有权力对虚假和欺骗性的商业广告行为进行规制。参见：Virginia State Pharmacy Board v. Virginia Citizens Consumer Council, 425 U.S. 748 (1976).

❸ 在 Central Hudson Gas & Electric Corp. v. Public Service Commission, 447 U.S. 557 (1980) 案中，美国最高法院提出 Central Hudson 准则，对推广违法行为的商业广告或者虚假的和误导性的商业广告，第一修正案不给予任何保护。只有对符合这一要求的商业广告的政府规制行为才受到是否违反宪法第一修正案的中等程度的审查。参见：WERHAN K. Freedom of Speech: A Reference Guide to the United States Constitutions [M]. Connecticut: Praeger, 2004: 123.

❹ SIEBECKER M R. Corporate Speech, Securities Regulation and an Institutional Approach to the First Amendment [J]. William & Mary Law Review, 2006, 48 (2): 641-642.

❺ Paris Adult Theatre I v. Slaton, United States Supreme Court, 413 U.S. 49 (1973)

❻ Ohralik v. Ohio State bar assn., (1978)

SEC 472 U. S. 181（1985）案中，关于证券委员会是否有权依据《1940 年投资咨询法》的规定来限制原告发行有关投资的新闻简报的问题上，美国最高法院仅仅通过该法条文的解释给予了原告这一豁免，但拒绝讨论是否违反第一修正案的问题。❶ 这意味着美国最高法院不想把宪法第一修正案和对证券市场中言论的规制牵扯在一起。

总之，在今天的美国，即使商业性言论已经不再完全排除在第一修正案保护范围之外，但该修正案在其中所能发挥的作用非常有限，美国政府对商业性言论的规制能力非常强。

（二）学术性言论

美国有关言论自由的理论与实践上的冲突，在学术性言论的规制上更加明显地表现出来，如波斯特所说的，有关学术言论自由的判例混乱不堪❷。之所以混乱不堪，是因为对学术自由规制所产生的问题恰恰反映了美国言论自由理论的内在矛盾性。一方面，美国将言论自由视为最高的自由，因而学术言论是一种言论，其必然也享有这种最高自由。另一方面，这种最高自由的背后是为私权和市场交易这一美国社会制度根基服务的，因而一旦这种自由违背了这一目的，便需要限制。在美国，学术机构的本质是为市场服务和培养人才的准商业性机构。学术性言论由于是介于商业性言论和公共性言论之间的准商业性言论而变得麻烦。因为学者的身份具有双重性，当学者发表专业性的学术言论时，其自由是受到限制的，即学术评价机制会对其言论内容进行评价和规治❸，但当学者作为社会成员发表所谓的公共言论时，如大学教授在公共场合批评政府，似乎又应该最大限度地得到宪法第一修正案的保护❹。

---

❶　SIEBECKER M R. Corporate Speech, Securities Regulation and an Institutional Approach to the First Amendment〔J〕. William & Mary Law Review, 2006, 48（2）: 643.

❷　罗伯特·波斯特. 民主、专业知识与学术自由——现代国家的第一修正案理论〔M〕. 左亦鲁, 译. 北京: 中国政法大学出版社, 2014: 92.

❸　"大学可以自由地评估学术言论的内容——根据专业品质来奖励和管理学术言论。当大学雇佣和提升教授，授予其终身教职或者提供资助时，大学就需要进行这种评估。" 参见: 罗伯特·波斯特. 民主、专业知识与学术自由——现代国家的第一修正案理论〔M〕. 左亦鲁, 译. 北京: 中国政法大学出版社, 2014: 66.

❹　如波斯特所举的例子，"哪怕其中糟糕的科学内容会使他们在大学内失去终身教职，生物学家为《纽约时报》撰写的评论仍然可以得到豁免，所以一般公众如果选择信赖公共对话中的专业声明，他们只能自担风险"。参见: 罗伯特·波斯特. 民主、专业知识与学术自由——现代国家的第一修正案理论〔M〕. 左亦鲁, 译. 北京: 中国政法大学出版社, 2014: 46.

为了能够解释对学术性言论自由加以限制的合理性，波斯特为此又将学术性言论分为民主参与和民主胜任两种情形。学术机构之所以能够对学术性言论进行规治而不违反其言论自由的宪法权利是因民主胜任的需要。❶ 美国社会中有着来自围绕着私权和市场交易这一制度根基所产生的法律秩序和道德秩序对言论自由的一贯限制，而所谓民主胜任仅仅是这一限制中的又一个名词而已。因为所谓的民主胜任的更上位概念便是"制度胜任"，当以制度胜任来作为限制言论自由的理由时，任何政治制度下的言论规制便都是一回事了。学术机构对学术性言论加以规制的目的不是什么民主胜任或者其他特殊的目的，而是为这一社会组织的政治基础服务的。美国的学术机构是为市场和企业服务的，其为企业培养人才，为企业提供学术专业知识，并直接或者间接地从企业获得资金。越是符合这一政治基础利益的学术机构就越成功，相反也就越失败。处于竞争状态中的学术机构便必须按照这一目的将其有限的资源分配给学术参与者，这一过程便是学术机构的评价和规范过程。因此，规制学术性言论自由的并不是所谓的民主胜任，而是其背后的"个人—私权与市场—社会组织"这一组织框架中的私权保护和市场交易的需要的一贯体现。对商业性言论的规制与对学术性言论的规制尽管直接的主体不同，一个是政府，另一个是学术机构，但是目的是一致的。在美国，学术性机构对学术性言论的自律性规制非常强大，这也减弱了美国政府对其加以直接规制的必要。❷

(三) 政治性言论

政治性言论与第一修正案之间的关系同样反映出这一规律。现代西方国家的政治理念一方面认为国家仅仅是保护公民权利和市场交易秩序的守夜人角色，这表现为对外的主权安全和对内的公共安全。另一方面则认为国家同时也是公民私权利的最大威胁者，要防止国家可能滥用其公权力而损害私权利。言论自由在与国家的公权力发生冲突时，判断基础是国家公权力对言论

---

❶ 罗伯特·波斯特. 民主、专业知识与学术自由——现代国家的第一修正案理论 [M]. 左亦鲁, 译. 北京: 中国政法大学出版社, 2014: 59.

❷ 2006 年 2 月 21 日哈佛大学校长、经济学家萨默斯因为在讲话中有歧视女性科学家的言论而被迫辞职, 尽管他的言论受美国宪法第一修正案的保护, 但是哈佛大学却有规治言论的能力。参见: LUKIANOFF G. Larry Summers Announces His Resignation from Harvard [EB/OL]. (2006-02-21) [2019-12-10]. https://www.thefire.org/larry-summers-announces-his-resignation-from-harvard/.

自由的限制是否是为了保护私权利和市场交易这一根本目标所必需的。❶ 这表现为两个方面，一是国内公共安全与言论自由的冲突；二是国家主权安全与言论自由的冲突。当言论自由可能损害这两种利益时，也就相当于对私权造成了直接或潜在的损害或威胁，那么这种自由就要受到限制。所以宪法第一修正案审查政府出于国家主权和公共安全的目的来限制言论自由时的难点便是如何恰当的区分或者辨别这种限制是恰当的还是过度的，以避免为了保护正当利益而所采取的限制措施却损害了正当利益本身。如美国最高法院法官休斯在 1931 年所说的："虽然在绝大多数情况下，（对言论的）事先限制是不可接受的，但是如果这个共和国要生存下去，在一些时候，我们必须容忍事先限制。"❷ 在此背景下，美国最高法院创造了霍姆斯标准，即"明显与即刻的危险"标准。❸

由于国家主权安全和公共安全状态具有动态性特征，如果立法、行政和司法机关之间因为言论自由的问题而直接和实时地发生冲突，则可能将国家和公共安全利益立于危险的境地，同时也对司法机关的裁决造成很大的困扰，因为即使对于法官来说，何为"明显与即刻的危险"也是难以精确确定的。为了避免这种困境的出现，法院往往采纳有学者称为"司法回避"的技巧来避免直接的冲突。"尽管法院信誓旦旦地表示他们在面临危机时将会扮演稳定大局的角色，而且还一再保证根本法的保障具有'不可废止'的特质，但他们在行动上其实极为谨慎。如果我们真的想知道法院在未来的可能表现，我们不该只听信他们的漂亮说词，而该回顾法院过去的实际行为。如果美国总统在紧急状态下再度中止重要的宪法保障，我们对法院能有什么合理期待？过去的经验给了我们一幅大致的图像：若紧急状态是真切的，在它存续的期间里，法院，尤其是最高法院——一般而言不会干涉行政机关的措施。法院将会用尽一切司法回避的手段将判决时间延后，直到危机度过为止。"❹ 另外，当美国的国家或者公共安全遭遇到某些言论明显的威胁时，那些将政府作为

---

❶　如詹姆斯·麦迪逊在美国建国初期就为媒体定下了基调，媒体的最高责任是让民众知晓政府的所作所为。他说，在一个共和制国家，民众才是最终的主权者，他们需要借助媒体提供的信息，来了解公众人物们究竟在做些什么。因此，媒体必须能够自由地彻查公众人物的品行和作为。参见：安东尼·刘易斯. 言论的边界——美国宪法第一修正案简史［M］. 徐爽，译. 北京：法律出版社，2010：139.

❷　Near v. Minnesota, 283 U. S. 697（1931）。

❸　Schenck v. United States, 249 U. S. 47（1919）.

❹　艾伦·德肖维茨. 你的权利从哪里来？［M］. 黄煜文，译. 北京：北京大学出版社，2014：186.

言论自由最大敌人的媒体企业们也会很识相地和政府合作来应对这些言论，限制或者剥夺他们的自由。竞争对手的变化，使得政府和企业之间的关系也发生变化。❶ 企业包括大学是美国社会言论规制的重要替代者，即社会自治性，从而减轻了政府对不利言论加以控制的政治压力。❷ 而之前讨论过，美国社会的自治性是来自基督教的教化和同化，美国是一个有着共同意识形态和价值观的基督教国家。❸

总之，在美国，政治性言论的自由之所以更重要，一方面是因为这些言论对私权与市场交易这一政治基础没有直接的威胁和损害，另一方面又有着监督政府这一"利维坦"的作用。对政治性言论自由给予更多保护是其政治基础决定的，而不是本身有什么天然正当性。

（四）公共性言论

有关违反社会伦理道德的公共性言论主要是指言论内容或者表现形式上涉及粗俗、仇恨、种族歧视、性歧视以及色情等方面的言论。这些言论的共同特点是其内容或者表现形式并没有直接损害公民的私权利或者市场交易秩序，但却违反传统意义上的公共道德，会引起相关公众的不适。

由于美国社会的政治基础是私权和市场经济，那么从中产生的道德逻辑便是只要其行为不损害他人的私权利和市场交易秩序便是自由的。任何不基于这一前提，而是以所谓的公共道德等名词来规范个人自由的行为都是一种专制，都是国家或者某种权威对公民自由的损害。这种政治上的逻辑在 20 世

---

❶ 如在阿桑奇的维基解密事件中，阿桑奇本人和网站服务器都不在美国境内，美国政府无法对其直接实施限制。但几乎同一时间，维基解密的域名服务提供商终止其服务，储着大量维基解密数据的亚马逊切断了对维基解密的云服务，苹果也把维基解密的 APP 从在线商店下架。此外，MasterCard、Vis a 以及 PayPal 等公司也停止了对维基解密网站的服务使其无法接受来自支持者的捐助。参见：BENKLER Y. A Free Irresponsible Press：Wikileaks and the Battle over the Soul of the Networked Fourth Estate ［J］. Harvard Civil Rights-Civil Liberties Law Review, 2011（46）：300-397.

❷ 例如，2016 年的美国总统大选中，特朗普团队的 Carl Paladino 同时也是当地一个学校的董事会成员，告诉媒体他希望美国总统奥巴马死于疯牛病，而其夫人到非洲和大猩猩一起生活。该学术董事会以 6：2 的表决要求该州教育委员会将其从校董中免职，如果他自己不辞职的话。参见：［2019-12-10］. https://www.nydailynews.com/news/politics/buffalo-school-board-boot-carl-paladino-resigns-article-1.

❸ "简言之，没有圣经，就没有清教徒的盟约；没有清教徒的盟约，就没有《美国宪法》。这是绝大多数现代美国人从没有上过的一节历史课。"参见：杰瑞·纽科姆. 圣经造就美国 ［M］. 林牧茵，译. 上海：复旦大学出版社，2017：190.

纪 60 年代的美国社会开始明显表现出来，即所谓的享乐主义和个人主义等。❶
这种主张在言论规制上便是对私权和市场秩序影响越小的言论就越应该自由。

对色情内容的规制是其中的典型。由于色情内容的私权损害性不能被证明❷，对色情内容的规制便没有制度根基，而且还损害了企业的经营自由和获利能力。因此，1957 年美国最高法院确定了色情法律规制的总体基调，即将色情内容（Erotica）和淫秽内容（Obscenity）加以区分，只有淫秽内容不受第一修正案的保护，这一部分内容可以被州或者联邦政府所禁止，而不需要证明为了重要利益（Compelling Interest）或者其他特别的正当性，并将淫秽内容界定得非常狭窄，是指完全没有社会意义的色情内容。而不属于淫秽内容的其他色情内容是受第一修正案保护的。❸

仇恨性言论是另一个例子。美国法律认为仇恨性犯罪是行为，而对仇恨思想或者观点的传播，并没有实施这些思想或者观点的行为则是仇恨性言论。❹ 同样的逻辑，这些仇恨性或者挑衅性言论并没有直接损害私权利与市场秩序，因此"政府只有在证明这些言论有暴乱、无序、对公共街区的交通造成干扰等明显与即刻的危险时，或者对公共安全、和平和秩序有立即的威胁时才可以禁止其言论自由"❺。例如，在讨论在非洲裔美国人住宅前焚烧十字架的这一在历史上白人专门用来恐吓黑人的行为是否是言论自由这一问题时，美国最高法院认为政府将基于这种仇恨意图的表达行为认定为是一种犯罪行为，违反了宪法第一修正案。"我们关于在他人的前院焚烧十字架的行为是可谴责的信念是没有错的，但是被告除了折磨第一修正案之外还有足够多的方

---

❶　新左派运动以及个人主义的基本思想和主张便是反政府、反权威和反主流文化。认为只要不对他人造成损害的行为就是自由的，不应该被干涉的。他们的口号便是"不要管我们"（Leave Us Alone）。他们要求废除没有受害人的法律，如禁止鸡奸、禁止堕胎以及强制种族隔离的法律，其中也包括对音乐、书籍和言论等任何形式的审查。参见：DIONNE E J. Why Americans Hate Politics ［M］. New York：Simon & Schuster，2004：53.

❷　美国曾经两次对这一问题进行研究，一次是在 1970 年的淫秽与色情总统行动组所做的研究和报告，认为没有可靠的证据表明，接触明显的性内容会导致不良少年或者犯罪行为。第二次是所谓的总检察长行动组在 1985 年进行调查研究并且在次年发布报告，结论与前一个非常不同，认为接触暴力性的或者性堕落性的色情内容，可以导致对妇女更多的暴力行为以及高发的性暴力事件。但这一报告受到很大质疑，因为其有将色情内容非法化的先入为主的嫌疑。参见：ZELEZNY J D. Communications Law：Liberties，Restraints，and the Modern Media ［M］. 北京：清华大学出版社，2004：432.

❸　Roth v. United States，354 U.S. 476（1957）.

❹　ALLPORT A. Freedom of Speech ［M］. New York：Chelsea House Publishers，2003：25.

❺　Cantwell v. Connecticut，310 U.S. 296（1940）

法来阻止这类行为。"❶ 对于美国司法中的这种宽容，也有美国学者批评认为，"言论如果不造成有形的伤害也会造成情感的伤害，更为重要的是它可以形成一种憎恨与气愤的文化，从而鼓励和合法化仇恨性犯罪：仇恨性行为通常是以仇恨性言论相伴和先导的。一个社会故意忽视思想动机所导致的暴力背后的原因，而争辩言论和行为是可以完全分离的，是一种自我毁灭"❷。但是，当以私权尤其是财产权和市场交易作为社会制度的政治基础时，这种担心很难成为法律责任，这也是私权利社会制度的弱点之一。

如有学者指出，美国的理论都是建立在"街头发言者"模式上，"街头发言者"建立了美国言论自由的基本叙事。❸ 为什么是"街头发言者"构成了美国言论自由的基础模式？为什么不是"企业中的发言者"?❹ 为什么不是"证券市场中的发言者"?❺ 为什么不是法庭上的发言者?❻ 那是因为街头言论距离美国社会的私权与市场交易这一政治基础最远，因而现实危害也最小。极端一点说，在美国社会中，无家可归的流浪汉的言论是最自由的，因为不但发生在街头，而且还没有来自作为其雇主的企业的自治。但他还要受到内容中性的"时间、地点和方式"的约束。❼

通过以上讨论，可以发现美国言论自由理论与实践并不是具有天然的正当性和普适性，而仅仅是私权利社会制度下的产物。由于不同国家有不同的政治基础和价值选择，那么也就意味着有不同的言论自由与限制的政治基础和法律制度。尤其对于一些国家，其公权力在社会组织中承担着最核心的作用时，其政治性言

---

❶ R. A. V. v. City of St. Paul, 505 U. S. 377（1992）

❷ ALLPORT A. Freedom of Speech ［M］. New York：Chelsea House Publishers，2003：25.

❸ 左亦鲁. 告别"街头发言者"——美国网络言论自由二十年 ［J］. 中外法学，2015（2）：422.

❹ 在 Drake v. Cheyenne Newspapers, Inc. 1995 WY 30 891 P. 2d 80, Supreme Court of Wyoming 案中，怀俄明最高法院支持被告解除与原告的雇佣关系，因为原告在工作时间和场合以言论自由为理论拒绝被告的合法指令。

❺ 在 Paris Adult Theatre I v. Slaton, United States Supreme Court, 413 U. S. 49（1973）案中美国最高法院举例说明政府根据《蓝天法》来规范与证券交易有关的言论是不违反宪法第一修正案的。

❻ 根据 Chaplinsky v. New Hampshire, 315 U. S. 568（1942）案的标准，伪证是不受宪法第一修正案保护的，因为在誓言下所做的伪证对社会危害很大而没有产生任何社会价值来抵消这一危害。参见：WERHAN K. Freedom of Speech：A Reference Guide to the United States Constitutions ［M］. Connecticut：Praeger，2004：71.

❼ 例如，2011 年美国金融危机之后发生的占领华尔街的游行示威，纽约州法院法官支持了警察对示威者的清场行动，认为第一修正案没有赋予他们在广场上无限期扎营的自由。纽约州地区法院也否决了抗议者们要求带着他们的帐篷和睡袋回到广场的申请。法官斯托曼认为："示威者们没有表明他们有在祖克提公园驻留的宪法第一修正案的自由，包括带着他们的帐篷、设施、发电机以及其他将该公园所有者的正当权利包括将其他希望能够安全进入和使用该公共设施的人的权利排除在外的设备。"

论的自由必然受到很大限制，就如同美国的商业性言论受到限制一样。当西方国家将其言论自由制度作为普世价值观来实施和推广时，便会与其他不同政治体制下的政治基础和价值观产生严重冲突。❶ 认识到西方言论自由制度的局限性，在分析和研究中国的言论自由制度，尤其是网络与大数据技术规治时便需要站在中国社会的体系之中，有自己的独立立场和判断。

四、中国言论自由的政治基础与特殊性

（一）中国言论自由制度的政治基础

前面已经讨论，言论自由本质上是社会成员利用信息工具形成社会组织的自由。在网络与大数据技术时代，其表现为社会成员利用网络进行表达和组织的自由。如关于网络内容规制的"九不准"应该如何理解？❷ 利用微信或者其他信息技术所形成各种各样的群体或者组织应该如何规制？这些有关网络与大数据的问题，其答案却不仅仅在网络与大数据技术相关的法律法规之中，而应该在中国的政治经济体系中来理解。理解和构建中国的言论自由制度必须注意三个因素，一是中国近现代历史，即我们的社会是如何重新组织起来的。二是中国目前的政治经济制度，即我们的政治经济制度是什么。三是中国未来的发展目标，即我们的政治目标是什么。尤其是应该注意中国社会的五层组织结构及其由来和发展趋势。

由于中国社会自 19 世纪中叶以来便经历着重大的制度变迁过程，是社会组织被解构与重构的过程，并且这一重构过程至今还在进行，因此中国对言论的规制也必然是动态变化的，西方国家有关言论自由的静态的理论和实践都无法解释处于动态变革中的中国的言论自由制度特征。

中国社会的政治基础是中国共产党的领导。中国社会的政治框架可以描述为"人民—中国共产党—社会组织"这种模式，这种关系主要表现在《中

---

❶　例如，法国《查理周刊》中有关侮辱伊斯兰教先知的内容，与伊斯兰国家的政治基础和价值观所产生的严重冲突，导致该杂志社被一些极端穆斯林屠杀的悲剧。参见：JACKSON P. Paris attacks: "I am not Charlie" [EB/OL]. (2015-01-13) [2019-12-10]. http://www.bbc.com/news/world-europe-30790412.

❷　《互联网信息服务管理办法》第 15 条："互联网信息服务提供者不得制作、复制、发布、传播含有下列内容的信息：（一）反对宪法所确定的基本原则的；（二）危害国家安全，泄露国家秘密，颠覆国家政权，破坏国家统一的；（三）损害国家荣誉和利益的；（四）煽动民族仇恨、民族歧视，破坏民族团结的；（五）破坏国家宗教政策，宣扬邪教和封建迷信的；（六）散布谣言，扰乱社会秩序，破坏社会稳定的；（七）散布淫秽、色情、赌博、暴力、凶杀、恐怖或者教唆犯罪的；（八）侮辱或者诽谤他人，侵害他人合法权益的；（九）含有法律、行政法规禁止的其他内容的"。

国共产党章程》总纲第 1 段中。❶ 由于中国共产党是中国社会的政治基础，中国的言论自由制度的根本目标便是对中国共产党执政的合法性和权威性的支持和维护以及对中国共产党的指导思想的宣传、诠释和建设。改革开放之后，中国的社会组织发生重大变化，即在"人民—中国共产党—社会组织"的基础上又开始借鉴西方的"个人—私权与市场—社会组织"这种社会组织形式。❷ 中国社会的这两个社会组织架构同时存在的政治制度是具有创新性的中国特征。"个人—私权与市场—社会组织"是以"人民—中国共产党—社会组织"这一政治基础为前提和保障的，中国共产党是前者能够发展与完善的理论指导者和过程设计者。两者之间的关系在《宪法》中的体现便是"坚持中国共产党的领导"❸，"公民的合法私有财产不受侵犯"❹，以及构建有中国特色的市场经济制度❺。

因此，在改革开放政策实施之后，中国的言论自由制度是在这两种社会政治基础同时存在的情况下构建和发展的，尤其避免将单一的私权利社会制度作为中国言论自由构建的唯一理论依据和制度基础，这种辩证关系体现为坚持四项基本原则和反对资产阶级自由化的具体要求❻，这也决定了中国的言论自由制度与西方单一以"个人—私权与市场—社会组织"为社会框架的言论自由制度有很大区别。

（二）中国社会言论自由制度的特殊性

基于中国政治基础的特殊性，中国言论自由制度也有其不同于西方言论自由制度的特殊性。

首先，根据"人民—中国共产党—社会组织"这一政治基础来构建中国的言论自由制度，这要求言论尤其是政治性言论要承担起维护和完善这一政

---

❶ 《中国共产党章程》总纲第 1 段："中国共产党是中国工人阶级的先锋队，同时是中国人民和中华民族的先锋队，是中国特色社会主义事业的领导核心，代表中国先进生产力的发展要求，代表中国先进文化的前进方向，代表中国最广大人民的根本利益。党的最高理想和最终目标是实现共产主义。"

❷ 《中国共产党章程》总纲第 15 段："中国共产党领导人民发展社会主义市场经济……"

❸ 《宪法》序言第 7 段。

❹ 《宪法》第 13 条。

❺ 《宪法》第 15 条。

❻ 《中国共产党章程》总纲第 13 段。

治基础的法律责任。❶ 这与美国言论自由制度中的越是表达政治观点越自由的情形有很大的不同。美国政治制度中私权利主体，尤其是资本家将政府视为最主要的敌人，因而宁可忍受言论自由所带来的一系列危害而要维护媒体监督政府的自由。❷ 而在中国以试图造谣、诽谤和其他方式煽动推翻或者破坏国家政权和中国社会主义制度的言论是不能享有言论自由的保护的。❸ 这决定了中国的政治性言论有正确和错误之分，而不像美国政治制度中所宣扬的"没有错误的言论和观点"的主张。❹ 其中一个明显的对比便是中国有专门的法律对国旗和国歌给予保护❺，而美国司法判决认为焚烧国旗的行为是言论自由而受到保护❻。

其次，"个人—私权与市场经济—社会组织"这一政治基础对中国言论自由制度有新的要求，在这一点上与西方国家存在相似性，即商业性言论也受到越来越严格的法律规制。这具体表现为对损害他人私权利和损害市场秩序的言论要严格加以限制。在法律上表现为我国《宪法》的第13条对公民财产权的保障和第38条中对公民人格和尊严等人身权利的保障。在保障市场秩序方面的宪法基础则是《宪法》第15条，"国家实行社会主义市场经济。国家加强经济立法，完善宏观调控。国家依法禁止任何组织或者个人扰乱社会经济秩序"。这些基于市场经济秩序的、对言论自由加以限制的宪法要求在相关

---

❶　《宪法》第1条："中华人民共和国是工人阶级领导的、以工农联盟为基础的人民民主专政的社会主义国家。""社会主义制度是中华人民共和国的根本制度。""禁止任何组织或者个人破坏社会主义制度。"

❷　例如，托克维尔本人对美国的新闻出版业没有好感，不赞成当时美国新闻出版业中充斥的暴力与庸俗的特征。但他认为美国的新闻出版业对于美国民主是必不可缺的，如他所说的："我坦白承认，我对出版自由并没有那种因事物本身十分良好而产生的完全坚定的爱好。我之所以爱好出版自由，主要是因为它能防止弊端，其次才是因为它本身好。"参见：托克维尔. 论美国的民主（上卷）[M]. 董果良，译. 北京：商务印书馆，1991：203.

❸　《宪法》第28条："国家维护社会秩序，镇压叛国和其他危害国家安全的犯罪活动，制裁危害社会治安、破坏社会主义经济和其他犯罪的活动，惩办和改造犯罪分子。"以及《中华人民共和国刑法》（以下简称《刑法》）第105条第2款。

❹　美国司法判例和相关学者认为在美国的第一修正案之下，从不存在"错误"的观点。其目的是保护公民参与公共意见塑造的自由，为了所有人都可以试图让政府对他们的观点有所回应。参见：罗伯特·波斯特. 民主、专业知识与学术自由——现代国家的第一修正案理论 [M]. 左亦鲁，译. 北京：中国政法大学出版社，2014：中文序. In Gertz v. Robert Welch, Inc., 418 U.S. 323（1974）案中美国最高法院认为，在第一修正案下没有错误的观点这样的事情。不管观点看起来多么恶毒，我们不能依靠法官和陪审团的良心来纠正它，而应该通过同其他观点的竞争来纠正。

❺　1990年颁布了《中华人民共和国国旗法》，2017年颁布了《中华人民共和国国歌法》。

❻　Texas v. Johnson, 491 U.S. 397（1989）.

的部门法律中也加以落实。如《民法总则》中对公民人身权和财产权的保护❶，知识产权中对知识产权的保护需要而对言论自由的限制❷，《物权法》中对有形财产的保护而对言论自由所形成的限制❸，以及《证券法》以及相关法律法规中对证券交易秩序保护而对言论自由的限制等❹，并且在私权利保护的这一方向上还不断在加强和推进❺。

再次，关于学术性言论的自由。中国的学术性言论为两个政治基础服务，一是对中国共产党这一政治基础的服务，二是对私权与市场这一政治基础的服务。根据第一个政治基础，中国学术性言论自由要坚持和维护中国共产党的权威性和合法性，在宪法中的体现是《宪法》序言第 7 段。这方面与西方国家有很大的不同，即在中国不能以学术性言论自由为依据来发布损害中国共产党的权威性和合法性的言论，这一政治主张在《宪法》中有明确的要求❻，并且以文件的形式要求学校教师来遵守❼。根据第二个政治基础，中国的学术性言论与西方的学术性言论自由有相似性，既有学术研究的充分自由，又有对学术性言论的学术性审查和判断。❽

最后，有关社会伦理方面的言论自由，中国与美国有很大区别。在美国，违反社会伦理的言论在法律上有较大的自由，主要依赖社会组织的自治来规制，这是基于私权利价值观而产生的结果。而中国社会中的政治基础即中国共产党对社会道德伦理方面有明确的要求：一是关于民族和宗教问题的，这一政治主张和政治任务体现在《中国共产党章程》总纲第 20 段中❾，并通过

---

❶ 《民法总则》第 3 条。

❷ 《中华人民共和国著作权法》第 2 条；《中华人民共和国反不正当竞争法》（以下简称《反不正当竞争法》）第 10 条等。

❸ 《物权法》第 4 条。

❹ 《中华人民共和国证券法》第 63 条、第 78 条。

❺ 《中共中央国务院关于完善产权保护制度依法保护产权的意见》（2016 年 11 月 4 日）中强调："产权制度是社会主义市场经济的基石，保护产权是坚持社会主义基本经济制度的必然要求。有恒产者有恒心，经济主体财产权的有效保障和实现是经济社会持续健康发展的基础。"

❻ 《宪法》第 24 条。

❼ 《教育部关于建立健全高校师德建设长效机制的意见》（教师〔2014〕10 号），"高校教师不得有下列情形：损害国家利益，损害学生和学校合法权益的行为；在教育教学活动中有违背党的路线方针政策的言行……"

❽ 《中华人民共和国高等教育法》第 10 条、第 42 条。

❾ 《中国共产党章程》总纲第 21 段："中国共产党维护和发展平等团结互助和谐的社会主义民族关系，积极培养、选拔少数民族干部，帮助少数民族和民族地区发展经济、文化和社会事业，实现各民族共同团结奋斗、共同繁荣发展。全面贯彻党的宗教工作基本方针，团结信教群众为经济社会发展做贡献。"

《宪法》加以制度化和法治化❶。二是关于社会文化的问题。中国共产党要领导中国人民发展社会主义先进文化，要求坚持四项基本原则，自觉抵制西方资产阶级自由化。❷ 这一政治任务和价值追求也通过宪法和相关法律来加以制度化和法治化。❸ 因此，中国对于这类言论的规制主要依赖政府依法规制而不是社会组织的自律性规制，因为塑造新型的社会伦理道德是执政党的重要政治任务和目标，而依赖社会组织的自治性规治在目前的中国既不现实也没有形成成熟和稳定的制度。一个典型的事例便是有关公众人物的名誉保护与言论自由之间的冲突问题，我国的做法与美国有很大的不同。美国由于是"个人—私权与市场—社会组织"这样的社会组织形式，为了言论自由这一更高的自由而对公众人物的名誉权和隐私权等人格权采取的是弱保护形式。❹ 而与美国对公众人物的单一政策不同，中国将公众人物分为两类，一类是基于"人民—中国共产党—社会组织"这一政治基础上所产生的公众人物，如国家和民族英雄以及革命烈士的名誉，他们要给予专门的立法和司法保护。❺ 另一类是基于市场经济产生的公众人物，如企业家和体育娱乐明星等，在司法实践中对他们的名誉权保护越来越让位于言论自由。❻

五、结论

社会组织能够得以形成所依赖的政治基础是这个组织中社会成员自由的基石和边界。社会组织成员通过这个基石所形成的共识而交出自己的一部分天然自由，从而获得该社会组织更大的自由。当个体的自由对该社会组织的秩序基石造成危害时，其自由就需要被限制和被否定，这不仅仅限于行为自由，也同样适用于言论自由。

---

❶ 《宪法》序言第 11 段："中华人民共和国是全国各族人民共同缔造的统一的多民族国家。平等、团结、互助的社会主义民族关系已经确立，并将继续加强。在维护民族团结的斗争中，要反对大民族主义，主要是大汉族主义，也要反对地方民族主义。国家尽一切努力，促进全国各民族的共同繁荣。"以及《宪法》第 4 条、第 52 条和第 36 条。

❷ 《中国共产党章程》总纲第 13 段、第 17 段。

❸ 《宪法》第 28 条。

❹ 如在 Snyder v. Phelps，562 U. S. 443（2011）案中，美国最高法院以言论自由为理由拒绝对该案中牺牲在阿富汗的阵亡士兵的名誉给予保护。

❺ 人民法院依法保护"狼牙山五壮士"等英雄人物人格权益典型案例［EB/OL］［2019-12-1］. http://www.court.gov.cn/zixun-xiangqing-28421.html；《民法典》第 185 条。

❻ 如蔡某某诉百度网讯科技有限公司案，北京市海淀区人民法院民事判决书（2010）海民初字第 01281 号；郑某与金陵晚报社、南京日报报业集团名誉纠纷案，上海市第二中级人民法院民事判决书（2011）沪二中民一（民）终字第 1670 号等。

"个人—血缘组织—社会组织""个人—公权力组织—社会组织"和"个人—私权与市场—社会组织"这三种类型社会，其社会政治基础的不同直接导致了不同的言论自由的制度规范和价值观。美国是典型的从市场中成长起来的社会，即所谓的从下到上的社会组织形式。❶ 因此，这种社会组织的秩序根基在于底层的财产权保护和市场经济。这种社会中公民言论自由程度也是从下到上增加的，即在美国越是政治性言论就越自由，而越是商业性言论就越受到规制。

与西方国家明显不同的是，中国社会是以中国共产党为政治基础的社会组织形式，并同时构建和完善私权与市场这一社会组织基础。这是一种从上到下的社会组织构建过程，具有公权力社会的特征，但又同时从下到上在构建私权利社会的组织形式，即对私权保护与市场经济制度构建。中国的言论自由制度需要在这种具有中国特色的政治基础下来理解和构建，一方面不能像单一的私权利社会中那样采取越是政治性言论越自由的政治主张，另一方面又要像西方国家一样对商业性言论的规制越来越严格。因此，在这一特殊的过程中，与美国相比，我国公民会有言论自由程度较低、政府对言论自由规制较多的感觉。但这是我国这一时期的必然表现，因为与美国不同，我国正在经历重大和长期的社会制度变革，正在重塑社会秩序和社会契约，其必然表现为对公民言论自由的相应约束和同化，而依赖企业、社会组织和学术机构的自治不足以完成这样的任务。只有理解中国有关言论自由的政治基础和制度特征才能更好地和主动地实施这一自由，从而实现真正的理性下的言论自由。

在网络技术时代，社会成员可以利用网络技术形成新的社会组织形式，这种新型社会组织形式对已经存在的合法组织形式都有可能产生解构、破坏和代替的作用。但由于我国言论自由制度的上述特征，这种解构、破坏和代替作用对于不同的组织意义是不同的，因而其法律后果也不同。如以微信等为代表的社交类服务已经对传统家庭造成负面影响❷，这一点尽管令人担忧，

---

❶ "一些学者像 G. William Skinner 用两种中心阶层法来描述一个国家的社会，第一种大致上是从下到上来构建的，其来自交易。第二种大致是从上到下来构建，其来自帝国的控制，它是以具有行政管理职权的有阶层的单位构成。从上到下的体系往往采纳强迫的逻辑，从下到上的体系往往采纳资本的逻辑。"参见：TILLY C. Coercion, Capital, and European States, AD 990-1990 [M]. New York: Basil Blackwell, Inc. 1990：127.

❷ 微信陌陌易引发婚外情 我们该如何预防离婚 [EB/OL]. (2016-08-18) [2019-12-10]. http://www.sohu.com/a/111038280_461766.

但主要还是通过社会自治来解决。网络技术正在解构传统的商业模式而构建出新型商业模式，这显然是被允许和鼓励的方面。网络和大数据技术也在改进政府的工作和服务能力，这也是大力推进的，即电子政务的建设。但通过网络技术形成各种违法组织、邪教组织或者试图推翻中国共产党领导的各种组织或者活动，显然是会损害中国社会的政治根基，因而被法律所禁止。❶

---

❶ 《互联网信息服务管理办法》第 15 条。

第三篇

大数据技术、个人数据信息与代码空间的治理

第九章

欧盟GDPR的主要内容及布鲁塞尔影响力分析*

GDPR：皇帝的新装！

*——威尔·文弗拉德*❶

一、欧盟 GDPR 的宗旨与特点

（一） GDPR 的宗旨

欧盟的 GDPR 是在 1995 年的《个人数据保护指令》（DPD）的基础上发展起来的，尽管 DPD 在欧盟个人数据保护方面起到了一定作用，并且对欧盟域外也有很大的影响和效力，但随着经济和技术的发展，欧盟需要新法来代替 DPD 以促进欧盟相关产业的发展和对人权的保障。❷

GDPR 的宗旨有两项，一是保护个人对其个人数据信息的基本权利；二是促进个人数据信息在欧盟内的自由流通，从而减弱其对经济的阻碍。此外，GDPR 的一个重要目的便是代替在此之前的 DPD，DPD 已经实施了 20 多年，是欧盟关于个人数据保护的最低标准，很多欧盟成员国都已经超过了该指令的要求，这使得欧盟公民很难确定他们的权利在这些成员国是如何被保护的，也使得相关组织很难确定到底哪一国的法律适用到他们身上，尤其是跨成员国的经济活动时。因此，欧盟决定以 GDPR 代替 DPD，DPD 仅仅是为各个成员国规定了最低保护标准，而 GDPR 作为规则本身便是欧盟法律，其代替了之前所有成员国已经颁布的法律，

＊本章主要内容来自于"GDPR 对中国及全球数字经济的风险与制度影响"课题研究成果。

❶　WINFRIED V. The GDPR：The Emperor's New Clothes-On the Structural Shortcomings of Both the Old and the New Data Protection Law [J]. Neue Zeitschrift Für Verwaltungsrecht，2018（10）：686-696.

❷　GREGORY V W. Looking at European Union Data Protection Law Reform Through a Different Prism：The Proposed EU General Data Protection Regulation Two Years Later [J]. Journal of Internet Law，2014，17（9）：12.

将大大降低了法律的实施成本。❶ GDPR 因此直接适用于欧盟 28 个成员国和 3.5 亿人身上。GDPR 允许成员国保留或者制定进一步明确和执行本规则中相关条款的国内法，也不排除成员国可以确定一些需要特殊处理的情形，包括确定合法处理个人数据的更为精确的条件。❷

另外，GDPR 对欧盟域外也有相当的法律效力。任何域外国家的组织如果从欧盟个人身上搜集数据信息的话也需要遵守该规则。实际上，如果域外组织不想被 GDPR 所约束，只有一个选择，便是完全不与欧盟做生意。❸ GD-PR 的另一目的是应对大数据技术所产生的问题，特别是加强在数据分析中的个人隐私保护，强调数据保护影响评估机制以及以设计和默示的方式来保护数据等。❹ 总体来说，GDPR 大幅提高了数据主体的权利，有很多新权利在这里出现，尤其是所谓的 "被遗忘权"。个人数据信息主体的权利扩张目的是加强他们对个人数据的控制。❺

但是，应该注意到 GDPR 这种立法理念还是工业社会的思想，是将个人数据主体与数据企业相隔离和控制的立法理念，而不是网络社会与经济中信任、合作与共享的立法理念。因为在网络社会中，个人数据主体和数据控制主体之间是基于数据交流的信任和合作关系，而不是对立和牵制的关系。GD-PR 立法理念和技术的过时性也受到欧洲学者的批判❻，并且在产业上也表现出其负面影响❼。

1. 保护个人基本权利

早在 1953 年，《欧洲人权公约》已经将隐私权作为基本人权列入其中。❽

---

❶　IT Governance Privacy Team. EU General Data Protection Regulation（GDPR）：An Implementation and Compliance Guide［M］. London：It Governance Publishing，2016：2-3.

❷　GDPR，Recital（10）.

❸　IT Governance Privacy Team. EU General Data Protection Regulation（GDPR）：An Implementation and Compliance Guide［M］. London：It Governance Publishing，2016：6.

❹　Information Commissioner's Office. Big Data，Artificial Intelligence，Machine Learning and Data Protection［R/OL］.（2017-09-04）［2019-12-10］. https：//ico. org. uk/media/for-organisations/documents/2013559/big-data-ai-ml-and-data-protection. pdf.

❺　CLADER A. EU GDPR：A Pocket Guide［M］. London：It Governance Publishing，2016：25.

❻　WINFRIED V. The GDPR：The Emperor's New Clothes-On the Structural Shortcomings of Both the Old and the New Data Protection Law［J］. Neue Zeitschrift Für Verwaltungsrecht，2018（10）：686-696.

❼　CHIVOT E，CASTRO D. What the Evidence Shows About the Impact of the GDPR After One Year［R/OL］.（2019-06-17）［2019-12-10］. https：//www. datainnovation. org/2019/06/what-the-evidence-shows-about-the-impact-of-the-gdpr-after-one-year/.

❽　European Convention on Human Rights，Art. 8.

1981 年欧洲理事会构建了个人信息能够在欧盟内自由流动而不损害个人隐私的基础标准，即《关于自动处理个人数据中对个人加以保护的公约》❶，其为了应对当时刚刚发展起来的计算机技术，这一公约所设定的最低标准也成为当时有关隐私保护的第一轮立法。1984 年英国制定了第一部《数据保护法》，引入了一些关于在英国存储和处理个人数据的基本规则，该法包含了 1981 年公约中最低标准，保护起来也不是十分严格。❷ 而 1995 年的 DPD 则是对个人数据保护的一次"重启"，以便应对计算机网络对个人数据保护的挑战。DPD 一方面要求成员国都要执行这一指令，大幅提高了对个人数据的保护，另一方面降低了个人数据在欧盟内自由流动的障碍。之后，英国、德国、法国等国家都制定了自己的个人数据保护法。但纵观这些法律，几乎没有哪两个是足以相似的，这使得个人数据在欧盟内自由流动遇到阻碍，因为不同成员国的规定都不尽相同，企业必须应对不同国家的法律差异。在这种背景下，GD-PR 诞生了。

GDPR 的重要目的之一便是保护个人对其数据享有的基本权利，这一基本权利在《欧盟基本权利宪章》第 8（1）条和《欧盟运行条约》（TFEU）第 16（1）条。但 GDPR 也强调，对于个人数据的处理是为了人类的福祉，个人对数据的权利也不是绝对的权利，而应该考虑到和社会功能，以及根据比例原则与其他基本权利的平衡关系。❸

2. 促进个人数据在欧盟内的自由流动

GDPR 另一个重要目的便是通过对个人数据的统一保护，以促进个人数据在欧盟内快速流动，从而降低市场成本，提高经济效率。欧盟认识到快速的技术发展和全球化对个人数据保护提出了新挑战。收集和分享个人数据的规模巨大，技术使得不论是公共部门还是私营企业都可以为了各自的活动而以史无前例的规模使用个人数据。自然人的数据正不断全球化和公开化，技术也促进了经济和社会生活发生转型，应该在保证对个人数据高标准保护的同时，更进一步促进个人数据在欧盟内和向第三国和其他国际组织的自由流动。❹ 鉴于为了促进数字经济发展而构建信任的重要性，这种发展需要在欧盟

---

❶ Convention for the Protection of Individuals with regard to Automatic Processing of Personal Data［EB/OL］.（2019-06-30）［2019-12-10］. https://www. coe. int/en/web/conventions/full-list/-/conventions/treaty/108.

❷ CLADER A. EU GDPR：A Pocket Guide［M］. London：It Governance Publishing, 2016：5.

❸ GDPR, Recital（4）.

❹ GDPR, Recital（6）.

内更高和更统一的数据保护框架。自然人应该有权控制个人数据，提高有关个人、经济组织和政府机构的法律与实践的确定性。❶

(二) GDPR 的特点与缺点

1. GDPR 的特点

具体说来 GDPR 有以下特点：①促进信息社会服务中更多的信任和对信息服务的更多应用。欧盟通过 GDPR 立法来进一步保护欧盟居民的基本权利，从而增强他们对信息社会的信任，这种信任将进一步促进信息服务的发展，促进数字经济和企业的竞争优势。❷ ②应对新技术对隐私的挑战。最近几年随着新技术的发展，越来越多的个人数据被收集和处理，这导致对个人隐私的新挑战，而 GDPR 的目的之一便是应对这种挑战。③域外效力。自 2013 年起草时，GDPR 就致力于对没有设立在欧盟内的数据控制主体享有管辖权，只要这些主体在提供货物或者服务的过程中，对欧盟居民的个人信息有处理，或者对相关个人数据有监视。④法律的一致性与一站式服务。GDPR 可以使得处于不同成员国的企业在更大程度上获得数据保护的一致性，尽管欧盟委员会各个代理机构的自由裁量权会有相反的效果。根据 GDPR，当数据控制主体或者处理主体在多个欧盟成员国有机构时，那么其主要机构所在国的数据监管机构可以在整个欧盟对它们的行为进行监督。❸ 这便是 GDPR 的一站式服务，减轻企业的重复性工作，保障整个欧盟的法律适用的一致性。⑤数据保护影响评估（DPIA）。GDPR 要求在一些情况下对需要数据控制主体或者处理主体进行 DPIA。其目的是表明相关主体已经做到了对 GDPR 的合规。DPIA 由数据控制主体完成或者委托其他人来完成，欧盟委员会可以针对 DPIA 的标准制定特别的执行法规。⑥数据保护官（DPO）。根据 GDPR，数据控制主体和处理主体应该指定 DPO，其可以是雇员，也可以是独立第三方。DPO 应该在数据保护法方面是专业人士。⑦增加了罚金额度。2011 年在欧盟一些成员国发生的谷歌街景车案件，其罚金从 10 万欧元到 100 万欧元不等。❹ 而如果在 GDPR 实施后发生类似的案例，那么罚金可能有巨大的提高。

---

❶　GDPR, Recital（7）.

❷　GDPR, Explanatory Note, at 1-2.

❸　GDPR, Art. 51. 2.

❹　GREGORY V W. Looking at European Union Data Protection Law Reform Through a Different Prism: The Proposed EU General Data Protection Regulation Two Years Later [J]. Journal of Internet Law, 2014, 17 (9)：11-24.

2. GDPR 的缺点

GDPR 已经实施一段时间了，有学者对其缺点和对经济的负面影响予以总结。①对欧盟经济和商业活动有负面影响。如 539 个涉及欧盟的并购案中有 55% 因为担心 GDPR 而没有进行。②浪费了企业的资源。由谷歌所资助的一些研究者预测中小企业将为符合 GDPR 的要求而增支 16%～40% 的 IT 预算。❶ ③对欧盟的高新企业有伤害。在 2018 年 5 月至 2019 年 4 月之间，欧盟对高新企业的风险投资，每个成员国每个月降了 1400 百万美元。④在数字营销方面减弱了竞争性。在过去的一年中，广告商在欧盟损失了 18%～31% 的利润。⑤就商业履行义务而言 GDPR 太复杂了。在 2018 年 10 月的调研中发现有超过 56% 的受访者认为 GDPR 太复杂了，他们还远没有做到合规，甚至永远都做不到。⑥没有在用户之间建立起信任关系。GDPR 实施后消费者的信任并没有提升，而且是降到 10 年中的最低点。⑦对用户的在线获得能力有损害。在 GDPR 实施的两个月后，1/3 的大型门户网站无法被访问，因为他们还没有做到合规。⑧对消费者来说太难理解了。有超过 2/3 的欧洲人从没有听说过 GDPR 或者不知道它到底是什么。⑨在成员国之间并没有得到一致的执行。至 2019 年 5 月，希腊、葡萄牙和斯洛文尼亚都还没有在国内彻底落实GDPR。⑩耗费了管理者的资源。ICO 的工作人员被大量的过度担心的数据违反报告所淹没，因为他们担心一旦违规会被巨额罚款。❷

(三) 个人数据与相关主体的概念

1. 个人数据 (Personal Data)

GDPR 仅仅是针对自然人个人数据的保护，而不适用于法人组织的信息，包括法人组织的名字、形式和联系信息等都不属于 GDPR 的保护范围之内。❸个人数据是 GDPR 中最核心的概念。个人数据是指任何与已经被识别的或者可以识别的自然人（个人数据主体）有关的任何信息。可以识别的自然人是指可以直接或者间接被识别的人，特别是参考某个识别因子而可以被识别，

---

❶ CHRISTENSEN L, COLCIAGO A, ETRO F, etc. The Impact of the Data Protection Regulation in the E. U. [R/OL]. (2013-02-13) [2019-12-10]. http://citeseerx. ist. psu. edu/viewdoc/download?doi=10. 1. 1. 657. 138&rep=rep1&type=pdf.

❷ 以上信息和数据见：CHIVOT E, CASTRO D. What the Evidence Shows About the Impact of the GDPR After One Year [R/OL]. (2019-06-17) [2019-12-10]. http://www2. datainnovation. org/2019-gdpr-one-year. pdf.

❸ GDPR, Recital (14).

如名字、身份证号码、地址信息、在线识别因子或者与其身体、心理、基因、精神、经济、文化或者社会身份相关的一个或者多个特别因子。❶

GDPR 中的个人数据是一个很宽泛的概念，任何与能够识别的自然人相关的信息都是个人数据。相反，如果某信息无法与某人进行关联的话，那么这种信息便不是这里的个人数据。另外，GDPR 对于已经死亡的人不给予任何保护，但成员国可以自己制定关于已经死亡之人的信息处理的规则。❷

2. 个人数据主体（Personal Data Subject）

GDPR 中包括之前的 DPD 中，个人数据是指与某个已经被识别或者可以识别的自然人相关联的个人信息，该自然人相对于这些个人数据便被称为个人数据主体。❸ 在 GDPR 中，个人数据主体是重要的概念，是 GDPR 中所列举的所有权利的主体。

这里的个人也不仅仅限于欧洲居民，而且还包括在欧洲的难民、在欧洲工作的人、持有旅游签证的人以及任何没有居住在欧盟，但其个人数据却在欧盟内被持有或者处理的人，GDPR 并没有基于其国籍或者住址而区分个人。❹

3. 数据控制主体（Data Controllers）

GDPR 第 4 条对数据控制主体有明确的定义。"数据控制主体是指自然人或者法人、公共机构、代理机构或者其他主体，其独自或者与其他主体共同承担，决定个人数据处理的目的和方式。在其所处理的目的和方式是由欧盟和成员国法所决定的情形下，则根据欧盟或者成员国法律来确定数据控制主体或者如何来确定的特定标准。"❺ 数据控制主体是 GDPR 中最重要的主体，是有关对个人数据保护承担核心义务和责任的法律主体。

数据控制主体是决定数据分析目的的主体。这包括什么样的数据被收集，谁的数据被收集，是否有正当的理由不通知数据主体或者得到他们的同意，以及将保留数据多长时间等。数据控制主体有义务保证任何第三方数据分析主体遵守 GDPR。"数据控制主体应该只使用能够为技术和组织措施提供保障的数据分析主体，这些技术和组织措施要满足 GDPR 的要求并保证对个人数

---

❶ GDPR，Art. 4（1）.

❷ GDPR，Recital（27）.

❸ GDPR，Art. 4（1）.

❹ CLADER A. EU GDPR: A Pocket Guide［M］. London: It Governance Publishing, 2016: 24.

❺ GDPR，Art. 4（7）.

据主体权利的保护。"❶

在实践中，数据控制主体往往是面向公众的、由个人数据主体向其提供信息的组织。例如，医院可以有在线的健康信息系统，尽管该系统是由第三方运行的，但是医院却是这里的数据控制主体。如果该平台是由第三方管理的，第三方对该平台有一定的决定权，如平台的设计以及所收集的信息的种类等，那么第三方便是联合数据控制主体。❷ "处理"一词在 GDPR 中包含有收集和存储的意思，因此一个主体虽然没有参与到真正的个人数据处理过程中，但可能属于这里的数据控制主体。例如，一个公司雇用了市场分析机构来为其分析消费者，该公司除了看到最后结果外，它可能从来都没有直接接触数据。鉴于该公司决定了数据处理的目的，该公司便是数据控制主体，而市场分析机构则是数据处理主体。❸

4. 数据处理主体（Data Processor）

数据处理主体是指为了数据控制主体而对个人数据进行处理的自然人、法人、公共机构、代理机构或者其他主体。❹ 如上面已经提到的，"处理"一词可以包括对数据的任何行动，包括存储。因此，某一组织可以同时是数据处理主体和数据控制主体。数据处理主体是与数据控制主体通过协议对个人数据执行某些功能的主体，数据处理主体必须在数据控制主体根据该规则所确定的参数范围内运行。对数据处理主体和数据控制主体之间的合同有很多特别要求，这在 GDPR 第 28 条中有列举，这些合同中的特别条款在一些点上也被委员会或者监管机构所监督。数据控制主体一般不需要对数据处理主体的行为面面俱到的监督，而是一般依赖数据处理主体保证其将安全地进行。因此，数据处理主体要对以下因素负责：收集个人数据的 IT 系统或者相关方法；数据是如何被存储的；围绕着个人数据的安全保护；个人数据是如何从一个组织转移到另一个组织；关于某个特定人的个人数据是如何被追溯的；以及数据是如何被删除或者处理的等。❺ 没有数据控制主体特定的或者总体上

---

❶ GDPR, Art. 28.1.

❷ IT Governance Privacy Team. EU General Data Protection Regulation （GDPR）：An Implementation and Compliance Guide ［M］. London：It Governance Publishing, 2016：212.

❸ IT Governance Privacy Team. EU General Data Protection Regulation （GDPR）：An Implementation and Compliance Guide ［M］. London：It Governance Publishing, 2016：9.

❹ GDPR, Art. 4 （8）.

❺ IT Governance Privacy Team. EU General Data Protection Regulation （GDPR）：An Implementation and Compliance Guide ［M］. London：It Governance Publishing, 2016：215.

的同意，数据处理主体是不允许与其他数据处理主体进行合作。这保证数据控制主体可以控制个人信息的数据链，并保障每个阶段的安全性。总体来说，在大多数情况下，数据控制主体要对数据处理主体的过错负责。

但在实际中，数据控制主体和数据处理主体之间的界限并不总是很清楚，尤其是在大数据技术环境中。因为大数据技术是关于数据之间的关联性、预测性和辅助决策性的技术应用，这些都模糊了哪一个主体实际上在决定数据所处理的目的和方式。❶

5. 监管机构（Supervisory Authority）

监管机构在 GDPR 中有特殊的含义，是指依据 GDPR 第 51 条所建立的独立的政府机构，每一个成员国的监管机构负责 GDPR 的实施。不同成员国中监管机构的名称是不同的，如英国的是信息委员会办公室（The Information Commissioner's Office），具体的机构名称可以在欧盟的相关网站上获得。

6. 欧盟域外的数据控制主体和数据处理主体

欧盟域外的数据控制主体和数据处理主体也要遵守该规则。任何组织如果想要处理在欧盟内的任何居民的个人数据都需要遵守该规则，否则将面临严厉的惩罚。❷ 为了确保这些域外组织在处理个人数据时能够符合该规则的规定，GDPR 要求域外组织在欧盟内必须指定一个代表。根据 GDPR，这一要求有两个例外，一是个人数据处理是偶然的，没有大规模地处理 GDPR 第 9 条（1）中的特定种类的信息或者处理 GDPR 第 10 条中所说的有关犯罪指控和违法行为的信息，并且考虑到处理的目的、性质、情节和范围等也不会对自然人的权利和自由造成危险。二是公共机构或者部门。❸ 除此之外，域外组织都需要在欧盟内指定一个代表，代表的设立要求是个人数据主体所在地以及与提供给他们的货物或者服务相关的个人数据被处理的地方，或者他们的行为被监视的地方。❹ 因此，大部分组织都有很宽的选择范围。

代表的作用是与当地的监管机构进行联络。由于域外的原因，监管机构无法与这些组织直接沟通，因而代表处成为联络机构。因为代表处要对其所

---

❶ Information Commissioner's office. Big Data, Artificial Intelligence, Machine Learning and Data Protection [R/OL]. (2017-09-04) [2019-12-10]. https://ico. org. uk/media/for-organisations/documents/2013559/big-data-ai-ml-and-data-protection. pdf).

❷ GDPR, Art. 3.

❸ GDPR, Art. 27, 2.

❹ GDPR, Art. 27, 3.

代表的数据控制主体或者数据处理主体的违规行为承担某种程度的责任，所以他们也仅愿意代表那些真正满足 GDPR 要求的域外组织，在一定程度上代表处也起到了间接保证的作用。

二、GDPR 宗旨的实现

(一) 个人数据主体享有的权利

GDPR 认为赋予个人数据主体相关权利非常重要，因为个人数据主体可以通过权利来向违反 GDPR 义务的数据控制主体和处理主体主张司法赔偿。❶ 也就是说，数据控制主体也要为数据处理过程中违反 GDPR 的行为直接承担损害赔偿责任。数据控制主体要为流向数据处理主体的个人数据的安全负责，不论是欧盟内还是欧盟外。GDPR 明确赋予了个人数据主体九项权利。

1. 获得信息权（The Right to Information）

数据主体享有获得信息权，数据控制主体必须向个人数据主体提供最低限度的信息以表明其个人数据被公平的收集和处理。具体来说，个人有权利获得信息来知道他们的个人数据正在被控制主体或者某第三方的处理主体进行处理；有权利获得该数据的备份；有权知道该数据被处理的目的，包括要被控制主体存储多长时间；以及有权获得有关数据处理的补充信息等。

GDPR 要求相关信息必须以简洁、透明、智能和方便获得的方式提供给数据主体，并且使用清楚和平直的语言，特别是任何有关儿童数据处理的信息。❷ GDPR 还要求数据控制主体应该没有任何不当延迟的回应，并且在任何情况下都不应在收到请求后超过一个月来回应。但对于一些大型公司，一个月的限期也许无法满足，因此 GDPR 允许在必要的情况下有两个月的延期，但数据控制主体必须向个人数据主体在一个月内通知其延期以及理由。❸

根据 GDPR 的规定，这些信息的提供是免费的，之前 DPD 规定其可以收费。但如果个人数据主体要求的信息是还没有现成的或者过多的，那么数据控制主体有权拒绝这样的信息要求或者收取合理费用来弥补管理成本。❹ 控制主体应该在得到请求通知的一个月内通知个人数据主体其不采取行动的理由。

---

❶ GDPR，Art. 77.
❷ GDPR，Art. 12. 1.
❸ GDPR，Art. 12. 3.
❹ GDPR，Art. 12. 5.

但 GDPR 并没有说明什么不是现成的和过多的请求信息，以及可以合理收取的费用，这些都需要数据控制主体和数据处理主体来确定，但如果确定不合理则会被理解为是对个人数据主体的权利和自由的损害，将受到最高行政处罚。❶

2. 接触权（The Right to Access）

GDPR 和 DPD 中都规定数据控制主体应该让个人数据主体能够获得如下信息：个人数据主体其个人数据的备份；处理他们个人数据的目的；数据被处理的种类；以及将要获得这些数据的第三方或者第三方的种类。❷ GDPR 又将这一权利扩大到获得其他信息，包括数据将要被存储的时间以及如果这无法确定的话，那么确定存留时间的规则。个人数据主体如果认为对其个人数据的处理违反了 GDPR，有权向监管机构提出投诉。❸ 如果个人数据被转移到了欧盟之外的第三国或者某国际组织❹，个人数据主体有权被告知这种转移已经处于安全保护之中。

一些数据公司已经实现将其数据向个人数据主体提供，如果个人数据主体有这样的要求。例如，美国的安诚客（Acxiom）公司提供网络接口，让个人数据主体能够获知与他们相关的用于交易的数据以及他们的来源。❺ 这一做法可能会被广泛接受，因为 GDPR 也鼓励这种做法。❻

3. 改正权（The Right to Rectification）

个人数据主体有权对其个人数据中任何不准确的内容进行改正。❼ 不准确的数据包括不完整的数据，所以个人数据主体也有权要求控制主体补足任何不完整的个人数据。

4. 被遗忘权（The Right to be Forgotten）

根据 GDPR 第 17 条，个人数据主体如果撤回了其之前的同意或者数据处理过程中有合法性问题，个人数据主体可以要求数据控制主体或者处理主体删除该信息。如果数据控制主体已经将个人数据分享给其他处理主体，那么

---

❶　GDPR，Art. 83. 5.

❷　GDPR，Art. 15. 1；DPD，Art. 12.

❸　GDPR，Art. 77.

❹　GDPR，Art. 4. 26.

❺　https://aboutthedata. com.

❻　GDPR，Recital 63.

❼　GDPR，Art. 16.

数据控制主体要通知其他数据处理主体该删除请求。但是在以下情况下，数据控制主体可以不履行删除的义务：①为了保护表达和信息自由的权利；②为了履行欧盟或者成员国的法律义务；③为了履行公共利益中任务或者履行政府机关的职责。④为了公共健康的原因。⑤为了存档，科学和历史研究或者统计的目的。⑥为了建立、履行或者抗辩法律诉求。❶

明白网络的人都知道，将个人数据从每一个网页、每一个文档、每一个搜索页面或者数据库中删除几乎是不可能的。这种复杂性体现在 GDPR 第 17 条中，该条要求控制主体在删除个人数据时，"以可能的技术和执行成本，合理的步骤，包括技术措施去通知正在处理个人数据的其他数据控制主体们该数据主体已经要求删除该个人数据的任何链接、备份、复制"。因此，数据监管机构仅仅是希望看到数据控制主体或者处理主体采取了合理措施来做这件事，所有可以删除数据的合理技术和程序性措施都已经采用了即可。❷

在著名的 Google v. Spain 案中，欧洲法院判决认为欧盟居民有权要求商业性搜索公司，如像谷歌这样了为了利益而收集他人信息的公司，将相关信息删除，只要这些信息已经没有相关性。而法院判决中并没有说明是否报纸也有这样的义务。而之后欧洲法院却认可了西班牙数据保护机构的裁决，其支持言论自由而拒绝他人请求将包含有其破产信息的文章从报社的网站上删除。❸ 都是网站，为什么搜索引擎要承担比其他网站更多的义务来满足被遗忘权？这从逻辑上很难被理解，这也似乎说明被遗忘权更多的是象征性的权利，不是实质性权利。

被遗忘权是否真的具有正当性是很受质疑的。可以想象，在一个社会中如果有公民频繁地行使被遗忘权，他就可以相对于其他人更有机会隐藏在公共舆论的后面，而其他人则要承担被评判的环境，这是否在鼓励人们退出社会组织？而且，更有可能的是，能够频繁行使这一权利的人往往是具有相对经济地位的人，富人甚至可以委托律师们来实时要求删除对其不利的信息。这种权利有利于打造一个公平、合作和互助的社会吗？有德国学者对此批评，这种权利的行使不但对寻找信息的人是一种损害，而且对那些合法发布这些信息的人也是一种损害。❹

---

❶ GDPR，Art. 17. 3.

❷ CLADER A. EU GDPR：A Pocket Guide ［M］. London：It Governance Publishing, 2016：28.

❸ The Right to Be Forgotten（Google v. Spain）, https://epic. org/privacy/right-to-be-forgotten/.

❹ WINFRIED V. The GDPR：The Emperor's New Clothes-On the Structural Shortcomings of Both the Old and the New Data Protection Law ［J］. Neue Zeitschrift Für Verwaltungsrecht, 2018（10）：11.

5. 限制处理权（The Right to Restriction of Processing）

个人数据主体的限制处理权是指个人数据主体在一定条件下可以阻止控制主体对其数据进行某种处理。也就是说，尽管某一个数据控制主体存储了个人数据，但是除非个人数据主体解除了限制或者为了法律主张的实现，或者为了保护其他人的权利或者广泛的公共利益所必须，否则该数据控制主体也不能对个人数据进行处理。如果这些数据已经披露给第三方，这些第三方也必须尽可能地被通知到禁止任何地进一步处理。特别是如有以下情况，个人有权禁止对自身数据的处理：①已经对个人数据的准确性提出异议，因此禁止对该数据进行处理以便使得数据控制主体有足够的时间来更正。②对个人数据的处理是非法的，但是个人数据主体并不要求将数据删除，而仅仅要求禁止使用。③控制主体已经不再为了数据处理的目的而需要该数据了，但是个人数据主体为了法律诉求的成立、实施和辩护而需要该数据。④个人数据主体根据其反对权而反对对其数据的处理。❶

6. 通知权（The Right to Notification）

通知权并不是个人数据主体可以自己实施的权利，而是附加在数据控制主体上的义务。数据控制主体应该确保数据主体就各种特别的活动而得到通知，以及当数据主体对其权利的任何行使与第三方有关时，该第三方也得到及时的通知。如果数据控制主体对个人数据有所改变或者限制，或者移除了该个人数据，它必须通知该个人数据主体，除非这被证明是不可能的或者是需要不成比例的付出。❷ 这些通知权是与透明性原则相对应的。

7. 数据携带权（The Right to Data Portability）

根据数据携带权，个人数据主体有权获得以电子形式存储的个人数据的备份。这一权利的目的在于提高信息的可获得性。"个人数据主体应该有权获得他提供给数据控制主体的与其相关的个人数据，以一种可行的、普遍使用的和机器可读的形式，并有权不受前一个数据控制主体阻挠，将数据转移到另一个数据控制主体上。"❸ 数据携带权使得个人数据主体不但可以获取相关个人信息，而且可以将个人数据进行转移，如跨银行之间的个人数据的转

---

❶ GDPR，Art. 18. 1.

❷ GDPR，Art. 19.

❸ GDPR，Art. 20. 1.

移。❶ 但在今天的网络技术下，个人数据往往与其他个人的数据是相关联的，如社交网络中没有隔离的个人数据，那么个人数据主体如何实现其数据可携带权则是个问题，除非其转移数据的过程能够获得所有关联人的同意，但在实际中，这似乎无法实现。另外，即使跨银行之间的个人数据转移也很有可能涉及银行自己的商业秘密问题等，这种在竞争对手之间的跨银行的个人数据转移将有可能和银行自身的权益产生冲突，那么如何协调两种权利之间的冲突也是问题。这样的权利可能是理想化的产物，在实际中是否可以应用还需要关注。

8. 异议权（The Right to Object）

根据 GDPR，一旦个人数据主体提出异议，数据控制主体便有义务证明对其数据处理的合法理由高于个人数据主体自己的利益、权利和自由的，或者是为了法律主张的成立、实施或者辩护。除非其正当性被证明，否则对个人数据主体的数据处理必须被中止。个人可以对特定种类的数据处理提出异议，包括直接的市场营销、基于合法利益或者宽泛的公共利益的处理以及为了研究和统计目的的处理等，但只有针对市场营销的异议权是绝对的。因此，为了市场营销的目的而处理个人数据的组织应该有一套简单易行的方式来将提出异议的个人数据从一整套数据中移除。❷

相关机构也有义务告知个人数据主体其有异议权。这一通知应该十分清晰并且和其他信息区别开来，而且在数据控制主体与个人数据主体第一次打交道时便应该告知。对于在线服务，个人应该有可利用的自动方式提出异议。❸

9. 恰当作出决定权（The Right to Appropriate Decision Making）

仅仅依赖自动处理的方式来对其作出决定，个人数据主体有权利不接受该决定，如果这些决定将对其产生法律影响或者类似的重要影响。根据 GD-PR，个人必须有权利能够启动自然人的干预，表达他们的观点以及对某一个决定的解释，并有权利来挑战结果性的决定。❹

---

❶ IT Governance Privacy Team. EU General Data Protection Regulation（GDPR）：An Implementation and Compliance Guide［M］. London：It Governance Publishing, 2016：178.

❷ GDPR, Art. 21. 2-3.

❸ GDPR, Art. 21. 4.

❹ GDPR, Art. 22.

但在有欧盟法律或者成员国法律授权的情况下，自动处理还是可以的。❶
该法应该有适当的措施来保证个人权利和自由，以及他们的合法利益得到公
正的对待。另外，在个人数据主体和数据控制主体之间，有关履行合约的自
动处理，如果有个人数据主体的明确同意，这种自动处理是合法的。这里的
明确同意必须是对个人数据主体来说很清楚同意的内容，而不是简单的在同
意框里加入一个归档参考而已。❷

（二）基本原则

GDPR 列明了指导相关主体保护个人数据权利的六项原则。它们分别是
合法、公平和透明原则；目的限制原则；数据最小化原则；精确原则；存储
有限原则以及完整与保密原则。❸

1. 合法、公平和透明原则（Lawfulness，Fairness and Transparency）

根据这一原则，个人数据主体必须被告知将要发生的数据处理（透明），
所进行的处理必须与所描述的一致（公平），以及所进行的处理必须是为了
GDPR 所列举的目的之一（合法）。"公平"是评价所进行的处理是否在个人
数据主体的同意范围之内；"透明"是指所进行的处理与个人数据主体被告知
的情况的吻合程度。如，英国的信息委员会（ICO）举了一个有关公平与透明
的例子："当个人与移动电话公司签订了合同，他们知道电话公司为了收费的
需要而保留他们的姓名与地址信息，这无需专门说明。但如果电话公司将他
们的个人数据提供给其关联公司以用于假日推销的目的，那么这对他们来说
是不明知的，因此需要专门的解释。"❹

"合法"的要求是指对个人数据的处理必须满足 GDPR 第 6 条 1 中的一
项。它们分别是：①个人数据主体同意；②履行合同所必须；③控制主体履
行法律义务所必须；④为了保护个人数据主体或者其他自然人的重要利益
（Vital Interests）所必须；⑤控制者为了履行其所承担的公共利益的任务或者
履行其政府职能所必须；⑥控制主体或者第三方为了实现合法利益所必须的
处理，除非为了保护个人数据主体的利益或者基本权利和自由的需要而超越

---

❶　GDPR，Art. 22. 2. b.

❷　IT Governance Privacy Team. EU General Data Protection Regulation（GDPR）：An Implementation
and Compliance Guide［M］. London：It Governance Publishing，2016：182.

❸　GDPR，Art. 5.

❹　IT Governance Privacy Team. EU General Data Protection Regulation（GDPR）：An Implementation
and Compliance Guide［M］. London：It Governance Publishing，2016：78.

了这里的合法利益，特别是个人数据主体属于未成年人的情形。❶

以上可以看出，个人数据主体的同意仅仅是使得数据处理合法的一项理由，另外还有五种情形不需要个人数据主体的同意。例如，ICO 就举出了不需要个人数据主体同意的例子："如果税务机关从雇主那里获得了有关其雇员的收入的详细信息，并且雇主有义务向税务机关提供这些数据，那么税务机关获得个人数据就是公平的，不管雇员是否同意甚至是否知道这种处理。"❷

在大数据技术下，个人数据得到公平处理和对待更有意义，因为大数据背后的智能处理使得个人数据被处理的过程更为隐秘和容易被滥用。在 GDPR 中对个人数据主体的智能分析（Profiling）有着专门的定义和特别的规定。❸ GDPR 并不反对对个人数据的智能处理，但却对其公正性给予特殊规定和赋予个人数据主体的特别权利。❹ 但这里公平的要求也不等于没有区别对待，如 ICO 所在相关报告中所列出的例子，在保险行业通过数据分析而获得高风险群体的信息，对其可能要求更高的保险金，对于这个群体来说，这种分析似乎是贪婪和不公平的，但总体来说，这种数据分析应该被认为是公平的结果。❺

GDPR 赋予个人数据主体拒绝接受对其个人数据进行自动分析处理并以此作出决定的权利。❻ 赋予个人数据主体这一权利的理由可能有以下方面：①与个人数据主体的人格和尊重相关，当个人数据主体面临着重要的裁断时，其应该得到自然人的判断这一尊严应该得到承认。②不被人知的秘密处理过程将损害个人数据主体的正当程序权利。③没有给予足够监视的自动处理过程将会产生相关的顾虑，其是否是错误百出的、歧视性的、被污染的以及有缺陷的。❼ 但是 GDPR 的这一条款也包含着一些例外情形，如在个人数据主体明确同意的情况下可以进行这种分析和处理。❽ 另外，成员国可以允许这种分

---

❶ GDPR，Art. 6. 1.

❷ IT Governance Privacy Team. EU General Data Protection Regulation （GDPR）：An Implementation and Compliance Guide ［M］. London：It Governance Publishing，2016：82.

❸ GDPR，Art. 4 （4）.

❹ GDPR，Recital 71，Art. 22.

❺ Information Commissioner's Office. Big Data，Artificial Intelligence，Machine Learning and Data Protection ［R/OL］. （2017-09-04） ［2019-12-10］. https://ico. org. uk/media/for-organisations/documents/2013559/big-data-ai-ml-and-data-protection. pdf.

❻ GDPR，Art. 22，Recital 71.

❼ TAL Z. Incompatible：The GDPR in the Age of Big Data ［J］. Seton Hall Law Review，2017，47 （4）：1017.

❽ GDPR，Art. 22 （2） （c）.

析和处理,如果是缔结或者履行合同所必须的,这种分析处理也是被允许的。❶ GDPR 的这一条款并不是凭空产生的,而是与 DPD 第 12 条 (a) 很相似,但 DPD 的这一条款在实践中很少被适用,在很多成员国都是一个休眠状态。❷ 另外,最近德国法院的判决进一步限制了这一条款的适用,如果企业为了符合这一条款的要求会损害他们的商业秘密。❸ 在美国没有这样的法律存在,唯一的可能是信用评价的法律在一些情况下要求个人能够获得影响他们信用的主要因素。❹

学者们对 GDPR 这一条款给予了批评,认为其与大数据技术的发展潮流是不相符合的。在大数据技术下,要实现这一条款的要求既不现实也自相矛盾。首先,对自动处理的限制显然是与大数据技术相冲突的。其次,即使满足了那些例外的情形,还是要求将自动处理过程能够向个人数据主体公开解释,而这种持续公开的交互性要求可能损害大数据技术处理的精确度。最后,允许个人数据主体能够拒绝处理的权利将加重自动处理的负担,降低创新的速度。❺ 但这一条款也许是对大数据技术影响最小的,因为可能仅仅加入一点人工干预便可以规避这一要求,也就是说这一条款要么是无用的,因为可以轻易被避开,要么是对大数据技术的发展有损害。

2. 目的限制原则 (Purpose Limitation)

目的限制原则是指对个人数据加以收集仅仅是为了特定的、明确的和合法的目的,而不能以与这些目的不相符合的方式来进一步处理个人数据。但为了公共利益的数据存档目的、科学和历史研究的目的以及统计的目的,只要符合 GDPR 第 89 条 (1) 的要求,这种处理便不应该被认为不符合最初目的。❻ 例如,许多超市收集个人数据用于提供针对性的服务,但如果超市将这些数据提供给相关公司用于旅游推销的目的,这种处理就超越了本来的目的范围,因而违反了这一原则。该原则允许在一些情况下超过原来的目的使用

---

❶ GDPR, Recital 71.

❷ TAL Z. Incompatible:The GDPR in the Age of Big Data [J]. Seton Hall Law Review, 2017, 47 (4):1016.

❸ SANDRA W, BRENT M, LUCIANO F. Why a Right to Explanation of Automated Decision-Making Does Not Exist in the General Data Protection Regulation [J]. International Data Privacy Law, 2017, 7 (2):23.

❹ 15 U. S. C. Section 1681g (f) (1) (C).

❺ TAL Z. Incompatible:The GDPR in the Age of Big Data [J]. Seton Hall Law Review, 2017, 47 (4):1017.

❻ GDPR, Art. 5.1(b).

个人数据，但是需要符合其第89条所要求的安全规范，包括技术上的和组织上的安全规范。如根据一套特定程序，通过匿名化或者加密措施来限制对这些数据的接触便可能是有效的措施。❶

GDPR 的目的限定性原则的依据是《欧洲人权宪章》的第8条（2）❷，由于这一根本性法律的要求，GDPR 的立法者除了将这一原则落实之外没有其他的选择，否则 GDPR 可能被欧洲法院废止❸。坚持目的限制原则除了该宪章的要求之外，还为了增强个人数据主体对其个人数据的控制能力，而控制是欧盟个人数据保护的核心正当性。目的限制原则还可以增强数据环境中的可信任性和竞争性，因为这一特定要求减弱了数据大公司对数据的垄断，而使得新兴企业可以进入市场和参与竞争。❹ 但有学者认为 GDPR 的这一原则是不适合大数据时代的规定。❺ 在大数据技术下，对个人数据的再次尝试使用以发现其价值是常见的做法，但目的限制原则似乎与这一趋势相矛盾，损害了大数据技术的应用。❻ 尽管 GDPR 的立法者也采取了相关的措施来缓解这种紧张，但还是相当模糊和不足。如 ICO 的相关报告中提出了"公平测试法"（Fairness-based Test）来评价后续使用是否可以，但好像其标准也是相当模糊。❼

目的限制原则主要是防止对个人数据的任意再次使用，却不必然是难以逾越的障碍，关键是如何理解这里的"符合"（Compatibility）。GDPR 在评价"符合"时认为需要考虑原来的数据处理和新处理之间的联系，个人数据主体的合理期望，数据的特性，再次处理可能产生的后果以及保护措施等。❽ 例如，将用户放在社交媒体上的数据用来评价他们的健康风险或者信用等级，

---

❶ IT Governance Privacy Team. EU General Data Protection Regulation（GDPR）：An Implementation and Compliance Guide［M］. London：It Governance Publishing，2016：84.

❷ Charter of Fundamental Rights of the European Union，（2000/C 364/01），Art. 8.

❸ TAL Z. Incompatible：The GDPR in the Age of Big Data［J］. Seton Hall Law Review，2017，47（4）：1006.

❹ TAL Z. Incompatible：The GDPR in the Age of Big Data［J］. Seton Hall Law Review，2017，47（4）：1007.

❺ TAL Z. Incompatible：The GDPR in the Age of Big Data［J］. Seton Hall Law Review，2017，47（4）：1005.

❻ World Economic Forum. Unlocking the Value of Personal Data：From Collection to Usage［R/OL］.（2013-02-2）［2019-12-01］. http://www3. weforum. org/docs/WEF_IT_UnlockingValuePersonalData_CollectionUsage_Report_2013. pdf.

❼ TAL Z. Incompatible：The GDPR in the Age of Big Data［J］. Seton Hall Law Review，2017，47（4）：1009.

❽ GDPR，Recital 50.

或者向他们推销某种商品，除非得到他们的同意，这种使用应该不是这里的"符合"。因此，如果某一组织为了大数据分析的目的而购买个人数据，那么在购买之前要进行尽职调查，应该评估这种使用是否与原来的目的相符合，是否需要得到个人数据主体的再次同意等。●

3. 数据最小化原则（Data Minimisation）

数据最小化原则被认为是欧盟个人数据保护政策中的另一个最基本原则，但这一原则并没有在《欧洲人权宪章》中体现，因而给立法者较大的立法自由空间。● 数据最小化原则在 DPD 中就已经存在●，但 GDPR 在一定程度上更加严格。DPD 要求对数据的收集和处理不应该超过其相关目的●，而 GDPR 则要求数据只能限于其必须，使得这一原则更加要求控制主体对数据使用采取更严格的审查。● 数据最小化原则是对数据主体隐私的保护，明白数据被使用的过程和途径，并且作为"以设计来保护隐私模式"（Privacy-by-design Approach）体现在公司的规章中是履行这一原则的有效方法。● 数据最小化原则还要求通过协议的形式来约束数据提供者和数据处理主体。比如在将数据提供给外部处理时，要将一些信息进行裁剪，等经过处理的数据返回时再进行拼装等。● 数据最小化原则与数据的若干维度有关，它与开始时所收集的数据范围和种类有关，也与数据所能保留的时间以及实现意图使用之后能够被删除有关。●

一些组织往往倾向拥有较多的数据，如健康产业和金融产业。这一原则要求所收集和处理的个人数据应该与其收集和处理的目的来说是恰当、相关

● Information Commissioner's Office. Big Data, Artificial Intelligence, Machine Learning and Data Protection [R/OL]. (2017-09-04) [2019-12-10]. https://ico. org. uk/media/for-organisations/documents/2013559/big-data-ai-ml-and-data-protection. pdf.

● TAL Z. Incompatible: The GDPR in the Age of Big Data [J]. Seton Hall Law Review, 2017, 47 (4): 1009.

● DPD, Art. 6 (1) (c).

● GDPR, Art. 5 (1) (c).

● GABEL D, HICKMAN T. Chapter 6: Data Protection Principles-Unlocking the EU General Data Protection Regulation [EB/OL]. (2019-04-05) [2019-12-10]. https://www. whitecase. com/publications/article/chapter-6-data-protection-principles-unlocking-eu-general-data-protection.

● GDPR, Art. 25 (1).

● IT Governance Privacy Team. EU General Data Protection Regulation (GDPR): An Implementation and Compliance Guide [M]. London: It Governance Publishing, 2016: 86.

● GDPR, Recital 39.

的，并有限制。❶ 这意味着数据控制主体和数据处理主体不应该拥有比其使用目的所需要的个人数据更多的数据，因为他们所拥有的数据越少，个人数据主体的数据被丢失和滥用的可能性就越小。如 ICO 举出这样的例子，"某一招聘机构向多种职位安置雇员。它向申请者发出了一个总括性的问题，包括只与特定人工操作职位才相关的健康条件的问题。对于一个仅仅申请办公室工作的人来说，获得这种信息便是无关的和多余的"❷。我国 12360 应用平台要求访问用户的照片库才可以使用的条款也引起了批判，也与这一原则有关。❸

有学者批判 GDPR 的这一原则是与大数据技术相悖的，因为大数据技术的快速发展使得企业期望能够获得越多的个人数据，因为个人数据本身是非竞争性的。而且未来谁持有数据越多谁就有更大的机会，至少在理论上，越多的数据意味着越多的知识。而对数据量上的限制可能会损害这些企业成功的可能性。虽然 GDPR 也有一些例外规定，如为了统计的目的而可以匿名收集数据，但这样的规定也是不利于大数据技术的，因为大数据技术应用的目的便是能够作用到特定个人上。而且匿名化的过程很有可能已经损害或者改变了数据本身，从而影响了大数据技术的应用。因此，对数据的使用应该注重事后规制而不是事前限制。❹

4. 准确原则（Accuracy）

准确原则是指个人数据要准确并且在需要的情况下应及时更新。❺ 这一原则的必要性是为了保护个人数据主体，防备来自各个方面的威胁，如身份盗窃，也保证在对个人数据主体进行智能处理时，所依据的个人数据是准确的。与这一原则相关联的便是个人数据主体享有更正权。个人数据主体有权对不准确的个人数据进行更正，也有权将不完整的个人数据加以完整化。这一原则要求数据控制主体和数据处理主体不但要保证个人数据是准确的，而且还要有程序使得数据主体能够改正或者完善其个人数据。这一程序要建立在数据控制主体或者数据处理主体的一般程序当中。

---

❶ GDPR, Art. 5. 1(c).

❷ IT Governance Privacy Team. EU General Data Protection Regulation（GDPR）：An Implementation and Compliance Guide［M］. London：It Governance Publishing, 2016：85.

❸ 12306 被指强制授权隐私信息　用户拒绝授权无法购票［EB/OL］.（2018-01-19）［2019-12-10］. http://sh. sina. com. cn/news/to/2018-01-19/detail-ifyqtycw9843764. shtml.

❹ TAL Z. Incompatible：The GDPR in the Age of Big Data［J］. Seton Hall Law Review, 2017, 47（4）：1011.

❺ GDPR, Art. 5. 1(d).

关于准确原则，一个常见的讨论便是"垃圾进，垃圾出"（Garbage in，Garbage out）问题，通过智能处理来对数据进行分析，如果输入的数据是错误的和不准确的，那么得出的结果也将是这样。❶ 但并不是所有不准确个人数据都需要改正，如 ICO 所举的例子中关于误诊的信息，这些信息就不需要改正而应该保留，因为这些信息与后续的诊治相关。在这种例子中，之前的诊疗错误应该被改正，但关于该错误的记录却应该保留，因为这些记录信息对个人数据主体是有益的。❷

5. 存储有限原则（Storage Limitation）

个人数据存储有限原则是指以能够识别个人数据主体的形式所存储的个人数据不应该超过为了处理目的所需要的时间。❸ 这里的"形式"不是指其存储媒体的方式，而是存储的方法，如是否加密或者分成不同的数据库以防止对数据主体的识别。简单地说便是如果数据主体已经不需要该数据，那么删除他们。但是，一些公司可能需要将个人数据保留很长时间，如健康关怀的需要，这时将数据删除是不现实的。那么，对个人数据存储形式的改变便有必要，如加密或者分别存储，但这种方法也有负面问题，因为会增加使用者的成本。

根据存储有限原则，某一数据公司应该通过技术和管理制度来贯彻这一原则，包括数据保留政策和支撑程序等。应该根据法律和合同要求来确定对数据保留的最大和最小时长，从而能够启动这一时限到期后如何安全处理或者加密的程序。❹

6. 完整与保密原则（Integrity and Confidentiality）

对个人数据的完整与保密原则是指处理个人数据的主体要对个人数据进行有效的安全保护，包括防止未经许可或者非法的处理以及事故、损失或者毁坏而被损害。❺ 根据这一原则，即使在数据处理主体内部，个人数据也应该

---

❶　MARINOV S. How to get the most out of machine learning systems ［EB/OL］. （2016-06-18）［2019-12-10］. https://www.itproportal.com/2016/06/18/how-to-get-the-most-out-of-machine-learning-systems/.

❷　IT Governance Privacy Team. EU General Data Protection Regulation（GDPR）：An Implementation and Compliance Guide ［M］. London：It Governance Publishing，2016：88.

❸　GDPR，Art. 5.1(e).

❹　IT Governance Privacy Team. EU General Data Protection Regulation（GDPR）：An Implementation and Compliance Guide ［M］. London：It Governance Publishing，2016：89.

❺　GDPR，Art. 5.1(f).

处于被保护的状态，因为一个数据企业内的所有人都可以接触到该企业所处理的个人数据这种极端情况是不应该存在的。保密是指信息无法被未经授权的个人或者机构所获得或者向他们披露。❶ 数据的完整性是指数据应该准确和完全，这与上面的第四项原则相关联，即个人数据主体不应该被不准确数据损害。这一原则也要求数据与个人数据主体之间的联系是准确的，保证数据不因为时间的原因而被毁损或者处于不良的存储状态。❷ 企业为了符合这一原则需要有相应的安全解决方案，如国际上有 ISO 27001 信息安全管理系统来保护信息的保密性、完整性和可获得性。

对于个人数据的安全保护，中国相关机构也制定和发行了相关标准，如 GB/T 25512—2010/ISO 是有关个人健康信息跨国流动的数据保护方面的国家标准。❸

7. 数据控制主体负责原则（Accountability and Compliance）

在 GDPR 中，数据控制主体处于承担责任的最核心地位，以上原则的落实和实施是数据控制主体的主要法律义务，这一条款被称为第七原则。"数据控制主体应该对第一款负责并能够表明其符合这些原则。"❹ 根据这一原则，数据控制主体需要确保不论个人数据流动到哪里，这些隐私原则都要被遵守，通过合同来约束外部的处理主体以及通过企业规则来约束内部的机构和个人。数据控制主体如何能够承担起责任是一个很难的问题，这需要数据控制主体在企业内建立起行为规范，并从上到下的贯彻该规范，建立起保护个人数据的企业文化和行为守则。欧盟成员国的监督机构、个人数据保护委员会，甚至欧盟委员会都有可能颁布行为规范的模范版本，以使得各个成员国企业的行为规范都比较标准化。❺

数据控制主体负责的思想在 DPD 中已经有所表现，但在 GDPR 中则更为突出和强调，其列举了需要数据控制主体遵守的明确原则。数据控制主体需要承担的一个责任便是当数据控制主体有超过 250 人的雇员或者所处

---

❶ ISO/IEC 27000：2014，2.12.

❷ IT Governance Privacy Team. EU General Data Protection Regulation（GDPR）：An Implementation and Compliance Guide ［M］. London：It Governance Publishing，2016：90.

❸ 《健康信息学·推动个人健康信息跨国流动的数据保护指南（GB/T 25512—2010/ISO 22857：2004）》

❹ GDPR，Art. 5.（2）.

❺ IT Governance Privacy Team. EU General Data Protection Regulation（GDPR）：An Implementation and Compliance Guide ［M］. London：It Governance Publishing，2016：93.

理的数据可能会对数据主体的权利和自由造成损害时，需要对处理过程进行记录。其中一个必须记录便是处理的目的。❶ 另一个责任便是数据控制主体需要任命数据保护官。GDPR 对于数据保护官的任命和职责有更为明确的规定。❷

8. 特殊种类个人数据特殊对待原则（Special Categories of Personal Data Special Treatment）

GDPR 对个人数据保护的另一个原则便是对个人数据进行分类并施与特别的保护。在 DPD 中，除了有限的例外，其禁止对"揭示种族或者民族起源、政治观点、宗教或者哲学信仰、工会会员关系或者有关健康和性生活"的数据进行处理。❸ 这也被 GDPR 所采纳，第 9 条禁止对这些类似的特殊类别的数据进行处理，并且增加了禁止对目的在于唯一用于识别特定人的基因数据、生物计量数据以及有关性取向的数据进行分析处理。❹ 对于这些信息的处理，只有得到个人数据主体的明确同意或者符合有限的例外情形才可以。❺

但是，有学者批评这种对个人数据的分类是直觉性的，由于这些特殊数据往往被认为是最具有隐私性的信息，其散布或者披露会给个人数据主体带来更大的困扰和伤害。因此，GDPR 对一些种类的个人数据给予了特别的保护，其中最引人注意的便是有关健康的数据。❻ 但在大数据技术下，一般数据和特别数据之间的分界越来越模糊，如健康数据可以从很多数据中获得，包括购物数据。这意味着特殊数据的范围和种类会不断扩大。❼ 如果依赖大数据技术能够从所有形式的数据中产生特殊数据，这种区分便没有意义了。GDPR 的这种规定不但损害了大数据技术的发展，而且其作用也大大减弱。❽ 因此，在立法过程中有学者曾经建议删除这种分类。❾

---

❶ GDPR，Art. 30（1）（b）.

❷ GDPR，Art. 38.

❸ DPD，Art. 8（1）.

❹ GDPR，Art. 4.

❺ GDPR，Art. 9（2）（A）.

❻ GDPR，Recital 35.

❼❽ TAL Z. Incompatible：The GDPR in the Age of Big Data［J］. Seton Hall Law Review，2017，47（4）：1013.

❾ MOEREL L. GDPR conundrums：Processing special categories of data［EB/OL］.（2012-09-12）［2019-12-09］. https://iapp. org/news/a/gdpr-conundrums-processing-special-categories-of-data/.

(三) 个人数据主体的同意

1. 个人数据主体的同意

数据主体处理个人数据必须得到其同意，除了非常有限的例外情形。相对于 DPD，GDPR 对个人数据主体同意的要求更为明确和严格，DPD 中还有在一些情形下的默示同意和选择退出式（Opt-out）同意，但 GDPR 要求数据主体的同意必须是清楚和不含糊的，并且有撤回同意的权利，这种撤回的手续必须和同意的手续一样简单。获得个人数据主体的同意是保证与 GDPR 合规最重要的途径之一，GDPR 中很多对数据控制主体的限制都可以因为个人数据主体的同意而避开。"个人数据主体的同意意味着是个人数据主体自由给予的，特定的，对其意志毫无模糊的表示，通过这一表示数据主体通过声明或者清楚的确定动作，表明对处理其个人数据的同意。"❶ 个人数据主体自由同意的规定要求数据控制主体要保证个人数据主体有加以拒绝的真权利，对于拒绝同意没有不良后果。同意必须是特定的，这表明同意必须指向特定的数据处理目的。❷

对于个人数据中特殊种类数据的处理❸，除非在特定的条件下，这种处理是被禁止的。这些特定条件中的第一个便是个人数据主体的同意，在这种情况下，对个人数据主体的同意更要重视，要有更为清楚的过程和方式，因为对这些特殊数据的处理对个人数据主体的危害更大。

个人数据主体有权撤回任何其所作出的同意，在这种情况下，个人数据主体要停止对其个人数据的处理或者确定是否有能够继续处理的其他理由。"个人数据主体有权在任何时间撤回其同意。对同意的撤回不应该影响撤回之前基于同意所做的任何合法的处理。在给出同意之前，个人数据主体应该被告知这一情况。撤回同意应该和给予同意一样便捷。"❹

有批评认为这种同意方式在大数据背景下已经不适用了，因为"要么同意，要么不同意"的二选一式的方式不适合大数据技术中的试验特征和不断寻找个人数据新用途的倾向。但是，也有建议认为现在有了更为可取的"即

---

❶ GDPR，Art. 4. 11.

❷ IT Governance Privacy Team. EU General Data Protection Regulation（GDPR）：An Implementation and Compliance Guide ［M］. London：It Governance Publishing，2016：186.

❸ GDPR，Art. 19. 1.

❹ GDPR，Art. 7. 3.

时性（Just in Time）同意"方式，不同于上面的"要么同意，要么不同意"的二选一模式，而是在对个人数据的使用过程中随时通知数据主体是否同意。如当手机中的 APP 要使用用户的地理位置或者与第三方分享该位置时，便可以询问用户是否同意此使用。❶ 总之，个人数据主体是否同意在大数据技术下越来越没有实质的控制意义。有德国学者也指出，信息个人自决的模式是一种乌托邦。"既然人类不是独自生活在世界上，自治（Autonomy）和他治（Heteronomy）便是不断转换的。在任何一种情形，自我决定都不能被视为是缺省规则，特别是对那些进入公共领域之后已经对形象和外表失去控制的人。"❷

2. 个人数据主体同意的例外

未经个人数据主体的同意而进行数据处理在一些情形下是允许的，如为了国家安全或者为了保护与数据处理有关的其他个人数据主体的利益。❸ 具体不需要个人数据主体同意的情形如下。

（1）如果是为了履行个人数据主体作为一方的合同所必须的，或者是在成立合同之前，依据个人数据主体的要求而采取的步骤。这包括在合同成立之前收集有关个人数据主体的基本信息，或者为了满足合同的需要而对个人数据的处理。

（2）如果对于数据的处理是控制主体履行法律义务的必要（例如，银行为了向税务机关提供相关报告或者向公共机构提供年度报告而对其客户所进行的数据处理），在所有这些情形中，需要指明相关特定的法律来支持这种处理。

（3）如果为了保护某人的重要利益所必要，这可能是为了安全的原因或者为了保护经济利益。例如，在特定区域内为了防止犯罪的目的而对每个人的数据所进行的处理。

（4）如果为了公共利益的实施或者为了执行数据控制主体所承担的公共部门所赋予的任务而所必须的处理，这主要和一些公共机构有关，如警察、边境机构、税务机关以及他们的代理机构。在这些情形下，这些机构为了保护公共利益的目的而允许对个人数据进行处理。

---

❶ Information Commissioner's Office. Big Data, Artificial Intelligence, Machine Learning and Data Protection ［R/OL］. （2017-09-04）［2019-12-10］. https://ico. org. uk/media/for-organisations/documents/2013559/big-data-ai-ml-and-data-protection. pdf.

❷ WINFRIED V. The GDPR：The Emperor's New Clothes-On the Structural Shortcomings of Both the Old and the New Data Protection Law ［J］. Neue Zeitschrift Für Verwaltungsrecht, 2018（10）：5.

❸ GDPR, Art. 23. 1.

（5）如果该处理是为了控制主体或者第三者的合法利益的目的所必须的，除非该利益被个人数据主体的利益、权利或者自由所超过，尤其当个人数据主体是儿童时，这些合法利益包括科学和历史研究的目的。在这些情形下，GDPR 认为很难保证个人数据主体会同意这种处理，而这种数据处理对社会又是有明显利益的。但是，如果能够证明这种研究对于某个特定的个人数据主体或者某一群个人数据主体是有害的，那么这一例外不得实施。❶

另外，与犯罪定罪和违法行为有关的数据，对于这类数据的处理不能以个人数据主体的同意为条件，但却要求对这类数据的处理只能在政府机关的控制下进行，或者是在欧盟法或者成员国法律所许可的情形下进行，但应该对个人数据主体的权利和自由给予恰当的保护。❷

显然，以上的例外都非常有限，大数据技术下很多情形都无法得到个人数据主体的明确同意，但也很难落入以上的例外情形。因此，GDPR 对于大数据技术的发展应该是不十分友好的。

（四）GDPR 的合规

1. 数据保护影响评估（DPIA）

DPIA 是 GDPR 所要求的一个特定程序。许多企业或者组织都被要求进行数据保护影响评估。DPIA 的目的在于，"为了保证安全以及防止在数据处理中违反本规则，数据控制主体或者数据处理主体应该在处理过程中评估其中潜在的风险，并采取措施来降低这些风险，如加密……在评价数据安全风险时，应该考虑个人数据在处理过程中所表现出来的风险，像事故性的或者非法的损毁、丢失、改变、未经授权的披露或者接触，可能特别导致身体、物质或者非物质损害的个人数据被传输、存储或者其他处理。"

GDPR 列出了在 DPIA 中至少应该包含的评估内容❸，并且在三种情形中被特别要求进行这种风险评估。一是为了作出与个人数据主体有关的决定或者有法律上影响的目的而以自动处理方式对某一自然人进行评估时。二是当处理大量特定种类的数据时，或者与犯罪定罪和违法行为有关的个人数据时。

---

❶ IT Governance Privacy Team. EU General Data Protection Regulation（GDPR）：An Implementation and Compliance Guide［M］. London：It Governance Publishing，2016：189.

❷ GDPR，Art. 10.

❸ GDPR，Art. 35. 7.

三是大规模的和系统地对某一可进入的公共领域进行监视时。❶ 但由单个医生、医护人员或者律师对他的病人们或者客户们的个人数据处理不应该被认为属于这里的大规模，在这种情形下，DPIA 评估不是必须的。❷

"大规模"和"高风险"是这里的两个关键词，但对于何为大规模和高风险有时是不好确定的，因此，最好的方法便是在实施之前向有经验的和专业的 DPO 咨询。如果没有 DPO 可以帮助，向监管机构咨询也是一个选项。监管机构一般被认为是澄清这些问题的主要机构，并且要求提供一个需要进行影响评估的情形清单。❸

数据控制主体对 DPIA 的落实承担主要责任，因为数据控制主体是确定数据处理目的的主体。而 DPO 是 DPIA 落实中的核心角色。GDPR 规定数据控制主体在进行数据保护影响评估时，在已经设立 DPO 的情况下，要征求 DPO 的意见。❹ 数据控制主体需要采取内部政策和执行措施，通过设计和对数据的默认保护来履行上述原则。而进行数据保护影响评估是这种通过设计和默认保护隐私的重要环节，其保证所有个人数据的收集、处理、存储和销毁环节都为隐私保护型。根据 GDPR，数据控制主体应该建立任何必要的措施以及有效的方式来执行数据保护原则，并且将必要的保护整合到数据处理过程中，以符合该规则和保护个人数据主体权利的需要。"数据控制主体应该执行恰当的技术和组织措施来默认地保证个人数据只为了每一个特定目的的需要时才被处理。这一义务适用到个人数据被收集的量上、处理的程度上、存储的期限上以及他们的可接触性上等，这样的措施应该默认地确保在没有个人干预的情况下不能被不确定数量的自然人所获得。"❺ 20 世纪 90 年代，加拿大的渥太华信息与隐私保护专员制定了一个详细的并且还不断更新的隐私保护入门，该入门确定了应该遵守的七项原则。❻

GDPR 还建议可以建立认证机制以作为是否合规的补充。❼ 这种机制尽管仅仅是证明是否合规的一个因素，但却通过该认证机制可以对是否合规有很

❶　GDPR，Art. 35. 3.

❷　GDPR，Recital 91.

❸　IT Governance Privacy Team. EU General Data Protection Regulation（GDPR）：An Implementation and Compliance Guide［M］. London：It Governance Publishing，2016：112.

❹　GDPR，Art. 35. 2.

❺　GDPR，Art. 25. 2.

❻　Information & Privaly Commissioner of Ontario. Privacy by Desing［EB/OL］.［2019-12-10］. https：//www.ipc. on. ca/wp-content/uploads/2013/09/pbd-primer.pdf.

❼　GDPR，Art. 25. 3.

好的证明。

2. 风险管控

GDPR 中多次提到数据控制主体和处理主体在数据处理中要评估风险，并且采取措施来降低这些风险。❶ 显然，数据控制主体和数据处理主体构建系统和完整的措施是保证合规的有效方法。DPIA 本质上是一种风险管控形式，企业利用这一制度来识别对于数据主体隐私、个人数据安全和与其数据有关的权利和自由的风险。风险管控是一个很大的行业，对于不同的企业和不同的地域、不同的政治环境和语言文化等都有不同的做法和标准。在欧盟，几乎每个成员国都有新的风险管控的做法，最常见的是 ISO 27001、ISO 27005 和 ISO 31000。国际标准做法之所以有优势是因为这种做法都是基于几十年的实践，被广泛采纳，也容易获得相关资源和支持。❷

3. 数据处理记录

数据控制和处理主体必须保留数据处理的记录以便监管机构需要证据时之用。欧盟所有监管机构都公布了对相关组织进行审计的程序，而且这些程序都是公开的，以便审计过程能够快速完成并且是最小的干扰。如 ICO 已经公布了审计程序。对于数据控制主体和数据分析主体，GDPR 还规定了特定的要求。对于数据控制主体，需要包括交给第三方数据处理主体的记录。对于数据处理主体，需要有为某一数据控制主体所进行的数据处理的记录。这些组织的代表处需要有这些记录的备份。

4. 合规策略

对于相关企业来说，在大数据技术背景下采取哪些措施可以更为有效的合规是现实问题，以下措施可能有一定的帮助。❸

（1）匿名化。如果个人数据可以完全匿名化，不能通过该数据或者与其他数据的结合识别个人身份，这些数据便不属于个人数据了，也就不再受 GDPR 的规范。这一点在 GDPR 中有明确表述。❹ 但是，在大数据技术下能够

---

❶ GDPR, Recital. 82.

❷ IT Governance Privacy Team. EU General Data Protection Regulation（GDPR）：An Implementation and Compliance Guide［M］. London：It Governance Publishing，2016：118.

❸ Information Commissioner's Office. Big Data, Artificial Intelligence, Machine Learning and Data Protection［R/OL］. （2017-09-04）［2019-12-10］. https://ico. org. uk/media/for-organisations/documents/2013559/big-data-ai-ml-and-data-protection. pdf.

❹ GDPR, Recital 26.

通过聚焦方式来重新获得被匿名的数据主体的身份一直是被担心的问题，因此，相关组织在匿名化过程中应该充分考虑可能被重新识别的风险，并且采取相应的措施来应对这种风险。ICO 曾经发布了这方面的指导意见。❶ 英国的"行政性数据研究网络"（Administrative Data Research Network）是一个将可以再识别的数据用于研究的很好范例。英国匿名化网络（the UK Anonymisation Network）最初由 ICO 建立，也是为如何匿名化提供专家建议的很好的咨询机构。

（2）隐私通知（Privacy Notice）。在大数据技术支持下的智能处理中，向个人数据主体及时通知所进行的处理的相关信息是合规的重要条件。GDPR 对此有专门的规定。❷ 个人数据主体是否真正并有能力阅读和理解隐私通知一直是个问题，因此，如何以易理解的语言来进行通知也是努力的方向。GDPR 鼓励以清晰的和新型的方式来进行隐私通知❸，包括可以采纳标准化的图形来解释所进行的数据处理❹。

如果有相关组织从另外组织购买个人数据来进行大数据分析，卖方向个人数据主体所进行的隐私通知应该涵盖这一数据使用。如果没有涵盖，那么卖方应该进行单独的通知，除非在一些特殊情形下这种通知负担过重（Disproportionate Effort）。❺ 另外，如果个人数据主体最初被告知的使用目的与购买方意图使用之间有差别的话，购买方的这种新目的的使用应该得到个人数据主体的同意。另外在公司购并过程中，涉及个人数据的合并，相关主体也要通知个人数据主体，并解释正在发生的事情，ICO 曾经有专门的关于购并中个人数据保护的指南。❻

（3）隐私影响评估（Privacy Impact Assessments，PIA）。隐私影响评估是在进行个人数据处理过程中帮助识别和减轻相关主体风险的重要措施。ICO 发布了关于如何进行 PIA 的指导。❼ GDPR 中将其称为"数据保护影响评估"，

---

❶ Information Commissioner's Office. Data Protection Anonymisation：Managing Data Protection Risk Code of Practice ［R/OL］.［2019-12-10］. https：//ico. org. uk/media/1061/anonymisation-code. pdf.

❷ GDPR，Art. 13（2）（f）.

❸ GDPR，Recital 58.

❹ GDPR，Recital 60 and Art. 12（7）.

❺ GDPR，Art. 14（5）.

❻ Data Sharing Code of Practice ［EB/OL］.［2019-12-10］. https：//ico. org. uk/media/for-organi-sations/documents/1068/data_sharing_code_of_practice. pdf.

❼ Conducting Privacy Impact Assessments Code of Practice ［EB/OL］. ［2019-12-10］. https：//iapp. org/media/pdf/resource_center/ICO_pia-code-of-practice. pdf）.

当对个人数据进行自动处理包括数据分析时，尤其是系统性和广泛性的分析时，GDPR 要求对其进行这种评估。❶

（4）隐私保护设计（Privacy by Design and by Default）。隐私保护设计在 GDPR 中是法定要求。GDPR 要求数据控制主体有义务默认地采取恰当的技术和组织性措施来保证仅仅为了特定目的所必要的个人数据才被处理。❷ 匿名化是其中的重要措施，但仅仅匿名化还不够是一揽子广泛的技术和组织性措施。这些包括防止个人数据被滥用的措施，如接触控制、查账记录以及加密等。数据最小化措施，保证在每个步骤中只有必要的数据才被处理，以及目的限制和数据分割等措施。

（5）隐私认可和认证（Privacy Seals and Certification）。GDPR 鼓励开展隐私保护的认证制度以便证明相关主体已经符合 GDPR 的要求。❸ 据说华为公司在向欧盟提供其产品和服务时便获得了德国相关机构的这种认证。❹ 这使华为公司可以证明其已经适用德国和欧盟的有关数据保护的法律。ICO 等相关机构都在组建这种认证组织。

（6）道德伦理性措施（Ethical Approach）。伦理道德性措施是指相关组织在利用个人数据进行大数据处理时不仅仅要满足法律上的明确要求，还要符合道德伦理规范。如欧洲数据保护监督组织（Data Protection Supervisor）所说的，"在今天的数字时代，遵守法律已经不够了，我们必须考虑数据处理过程中的道德伦理维度"❺。信息责任基金（Information Accountability Foundation）也已经开始制定有关大数据道德伦理的方案，归纳了一系列有关大数据的伦理道德规范。❻ 在美国，汽车制造联盟和汽车商全球联盟已经制定了有关从新汽车技

---

❶ GDPR, Art. 35 (3) (a).

❷ GDPR, Art. 25.

❸ GDPR, Art. 42, 43, recital 100.

❹ NUNNS J. Compliance with Data Regulation: How Big Data Analytics Vendors Are Tackling Data Protection [EB/OL]. (2016-01-13) [2019-12-10]. https://www.cbronline.com/news/big-data/analytics/compliance-with-data-regulation-how-big-data-analytics-vendors-are-tackling-data-protection-4784023.

❺ European Data Protection Supervisor. Towards a New Digital Ethics [R/OL]. (2015-11-11) [2019-12-10]. https://edps.europa.eu/sites/edp/files/publication/15-09-11_data_ethics_en.pdf.

❻ Information Accountability Foundation. Big Data Ethics Initiative [EB/OL]. [2019-12-10]. http://informationaccountability.org/big-data-ethics-initiative/.

术中所衍生的消费者数据的隐私原则。❶ 在国际层面上，全球移动通信系统联盟（GSMA）作为移动运营商的组织也颁布了关于使用移动电话数据的指导原则。❷ 有关数据使用的伦理道德要求，除了在企业方面有发展之外，在公共部门和研究机构也同样有所发展。例如，英国内阁办公室（Cabinet Office）已经颁布了有关数据科学的伦理框架，以帮助研究人员在有关数据科学研究中保持伦理操守。❸

（7）个人数据存储（Personal Data Stores）。个人数据存储或者个人信息管理服务是提高个人对其数据加以控制的一种途径。GDPR 将数据的可携带性写入了法律。❹ 个人数据存储可以使得数据主体对其数据在不同的服务上的再次利用有一定的控制能力，帮助解决大数据技术下的公平和透明问题。

（8）算法透明（Algorithmic Transparency）。GDPR 并没有明确要求算法透明，但在"合法、公平和透明原则"中却似乎暗含了这一原则。对于任何数据企业来说，算法都是其核心商业秘密，算法透明几乎是不可能实现的。因此，在实践中的做法更可能是在有关非法行为的调查取证过程中，有资格的主体可以要求大数据公司公开其算法。大数据技术的根本特征在于可以生成再生信息，那么原始信息主体通过对原始信息的控制来保护再生信息中的法益便几乎不可能了，这也是在大数据技术下通过赋予个人私权来实现对大数据技术规治的根本不足和缺陷。这一问题的根源是大数据技术上的信息能力失衡造成的，有学者称之为"透明性悖论"。这是因为大数据技术的专业性，一般公民和市场主体很难能够实现监督，而需要专门和专业的机构来完成。这些专业人员被称为"算法师"，这些人应该是计算机科学、数学和统计学方

---

❶　Alliance of Automobile Manufacturers Inc and Association of Global Automakers Inc. Consumer Privacy Protection Principles: Privacy Principles for Vehicle Technologies and Services [EB/OL]. (2014-11-12) [2019-12-10]. https://autoalliance. org/wp-content/uploads/2017/01/Consumer_Privacy_Principles-for_VehicleTechnologies_Services. pdf.

❷　GSMA. GSMA Guidelines on the Protection of Privacy in the Use of Mobile Phone Data for Responding to the Ebola Outbreak [EB/OL]. (2014-11) [2019-12-10]. https://www. gsma. com/mobilefordevelopment/wp-content/uploads/2014/11/GSMA-Guidelines-on-protecting-privacy-in-the-use-of-mobile-phone-data-for-responding-to-the-Ebola-outbreak-_October-2014. pdf.

❸　Cabinet Office. Data Science Ethical Framework [R/OL]. (2016-05-19) [2019-12-10]. https://www. gov. uk/government/uploads/system/uploads/attachment_data/file/524298/Data_science_ethics_framework_v1. 0_for_publication__1_. pdf.

❹　GDPR, Art. 20.

面的专家，对大数据分析和预测进行评估。❶ 这些专家所组成的专门机构来承担对数据企业行为的监督。否则就目前的社会监督能力来看，似乎没有其他组织可以承担起这样的职能。❷ 如有学者所指出的，"从个人同意这一控制形式向数据使用者责任（Accountability）形式的转移是实现大数据治理的根本和实质性的变化"❸。美国 FTC 在相关报告中也指出，在要求数据主体的透明性时，现实中很多消费者既不寻求接触被数据主体所掌握的数据，也无法理解其中具体细节。因此，FTC 建议通过使一些重要主体，包括管理者、政策制定者、学术机构、产业以及消费者保护机构能够评价数据主体是否清楚地和准确地向消费者描述了其业务来增加这些数据主体的责任性。❹

（五）国际的个人数据流动规则

GDPR 对欧盟成员国居民的个人数据向第三国流动有限制和规范。第三国是指不属于欧盟和欧洲经济区（EEA）的任何国家，包括国际组织。在 GDPR 中，国际组织有特殊定义，是指由国际公法所管辖的组织或者其隶属机构，或者根据两个或者多个国家之间的协议所设立的任何机构。

在满足以下两个条件下，个人数据可以转移到第三国：①目的国是属于胜任性确定（Adequacy Decisions）中的国家。②该转移有对个人数据的恰当保护。❺ 但在以下情形下可以有例外：①在告知个人数据主体的相关风险后，特别是缺少恰当决定和保护所导致的风险后，仍得到了个人数据主体的同意。②履行个人数据主体和数据控制主体之间的合同所必须的，或者在个人数据主体的要求下所执行的缔约之前的相关措施。③该数据的转移是出于个人数据主体的利益而履行合同所必须的。④该数据转移是出于公共利益的重要原因。⑤该数据转移是出于某法律主张的成立、实施或者抗辩的必要。⑥如果

---

❶ SCHONBERGER V M, CUKIER K. Big Data, A Revolution That Will Transform How We Live, Work and Think [M]. Boston：Eamon Dolan/Mariner Books, 2003：99.

❷ 有产业界人士也呼吁成立类似这样的机构。涂子沛. 互联网更需要审查的，不是内容，而是算法 [EB/OL]. (2017-01-12) [2019-12-10]. http://it. sohu. com/20170112/n478540076. shtml.

❸ SCHONBERGER V M, CUKIER K. Big Data, A Revolution That Will Transform How We Live, Work and Think [M]. Boston：Eamon Dolan/Mariner Books, 2003：97.

❹ Federal Trade Commission. Data Brokers：A Call for Transparency and Accountability [R/OL]. (2014-05) [2019-12-10]. https://www.ftc.gov/system/files/documents/reports/data-brokers-call-transparency-accountability-report-federal-trade-commission-may-2014/140527databrokerreport.pdf.

❺ IT Governance Privacy Team. EU General Data Protection Regulation (GDPR)：An Implementation and Compliance Guide [M]. London：It Governance Publishing, 2016：226.

数据转移是保护数据主体的重要利益所必须的，而个人数据主体又不能给予同意。⑦如果个人数据转移是来自于某向公众提供信息并对咨询公开的登记者，但仅限于相关法律允许这种咨询。数据控制主体或者处理主体应该将上述转移的正当性存档，并在相关监管机构需要时能够呈现。❶

胜任性确定是指欧盟委员会所作出的某些国家或者组织是可以作为个人数据传输的目的地，因为这些国家或者组织已经满足了一些特定的条件，能够达到胜任性确定的国家或者组织至少包括以下一些条件：①法治，②诉诸司法，③尊重人权和根本自由，以及④有与公共安全、国防、国家安全、公共秩序和刑事法律有关的总体或者特定的立法。❷ 胜任性确定资格每四年评估一次。

满足该胜任性确定的国家或者地区目前有：安道尔、根西岛、新西兰、阿根廷、马恩岛、瑞士、加拿大、以色列、乌拉圭、法罗群岛、泽西岛，具体的名单在欧盟委员会的网站上公布。❸ 个人数据向这些国家的传输就如同向 EEA 的国家传输一样，除了 GDPR 中的规定外便没有特别的要求了。

到目前为止，美国还不属于上述国家。部分原因是美国没有联邦性的个人数据保护法，许多州有自己的个人数据保护法律，为消费者提供不同程度的保护。因此美国和欧盟之间建立了数据保护的特殊安排。在 2015 年之前，欧美之间建立了一个所谓的"安全港"，美国公司需要向美国商务部登记，声明他们有关个人数据的信息保护措施以及赋予防止被指控的安全港。但在 2015 年 10 月，欧洲法院宣布该安全港框架无效，其不足以符合欧盟对数据保护的立法要求。于是双方形成了一个替代品即"欧美隐私盾框架"。欧盟委员会在 2016 年采纳了该框架，并且在同年的 8 月 1 日起开始生效。美国的相关组织可以签署由美国商务部中的国际贸易管理局（ITA）所管理的该隐私盾框架，一旦该组织自愿完成该申请并且向公众承诺遵守隐私盾框架，那么该承诺便根据美国法律具有强制性。需要注意的是，该隐私盾框架是基于 DPD 制定的，GDPR 可能要求其进行升级。❹ 从目前的政治经济环境预测，即使中国制定出统一的个人数据保护立法，中国也很难进入欧盟的满足胜任性确定的国家名单中。

---

❶❷❸　IT Governance Privacy Team. EU General Data Protection Regulation（GDPR）：An Implementation and Compliance Guide［M］. London：It Governance Publishing，2016：228-229.

❹　IT Governance Privacy Team. EU General Data Protection Regulation（GDPR）：An Implementation and Compliance Guide［M］. London：It Governance Publishing，2016：235.

在一些有限情形下，可以对个人数据进行国际的转移而不需要建立更为正式或者永久的措施。根据 GDPR 第 49 条的规定，如果该数据转移不是重复性的，并且只涉及有限的个人数据主体，转移的目的是为了数据控制主体的重要利益，其比个人数据主体的利益、权利或者自由更为重要，并且数据控制主体已经评估、转移相关的情节，也针对个人数据的保护提供了合适的措施。数据控制主体需要将这一转移和相关的重要利益通知给监管机构和个人数据主体，并且应该留有足够的时间让他们能够提出异议。❶

对于通过云存储的个人数据，存储的地点很重要。云存储由于经常可以在不同国家之间进行，这些存储服务商可以被视为跨国性的组织，因此，数据控制主体应该采取恰当措施来保护个人数据。ISO/IEC 27018：2014 为保护存储在云中的个人数据提供了较好的起点。

（六）事故响应管理与报告

经验表明，几乎所有机构都会遭遇个人数据泄露（Personal Data Breach）问题，不是会不会发生的问题，而是何时发生的问题。根据 GDPR，个人数据泄露不仅仅是指个人数据泄露给外人，而是包含更宽的意义。"个人数据泄露是指对安全的违反导致个人数据意外或者非法毁坏、丢失、改变或者未经许可的对所传输的、存储的或者其他所处理的数据的泄露或者接触。"❷ 事故响应管理是将这些已经发生的事故的影响减低到最小的过程。

GDPR 详细规定了数据控制主体应该何时和以何种方式将事故通知给监管机构和受影响的个人数据主体。"数据控制主体被要求应该在其得知个人数据事故发生后尽快地将情况通知给监管机构，并且在可行的情况下，在得知事故发生后的 72 小时内通知。"❸ 但是，如果该事故不会对自然人的权利和自由造成危险，则不必进行这种通知。❹ 通知的内容应该包括以下方面，并且在必要的时候可以分段提交：①所发生事故的性质，包括受影响的个人数据主体的种类和大致数量以及相关个人数据的种类和大致数量。②数据保护官的姓名和联系方式或者其他进一步联系的信息。③事故可能造成的后果。④应

---

❶ IT Governance Privacy Team. EU General Data Protection Regulation（GDPR）：An Implementation and Compliance Guide［M］. London：It Governance Publishing，2016：237.

❷ GDPR，Art. 4. 12.

❸ GDPR，Recital 85.

❹ GDPR，Art. 33. 1.

对该事故所采取的措施，包括减弱可能影响的方法。❶

GDPR 还要求如果该事故将对个人数据主体的权利和自由造成很高的危险，那么也要通知相关的个人数据主体。这不同于上面的对监管机构的通知，其只要求有危险便要通知。向个人数据主体的通知应该用清晰和简洁的语言，并且与监督主体紧密配合。通知内容应该包括：①数据保护官的姓名和联系方式以及其他进一步联系方式。②数据事故可能造成的后果。③针对事故所采取的措施，包括降低不利影响的措施。数据处理主体应该帮助数据控制主体满足以上要求。❷

(七) GDPR 的实施

1. 层级化的监管机构

依据 GDPR 第 68 条所成立的欧洲数据保护委员会 (European Data Protection Board) 是核心机构，其由来自各个成员国监管机构的代表组成。委员会的职责是保证该规则在欧盟内统一地被实施，并就规则中的问题向欧盟理事会提供意见。委员会将协调行为准则的选择和发展、认证机制、指导原则、建议和最佳实践等。❸ GDPR 的最高机构是欧盟理事会本身。

GDPR 要求对数据控制主体的调查采取"一站式机制"。一站式机制是指每一个被调查的主体都只经历一次调查。领头的监管机构需要确定它是与其他有关的监管机构相互协调一并调查，还是由地方的监管机构来调查。❹ 一站式机制使得相关组织不必为了一个案件而多次提交调查报告，这也使得处于不同法域的组织的多个成员国不必被重复调查。

监管机构有着很宽的义务，除了要监督和保证合规之外，还要承担公共教育者的职责。监管机构要促进公众对个人数据处理的风险、规则、安全和权利等方面的意识。监管机构还要向需要遵守 GDPR 的相关组织提供所有相关信息，包括相关指南、标准合同、行为准则、认证机构的筛选和确认等。

2. 个人数据主体的救济权利

个人数据主体享有一些专门的权利来对违反 GDPR 的行为寻求相应的救

---

❶　GDPR，Art. 33. 3.

❷　GDPR，Art. 28.

❸　IT Governance Privacy Team. EU General Data Protection Regulation (GDPR)：An Implementation and Compliance Guide [M]. London：It Governance Publishing，2016：258.

❹　GDPR，Recital 127.

济：①向监管机构投诉的权利。②寻求针对监管机构的司法审查的权利。个人数据主体有权针对监管机构所作出的涉及他们的任何决定要求司法审查。③有起诉控制主体或者处理主体的权利。个人数据主体如果认为其权利被控制主体或者处理主体因为违反 GDPR 而侵害自身，其有权起诉这些主体。④被代表的权利。个人数据主体有权因被非营利性组织所代表来进行投诉和寻求赔偿。⑤获得赔偿的权利。任何人因为其他主体违反 GDPR 而受到损失都可以要求赔偿，不仅仅是个人数据主体也包括其他第三人。❶

3. 行政处罚

GDPR 对违反者的行政处罚程度相对于之前的法律有显著提高，其目的是使这种惩罚具有威慑力，行政惩罚与其他救济措施可以一并使用。在决定行政惩罚的数额时，一些因素需要加以考虑：①违法行为的性质、严重程度和时间长度，包括相关处理过程的考虑、受影响的数据主体的数量、他们所遭受的损害程度等。②违法行为是否是因为疏忽所造成的。③控制主体或者处理主体所采取的减轻对数据主体损害的行动。④鉴于控制主体或者处理主体所采取的任何技术或者管理措施，该控制主体或者处理主体的相应责任。⑤控制主体或者处理主体以前的违法情况。⑥控制主体或者处理主体与监管主体的合作情况来补救相关的事故和减轻损害。⑦所影响的数据种类。⑧监管主体是如何获知违法行为的。⑨是否监管主体之前已经向该控制主体或者监管主体就相同客体发出过改正指令。⑩控制主体或者处理主体是否遵守了相应的行为准则或者认证机制。⑪其他与本案相关的加重或者减轻因素。❷

GDPR 规定了两档行政处罚。低档的处罚可以达到 1000 万欧元，对于企业也可以达到其前一年全球年营业额的 2%，两者之间选较高的。高档处罚可以达到 2000 万欧元，或者对于企业，达到其前一年全球年营业额的 4%，两者之间选较高的。数据控制主体或者数据处理主体对于自己义务的违反一般要承担低档的处罚，但对个人数据主体权利或者自由的侵犯则要承担高档的处罚。对于企业的定义，有些成员国，如德国的数据保护机构已经表明，在确定处罚的时候，被处罚的应该是整个企业集团而不是集团中的单个企业。

---

❶　IT Governance Privacy Team. EU General Data Protection Regulation（GDPR）：An Implementation and Compliance Guide［M］. London：It Governance Publishing，2016：264.

❷　IT Governance Privacy Team. EU General Data Protection Regulation（GDPR）：An Implementation and Compliance Guide［M］. London：It Governance Publishing，2016：266.

因此，在计算营业额时应该是整个集团的营业额，而不是一个子公司的营业额。❶

三、美国和日本个人数据信息保护相关法律制度简介

(一) 美国的个人数据保护情况简介

美国对于个人隐私和个人信息的保护是部门性的，没有像欧盟的 GDPR 这样的统一立法。在联邦政府层面就有 20 多部部门性的有关个人隐私或者数据安全方面的特别立法。而在 50 多个州的层面上则有几百部相关的法律。单单加州就有超过 25 部有关隐私和数据安全的法律。❷ 另外，大量的企业都受 FTC 的规制，如果这些企业实施严重的不正当或者欺骗性的贸易行为，FTC 根据其授权对于没有执行最基本的数据保护的企业，没有兑现对个人隐私保护承诺的企业或者没有使得消费者有权选择是否披露或者处理其个人数据的企业追究法律责任。

美国并没有像欧盟那样全国统一的个人数据保护机构。FTC 对于大多数的企业都有管辖权，并且在一些领域有发布和执行隐私保护规则的资格（如电信市场、商业性电子邮件以及儿童隐私保护等）。此外，还有相当数量的部门规制者对个人隐私保护有规制，如健康领域、金融领域、通信、保险行业等。

美国没有禁止数据跨国传输的一般性规定，除非是一些政府信息。根据美国宪法，各个州没有权力限制数据的跨国传输，而在联邦政府层面则没有这样的法律来限制。通常 FTC、州总检察长或者相关领域产业的执法者都可以对违法行为进行执法，民事赔偿额一般也很大。另外，一些隐私性法律（如信用报告隐私法、电子通信隐私法、视频隐私法、电话记录法和有线通信隐私法）等都通过集体诉讼以巨额的法定赔偿和律师费来获得实施。被告也可以因为在保护个人信息方面的疏忽而受到民事诉讼并被要求承担实际赔偿。❸

由于美国的这种立法状态，美国一直没有成为欧盟 GDPR 中对个人数据保护可胜任国家名单中的一名，美国和欧盟也是通过双边特别安排来实现数

---

❶　IT Governance Privacy Team. EU General Data Protection Regulation（GDPR）：An Implementation and Compliance Guide ［M］. London：It Governance Publishing，2016：268.

❷❸　Data Protection Laws of the World ［EB/OL］.［2019-12-10］. https：//www. dlapiperdataprotection. com.

据的传输，即之前的数据保护安全港协议和目前的数据保护盾协议。

（二）日本的个人数据保护情况简介

2017 年 5 月 30 日已经实施的《日本个人信息保护法》（*the Personal Information Protection Act*，PIPA）是对 2003 年的个人信息保护法的修改。新法删除了旧法中对小企业在个人信息保护方面的豁免，旧法中对收集个人信息少于 5000 人的企业免于合规要求，新法中已经没有这种豁免。这意味着所有的企业只要涉及个人信息的收集或者处理都需要符合该法，尤其是那些原来雇员少于 5000 人的企业都需要遵守该法，因为企业为了管理的需要都对雇员的个人信息有所收集和分析。另外，新 PIPA 还明确要求建立一个新的、独立的监管机构，"个人信息保护委员会"（PPC）。之前都是由负责各个经济或者产业部门的部委来分别执行 PIPA，现在则由一个统一的机构来执行。

PIPA 的另一个重要变化便是将个人信息进行了分类，敏感个人信息作为重要种类有单独的规定。❶ 在一般情况下，雇主如果想获得雇员的敏感信息需要事先得到雇员的同意，除非法律明确规定的例外情况，如为了记录工伤或者为了保障健康或者安全的需要时。❷ 与一般信息相比，敏感个人信息还有一个特别对待便是一般信息可以被转移给第三方主体，但个人有否定的权利，也就是说不需要得到个人信息主体的同意便可以将其一般个人信息转移给第三方，除非其有明确退出。但是，对于敏感个人信息，必须事先得到个人信息主体的同意才可以将其个人信息转移给第三方。

PIPA 对个人数据的收集和处理的目的性要求很高。当企业处理个人数据时，企业必须以最大的可能性将个人数据的使用目的说清楚，一旦个人数据使用目的明确之后便不得进行超过该目的的使用。换句话说，个人数据的使用必须与所声称的目的相一致，企业必须事前或者事后及时地向个人信息主体公布收集个人数据的目的。

修改后，PIPA 也对个人信息的跨境转移有特别的规定。总的原则是将个人信息向境外转移必须得到个人数据主体的同意。但在以下三种情况下是可以有例外，一是接收信息的主体所在国家是被 PPC 所认可的，与 PIPA 所要求的个人信息保护水平相当的国家。❸ 二是数据转移方和接收方已经保证接收

---

❶ PIPA，Art. 2. section3.

❷ PIPA，Art. 17-2.

❸ PIPA，Art. 24.

方能够按照 PIPA 第 4 章第 1 部分的要求恰当和合理地保护个人数据（执行与欧盟委员会所批准的标准合同类似的数据转移协议）。❶ 三是接收方有 PPC 所认可的基于处理个人信息的国际框架的认证，如亚太经济合作组织论坛的跨国界隐私保护规则体系认证［the Asia-Pacific Economic Cooperation（APEC）forum's Cross-Border Privacy Rules（CPBR）system］。❷

　　另外，由日本积极参与和主导的《跨太平洋伙伴关系协定》（TPP）在美国退出之后也增加了有关数据自由流动的条款，这也表明日本积极推动数据的跨国界流动，希望以国际协议的方式来形成标准化的跨国保护机制。❸

四、GDPR 的布鲁塞尔影响力及对中国企业的影响与对策

（一）布鲁塞尔影响力

1. 布鲁塞尔影响力的表现

　　由于 GDPR 的域外效力使我们面临现实问题：这一域外效力对包括中国在内的其他国家有多大的影响？GDPR 是否会成为全球标准而使中国的立法机关也需要制定相同保护程度的法律来满足其要求？欧盟法律对世界的影响被称为"布鲁塞尔影响力"（the Brussels Effect）。❹

　　布鲁塞尔影响力不单单是有关个人数据保护的现象，而且涉及很多方面。例如，在反垄断方面，欧盟的反垄断法可以说是最严的，而欧盟的消费市场如此之大，其几乎不能被忽视，这造成了欧盟的反垄断法几乎成了全球标准，而相对宽容的美国反垄断法不得不向其妥协。❺ 其中一个典型的例子便是通用电气公司（GE）并购霍尼韦尔案，尽管美国允许该并购，但由于欧盟禁止其并购，这一并购最后失败，因为一个企业不可能在美国合并而在欧洲市场分离。这不是孤立的案例，类似的案例还有一些。❻

　　化学品管理方面也是典型的例子。欧盟在 2007 年颁布的《登记、评估、授权和限制化学品规定》（REACH）是对化学品规制的高水平规定，欧盟是

❶　Enforcement Rules for the Act on the Protection of Personal Information of Japan, Art. 11.

❷　PIPA, Article 24; Enforcement Rules of PIPA, Article 11-2.

❸　MARIJA B, KRISTINA I. The Japan EU Economic Partnership Agreement: Flows of Personal Data to the Land of the Rising Sun［J/OL］. 2017: 3.

❹　BRADFORD A. The Brussels Effect［J］. Northwestern University Law Review, 2012, 107（1）: 1-68.

❺　BRADFORD A. The Brussels Effect［J］. Northwestern University Law Review, 2012, 107（1）: 20.

❻　BRADFORD A. The Brussels Effect［J］. Northwestern University Law Review, 2012, 107（1）: 21.

全球化学品重要的消费市场之一，其与美国的《有毒物质控制法》（TSCA）明显不同的是，REACH 是前置预警方式，要求相关企业要提供数据证明合法，即所谓"无数据，无市场"（No Data，No Market）；而 TSCA 则是要求规制者证明企业违法。欧盟的 REACH 产生了明显的布鲁塞尔影响力，很多跨国化学品企业都采纳了这一标准，因为将产品分成不同的类型成本更高。除了 REACH 的在事实上影响力（De Facto Brussels Effect）之外，其还在国际上产生了法律上的影响力（De Jure Brussels Effect），因为已经接受这一标准的企业开始向国内提出 REACH 模式的立法要求，以求得国内竞争的公平性。❶ 另外，在有关碳排放和转基因食品安全方面都有类似的做法和布鲁塞尔影响力效果。❷

但是与本研究最为相关的还是有关隐私保护方面的规则以及布鲁塞尔影响。欧盟采纳了比美国严得多的隐私保护规则，并将隐私权视为根本权利而不得通过协议让与。欧盟是通过统一和全面立法的方式来在公共领域和经济领域建立隐私原则，并通过独立的规制机构来实施。而美国除了公共领域和一些敏感领域（包括健康和银行）有隐私法来规范之外，私营主体的隐私问题则主要通过自我规制来保护。公司被允许制定自己的隐私政策，而消费者则可以与这些企业达成隐私保护水平的协议。欧盟的方式正在向外输出，自DPD 实施以来，有超过 30 多个国家都采纳了这一方式，包括经合组织内的大部分成员。❸ 2012 年美国白宫也发布了《网络世界中消费者数据隐私报告》，其中敦促国会通过消费者隐私保护法。❹ 而在商业实践中，在欧盟法院发生了多起针对美国公司侵犯隐私的案例。❺ 尽管美国企业对欧盟的规制多有抱怨，因为增加了企业的成本，但大多数企业还是接受了美欧之间的有关隐私保护的安全港安排，但有一个重要例外是欧盟允许航空公司为了美国的安全利益

❶ BRADFORD A. The Brussels Effect [J]. Northwestern University Law Review, 2012, 107 (1)：28.

❷ BRADFORD A. The Brussels Effect [J]. Northwestern University Law Review, 2012, 107 (1)：33-35.

❸ BACH D, NEWMAN A L. The European Regulatory State and Global Public Policy：Micro-institutions, Macro-influence [J]. Journal of European Public Policy, 2007, 14 (6)：833.

❹ White House Report. Consumer Data Privacy in a Networked World：A Framework for Protecting Privacy and Promoting Innovation in the Global Digital Economy [J]. Journal of Privacy and Confidentiality, 2013, 4.

❺ GREGORY S. Globalization and Social Protection：The Impact of EU and International Rules in the Ratcheting Up of U. S. Data Privacy Standards [J]. Yale Journal of International Law, 2000 (25)：1-88.

将乘客名单传给美国国土安全部。❶ 在 GDPR 方面，数据的不可分性（Nondivisibility）加剧了欧盟法律的全球化性。当不同的法域有不同的规则时，跨国公司不得不针对不同的法域采取不同的政策，这无疑增加了公司的运营成本。将个人信息按照不同法域来区分并且采取不同的政策，这在技术上和经济上都是不可行的，因为个人信息的这种不可分性，促使了跨国公司都倾向于接受欧盟的规制标准，不论是谷歌还是 GE。今天，很多跨国公司都只有一个适用于全公司的隐私保护政策，这便是欧盟模式。❷

与欧盟的布鲁塞尔影响力相对应的便是华盛顿影响力。在这一方面，美国一个突出表现便是证券市场的规制。由于美国证券市场的巨大吸引力以及美国证券市场监管部门的强大规制能力，美国证券市场的政策和法律实际上已经超越了其国家界限，也影响很多国家。❸ 例如，美国的《海外反腐败法》便是通过资本的力量，将在美国证券市场发行证券的跨国企业纳入其管辖范围之内，即所谓的长臂管辖。❹ 在知识产权保护方面，华盛顿影响力在 20 世纪 90 年代之后的作用是有目共睹的，中国尤其感同身受。

2. 欧盟的制度输出能力

有学者已经发现，在全球化过程中已经开始出现平行的双轨规制现象。很多国内的政策已经开始向国际输出并影响其他国家。而在制度输出能力上，不仅仅市场规模是起决定性的因素，而且还包括规制能力。即市场规模和规制能力的相互作用使得一个国家或者地区的内部规则可以影响其他国家和国际社会。

学术研究普遍认可大的市场可以产生大的规制能力并影响全球的公共政策。有学者认为市场力量是"帝国的第二张脸"。欧盟不断扩大其成员国数额，实际上不断增加其市场力量，并将市场力量转变为规制力量，即"市场规模＝市场力量"。❺ 但市场规模仅仅是一个方面，另一个更为重要的方面是

---

❶ BRADFORD A. The Brussels Effect [J]. Northwestern University Law Review, 2012, 107 (1)：25.

❷ BRADFORD A. The Brussels Effect [J]. Northwestern University Law Review, 2012, 107 (1)：26.

❸ BACH D, NEWMAN A L. The European Regulatory State and Global Public Policy：Micro-institutions, Macro-influence [J]. Journal of European Public Policy, 2007, 14 (6)：842.

❹ 根据美国 1977 年的《海外腐败实施法》，美国政府对美国公司以及在美国发行证券的外国公司在美国国内外发生的商业贿赂行为有行政处罚和刑事处罚的权力，也包括外国公司在美国境内发生的商业贿赂行为。

❺ BACH D, NEWMAN A L. The European Regulatory State and Global Public Policy：Micro-institutions, Macro-influence [J]. Journal of European Public Policy, 2007, 14 (6)：830.

规制能力。和欧盟相比，由于美国政府规制能力总体较弱，即小政府和大市场的政治经济结构使得美国政府在国内的规制能力也较弱，这影响了其国际规制能力。相反欧盟机构的规制能力较强，而这种内部的较强规制能力也产生了外溢的效果，即对第三国企业的规制性。"欧盟不断增长的规制影响是其内部机构改革的副产品，而欧盟的协作性在一些产业上提高了其规制能力。"❶规制能力在单边措施中往往比多边协议更容易实现，一些评论家指出，制定"有效执行的国际标准的条约是例外而不是原则"。❷

规制能力主要由三个因素构成，一是规制专家（Regulatory Expertise），二是规制连贯性（Regulatory Coherence），三是规制机构的惩罚能力（the Extent of Statutory Sanctioning Authority）。❸ 在有关个人隐私和个人数据保护方面，欧盟在这三个方面有相对的优势。欧盟一些国家，如德国和法国在很早便已经开始对个人隐私给予保护，并且这一诉求很快成为欧盟的法律，即 DPD。当包括美国在内的一些国家还在观望时，一些国家如日本、加拿大和澳大利亚等国家也采纳相类似的立法，这使欧盟的立法成为国际标准。而美国国内由不同的机构来管理这一问题，同时隐私又不像欧盟那样是宪法性权利，这使美国在规制的连贯性方面有缺陷，也就是说美国在内部还没有就这一问题形成统一和连贯的制度，那么也就很难有国际影响力。

然而，随着时间的推移，新兴市场消费规模和富裕程度增加，欧盟的监管影响力可能开始削弱。目前，企业还很少能够将欧盟从其产品和服务的市场中排除而向其他地方转移贸易，但随着中国等国家的需求增长，企业对欧盟市场的依赖正在减弱。如果欧洲标准使企业的交易成本过高，中国将逐渐成为各种商品的替代目的地。很难想象未来有一天，像 GE 这样真正的跨国公司会为了避免与欧盟当局产生冲突而放弃在欧洲的贸易。但是，在其他地方进行交易的机会将会增加，从而降低放弃欧洲市场的机会成本，至少在某些产品和活动方面是这样的。

3. 欧盟在布鲁塞尔影响力中的动机

对欧盟所表现出来的布鲁塞尔影响有不同的评价。一种评价认为其是规

---

❶ BACH D, NEWMAN A L. The European Regulatory State and Global Public Policy：Micro-institutions, Macro-influence [J]. Journal of European Public Policy, 2007, 14 (6)：830.

❷ BRADFORD A. The Brussels Effect [J]. Northwestern University Law Review, 2012, 107 (1)：1-68.

❸ BACH D, NEWMAN A L. The European Regulatory State and Global Public Policy：Micro-institutions, Macro-influence [J]. Journal of European Public Policy, 2007, 14 (6)：831.

则帝国主义（Regulatory Imperialism），与传统的帝国主义主要通过军事和政治工具来实现其目的不同，欧盟是依赖相对其他国家具有优势的经济和官僚工具来实现其目的。另一种评价则认为是一种善意霸权（Benevolent Hegemon）。前一种评价有些与事实不符，更多的是认为欧盟的做法是来自于其内部的动机，即保持欧盟统一市场并且不损害欧盟企业的竞争性，这使欧盟内部的规则具有了外部性。❶ 在 2007 年的《为了市民的单一市场》政策书中，欧盟委员会构想着欧盟和它的内部市场将是国际标准的制定者。❷ 内部动机则是欧盟在内部采纳的是福利社会和可持续发展的政策，但如果这一政策在国际上没有约束力，则将会使得欧盟企业处于竞争劣势地位。如捷克前总统克劳斯所评价的，"对准普适性社会权利的主张的目的是掩盖保护那些在规制严格国家的高成本和不可持续的高福利的生产者，以对抗欠发达国家的廉价劳动力"❸。保持欧盟企业市场上的竞争力被认为是欧盟的布鲁塞尔影响力的主要动因，如果外国企业在欧盟市场上必须遵守欧盟的规则，那么这些企业便和欧盟企业处在一个水平线上；如果欧盟的规则被第三国所广泛接受，那么欧盟企业在第三国也就不会处于不利地位。这一特征在有关航空公司碳排放的规制上有明显表现。

在欧盟内部，这些规则的形成也往往是从几个成员国首先发起，然后成为整个欧盟的规则，再形成布鲁塞尔影响力。如有关环境保护的规则主要来自德国、荷兰和北欧国家，而有关隐私保护的提高则主要从德国和法国开始，这些国家率先提高保护，然后要求其他成员国也同样给予保护，以保障欧盟单一市场的公平。

另外，理解欧盟的布鲁塞尔影响还应该注意到欧盟独特的政治结构。欧盟是在各个独立的成员国基础上形成的国家联盟，形成统一市场。但是，如果任由企业在统一市场上自由竞争则可能导致欧盟成员国之间发展的不平衡，因为成员国的经济水平和企业的竞争力都是不同的，因此需要对企业进行相应的限制。由于在欧盟层面不存在完全超越各个成员国国家主权的政府存在，欧盟只能以人权这样的成员国共同价值观来约束企业，从而尽量避免某些国家的大企业对其他成员国的国民造成过大的竞争压力，这也许是 GDPR 的背景和目的之一。

---

❶　BRADFORD A. The Brussels Effect ［J］. Northwestern University Law Review, 2012, 107 (1)：35.
❷　BRADFORD A. The Brussels Effect ［J］. Northwestern University Law Review, 2012, 107 (1)：37.
❸　BRADFORD A. The Brussels Effect ［J］. Northwestern University Law Review, 2012, 107 (1)：39.

（二）GDPR 的布鲁塞尔影响力

1. 通过双边安排实现布鲁塞尔影响力

与 DPD 相比，GDPR 明显扩大了其域外法律效力，这对中国企业可能有明显的影响。根据 GDPR，即使没有建立在欧盟的数据控制主体或者数据处理主体，如果对欧盟个人数据主体的个人数据进行分析或者处理，只要这些分析处理是与提供服务或者货物相关的，不管是否有支付发生，或者对发生在欧盟内的个人数据主体的行为数据进行了监视，都属于 GDPR 的管辖范围。例如，有学者认为提供云服务的美国服务商向欧盟的个人提供了这种服务，即使没有支付行为发生，美国服务商也没有成立在欧盟内，如果这种提供涉及对这些个人数据的分析处理，那么 GDPR 就适用到这些服务商。● 显然，这一实例也同样适用于中国的类似企业。

关于布鲁塞尔影响力，一个具体的例子便是前面多次提到的欧美之间的有关个人数据保护的安全港协议。1995 年，欧盟不认为美国属于达到对个人数据给予安全保护的国家。2000 年，美国的商务部和欧盟委员会达成了"美国–欧盟安全港"，该安全港是依赖欧盟委员会的决议（Decision）而成立的，使欧盟的个人数据可以转移给那些通过自我认证，已经符合欧盟数据保护法的美国公司。但在之后的 Schrems v. Data Protection Commissioner 案中，欧盟法院担忧美国相关政府机构在大规模监视的背景下对个人数据的不当获得，因而废除了该安全港协议，这使得大量的企业没有了将个人数据跨境转移的法律依据。之后为了取代已经失效的安全港协议，美国和欧盟又重新订立了隐私盾协议，并在 2016 年 8 月 1 日起实施。

2014 年在欧盟发生的有关谷歌删除个人数据的争议和诉讼也是关于域外效力的典型案例。法院裁决谷歌应该删除其网站上包含有该自然人的不利信息的页面，谷歌认为它只有删除欧盟法域内网页上的相关信息的义务，而法国数据保护机构，信息处理技术与自由国家委员会（法语简称为"CNIL"）则认为谷歌应该删除其网页上的所有相关信息，并向谷歌发出了行政命令，谷歌予以反对，双方进入了司法程序。欧盟法院最终裁决认为谷歌不需要在全球范围内删除相关信息，而仅仅在上面提到的两个域名下删除信息即可。● 该判决是

● GREGORY V W. European Union Data Privacy Law Reform: General Data Protection Regulation, Privacy Shield, and the Right to Delisting [J]. Business Lawyer, 2017, 72 (1): 223.

● Google Inc. v. Commission National De L′informatione 6 Des Li ber tesc(NIL), Case C-507/17.

对欧盟法域外影响力的一次限缩。

2. 通过多边贸易协议扩大域外效力

GDPR 包括之前的 DPD 都是构建一套有关个人数据的隐私保护的制度，由于网络与经济全球化的需要，欧盟力图使得这些制度具有域外效力，甚至成为全球标准。而向外推行制度的有效方式可能主要有两种，一是军事力量，二是经济力量。这里主要是经济力量，如有学者发现，在促进全球隐私保护的标准影响力上，欧盟的 DPD 要比联合国经济合作与发展组织（OECD）的指南更大。❶ 其原因之一可能是仅仅有政治上的软性影响力而已，而没有经济上直接的影响力，而前者可以直接影响相对国的制度，如上面所讨论的欧美之间的隐私保护安排。而通过有关经济活动的双边或者多边协议来推进个人数据的域外效力应该是一个重要的渠道，欧盟也在这方面有积极的推进。

如欧盟与美国正在洽谈的"跨大西洋贸易与投资协议"（TTIP）以及与其他国家如印度的各种自由贸易协议中，欧盟委员会都可以努力将有关个人数据保护的条款纳入其中。2015 年 12 月欧盟理事会（the Council of EU）确认欧盟委员会在贸易谈判中不得减损对隐私权的保护。"理事会强调在数字贸易领域需要创造全球性公平市场并且强烈支持委员会努力在全球范围内对欧盟数据保护和数据隐私规则的合规和无歧视，他们不得在贸易协议中被减损或者影响。"❷

支持 GDPR 的声音认为，GDPR 使得欧洲人有了他们的蛋糕，并且能够吃到它们。他们可以从强化的数据保护中获得利益，而且还能因为强化数据保护所带来创新利益。即使这种理想的结果也许不会完全实现，利益之间的平衡也能保证只有一部分侵权行为发生。而且这种效果不仅仅局限在欧洲，还会影响其他国家。因为跨国企业在不同的国家遵守不同的数据保护规则会是成本很高的事情，而可能选择遵守一个最高的保护标准来应对一切。❸ 但是，也有学者对此提出了高度怀疑和批评，首先是全球化政治趋势受到怀疑，最近发生的反全球化的运动会使不同国家不同待遇的趋势正当化。如果美国企业抵触欧盟的规制，这可能不被认为是不合适的。即使在欧盟内部，也没

---

❶ GRAHAM G. The Influence of European Data Privacy Standards Outside Europe: Implications for Globalisation of Convention [J]. International Data Privacy Law, 2012, 2 (2): 108.

❷ GRAHAM G. International Data Privacy Agreements after the GDPR and Schrems [J]. Privacy Laws & Business International Report, 2016 (139): 6.

❸ TAL Z. Incompatible: The GDPR in the Age of Big Data [J]. Seton Hall Law Review, 2017, 47 (4): 1018.

有证据表明公众确实获得了这一蛋糕并能吃到它们。考虑到欧盟内部大数据利用的高成本，本地企业可能转移到国外或者将研发重点放在国外，而免受 GDPR 的影响。即使欧盟居民是否得到保护也是一个问题，因为这些居民毕竟要用国外企业的服务和产品。尽管 GDPR 对这些外国企业有管辖权，但是否能够真正的实施也是一个问题。❶

(三) 中国的目标与选择

在个人数据信息保护方面，中国似乎面临着两方面的压力。一是国内由于个人信息泄露所造成的侵权问题、犯罪问题以及社会问题越发严重，这已经引起了社会各界的广泛注意，通过立法加强个人信息保护的要求也越来越高。❷ 二是像欧盟的 GDPR 所引发的布鲁塞尔影响给国内相关部门也造成了压力。一些学者开始不断地向国内介绍 DPD 和 GDPR，并有意无意地接受或者模仿其做法，一些有关个人信息保护的立法建议或者行业标准也与欧盟的立法模式非常相似。❸ 出台与欧盟相似的立法也有与欧盟的要求对接的愿望，因为 GDPR 中对第三国的个人数据保护情况进行评估并给予不同的法律待遇，而出台与其类似的个人信息保护法律可能会有利于欧盟的这种评估，从而降低中国企业进入欧盟市场的门槛。也就是说，接受了布鲁塞尔影响力并加以配合。

在设计和制定有关中国的个人信息保护的法律时，我们应该注意中国的实际情况，并应该依据中国社会的发展目标来构建自己的制度，并且这种制度具有可持续性，甚至可以凭借中国的政治、经济和文化力量形成影响全球的"北京—杭州—深圳影响力"，从而降低中国企业走出去的成本，提高中国企业和公民的国际安全性和竞争力。中国不从军事干预或者政治干预上来强制输出其影响力，而是以向他国提供社会供给来间接地实现其影响力，如在非洲国家和东南亚国家提供的基础建设和很多援助。今天，随着中国国力的急剧提高，中国仍然按照这一思路进行，即互利合作的"一路一带"倡议。但是，与 20 世纪五六十年代相比，中国今天的供给有了质的提高，可以总结为：创新能力+制造能力+网络组织能力＝"北京—杭州—深圳影响力"。

---

❶ TAL Z. Incompatible：The GDPR in the Age of Big Data［J］. Seton Hall Law Review，2017，47（4）：1019.

❷ 全国人大常委会法工委：正研究个人信息保护立法［EB/OL］.（2018-02-26）［2019-12-11］. http://news. 163. com/18/0226/20/DBJKNHMM000187VF. html.

❸ 如国家标准《个人信息安全规范》（GB/T 35273—2017）。

1. 中国政治经济的特点

欧盟的主要政治目标之一是以四大自由为理念形成单一市场以提高欧盟内部的整合程度和经济效率，对外实现一个声音说话，形成统一的竞争力。这一过程的形成是需要欧盟统一立法来实现的，因此欧盟有从上到下的对欧盟成员国市场的整合政策。这种政治追求也使得欧盟有较强的对市场规制意愿和能力，尤其是与美国相比，这一方面更为突出。这表现为欧盟的规制专家和规制能力较强，增强了其布鲁塞尔影响力。欧盟需要在历史关系复杂、相互为敌多年的成员国之间求同存异，找到一致性，而这一致性便主要表现为超越成员国主权的人权思想，即《欧盟条约》第 6 条（1）所阐明的："该联盟是建立在自由、民主、对人权和基本权利的尊重以及法治的基本原则上，这些原则对成员国是共同的。"

欧盟的政治目标是超越目前的成员国主权而形成"市民—国家"的组织形式，而非"民族—国家"的组织形式，逐步将欧盟发展成一个超国家的基于欧洲市民的共同体。❶ 欧盟的终极目标是提高整个欧盟成员的福祉，而不是某几个成员国的利益。因此，一方面要促进欧盟统一市场的形成，另一方面又要防止某些成员国或者成员国的企业过于强大和集中，从而损害了其他成员国的国民利益。因此，欧盟需要有能够超越成员国利益和差异性的共同价值观来作为欧盟对市场规制的基石，这便主要表现在《欧洲基本权利宪章》中的基本权利和自由。❷ 而 GDPR 是该宪章第 8 条有关个人享有数据权利明确要求的立法结果。欧盟以个人基本权利作为基石来构建其社会组织，与其说是一种先进思想，还不如说是其政治制度先天不足和理想之下的折中而已。因为基于个人基本权利来构建社会组织的前提条件是个人对权利的理性能够与欧盟的共同理性保持相当的一致，这既取决于公民个人的理性素质❸，也取决于欧盟的管理能力：其是否能够克服其高昂的制度成本，以及降低个人之间在合作上的囚徒困境。

而不同于欧盟的是，美国更依赖于市场自治能力来解决这一问题，相比于欧洲大陆国家，从市场中成长起来的盎格鲁-撒克逊文化的国家更相信市场

---

❶ GERVEN W V. The European Union, Polity of States and Peoples [M]. California: Stanford University Press, 2005: 2.

❷ Charter of Fundamental Rights of the European Union (2000/C 364/01), Preamble: The Peoples of Europe, in Creating an Ever Closer Union Among Them, are Resolved to Share a Peaceful Future Based on Common Values.

❸ 权利（Right）的本意是赋予公民做正确的（Right）事情的自由，而不是自私自利的自由。

而非政府。由于大陆法系国家的私权利社会秩序不是由企业家自发形成的，而是政府作为公权力组织根据自己的意志来实现的，那么这种社会的竞争秩序便无法像普通法国家那样更多地依赖企业的自律行为，而是需要政府更多地予以干预。也就是说，在大陆法国家中，政府在社会竞争秩序的塑造和规范上扮演着更为重要的角色，而不是依赖企业家的自律性。

与欧盟相比，中国的历史发展路径和政治经济现状与目标有自己明显的特殊性。从历史上看，中国社会的基本特征是如黄仁宇所描述的上端集权下端松散的社会结构。自秦统一中国以来，中国上层形成了超越血缘关系的官僚组织，成为社会组织的骨干；而中国下层依然是以家庭为单位的血缘社会，这种社会组织结构在中国历史上的大部分时期都是成功的，因为依赖血缘关系的天然组织性降低了社会的制度成本。但是，这种社会组织形式也成为跨向现代国家的巨大障碍，因为现代国家是超越血缘关系以企业作为社会主要组织形成的更高效率的社会组织。

依赖信仰而超越血缘关系组织起来的中国共产党，在中华人民共和国成立后带领中国人民不断超越这一巨大障碍，是对中国社会组织解构和重新建构的过程，以形成更为高效和大规模的跨越血缘关系的社会组织形式。因此，中国的历史发展路径、目前的政治经济制度和未来的发展方向都与欧盟和美国不同。中国的目标应该是利用新媒体技术重新组织社会，形成超越血缘和私权利的更加高效的共享社会形态，而在这一过程中，社会成员必然要适度放弃对个人信息甚至是隐私的控制，而促进社会成员之间信息的交换，形成合作关系。❶ 在这一合作关系中，应该认识到数据企业即代码空间主体处于核心地位，其是中国社会的新型组织者，其组织效率越高，中国社会的效率也就越高。因此，在立法上应该是数据企业友好型，放松个人私权对其造成的不当束缚，增强数据性企业的竞争力，形成大数据和智能产业的创新中心，同时强化公权力对数据企业的监管以弥补个人私权利监督的不足，实现中国的弯道超车。

2. 中国个人信息保护的前瞻性

中国的个人信息保护在立法上应该是超越工业社会而面向网络社会的前瞻性立法。工业社会中社会成员主要依赖有形商品的生产来进行社会合作的，即亚当·斯密的社会分工和市场交易理论。而由于信息技术的限制，社会对信息的处理能力有限，这便出现了科斯所指出的交易成本问题。为了降低交

---

❶ 吴伟光. 从隐私利益的产生和本质来理解中国隐私权制度的特殊性 [J]. 当代法学，2017，31（04）：50-63.

易成本而形成了企业并生产标准化的产品，这一过程是将社会成员强制标准化和去人格化的过程，即梅因所说的"人类社会进步的过程迄今为止便是从身份到契约"。这种社会组织形式的表现之一便是在权利上以隐私权的名义将个人特征信息排斥在社会组织范围之外，即所谓的个人信息自决权。这种社会也表现为标准化、强迫性和冷酷性。❶

中国社会在改革开放之后采纳了市场经济制度，即基于商品交易的这一社会组织形式。但中国人并不十分擅长这一组织形式，制度成本比西方高，因此中国社会有依赖于新媒体技术形成更高效的社会组织形式的内在动力，这也是互联网络等新经济形式在中国迅速发展的原因。在中国，以代码空间为组织形式的有机社会正在形成。在有机社会中，公民的个体特征被恢复，并成为社会组织的考虑因素，这种社会组织对公民的供给更加个性化而不是标准化，公民因为个体特征得到考虑和尊重而使自己的福利得以提高。而这种新型社会组织形式的实现必然是以公民个人信息的适当共享为前提的，从而构建一个信任与合作的社会组织。

3. 中国对待 GDPR 的政策选择

在对待 GDPR 的布鲁塞尔影响力问题上，中国的立场应该是不主动迎合欧盟的立法，而是积极制定有利于中国网络企业和网络经济的数据利用和保护方面的法律。尽管 GDPR 的域外影响力对中国的一些企业产生了影响，尤其是那些在欧洲有业务或者准备进军欧洲的企业，但这些企业可以通过自己的努力，如购买相应的合规服务来满足其要求，而没有打算进入欧盟的企业或者业务可以分割的企业便可以不受 GDPR 的拖累。

如本书前两篇中所讨论的，中国有着自己的历史发展路径和制度目标，任何外国的制度设计都应该在中国的体系内来衡量和取舍。在网络社会中，社会成员通过实时和动态交互式的网络进行大规模组织，这已经开始超越孤立的商品社会的组织形式，形成了网络化的物联网和网民，即代码空间组织。这一组织形式比商品社会的组织形式更加高效和个性化，社会成员在标准化的工业社会中所被牺牲的个性福利在这里又被重新恢复和得到关照。这是一

---

❶ 马尔库塞在其著作《单面人》（1964 年）对奉行自由主义原则的社会进行了无情的抨击。他认为在那种社会中，作为绝妙完美的自由主义价值的宽容精神事实上只是帮助强化具有压迫性的现状的继续存在。处于自然经济状态的社会属于低度社会化的社会，因而社会组织效率不高，社会紧密度不够。但是，依赖社会契约所形成的社会又可能是过度社会化的社会组织，其人员受到的竞争压力过大，个人自由度不足，即所谓的"契约奴隶"或者竞争下的异化。参见：马克·格兰诺维特. 镶嵌：社会网与经济行动 ［M］. 罗家德，等，译. 北京：社会科学文献出版社，2015：5.

种巨大的社会进步，因此，网络社会中的组织形式与工业社会相比，其组织规模更大，组织效率更高，社会成员个体特征更加得到承认，是一个从标准化社会到个性化社会的过程，这种社会组织形式将超越工业社会的非人格化和信息标准化的组织形式。即从契约到身份的再次进步，从程序公平到实质公平的转变。

而中国个人数据信息保护立法应该具有这种前瞻性，因此，欧盟的 GDPR 不应该成为中国相关立法的模范，而应该是被警觉和扬弃的立法例。中国在立法政策上应该支持中国网络企业的发展以实现面向世界的"北京—杭州—深圳影响力"，而不是被动接受布鲁塞尔影响力。

第十章
中国的大数据技术规治原则与路径

> 没有为公共利益而充分利用数据，每天我们都正在为失去的机会而付出代价，很多都是不可见的。
>
> ——罗伯特·克派崔克❶

　　人类因为信息而聪明，机器因为数据而智能。大数据技术和人工智能几乎是一枚硬币的两面，没有大数据的人工智能是无法运行的，而没有人工智能的大数据是没有价值的。大数据技术的基本特征是可以将大量信息加以数据化，并通过智能分析和处理来实现人类对信息使用的智能化。大数据的生命周期有四步：①收集；②编辑和合并；③挖掘和分析；④使用。❷ 有学者将大数据技术总结为：①大数据技术能够提供新形态的数据；②大数据技术能够提供诚实的数据；③大数据技术能够使得我们可以聚焦到特定人身上；以及④大数据技术能够使我们做很多发现因果关系的实验。❸ 对数据的分析最为重要，"分析使得大数据具有生命力。没有分析，大数据可以部分或者全部地被存储或者被提取，但其结果与最初是一样的。分析，包括以各种不同计算技术的分析是大数据变革的推动力。分析可以在大数据中产生新的价值，比

　　❶ Data Collaboration for the Common Good：Enabling Trust and Innovation Through Public-Private Partnerships ［R/OL］．（2019-04）［2019-12-13］．http：//www3. weforum. org/docs/WEF_Data_Collaboration _for_the_Common_Good. pdf.

　　❷ Federal Trade Commission. Big Data：A Tool for Inclusion or Exclusion? Understanding the Issues ［R/OL］．（2016-01）［2019-12-13］．https：//www. ftc. gov/system/files/documents/reports/big-data-tool-inclusion-or-exclusion-understanding-issues/160106big-data-rpt. pdf.

　　❸ DAVIDOWITZ S S. Everybody Lies：Big Data，New Data，and What the Internet Can Tell Us about Who We Really Are ［M］．New York：Harpercollins 2017：66-67.

大数据本身集合所产生的价值大得多"❶。大数据技术所带来的信息分析和处理能力的极大变化必然改变社会已有的竞争秩序和信息能力的平衡关系，而且这种改变是全方位的。大数据技术的应用应以增加整个社会公共福利为目的，而不仅仅是个别主体的利益最大化。因此，如何规治大数据技术便是一个现实和紧迫的问题。

对于大数据技术的理解和规治应该从以下角度出发。首先，大数据技术是以数据为基础的技术。信息与数据是不相同的概念，数据是对信息的一种表达形式。其次，大数据技术使用的目的是提高社会的共同福利，不能损害公民的法益、公共利益和国家主权与安全利益。因而大数据技术使用目的正当性原则是其最根本的制度要求和规治基础，并根据这一原则产生其他相应原则。再次，对大数据技术的规治应该以公权力规制为主要法律路径，私权规治应该起到配合和自治的作用，形成公权力规制与私权自治相结合的治理方式。❷ 最后，最为重要的是要将对大数据技术的规治放置在中国的社会制度变迁这一大背景之下，尤其是与第六章中所讨论的内容相结合，这样才能正确理解在中国体系内的大数据使用目的正当性的内涵以及下面的原则的意义。

一、有关大数据技术规治的基本原则

大数据技术是一种综合性的、具有广泛应用领域的新技术，与公民个人法益、公共利益和国家利益都有相关性，是具有多法益相关性的信息技术。大数据技术可以改变相关主体的竞争能力和行为规范，某些主体便有可能利用这一技术优势而获得不正当利益。为了保护相关主体的正当权益，必须对大数据技术的使用赋予相应的道德评价和法律规范，而数据主体即大数据的产生、存储和使用主体在其中承担着最重要的自治责任，这样既能防止大数据技术被滥用，也能留给大数据企业足够的自由空间来实现创新和自治。在行政法领域，学者们将这种规制方式称为"基于原则的规制"（Principles-based Regulation），其是指政府不再规定详细规制，而是给被规制者设定宽泛的规则或者原则指导其开展经营。❸

把大数据技术目标和价值选择归纳为六大原则，分别是①大数据技术使

---

❶ Executive Office of the President，President's Council of Advisors on Science and Technology. Report to the President Big Data and Privacy：A Technological Perspective［R/OL］.（2014-05）［2019-12-15］. https：//bigdatawg. nist. gov/pdf/pcast_big_data_and_privacy_-_may_2014. pdf.

❷ 高秦伟. 社会自我规制与行政法的任务［J］. 中国法学，2015（5）：73.

❸ 高秦伟. 社会自我规制与行政法的任务［J］. 中国法学，2015（5）：86.

用目的正当性原则；②数据产生合法性原则；③民事主体信息数据化的平等与公平原则；④数据产生主体对数据享有专有权原则；⑤促进大数据资源共享原则；和⑥数据安全原则。由于大数据技术刚刚发展，这些原则以及具体内容都会处于不断发展与充实之中。

（一）大数据技术使用目的正当性原则

因大数据技术有被滥用的危险，那么预测、确认和规范数据主体对大数据技术的使用目的要比预测、确认和规范有关大数据技术的具体行为更可行。大数据技术使用目的正当性原则是指相关数据主体必须为了正当目的来使用大数据技术。当大数据技术使用目的会对相关民事主体的权益、公共利益和国家主权与安全造成损害时，或者没有采取合理措施来保护其不受损害时，这种使用便产生了负外部性，其使用目的不具有正当性。[1] "危险的不是数据本身，而是对其滥用。"[2] 将对数据的使用，尤其是个人数据信息的使用目的作为判断其使用正当性的标准有着重要意义，能避免将个人数据信息本身作为保护的目的。如有德国学者对 GDPR 批判，对于个人信息保护最迷惑的问题便是保护什么。在没有明确的合法目的作为规范前提的情况下，对数据的保护有将其本身变成目的的危险。[3]

大数据技术使用目的正当性原则是以数据主体的使用目的来作为判断其行为合法性和正当性的重要考量角度和标准，而不是对其每一次具体数据使用的行为来判断。这种规治路径的转变是基于大数据技术的新兴性和创新性的要求，因为包括大数据技术在内的网络技术对社会政治制度和经济模式都产生了深远和动态的改变，不论是作为规制者的政府，还是作为实施者的数据主体，都无法事先确定未来行为或者组织模式，都是在不断地发展、试验和创新之中，因而无法对数据主体的具体行为进行事前较为准确的预测和规范。有学者将这种情况称为规制的崩溃（Regulatory Disruption），指创新破坏

---

[1]　我国相关法律中也暗含着这一原则，如《中华人民共和国网络安全法》（以下简称《网络安全法》）第 30 条规定："网信部门和有关部门在履行网络安全保护职责中获取的信息，只能用于维护网络安全的需要，不得用于其他用途"，也是这一原则的体现。

[2]　WINFRIED V. The GDPR：The Emperor's New Clothes-On the Structural Shortcomings of Both the Old and the New Data Protection Law ［J］. Neue Zeitschrift Für Verwaltungsrecht，2018（10）：27.

[3]　WINFRIED V. The GDPR：The Emperor's New Clothes-On the Structural Shortcomings of Both the Old and the New Data Protection Law ［J］. Neue Zeitschrift Für Verwaltungsrecht，2018（10）：18.

了既有规制框架，规制与创新无法同时并进。❶ 这表明公权力规制者需要赋予这些数据主体即相关企业以足够的创新和试错的机会和自由，这也是现代企业尤其是创新型企业的"企业契约"特征在政府规制层面上的表现和延展。❷ 政府面对创新型企业时需要以激励性规制来取代命令性规制，而大数据技术使用目的正当性原则便是从目标上，而不是行为上来对数据主体对大数据技术使用的正当性来考量。

就目前来看，目的正当性原则包含以下方面。首先，防止大数据技术聚焦功能（Zoom-in）对民事主体的权益造成损害。例如，经过所谓"脱敏"的大数据中尽管已经没有个人直接隐私信息，但按照大数据技术行业的普遍认识，只要经过若干关联性分析，就完全可以将经过脱敏的信息加以恢复和精确❸，即在大数据时代，网络上已经从没有人知道你是一条狗，转变到人人都知道你是一条狗的状态。❹ 例如，通过对网民的电子商务消费记录的分析，便可以掌握其不为人知的状态。❺ 有学者将这种数据主体与普通公民之间的信息能力上的失衡称为"透明性悖论"（the Transparency Paradox）。❻ 数据主体可以通过大数据分析掌握其他企业无法被人直接感知的信息，如信用状态以

---

❶ CORTEZ N. Regulating Disruptive Innovation，Berkeley Technology Law Journal［J］. 2014，29（1）：175-228

❷ "企业契约的特别之处，在于不能事前完全规定各要素及其所有者的权利和义务条款，总要有一部分留在契约执行中再规定。这个特性是因为企业合约包括了人力资本（工人的、经理的和企业家的）的参与。人力资本的产权相当特别：只能属于个人，非'激励'难以调度。"参见：周其仁. 市场里的企业：一个人力资本与非人力资本的特别合约［M］//北京：北京大学出版社，2017：141.

❸ 例如，美国的《基督教科学箴言报》曾报道卡内基梅隆大学数据隐私专家的观点："即使没有姓名、没有社会安全号，只要通过性别、生日和邮编3个数据项，数据挖掘的技术就能够成功地识别全美87%的人口。"参见：涂子沛. 大数据（3.0升级版）［M］. 桂林：广西师范大学出版社，2015：179.

❹ WEIGEND A. Data For the People. How to Mack Our Post-Privacy Economy Work for You［M］. New York：Basic Book，2017：48.

❺ Target超市通过消费者的消费记录很早就预测到了一位17岁的少女已经怀孕的信息，并向其推销孕妇用品和童车。这种精准销售的同时是如何保护该少女怀孕这一个人信息不被不应该的人知道。如果不能，则是大数据应用主体对个人法益的侵害行为。该案例见：李军. 大数据：从海量到精确［M］. 北京：清华大学出版社，2014：209.

❻ "大数据承诺通过数据的使用而使得世界变得更加透明，但数据的收集却是不可见的，它的工具和技术是不透明的，被设计中的物理性的、法律性的和技术性的各个层次所掩盖。如果大数据意味着隐私的总结终，那么大数据变革却大多是秘密进行的。"参见：RICHARDS N M，KING J H. Three Paradoxes of Big Data［J］. Stanford Law Review Online，2013（66）：42.

及其他商业秘密等。❶ 因此，当数据主体通过聚焦技术来恢复和确定某具体个人或者企业受保护的信息时，必须有合理的理由和合法依据。❷

其次，大数据技术的使用不能对社会成员产生非法的歧视行为，尤其是隐形的算法歧视。❸ 国外有研究表明，公民的正当权利和公平待遇被暗中损害，在政府部门开始采取自动办公系统之时便已经发生了。例如，将传统上由人来判断和执行的法律政策转变成代码自动执行时，代码上的偏见就可能已经扭曲了政策本意。因为代码是喜欢非 0 即 1 的二进制问题的，而政府的很多政策都是多因素来权衡的。❹ 如果将大数据技术所提供的建议性答案转变成完全信赖的最终决定，这种系统性歧视和扭曲会更加严重。如美国的《大数据报告》所担心的那样，"在这次调研中揭示了一些有关大数据分析的更为根本性的挑战，大数据分析可能导致非常迥异的不公平的对待，特别是对一些弱势群体，或者产生不透明的决策环境，使得个人自治丧失在一系列的无法理解和预知的算法之中"❺。美国政府在 20 世纪 70 年代便颁布了《公平信用报告法》（*The Fair Credit Reporting Act*），该法要求对有关消费者信用、雇佣、保险、住房以及其他相似能力的数据报告要公平，该法也适用于大数据技术中数据主体的相关行为。❻ 欧盟的 GDPR 就明确规定公民有权不受仅仅依赖自动处理系统所得到结果的支配，如果这些结果对其是有法律效力的或者

---

❶　例如，阿里巴巴通过掌握的企业交易数据，借助大数据技术自动分析判定是否给予企业贷款，全程不会出现人为干预。据悉其坏账率大大低于商业银行。参见：李军. 大数据：从海量到精确 [M]. 北京：清华大学出版社，2014：208. "我们有权利担心针对在线数据越来越好的使用将赋予赌场、保险公司、借款人以及其他公司主体针对我们的太多权力。参见：DAVIDOWITZ S S. Everybody Lies：Big Data，New Data，and What the Internet Can Tell Us about Who We Really Are [M]. New York：Harpercollins，2017：333.

❷　2011 年 9 月 11 日美国发生恐怖事件时，CNN 就曾报道过，美国的安客诚（Axiom）公司在其数据库中确定了 19 名劫机者中 11 人的所在地。参见：成田真琴. 数据中间商 [M]. 邓一多，译. 北京：北京联合出版公司，2016：38.

❸　苏令银. 透视人工智能背后的"算法歧视" [EB/OL]. （2017-10-10）[2019-12-11]. http://orig. cssn. cn/zx/bwyc/201710/t20171010_3662363. shtml.

❹　KEATS C D. Technological Due Process [J]. Washington University Law Review，2007，85（6）：1262.

❺　Executive Office of the President. Big Data：Seizing Opportunities，Preserving Values [R/OL]. （2014-05-01）[2019-12-16]. https://obamawhitehouse. archives. gov/sites/default/files/docs/big_data_privacy_report_may_1_2014. pdf.

❻　Federal Trade Commission. Data Brokers：A Call for Transparency and Accountability [R/OL]. （2014-05）[2019-12-15]. https://www. ftc. gov/system/files/documents/reports/data-brokers-call-transparency-accountability-report-federal-trade-commission-may-2014/140527databrokerreport. pdf.

有严重影响的。❶

再次，防止大数据技术的再生信息可能对公共利益和国家安全带来的威胁。大数据所带来的风险与德国学者贝克对风险社会中的状况所描述的相似，"与高度分化的劳动分工相一致，存在一种总体的共谋，而且这种共谋与责任的缺乏相伴。任何人都是原因也是结果，因而是无原因的。原因逐渐变成一种总体的行动者和境况、反应和逆反应的混合物，它把社会的确定性和普及性带进了系统的概念之中"❷。大数据技术的随机实验功能能够强化这一效果，"这是大数据的第四大能力，它能够实现随机化试验（Randomized Experiments），其能够发现真正的因果关系，非常方便进行，任何时间，或多或少，任何地点，只要你在线。在大数据时代，所有的世界都是实验室"❸。这种实验结果往往是不可预测的，如有学者所指出的，"由于这种无法预知的后果而产生的潜在损害将很快超过大数据技术可能给我们带来的好处"❹。

最后，目的正当性原则也为大数据主体之间通过行业自律提供了法律基础和原则性要求。❺ 例如，欧盟的 GDPR 中明确规定，如果这种处理分析揭示该主体的种族或者民族特征、政治观点、宗教或者哲学信仰或者工会身份，或者为了识别该主体而对基因或者生物数据的处理，除非有正当的目的，否则禁止对个人数据进行处理分析。有关自然人的健康数据或者性生活或者性取向的数据也被禁止处理分析，但也有多种情形可以不受这一规定限制。美国 FTC 的相关报告中表明，很多美国数据公司都通过协议方式来限制其客户对其数据的使用目的。❻ 有报告显示，在我国发生的有关侵犯个人信息的犯罪

❶ Regulation（EU）2016/679 of the European Parliament and of the Council of 27 April 2016 on the protection of natural persons with regard to the processing of personal data and on the free movement of such data, and repealing Directive 95/46/EC（General Data Protection Regulation），Article 22.

❷ 乌尔里希·贝克. 风险社会［M］. 何博闻，译. 南京：译林出版社，2004：34.

❸ DAVIDOWITZ S S. Everybody Lies：Big Data，New Data，and What the Internet Can Tell Us about Who We Really Are［M］. New York：Harpercollins，2017：264.

❹ DAVIS K. Ethics of Big Data：Balancing Risk and Innovation［M］. California：O'Reilly Media，2012：5.

❺ Regulation（EU）2016/679 of the European Parliament and of the Council of 27 April 2016 on the protection of natural persons with regard to the processing of personal data and on the free movement of such data, and repealing Directive 95/46/EC（General Data Protection Regulation），Article 9.

❻ Federal Trade Commission. Data Brokers：A Call for Transparency and Accountability［R/OL］.（2014-05）［2019-12-15］. https://www.ftc.gov/system/files/documents/reports/data-brokers-call-transparency-accountability-report-federal-trade-commission-may-2014/140527databrokerreport.pdf.

行为中，以合法取得个人信息后予以非法利用是最为常见的犯罪类型。❶ 这表明相当一批中国企业还没有承担起合规使用自己数据的重任。

(二) 数据产生合法性原则

数据产生合法性原则是因原始信息主体的相关权益加以保护的需要而产生的原则。这一原则在《民法典》第111条中以及《网络安全法》第43条和第44条中有体现。没有数据化过程，信息无法成为大数据技术中的一部分，也就免于大数据技术的直接干扰，但也无法直接受益于大数据技术。对信息加以数据化的过程便是将该信息所包含的相关权益交付于大数据技术来处理的过程，这可能带来好处也可能带来风险。那么，包含这些权益的信息主体便应该有依法同意或者禁止将他们的信息加以数据化的权利。由于大数据技术所涉及信息主体权益的多样性，对于不同的权益，该原则的具体要求也不同。

例如，数据主体在产生数据的过程中往往会引发隐私利益的关切。隐私利益是依赖特定的社会关系而产生的，不同的社会关系中会有不同的隐私利益，即使相同的信息在不同社会关系中的隐私利益也会有巨大差别。例如，在战争时期和在和平时期，公民对隐私的期望就会有很大变化。❷ 这都说明隐私利益不是一个稳定和静止的法益，而是随着社会关系而动态的和变化的法益，而大数据技术恰恰在改变和塑造新型的社会关系。❸ 大数据技术会给社会治理带来根本性的提高，尤其是对中国这样的领土大、人口众多、民族多样、社会发展多元以及正在处于社会制度重大转型过程的国家，不论是依赖政府

---

❶ "以出售、非法提供公民个人信息罪、非法获取公民个人信息罪和侵犯公民个人信息罪案件为例，行为人在履职或提供服务过程中获得公民个人信息，然后进行非法处置的最为多见，将近六成（56.9%），其中利用职务便利获取个人信息的行为主体主要是机关单位或国家机构人员，如户籍民警、市场监督局人员、银行职员、学校工作人员等；利用工作便利或提供服务过程中获取公民个人信息的主要是，服务行业中能接触到公民个人信息的人员，如快递员、淘宝客服、房产经纪人、商场销售人员等。此类人员犯罪比例较高，反映出相关行业监管力度明显不足。" 参见：国双司法大数据. 侵犯公民个人信息类刑事案件——大数据分析报告（2013—2016）[R/OL].（2017-06-02）[2019-12-15]. http://www.chinaz.com/news/2017/0602/715039.shtml.

❷ 例如，在美国，有关个人统一身份证制度一直因为有损个人隐私而无法实施，但在1941年日本轰炸珍珠港事件不久，盖洛普的民意调查表明有69%的人支持统一身份证，明确反对的降至25%。皮尤研究中心在2001年"911事件"发生的第二个月所做的民意调查中，有70%民众支持全民统一身份证计划。涂子沛. 大数据（3.0升级版）[M]. 桂林：广西师范大学出版社，2015：166，169.

❸ 有关隐私利益的产生与本质的讨论，参见：吴伟光. 从隐私利益的产生和本质来理解中国隐私权制度的特殊性 [J]. 当代法学，2017，31（04）：50-63.

公权力的治理方式，还是依赖市场私权利的治理方式，都是巨大的负担，需要巨大的治理成本。大数据技术可以在政府和市场之外利用互联网络和智能分析技术实现社会治理，加强社会自治性。❶ 从这一角度来看，大数据技术对中国社会有着特别的意义和重大的制度契机。因此，在数据产生合法性判断上不应该直接认为将个人信息加以数据化的行为本身侵害了个人的隐私利益，而是应该根据所使用的目的正当性与否来判断。❷ 在这一原则的政策选择上应该倾向于支持信息的数据化，不过分强调个人对其信息的控制权，尤其应该避免将个人信息本身作为隐私权的客体来直接给予保护。

在第七章有关隐私问题的讨论中，已经介绍过美国的隐私权制度对企业和市场是相对友好的。例如，美国的一些州曾经试图通过立法来禁止将车牌号码制作成商业性数据库的行为，但这些立法努力都因为违反言论自由而夭折。在美国，在公众场合拍照以及将这些照片进行云存储都不违法。❸ 对于含有医疗信息的数据销售和使用的问题，英国的 R v. Department of Health ex P. source Informatics Ltd.［C. A. 2000］1 All ER 786 案判决认为，医疗机构将患者匿名的医疗信息未经患者的允许而销售给第三方的行为是合法的，并没有违反《欧盟数据保护指令》和英国 1998 年的《数据保护法》。美国的 Sorrell v. IMS Health Inc.，564 U. S. 552（2011）案中，美国最高法院认为佛蒙特州的《处方保密法》违反美国宪法第一修正案，该法禁止将含有个人医生处方内容的信息加以销售、公开或者使用。中国的隐私权制度在政策上也应该倾向于对企业和政府友好型，因为他们是社会的重要组织者，应该享有相应的信息优势。

在没有明确法律禁止的情况下，数据主体可以将公共领域所采集的信息数据化，但仍然要满足大数据技术使用目的正当性原则的要求。如网络化的行车记录仪服务提供商每时每刻都可以从各个用户的记录仪中获得大量的公

---

❶ 莱斯格指出，"我们的财产受到法律、社会规范、市场以及现实空间的'代码'的保护……从政府的角度来看，当后面三种保护方式效果不佳时，就唯有有助于法律。从公民的角度来看，当法律和社会规范提供的保护不够时，就需要现实空间的'代码'（如车锁）来参与保护"。参见：劳伦斯·莱斯格. 代码：塑造网络空间的法律［M］. 李旭，等，译. 北京：中信出版集团，2004：153.

❷ 隐私问题的关键是个人对信息的不对称所带来的风险的担忧，但大数据技术下可以使得社会成员之间的信息变得对称和平衡，这本身便可以抑制对隐私的侵害。如有学者指出的，"保护隐私最好的办法或许是让侵犯隐私的人必须以自己的隐私来做交换"。参见：吴军. 智能时代：大数据与智能革命重新定义未来［M］. 北京：中信出版集团，2016：268.

❸ WEIGEND A. Data For the People. How to Mack Our Post-Privacy Economy Work for You［M］. New York：Basic Book，2017：122.

共领域的数据，又如像 GPS 这样的定位服务商也从大量的终端用户中获得大量数据，那么在没有法律明确禁止的情况下，这些数据采集行为应该是合法的。另外，政府是产生与公共利益有关的数据的最重要主体，例如，居民身份证已经数据化，里面存储和产生大量的个人信息的数据。❶ 在数据产生过程中也要遵循数据产生合法性原则。又例如，有人大代表提出新生儿童一出生便开始进行 DNA 的采集。❷ 这些为了公共利益目的的政府相关机构的数据产生过程都需要有明确的法律依据，以满足依法行政的要求。❸ 数据产生合法性原则在国家主权与安全利益方面的主要表现是要符合对国家利益给予保护的法律要求，如符合网络安全法的要求❹，反间谍法方面的要求❺，以及军事安全方面的要求等❻。

（三）信息数据化和使用的平等与公平原则

信息数据化和使用平等与公平原则是前面两个原则中所体现的目的和价值的进一步体现。这一原则要求在数据的产生、处理和使用的三个阶段都要体现出对信息主体尤其是个人信息平等与公平的对待。大数据技术下会产生所谓的"数字人"或者公民具有了"数字身份证"，数字人是指自然人的身份信息和社会信息被数据化，自然人的活动信息都是以数据形式表现的。因此，大数据技术可能产生新歧视，这种危险被学者称为"身份悖论"（Identity Paradox），"大数据技术能够身份识别，但也威胁着身份……大数据所赋予的

---

❶ 我国有关二代身份证立法中曾经考虑搜集公民的指纹和 DNA 信息，但最后立法没有采纳。"在第二代居民身份证中增加指纹信息和 DNA 数据的问题，在居民身份证法立法过程中意见分歧较大，并涉及需要巨额资金投入，因而未能采纳。建议公安部门认真研究居民身份证法执行过程中出现的问题，完善配套规章，改进执法工作。"《全国人大内务司法委员会关于第十届全国人民代表大会第五次会议主席团交付审议的代表提出的议案审议结果的报告》（2007 年 10 月 28 日第十届全国人民代表大会常务委员会第三十次会议通过）。但 2011 年对《中华人民共和国居民身份证法》修改后，第 3 条中增加了收集指纹的授权。另外，对特殊公民我国也开展了收集 DNA 的行动，例如为了打击拐卖儿童犯罪行为的需要而建立的 DNA 数据库，要求"对其中非亲生落户的儿童，公安机关应当及时采集其 DNA 信息，录入"全国公安机关查找被拐卖/失踪儿童 DNA 数据库"进行比对。"民政部、中央综治办、最高人民法院、最高人民检察院、教育部、公安部、财政部、卫生计生委《关于在全国开展农村留守儿童"合力监护、相伴成长"关爱保护专项行动的通知》（民发〔2016〕198 号）。

❷ 建议新生儿一律采集 DNA［EB/OL］.（2016-03-14）［2019-12-12］. http://news. china. com/2016lh/news/11176754/20160314/21912533. html.

❸ 《中华人民共和国人类遗传资源管理条例》，第 7 条、第 8 条、第 9 条。

❹ 《网络安全法》第 31 条。

❺ 《中华人民共和国反间谍法》第 24 条、第 25 条。

❻ 《中华人民共和国军事设施保护法》第 15 条、第 20 条。

权力能够利用信息来触动、劝服、影响甚至是限制我们的身份性质"❶。在大数据技术时代,数据产生和利用的公平与平等性是民事主体在这种社会中被公平和平等对待的基本前提。在大数据技术中,歧视和不公平往往更加隐蔽或者以合法形式表现出来,如算法上的不公平所导致的歧视和不平等是非常隐蔽和专业的。"在非故意歧视的情形下,因为挖掘数据的方式对应该得到保护群体的不利影响更加不明显,由此所造成的伤害可能更加难以被发现和纠正。"❷ "基于数学驱动应用的数据经济是基于容易犯错的人的判断……许多包含有人的偏见、误解和歧视的模型越来越多地管理我们的生活。像上帝一样,这些数学模型是不透明的,他们只对在其领域内的最高级教士们是可见的,即数学家和计算机科学家。他们的裁定即使是错误的或者有害的,也无法被异议。那么他们倾向于惩罚我们社会中的贫穷和被压迫的群体,而使得富人更富有。"❸ 在私权利社会中,人皆平等这一政治主张被民法中的民事主体权利能力平等这一概念来表述和得到法律保障;那么在大数据技术下的社会组织中,人皆平等这一政治主张的表现之一便是对个人信息的数据化平等与公平原则的坚持。这一原则要求在民事主体信息数据化过程中,除了应该注意到数据产生主体与信息主体对其信息的数据化过程中,由于权益冲突所产生的积极冲突之外,还应该注意到两者之间的消极性冲突,即数据主体对某个人或者某些群体中的数据产生中的歧视行为,包括排除某人或者某些群体的有关信息,或者对这些信息加以屏蔽、篡改或者损坏。❹ 这些人将会因此受到不公正的待遇,甚至可能成为数据社会的"黑户"。❺

---

❶ RICHARDS N M, KING J H. Three Paradoxes of Big Data [J]. Stanford Law Review Online, 2013 (66):43-44.

❷ BAROCAS S, SELBST A D. Big Data's Disparate Impact [J]. California Law Review, 2016, 1 (04):674.

❸ O'NELL C. Weapons of Math Destruction [M]. New York:Crown, 2016:3.

❹ "数据和信息还是稍有不同,虽然它最大的作用在于承载信息,但并非所有的数据都承载了有意义的信息。数据本身是人造物,因此他们可以被随意制造,甚至可以被伪造。"参见:吴军. 智能时代:大数据与智能革命重新定义未来 [M]. 北京:中信出版集团,2016:5.

❺ "根据2010年国务院第六次全国人口普查数据,全国至少有1300余万人没有户口,约占中国所有人口的1%。1300多万"黑户"浮出水面,成为数十年来中国人口政策和社会治理中不容忽视的问题人群。他们没有户籍资料,没有户口卡,也通常没有身份证,所以被社会俗称为"黑户"……大多数人没有社会保障,没有正常的工作、生活和受教育的机会,甚至连出行也困难重重。"参见:万海远. 中国"黑户"群体调查 [J]. 南风窗,2015 (5):30.

（四）数据产生主体对数据享有专有权益原则

数据产生主体对其所产生的数据享有专有权益原则是指遵循数据产生合法性原则而产生的数据，其产生主体应对数据享有专有权益。❶

坚持这一原则有三个理由，一是劳动产生权利这一基本正义的反映。数据产生主体在产生数据时要克服相应的法律障碍和事实性障碍，如数据合法性原则所产生的法律障碍以及技术、投资和市场结构所产生的事实性障碍。数据产生主体对数据的产生和存储需要人力和设施的投入和长期维护，并且数据已经成为企业的重要经营资源，围绕着数据的竞争日趋激烈，已经有多起纠纷发生❷，因此，数据产生主体对其数据的专有权益应该明确得到法律上认可。二是对数据实际占有状态的法律认可。数据的特征是不具有竞争性（Non-rivalrous），但却可以具有排他性（Exclusive）。❸ 数据产生主体对数据的实际控制状态在司法实践中已经被视为商业秘密或者财产性法益而受到保护❹，或者被以非法获取计算机信息系统数据罪等罪名在刑法给予认可和保护❺，那么在法律上明确认可数据产生主体对其产生的数据享有专有权益是对这些事实状态的法律认可和统一。另外，由于原始信息的数据化往往是在网络的不

---

❶　日本在 2018 年对其反不正当竞争法进行了修改，并在 2019 年 7 月 1 日开始实施，在本次修改中包括对大数据给予保护。参见：SAGARA Y. Big Data Protection under Unfair Competition Prevention Act has just started in Japan [EB/OL]. (2019-07-08) [2019-12-13]. http://www. nakapat. gr. jp/en/legal _updates_eng/big-data-protection-under-unfair-competition-prevention-act-has-just-started-in-japan/.

❷　上海汉涛诉爱帮不正当竞争案，北京市第一中级人民法院民事判决书（2011）一中民终字第7512 号、大众点评诉百度不正当竞争案，上海市浦东新区人民法院民事判决书（2015）浦民三（知）初字第 528 号、微梦公司诉淘友公司有关大数据不正当竞争案，北京知识产权法院民事判决书（2016）京 73 民终 588 号，以及已经和解的顺丰与菜鸟关于双方在数据获取、分享上发生争议时采取关闭数据接口措施所发生的争议，见：每日经济新闻. 顺丰菜鸟互撕背后：大数据争夺战已进入前所未有高度 [EB/OL]. (2017-06-05) [2019-12-13]. http://tech. sina. com. cn/i/2017-06-05/doc-ifyfuzmy1816654. shtml.

❸　ECORYS. Big Data and Competition [R/OL]. (2017-06-13) [2019-12-13]. www. rijksover-heid. nl/binaries/rijksoverheid/documenten/rapporten/2017/06/13/big-data-and-competition/big-data-and-competition. pdf.

❹　微梦公司诉淘友公司有关大数据不正当竞争案，北京知识产权法院民事判决书（2016）京 73民终 588 号。

❺　如罗滔、罗林、柯泰龙非法获取计算机信息系统数据、非法获取公民个人信息案，浙江省杭州市西湖区人民法院（2014）杭西刑初字第 859 号。"去年 7 月，实时公交查询软件'酷米客'状告同类产品'车来了'盗取后台数据一案经过一年的一审终于在深圳南山区人民法院宣判：车来了创始人兼 CEO 邵凌霜犯非法窃取计算机信息系统数据罪，罚金 10 万元，判处有期徒刑三年、缓刑四年执行。"见：南都产经. 出行大数据第一案一审宣判，"车来了"创始人获刑三年 [EB/OL]. (2017-07-20) [2019-12-13]. http://m. mp. oeeee. com/a/BAAFRD00002017072044573. html.

同层次中完成的，同一个原始信息会在不同的数据主体中产生不同的数据，那么这些处于不同层级的数据产生主体便对这些数据都享有独立的专有权益。例如，消费者在电商上购物这一行为过程所产生的信息在电商平台、支付平台、物流平台以及提供基础电信服务的数据流平台等都产生相关数据，这些数据产生主体是不同的，他们对这些数据都独立享有专有权益。❶ 三是对大数据技术私权规治的需要。权利同时意味着义务和责任，数据产生主体享有数据专有权益也意味着其有义务和责任来正当地行使自己的数据，并防止他人不当利用数据的法律责任。❷ 因此，赋予数据产生主体对其产生的数据以专有权益，数据产生主体便可以依赖专有权益来规范下游的数据分析和使用主体对其数据的分析和使用，从而形成从权利到责任的规范链条，为大数据技术的行业自律打下私权利基础。❸ 如政治学中常说的，"不能给予便不能规治"（He Who Cannot Give Cannot Rule），数据产生主体由于处于控制着大数据资源的节点地位，其他数据使用主体都需要从数据产生主体那里持续地获得数据资源，才能开始后续的使用。那么数据产生主体也就有了规治下游数据使用主体的能力和相应的法律义务。

另外，数据的存在需要媒介，而这一媒介主要是代码空间，不进入数据主体的代码空间是无法直接获得大量数据的，而对代码空间的保护同时保护了其中的数据。因此，代码空间权的构建对于代码社会是重要的和基础性的，数据产生主体对数据享有专有权益不一定必须将数据直接作为权利的客体，而以代码空间作为权利客体更可行，因为对数据的占有和排他性使用是以代码空间来实现的。对于代码空间和相关权利的讨论，在第十二章中会详细进行。

（五）促进大数据资源共享原则

促进大数据资源共享原则是大数据技术本身特征所决定的，孤立和隔绝的数据本身就不是大数据。"大数据与小数据的一个区别便是小数据通常存在

---

❶ "不管用户换什么 OTT 平台和终端，数据总归会流经管道和运营商。所以有人问，淘宝也有大数据，腾讯也有大数据，运营商的大数据和他们有何区别呢？其实，区别在于，淘宝拿不到腾讯的大数据，腾讯拿不到淘宝的大数据，但运营商可以同时拿到淘宝和腾讯的数据，只要有这个必要。" 参见：李军. 大数据：从海量到精确 [M]. 北京：清华大学出版社，2014：152.
❷ 《侵权责任法》第 8 条、第 9 条。
❸ 我国《网络安全法》第 11 条要求网络相关行业组织加强行业自律。这一立法精神也同样适用于大数据技术的法律规范之中。

于一个机构中，经常是在一个电脑中，甚至是在一个文件中。而大数据存在于整个电子空间，通常在很多服务器中，存在于地球的任何地方。"❶ 大数据技术的优势之一是从表面不相关的数据中找到关联性。简单地说，大数据资源共享本身便是大数据技术得以实施的前提。大数据技术下，"计算能力使得大海捞针不但是可能的，而且是可行的……但为了找到针得先有大海。为了获得某种洞察力，得先有足够的数据量"❷。

从数据价值角度来看，大数据技术的特征是数据价值与数据量之间存在着非线性的增速关系，数据量越大，其价值就会有飞跃提升。那么数据共享将实现数据量与数量价值的相互提高，因而是共赢的结果。"大数据的容量和种类特征使得其具有互补性，因为一种数据和其他种类的数据相结合之后往往可以产生更多的'价值'。"❸ 另外，数据价值还往往具有时效性，不及时得到使用的数据，其价值将很快衰减，这也使得数据共享具有财产效率上的必要性。

从社会公正性角度来看，大数据资源将会成为社会成员基本公平的基础，大数据资源不足的个人或者群体将会处于社会不利的竞争状态。"如果数据是排他性的，能够获得数据的公司相对于无法获得数据的公司具有竞争优势。"❹ 在古代的封建氏族社会，血缘关系的不平等是社会不公平的主要原因。在公权力社会，权力的不平等是社会不公平的重要原因。在私权利社会，私产占有和分配的不平等是社会不公平的重要原因。而在大数据技术时代，数据获得和分析能力上的不平等将成为社会不公平的重要原因。从追求社会公平这一政治角度来看，也应该将促进数据共享作为根本原则之一。❺

在美国，2009 年 1 月 21 日奥巴马总统的第一个工作日便颁布了政府大数据公开的总统备忘录，并且创建了专门的网站，其目标和使命是"开放联邦

---

❶ BERMAN J J. Principles of Big Data: Preparing, Sharing and Analyzing Complex Information [M]. Massachusetts: Academic Press, 2013: xxi.

❷ Executive Office of the President. Big Data: Seizing Opportunities, Preserving Values [R/OL]. (2014-05-01) [2019-12-11]. https://obamawhitehouse. archives. gov/sites/default/files/docs/big_data_privacy_report_may_1_2014. pdf.

❸❹ ECORYS. Big Data and Competition [R/OL]. (2017-06-13) [2019-12-11]. www. rijksoverheid. nl/binaries/rijksoverheid/documenten/rapporten/2017/06/13/big-data-and-competition/big-data-and-competition. pdf.

❺ "大数据的价值是通过数据共享、交叉复用获取的。因此，在笔者看来，未来大数据将会如基础设施一样，有数据提供方、管理者、监管者、数据的交叉复用将大数据变成一大产业。"参见：李军. 大数据：从海量到精确 [M]. 北京：清华大学出版社，2014：35.

政府的数据,通过鼓励新的创意,让数据走出政府、得到更多的创新型运用"❶。《网络安全法》第 11 条已经要求促进公共数据资源的开发和利用。但是,在大数据时代,不仅仅公共数据而且其他数据也应该促进共享。就目前的理解来看,手握大数据的主体往往是政府机构、金融机构、电信行业、电力行业以及大的互联网络公司。❷ 这些数据主体是大数据技术中的数据枢纽,控制着大数据的下游使用。因此,在促进数据共享的原则下,这些数据主体都承担着数据共享的义务。促进数据共享原则会与前面的数据产生主体对数据享有专有权益原则产生冲突,因为数据产生主体自身的自私性可能利用数据专有权阻碍与其他数据使用者的数据共享。促进大数据资源共享原则与数据产生主体对数据享有专有权益原则之间如何协调和处理已经成为很多国家或者机构关心的问题,这主要涉及有关大数据产生的竞争政策问题。❸ "数据保护法不应该成为限制技术的法,而应该是促进数据利用的法。"❹

(六) 数据安全原则

数据安全主要包括两个方面,一是数据的物理性安全,即保障数据的存在性、可获得性和完整性。存在性是指数据不能被毁坏或者丢失;❺ 完整性是指数据不能被篡改或者以其他方式污染;❻ 而可获得性是指数据应该能够被有

---

❶ SCHONBERGER V M, CUZER K. Big Data, A Revolution That Will Transform How We Live, Work and Think [M]. Boston: Eamon Dolan/Mariner Books, 2003: 64.

❷ "通过把各种行为和状态转变为数据,简称数据化,这是第一个机会,也是基础。大量个人信息数据的获得,这个机会基本属于新浪、微博等这类大企业;大量交易数据的获得,也基本属于京东、淘宝这类互联网络企业;小企业基本没机会独立得到这些用户数据。" 参见:李军. 大数据:从海量到精确 [M]. 北京:清华大学出版社,2014:34.

❸ Japan Fair Trade Commission Competition Policy Research Center. Report of Study Group on Data and Competition Policy [R/OL]. (2017-06-06) [2019-12-13]. http://www.jftc.go.jp/en/pressreleases/yearly-2017/June/170606.html.

❹ WINFRIED V. The GDPR: The Emperor's New Clothes-On the Structural Shortcomings of Both the Old and the New Data Protection Law [J]. Neue Zeitschrift Für Verwaltungsrecht, 2018 (10): 27.

❺ "数据安全中的备份和恢复能力是必要的,数据存储系统应提供完备的数据备份和恢复机制来保障数据的可用性和完整性。一旦发生数据丢失或破坏,可以利用备份来恢复数据,从而保证在故障发生时数据不丢失。" 参见:张尼,张云勇,等. 大数据安全:技术与应用 [M]. 北京:人民邮电出版社,2014:101.

❻ "大数据采用的分布式和虚拟化架构,意味着比传统的基础设施有更多的数据传输,当加密强度不够的数据在传输时,攻击者能通过实施嗅探、中间人攻击、重放攻击来窃取或者篡改数据。" 参见:张尼,张云勇,等. 大数据安全:技术与应用 [M]. 北京:人民邮电出版社,2014:63.

权获得的主体在需要时随时获得。❶ 二是数据的保密性和使用性安全，即防止数据被不当地泄露和使用。这一原则在《网络安全法》第 10 条中有体现。❷

不同性质的数据主体对于数据的安全义务是不同的。国家机关或者公共性组织由于本身便是承担公共利益或者国家安全的主体，他们对其产生和存储的数据本身就有特殊的保护义务，可以属于《网络安全法》中的关键基础设施。❸ 对于个人或者企业性质的数据主体，如果对于自己合法产生和存储的数据安全保护不足而造成其数据资源的毁坏或者丢失，那么按照私产自由处分原则，这些主体对于自己财产的损失应该不承担额外的法律责任。但是，如果这些数据是有关公共利益或者国家利益的，他们就不仅仅属于个人私产而可以自由处分了，而应该为公共利益或者国家利益而保障这些数据的安全。事实上，由于数据主体往往都是处于大数据技术中的核心和中枢地位，他们的数据往往都对公共利益和国家利益有着重大关切。所以，在大多数情况下，这些数据主体都需要为了公共利益和国家安全的目的承担对数据安全的保护义务。❹

数据主体对于数据保密性和使用性安全要承担主要责任和首要责任。法律上对数据主体所要求的安全保护义务，其目的是要求这些主体通过内部的技术措施和合规制度来实现对大数据的保护和对内部雇员的规范。近几年频繁发生的个人信息泄露案件大都是企业内部员工主动泄露出去的或者失职造成的❺，相关企业的大数据报告中也发现这类犯罪多为自然人犯罪❻，而仅仅通过刑事责任来追究这些直接行为人的做法是无法实现对这些企业中的数据有效保护的

---

❶　例如，"防止未授权性的访问，即没有预先经过同意，就使用网络或者数据资源；防止拒绝服务攻击，即通过对网络服务系统的不断干扰，改变其正常的作业流程或者执行无关程序，导致系统响应迟缓，影响合法用户的正常使用，甚至使合法用户遭到排斥，不能得到相应服务"。参见：张尼，张云勇，等. 大数据安全：技术与应用 [M]. 北京：人民邮电出版社，2014：63.

❷　《网络安全法》第 10 条、第 42 条。

❸　《网络安全法》第 31 条。

❹　安全问题是大数据技术中的重要问题，"某些特殊行业的应用，如金融数据、医疗信息以及政府情报等都有自己的安全标准和保密性需求。海量数据洪流中，在线对话与在线交易活动日益增加，其安全威胁更为严峻；而且现今黑客的组织能力、作案工具、作案手法以及隐蔽程度更上一层楼。"参见：李军. 大数据：从海量到精确 [M]. 北京：清华大学出版社，2014：26.

❺　国双司法大数据. 侵犯公民个人信息类刑事案件——大数据分析报告（2013—2016）[R/OL].（2017-06-02）[2019-12-11]. http://www.chinaz.com/news/2017/0602/715039.shtml.

❻　"侵犯公民个人信息类刑事案件的犯罪主体包括单位和自然人。以样本中的 1103 件判决文书为例，约 2.1% 的案件涉单位犯罪，约 97.9% 的案件仅为自然人犯罪。"参见：国双司法大数据. 侵犯公民个人信息类刑事案件——大数据分析报告（2013—2016）[R/OL].（2017-06-02）[2019-12-11]. http://www.chinaz.com/news/2017/0602/715039.shtml.

目的,❶ 在法律上应该要求数据主体对其产生、存储和使用的数据承担安全责任,这样这些主体才有动力和压力将这些法律责任转变成企业内部的技术和合规责任。

与大数据安全原则有关的另一个重要问题便是数据国际传输问题。由于国家性质决定了不同国家之间存在着天然的竞争性,而数据是获得和改变竞争力的重要资源,那么数据在不同国家之间的传输便成为重要的国家安全问题。《网络安全法》第 1 条立法目的中有关维护网络空间主权和国家安全的要求意味着,大数据主体在进行数据的国际传输时,应该承当维护网络空间主权和国家安全的义务。数据的跨国传输问题是一个复杂的政治问题、法律问题、经济问题和技术问题,他们之间相互干扰和影响,因此不可能仅仅从一个方面来解决数据的跨国传输问题。今天一些西方国家经常高举人权高于主权的价值观,而未来可能要讨论的是代码空间权和国家主权谁高谁低的问题了。有学者指出:①网络平台对国家主权造成了威胁;②世界不断网络化的结果是国家权力在下降。这是因为网络企业可以利用国家之间的管辖缝隙和冲突,网络平台获得这种能力之后便具有了准主权能力(quasi-sovereign power)。❷ "政府的监管能力不仅仅被这些公司的配合程度所左右着,而且被这些企业的性质所决定。例如,如果一个公司选择将其用户的通信全部加密,那么它便可以使得自己处于对政府的监管要求爱莫能助的状态。因为这些公司控制着数据,它们可以决定这些数据的整体政策。"❸

二、对大数据技术规治的路径选择与责任主体

由于大数据技术所涉及的法益是多重的,既包括公民个人或者法人的私主体的利益,也包括公共利益和国家利益,那么对大数据技术便具有了公权力规制与私权利自治相结合的规治特征。其有两个路径可以选择,一是从下到上的私权规治路径,以数据主体对其数据所享有的相关法益作为权利依据

---

❶ 例如,汪某侵犯公民个人信息案,浙江省平湖市人民法院刑事判决书(2016)浙 0482 刑初 1105 号;曲某某侵犯公民个人信息案,绍兴市上虞区人民法院刑事判决书(2016)浙 0604 刑初 999 号;张义侵犯公民个人信息案,上海市闵行区人民法院刑事判决书(2016)沪 0112 刑初 2057 号;古某犯侵犯公民个人信息罪案,江苏省常熟市人民法院刑事判决书(2016)苏 0581 刑初 1221 号等一系列刑事案件中都是将直接获得或者贩卖个人信息的行为人定罪,而都没有涉及对这些信息有管理义务和责任的法人主体的任何责任。

❷ WOODS A K. Litigating data sovereignty [J]. The Yale Law Journal, 2018 (2): 356.

❸ WOODS A K. Litigating data sovereignty [J]. The Yale Law Journal, 2018 (2): 358.

来规范大数据技术的使用，特别是数据产生主体依据其对数据的专有权益来规范下游的数据主体。二是从上到下的公权力路径，政府主管部门通过行政权力来规范大数据技术的使用，其目的是保护私主体的利益、公共利益和国家主权与安全利益。这两个规治路径应相互配合和支撑，形成公权力规制与私权利自治共存的局面。

（一）对大数据技术法律规制的私权利路径

对于第一个路径选择，即从下到上的私权利规治路径，其私权利基础有两个，一是原始信息主体对其信息享有的权益；二是数据产生主体对其所产生的数据享有的专有权益。

根据数据产生合法性原则，原始信息主体通过对其信息中权益的主张便可以在一定程度上规治数据产生主体的行为。但是，民事主体对其信息享有何种权益目前还有争议，如其应该属于财产权、隐私权或者个人信息权等新型权利。❶ 不论属于何种具体权利，依赖民事主体对其信息所享有的权益来规范大数据技术所遇到的困境，一旦信息被数据化之后，该主体便很难再识别、跟踪和通过其私权利来规范。特别是公民个人数据信息所包含的隐私利益的琐细性、模糊性和双重性，使得个人数据主体很难针对每一次个人数据信息的收集、传播或者使用做出及时的和精确的判断，这一困难在美国公平贸易委员会（FTC）的相关报告中也有说明。❷ 随着大数据技术的发展，会有众多的数据主体出现，个人信息会被众多发展和变化的数据主体所收集和分析处理，公民个人会被淹没其中而无法进行相关数据的识别和更正。❸ 例如，一个美国数据公司对几乎每一个美国消费者都进行了约 3000 个数据段（Data Segments）的归类❹，让一个消费者来了解和更正其中有关其个人的数据信息几乎是不可能的。

---

❶ 具体讨论参见：吴伟光. 大数据技术下个人数据信息私权保护论批判 [J]. 政治与法律，2016（07）：116-132.

❷ "由一个消费者来确定数据主体是如何获得其数据事实上是不可能的，为此消费者必须要经过一系列数据主体来追踪其数据的路径。"参见：Federal Trade Commission. Data Brokers：A Call for Transparency and Accountability [R/OL]. (2014-05) [2019-12-16]. https://www.ftc.gov/system/files/documents/reports/data-brokers-call-transparency-accountability-report-federal-trade-commission-may-2014/140527databrokerreport.pdf.

❸❹ Federal Trade Commission. Data Brokers：A Call for Transparency and Accountability [R/OL]. (2014-05) [2019-12-15]. https://www.ftc.gov/system/files/documents/reports/data-brokers-call-transparency-accountability-report-federal-trade-commission-may-2014/140527databrokerreport.pdf.

以个人意愿来决定该数据信息使用的合法性往往使原始信息主体处于要么全部拒绝，要么全部同意的两难选择。而如果拒绝，则意味着无法接受服务方的相关服务。因此，个人在大多数情况下不得不简单地接受这种协议。这说明依赖个人的独立判断来决定个人信息中隐私利益的使用是效率低下的选择。在大数据技术下，这种低效的选择无法与高效的数据处理相适应，因而个人不得不通过一揽子同意来将自己的个人信息交付给大数据技术系统来处理。❶ "'通知与同意'的方式是实践中应用平台、程序或者网站服务要求个人明确同意对其个人数据信息收集使用的做法。但是，只有在臆想的世界中用户才真正阅读这些通知的内容，并在表明其同意之前真的理解其含义。'通知和同意'在服务者和用户之间形成了一个不平等的有关隐私的谈判平台。服务者提供了一个复杂的、要么同意要么离开的隐私条款，而实际上，用户仅仅有几秒钟的时间去评估它。这是一种市场失效。"❷

另外，公民个人对个人信息自由处分权的非理性使用所导致的公共利益受损也是令人担忧的。❸ 我国《网络安全法》第 43 条赋予了公民个人在一定条件下删除和更正个人信息的权利，即所谓的"个人信息删除权"和"个人信息更正权"。❹ 但是，这一权利的行使是以数据主体违反法律、法规和双方约定为前提的，而赋予公民个人多大范围和程度的权利将是立法者的政策选择。

对大数据技术的私权利规治主要依赖第二种私权利，即数据产生主体对其所产生数据的专有权来实现。根据前面所列举的第四大原则，数据产生主体对其所产生的数据享有专有权，未经数据产生主体的同意或者法律的授权，

---

❶ 有媒体报道，浙江省高级法院与淘宝网合作，利用淘宝网中的个人数据信息来提高法院司法文件送达的准确性，也将对司法判决的履行情况与在淘宝网中的个人信用关联在一起。在司法机关与淘宝网的大数据合作中，包含有自己个人信息的主体以侵犯个人隐私权来阻止或者改变这种司法机关与淘宝网之间有关个人数据信息使用的合作几乎是不可能的。参见：余建华，孟焕良. 大数据服务司法创新云平台助推司法公正 浙江高院联手阿里巴巴打造"智慧法院" [EB/OL]. (2015−11−25) [2019−12−15]. https://www.chinacourt.org/article/detail/2015/11/id/1755976.shtml.

❷ Executive Office of the President, President's Council of Advisors on Science and Technology. Report to the President Big Data and Privacy: A Technological Perspective [R/OL]. (2014−05) [2019−12−16]. https://bigdatawg.nist.gov/pdf/pcast_big_data_and_privacy_−_may_2014.pdf.

❸ 如有学者指出，欧洲的被遗忘权（Right−to−be−forgotten）指令没有提供一个标准来确定相关信息在公共利益和个人隐私这一谱系中的位置。结果是相关机构在得到个人删除信息的请求后在做决定时会过度解读相关信息是有用的或者重要的，而损害了其他他人的知情权。参见：WEIGEND A. Data For the People. How to Mack Our Post−Privacy Economy Work for You [M]. New York: Basic Book, 2017: 179.

❹ 杨合庆. 中华人民共和国网络安全法解读 [M]. 北京：法制出版社，2017：96−97.

第三人不得非法获取和使用其数据。根据这一排他性权利，数据产生主体便可以依赖契约关系将自己的外部法律责任转变成内部的契约义务，并传递到下游的其他数据主体上，这一做法在美国大数据产业中已经被普遍使用。❶ 一些数据主体还通过埋入"种子数据"（Seeding Data）的技术方式来监督其客户不违反合同中所约定目来使用其数据。❷ 数据主体依赖数据专有权来对大数据的使用进行规范是出于私权主体的自身利益考虑，是不能自然实现对公共利益和国家安全利益加以保护的目的的。因此，需要事先将对这些法益的保护义务转变成针对数据主体的法律责任，而数据主体便将这些外部法律责任转变成企业内部合规规范以及企业之间的契约义务，从而实现对大数据技术的公法和私法相互配合的监管体系，即学者所称的"私行政法"概念和模式。❸

因此，在我国，公权力规制路径是大数据技术法律规制的根本，有关大数据技术的法律秩序主要是从上到下的公权力来构建，而不是从下到上的私权利来构建，这与西方国家可能有很大的不同。数据产生主体通过私权利来对下游的数据主体使用行为的规治是将公权力义务和商业伦理道德转变成私权利与义务的过程。

（二）对大数据技术法律规制的公权力路径

由于大数据技术的专业特征、所涉及法益的多样性以及数据主体所承担的法律责任的多重性，仅仅依赖私权利的实施和行业自律是无法有效实现对大数据技术的法律规制的。有学者将这一困境称为"权力悖论"（Power Para-

---

❶ 数据主体（Data Brokers）通过协议从数据提供者（Data Sources）获得数据时，一些联邦或者州的法律或者机构要求以书面协议的形式表明数据主体将只为了特定的目的来使用这些数据。数据提供者也禁止数据主体未经许可对数据的再次使用或者销售，对数据解密或者反向工程；非法使用数据，以及以违反相关法律的方式来使用数据。参见：Federal Trade Commission. Data Brokers：A Call for Transparency and Accountability［R/OL］.（2014-05）［2019-12-19］. https://www.ftc.gov/system/files/documents/reports/data-brokers-call-transparency-accountability-report-federal-trade-commission-may-2014/140527databrokerreport.pdf.

❷ Federal Trade Commission. Data Brokers：A Call for Transparency and Accountability［R/OL］.（2014-05）［2019-12-19］. https://www.ftc.gov/system/files/documents/reports/data-brokers-call-transparency-accountability-report-federal-trade-commission-may-2014/140527databrokerreport.pdf.

❸ "以政府规制与社会自我规制共同运作并实现公共任务，使传统的公法与私法二元对立相对化……在公法中，政府选择私法形式不主张私法自治，仍然还要受到公法拘束，成为行政私法。而对应的，以私人利益要受到公共利益约束为例，可能会融合公法、私法特征，形成一种不同的行政法领域——私行政法。"参见：高秦伟. 社会自我规制与行政法的任务［J］. 中国法学，2015（5）：92.

dox)，"大数据传感器和大数据工具都主要被具有实力的中间机构者而不是普通民众所掌握……这是权力悖论。大数据将创造出赢家和输家，而能够对个人信息加以挖掘、分析和存储的这些机构很可能会获得利益。不知道恰当的法律或者技术边界，每一方都只在猜疑"。❶ 因此，就目前而言，克服大数据技术中可能的权力失衡还主要依赖公权力的规制。我国的社会秩序更倾向于从上到下的特征来构建，❷ 对于大数据技术也是如此。例如，在与网络有关的版权侵权案件中就有这样的特征，版权人通过民事诉讼来改变和阻止网络平台侵犯版权的效果，在现实中非常不明显，相反这些网络平台更在意政府主管部门的行政措施。❸ 同样道理，面对复杂的大数据技术，必须有更有效的制度机构来监督和平衡这种正在培养的脆弱的新型合作与竞争关系，规范具有大数据技术优势的企业，才能在竞争和合作关系还不稳定时构建起相互信任的有机社会。❹

即使对个人权益而言，在我国也主要需要依赖公权力的保护，而不是依赖私权利主体的民事权利来实现。❺ 这是因为在大数据技术环境下，公民个人理性很难成为集体理性，依赖民事责任中的因果关系很难实现规范的目的。如索罗夫在 2001 年指出，"数据库的问题不是我们被监视、被控制以及被限制的问题，也不是我们对个人信息缺少所有权的问题，而是我们与公共和私立机构的关系中的力量和影响问题，我们没有能力对我们的个人信息的收集

---

❶ RICHARDS N M, KING J H. Three Paradoxes of Big Data [J]. Stanford Law Review Online, 2013 (66)：43-45.

❷ "一些学者像 G. William Skinner 用两种中心阶层法来描述一个国家的社会，第一种大致上是从下到上来构建的，其来自于交易。第二种大致是从上到下来构建，其来自于帝国的控制，它是以具有行政管理职权的有阶层的单位构成。从上到下的体系往往采纳强迫的逻辑，从下到上的体系往往采纳资本的逻辑。" 参见：TILLY C. Coercion, Capital, and European States, AD 990-1990 [M]. New York：Basil Blackwell, Inc. 1990：127.

❸ 国家版权局约谈百度高层 敦促其拿出文库整改计划 [EB/OL]. (2011-04-22) [2019-12-16]. http://media. people. com. cn/GB/120837/14453731. html.

❹ 例如，在我国和其他国家已经多次发生的包含有用户个人数据信息的大数据被泄露事件，对于这种事件如果依据私权利进行救济，不论是个人诉讼还是集体诉讼都很难实现事前预防、事后追责的制度目的。而依赖公法的行政责任甚至是刑事责任对数据主体的责任追究则要有效得多。参见：为何中国网民的"内裤"如此易扒？[EB/OL]. (2015-10-20) [2019-12-16]. http://news. sohu. com/s2015/dianji-1723/index. shtml.

❺ 例如，2017 年 5 月 "两院" 联合发布的《关于办理侵犯公民个人信息刑事案件适用法律若干问题的解释》第 1 条至第 5 条中对非法提供公民信息的行为解释为《刑法》第 253 条之一的侵犯公民个人信息罪，而在我国《刑法》中这一罪名是属于《刑法》第四章中的侵犯公民人身权利、民主权利罪这一类犯罪。

和使用进行有意义的参与。作为结果，我们必须将注意力集中到现代社会权力的构建上，如何对这些机构进行治理"❶。由于大数据技术可以生成再生信息，那么原始信息主体通过对原始信息的控制来保护再生信息中的权益几乎不可能，这也是在大数据技术下通过赋予个人私权来实现对大数据技术的规治的根本不足和缺陷。这一问题的根源是大数据技术上的信息能力失衡，有学者称之为"透明性悖论"。这是因为大数据技术的专业性，一般公民和市场主体很难能够实现监督，而需要专门和专业的机构来完成。这些专业人员被称为"算法师"，他们应该是计算机科学、数学和统计学方面的专家，对大数据分析和预测进行评估。❷ 这些专家所组成的专门机构来承担对数据主体行为的监督。否则就目前的社会监督能力来看，似乎没有其他组织可以承担起这样的职能。❸ 如有学者指出，"从个人同意这一控制形式向数据使用者责任（Accountability）形式的转移是实现大数据治理的根本的和实质性的变化"❹。美国FTC在相关报告中也指出，在要求数据主体的透明性时，现实中很多消费者既并不寻求接触被数据主体所掌握的数据，也无法理解其中具体细节。因此FTC建议一些重要主体，包括管理者、政策制定者、学术机构、产业以及消费者保护机构通过评价数据主体是否清楚地和准确地向消费者描述了其业务来增加这些数据主体的责任性。❺

---

❶ SOLOVE D J. Privacy and Power：Computer Databases and Metaphors for Information Privacy［J］. Stanford Law Review，2001，53：1461.

❷ SCHONBERGER V M，CUKIER K. Big Data，A Revolution That Will Transform How We Live，Work and Think［M］. Boston：Eamon Dolan/Mariner Books，2003：99.

❸ 有产业界人士也呼吁成立类似这样的机构，"这是大数据时代、智能时代的新问题。在对算法愈加依赖的现代社会，一些算法会提供贴身服务，让人如沐春风；一些算法则可能涉及歧视、公平，甚至伤害公共利益，滋生'算法腐败'，成为少数人谋取不当利益的工具。这样的算法，是应该公开的，但我们不要求，谁来公开呢？这些算法不仅需要公开，甚至还需要接受'算法审查'。而审查算法，需要专业的人员、专业的机构，我预计，未来世界各国的政府部门都将增设这样的机构。我建议，中国的工业和信息化部，可以率先成立算法公平审查局，保障世界第一互联网大国消费者的利益"。参见：涂子沛. 互联网更需要审查的，不是内容，而是算法［EB/OL］.（2017-01-12）［2019-12-15］. http://it.sohu.com/20170112/n478540076.shtml.

❹ SCHONBERGER V M，CUKIER K. Big Data，A Revolution That Will Transform How We Live，Work and Think［M］. Boston：Eamon Dolan/Mariner Books，2003：97.

❺ Federal Trade Commission. Data Brokers：A Call for Transparency and Accountability［R/OL］.［2014-05］：53. https://www.ftc.gov/system/files/documents/reports/data-brokers-call-transparency-accountability-report-federal-trade-commission-may-2014/140527databrokerreport.pdf.

最后，由于网络化以及能源技术的巨大进步，个人的社会干扰度剧增。❶ 通过对个人行为的事后追责制度来实现规范社会的方式在今天的社会越来越力不从心，社会治理方式已经开始超越私权利社会基于侵权责任的事后追责模式。事后追责制度的理念是希望通过责任追究制度来对行为人的非理性行为形成威慑，从而促成社会成员理性化。在私权利社会中，由于个人能力的有限性和非网络性，对个人违法行为所造成的损害通过事后追责在相当程度上可以弥补或者忍受。但在今天，个人的信息能力和控制能量的能力越来越大，并且可以通过网络来快速传递其影响，对社会的干扰能力越来越强，个人非理性行为所造成的损失往往通过事后追责制度无法弥补。❷ 这意味着在网络社会中，事前预防错误的发生要比事后的补救更加重要。如同在苏联发生的切尔诺贝利核事故，事后追究任何人的责任都对所造成的巨大损害于事无补。这些都说明需要一个监管大数据技术应用的专门机构，以便能够对数据主体加以事前的主动监督和安全评估，尽量能够预防大数据技术所带来的风险。❸

在政府通过公权力规制和数据主体私权自治的相互协调互动过程中，明确的专门政府主管机构有利于保障政府不同部门之间政策统一、政府与企业之间协调通畅，像美国和日本等国家都已经有这样的专门政府机构。❹ 而我国

---

❶　例如，在 1988 年发生的著名的"莫里斯蠕虫病毒"事件，被告作为一个大学生开发和传播了一款网络病毒，结果瞬间造成大量的计算机感染病毒失去功能，其中包括学校、政府机构和军事部门的一些重要计算机。这一最早的网络病毒案例很好地说明了网络社会中，个人对社会的干扰能力迅速提高。参见：UNITED STATES of America, Appellee, v. Robert Tappan MORRIS, Defendant-Appellant. No. 774, Docket 90-1336. United States Court of Appeals, Second Circuit. Argued Dec. 4, 1990. Decided March 7, 1991.

❷　例如，在 2015 年 3 月 24 日发生的德国之翼航空公司编号为 4U9525 的空中客车 A320 型客机坠机事件，事后调查表明是飞行员的自杀行为，并且该飞行员在自杀之前已经有很多信息和数据表明其已经不适合驾驶飞机，但由于隐私保护的需要，这些信息并没有被航空公司等相关机构所掌握。该事件后，欧洲人也在反思其隐私保护是否过头了。

❸　有管理和技术方面的学者也建议政府机构、行业组织和大型企业要建立专门的数据治理机构来统筹数据治理的工作，如数据治理委员会、大数据管理局等，数据治理的重点在于数据定义的一致性和数据的质量。参见：涂子沛. 大数据（3.0 升级版）[M]. 桂林：广西师范大学出版社，2015：350.

❹　在美国，有关大数据技术所产生的隐私保护问题，消费者权益保护问题以及竞争问题等是由 FTC 来负责管理。日本则根据其在 2017 年 5 月 30 日开始实施的《个人信息保护修正法》第 59 条的规定，成立了个人信息保护委员会，直接向首相负责。其负责与个人信息相关的指导、建议，个人权利的保护以及在产业中正当使用个人信息等相关事宜（第 60 条）。欧盟的 GDPR 中要求成员国成立专门的监督机构来负责该规则的执行。参见：Regulation (EU) 2016/679 of the European Parliament and of the Council of 27 April 2016 on the protection of natural persons with regard to the processing of personal data and on the free movement of such data, and repealing Directive 95/46/EC (General Data Protection Regulation), Article 51.

对于大数据技术的政府主管部门至今还不明确，在全国人大常委会执法检查组关于检查网络安全法、全国人民代表大会常务委员会关于加强网络信息保护的决定实施情况的报告中已经明确指出这一问题。❶

三、结论

大数据技术是一种可以影响多种法益的新技术，其对社会的影响是全方位和深远的。但是，大数据技术与其他技术的本质是一样的，都是人类提高自己竞争力的工具。人类社会通过制度规范来规制社会成员的竞争行为，对不同的竞争行为有道德上的不同评价和制度规范上的不同态度。那么对于作为竞争工具的大数据技术也同样应有相应的伦理道德要求和制度规范。由于大数据技术涉及多种法益，对大数据技术的制度规范便更加复杂，以及更需要维持制度规范和创新自由之间的平衡。因此，应该从原则上来对大数据技术进行指导性规范，并通过专门的政府主管部门将这些原则转化成具体的法律义务和责任来施加给数据主体。数据主体应该根据这些原则承担直接的法律义务，并依赖数据的专有权益和契约关系来规范其他相关数据主体对大数据技术的应用，从而形成公权力与私权利相互配合的共治关系。这一趋势在行政法领域已经引起广泛注意，对社会的法律规制正从公法与私法对立的形式向公法规制与社会自我规治相结合的局面转变。❷

---

❶　"网络安全监管'九龙治水'现象仍然存在，权责不清、各自为战、执法推诿、效率低下等问题尚未有效解决，法律赋予网信部门的统筹协调职能履行不够顺畅。一些地方网络信息安全多头管理问题比较突出，但在发生信息泄露、滥用用户个人信息等信息安全事件后，用户又经常遇到投诉无门、部门之间推诿扯皮的问题。'万人调查报告'显示，有 18.9% 的受访者反映，在遇到网络安全问题后，他们不知该向哪个部门举报和投诉，即使举报了也往往不予处理或者没有结果。"

❷　"其中，一个方面从公法展开，将公法规范与原则（如公开、程序）适用于社会自我规制主体；另一方面从私法展开，利用竞争法、知识产权法、侵权法、合同法等，拘束与引导社会自我规制活动。此外，还有一些来自社会共同体共享的价值、互相监督及社会舆论也会发挥后设规制的作用，亦值得关注。"参见：高秦伟. 社会自我规制与行政法的任务 [J]. 中国法学，2015（5）：93.

第十一章

个人数据信息利用的规治原理与实践*

> 在世界上的所有事物中，信息是最难被保护的，因
> 为它可以毫无触动地被偷走。
>
> ——伊桑·卡什❶

针对个人数据信息利用的法律规制总体有两种倾向。一种是隐私权理念，欧盟是将个人数据信息用隐私权来保护的代表，其将隐私权视为基本人权，关系到人的荣誉和尊严，而为此以从上至下的理念和方法来制定欧盟法律，限制对个人数据信息的使用（其使用需要得到数据信息主体的明确同意）。另一种是财产权理念，美国是将个人数据信息倾向以财产权规治的典型代表。其基本理念是个人数据信息包括其中的隐私利益可以被视为财产得到保护，这是一种从下至上的理念。如怀特曼所说，"对个人荣誉的保护在美国根本就不存在"❷。个人应该享有其个人数据信息，并且作为财产所有人应该有权控制对其个人数据信息的使用。❸ 这两种不同理念有不同的具体表现，如学者利特曼所指出的，在美国，企业们所获得消费者的数据信息可以被使用、出售、公开或者与其他数据信息进行关联，这是合法的；而在欧盟，如果没有本人的同意将个人数据信息提供给第三方是违法的，甚至将其使用到与当初收集该数据信息不同目的上也是非法的。为此，欧盟要求美国也制定相应的法律，

---

* 本章主要内容已发表。参见：吴伟光. 大数据技术下个人数据信息私权保护论批判［J］. 政治与法律，2016（07）：116-132.

❶ KATSH E. The Electronic Media and the Transformation of Law［M］. Oxford：Oxford University Press，1989：168.

❷ WHITMAN J Q. The Two Western Cultures of Privacy：Dignity versus Liberty［J］. Yale Law Journal，2004，113（6）：1207.

❸ JESSICA L. Information Privacy/Information Property［J］. Stanford Law Review，2000，52（5）：5.

否则将终止国际的信息往来。❶

我国在若干年前就开始讨论有关个人数据信息保护的立法❷，但相关法律一直没有出台，而大数据技术在社会各个领域的不断应用，使得这一问题更加亟待解决。❸ 那么，我国对个人数据信息的使用是通过隐私权还是财产权来规治？或者能有自己的独立判断并形成新制度吗？当大数据技术对目前的私权利社会制度发起挑战时，也许所面临有关个人数据信息保护的困境不仅仅是技术进步所带来的某个具体问题，更是制度变革前沿所带来的体系性问题。

对个人数据信息不论是以隐私权保护还是以财产权来保护都是基于私权利的社会合作形式。如在本书第一篇中已经讨论过的，大数据技术下的社会组织可能超越私权利社会形成合作共享的有机社会形式。这种社会组织形式比私权利社会更加具有效率，因而更有竞争力。而有关个人数据信息使用上的规治便是这一转变的前沿，因此可以发现继续以私权利观念和制度来规范对个人数据信息的使用会遇到根本难题。对此，中国无需在隐私权模式还是财产权模式中不自愿的进行选择，而是可以打破私权利社会的观念和制度束缚，发展出更高效和合理的个人数据信息规治制度。因此，对于个人数据信息的保护不是基于私权观念来赋予公民个人对个人数据信息的处置权，而是基于公共利益来对个人数据信息的使用目的和方式加以公法上的规制，并且依赖大数据技术不断进步来实现相关方之间的信息能力的平衡与对称，增强相互的信赖程度，减弱由于相互猜忌而导致的囚徒困境。

一、概念与特征

（一）个人数据信息的特征

个人信息在大数据技术下多以数据形式存在，因此本书使用个人数据信息的概念以区别于非数据化的个人信息。个人数据信息一般指数据化的个人的社会身份信息，包括经济、社会和文化相关的一个或者多个信息，以及个

---

❶ JESSICA L. Information Privacy/Information Property [J]. Stanford Law Review, 2000, 52 (5)：2-4.

❷ 周汉华. 中华人民共和国个人信息保护法（专家建议稿）及立法研究报告 [M]. 北京：法律出版社，2006.

❸ 我国有关个人数据信息的立法保护表现为立法碎片化，保护利益不清晰，表达不明确，多数规范性文件位阶偏低，缺乏操作性以及相关执法部门的定位和权限不明确。参见：张新宝. 从隐私到个人信息：利益再衡量的理论与制度安排 [J]. 中国法学，2015 (3)：45.

人的自然身份信息，包括身体、心理、基因和智力水平等相关的信息。随着信息技术的发展和社会组织紧密程度的提高，个人数据信息的内容和种类也会不断地丰富。在大数据技术下，个人数据信息具有以下特征。

第一，个人数据信息中包含的市场价值和隐私利益具有低密度性和非直接性。大数据特征之一便是数据价值密度较低，数据量越大价值越高，并且呈非线性的增长。这一特征在个人数据信息与隐私利益的关系上的表现便是隐私利益密度性较低，也就是说个人数据信息越多，其中能够获得的相关人的隐私利益就越多。相反，对于单独或者少量的个人数据信息，能从其中获得的相关人的隐私和使用价值便较少。如美国《大数据与隐私报告》中指出，"隐私问题既可以从感应器的精准度产生，也可以从来自多个感应器的数据关联性产生。一个感应器的输出信息也许并不敏感，但两个或者多个的结合便产生了有关隐私的担忧"❶。这种价值的低密度性使得个人数据信息的使用和其产生的结果之间的因果关系变得模糊和薄弱。大数据技术中各个数据之间是相关的，而基于私权的侵权责任认定和损害赔偿都是基于因果关系，而不是模糊的相关性。❷

第二，个人数据信息具有再分析价值。个人数据信息作为原始数据一般可以为多种目的来使用和开发，从而产生出很多增值服务或者衍生应用。❸ 而且这种多目的和多用途的使用相互之间并不是隔绝和独立的，会相互作用和影响，从而产生更加高级和复杂的应用。"技术公司正通过对上百万的声音样本进行分析，以便能提供更加可靠和准确的声音界面。银行利用大数据技术来提高对欺诈的侦查能力。医疗机构可以利用大数据技术提高医疗水平。"❹

---

❶ Executive Office of the President, President's Council of Advisors on Science and Technology. Report to the President Big Data and Privacy: A Technological Perspective [R/OL]. (2014-05) [2019-12-16]. https://bigdatawg. nist. gov/pdf/pcast_big_data_and_privacy_-_may_2014. pdf.

❷ "隐私法主要是关于因果关系的法律，而大数据则是相关性的工具。"参见：GARRETT B L. Big Data and Due Process [J]. Cornell Law Review Online, 2014 (99): 108.

❸ 如在美国历史上，1935 年开始实施的社会保障系统，每个就业人员都有一个社会保障号 (SSN)，这个号码在开始的时候仅仅是为了社会保障系统的，而不是为了一般意义上的识别身份的目的。并且在社会保障卡上还明示"非为识别性"。但不久，这个号码便开始为其他目的而使用，今天这一号码已经广泛用于接触个人在银行、投资公司、学校和医院的用户和记录的密码。参见：SOLOVE D J. A Brief History of Information Privacy Law [M] //MATHEWS K J. Proskauer on Privacy: A Guide to Privacy and Data Security Law in the Information Age. New York: Practising Law Institute, 2018.

❹ Executive Office of the President. Big Data: Seizing Opportunities, Preserving Values [R/OL]. (2014-05-01) [2019-12-16]. https://obamawhitehouse. archives. gov/sites/default/files/docs/big_data_privacy_report_may_1_2014. pdf. .

"分析使得大数据具有生命力。没有分析，大数据可以部分或者全部地被存储或者被提取，但其结果与最初是一样的。分析，包括以各种不同计算技术的分析是大数据变革的推动力。分析可以在大数据中产生新的价值，比大数据本身集合所产生的价值大得多。"❶ 这种特征使得个人数据信息的相关者对数据信息使用的后果或者所产生的利害关系多无法提前作出准确和及时的预判，这使得个人以某种私权利来决定个人数据信息的使用方式以及为此承担后果的制度设计是很难达到其目的的，也就是说个人的理性判断基础不足，如有德国学者所批评欧盟的 GDPR 的个人信息自决理念（the Idea of Informational Self-determination）是一种无法实现的乌托邦。❷

第三，个人数据信息的非独占性。对于传统的隐私利益，如身体外观或者住宅往往具有自然的独占性，利益主体可以通过物理形式，如衣服或者围墙将这些隐私内容加以保护，使得相对人有明显的利益边界感存在，因此，隐私权在民事权利中属于对世权。在美国的隐私权观念中，隐私利益与其物理边界有直接的关系，对于不能依赖物理控制的隐私利益，如公共场合的隐私利益一直给予比较弱的保护，"美国的隐私保护，隐喻的核心是对围墙内的家庭的某种保护。尽管 18 世纪之后，这种保护已经超越了字面意义上的家，但相关人离家越远，这种保护就越弱这种情形却一直保持。尤其是法院根据宪法第四修正案所发展出来的'对隐私的合理期望'标准之后更是这样。一个人对隐私的合理期望的主要地点当然是家里，离开家之后就相应的很少有隐私保护了。这同样适用于工人，根据美国的判例，工人在工作场合对隐私的期望几乎接近于没有"❸。但是，个人数据信息在产生时就往往是与其他主体所共享的，其产生往往来自于另一方的服务或者管理系统。例如，身份证号码是国家身份管理与识别系统配置给个人的号码，而像电话号码、邮件地址、住宅地址、网上交易信息、医疗信息以及银行交易记录等都具有这种特征。这种特征使个人数据信息一开始便具有共有性，这已经对私权利制度产生了挑战，因为个人占有是私权制度产生的前提和正当性基础，而这种共有

---

❶ Executive Office of the President, President's Council of Advisors on Science and Technology. Report to the President Big Data and Privacy: A Technological Perspective [R/OL]. (2014-05) [2019-12-16]. https://bigdatawg.nist.gov/pdf/pcast_big_data_and_privacy_-_may_2014.pdf.

❷ WINFRIED V. The GDPR: The Emperor's New Clothes-On the Structural Shortcomings of Both the Old and the New Data Protection Law [J]. Neue Zeitschrift Für Verwaltungsrecht, 2018 (10): 4.

❸ WHITMAN J Q. The Two Western Cultures of Privacy: Dignity versus Liberty [J]. Yale Law Journal, 2004, 113 (6): 1194.

性使得私权的权属和边界的划分以及权利内容的确定都非常困难。即使像知识产权这样的信息性财产权，在没有权利人将信息公开之前，其信息也是处于权利人的控制之下，而一旦将信息公开之后所产生的财产权，则需要花费很高的制度成本来确认和维护。

第四，个人数据信息产生的意志一致性。与以侵犯隐私权或者财产权的方式获得个人信息不同，个人数据信息的产生、收集和使用往往与相关人的意志以及利益具有一致性。由于这种意志上的一致性，个人对其个人信息的收集和数据化往往并不是真正的对抗和拒绝。这种一致性表现为要么是相关人明确同意，要么是默示同意这种个人数据信息的产生、收集和使用，如在电子商务交易中所提供的个人购物相关信息或者在医院医疗过程中所产生的诊断信息等。有关个人数据信息的收集和使用上的意志一致性是因为这种收集和使用往往是互利的，而不是仅仅一方面获得利益。因此，在数据产生时一般没有直接的冲突性和对抗性。

第五，对个人数据信息收集、分析和处理的即时性。传统上对个人信息的收集、分析和处理往往具有时间的滞后性，当需要人工参与时，由于人自身能力的限制，这种时间的滞后性是必然的。但是，在大数据技术下，个人数据信息的收集、分析和处理却可以是即时的。"数据收集和分析正处于加速进行之中，并接近于实时状态，这意味着大数据分析结果对个人环境或者其生活具有实时影响的潜在性正在增强。"❶ 与大数据信息收集和分析的即时性相比，个人的信息处理与判断是延时性的，这意味着以个人意志来决定是否和如何使用这些数据信息对其使用效率是有妨碍的，也表明了赋予个人对于数据信息以私权保护包括隐私权和财产权保护的低效率性。例如，2015 年 3 月份发生的德国之翼副驾驶员故意坠机事件，之前该副驾驶员在网络上以及医院的体检和治疗中都多次反映出这种行为的前兆，这些个人数据信息如果能够即时被处理和反馈给该航空公司，便可能避免这场灾难。❷ 大数据技术已经开始出现"量化自身"（Quantified Self）倾向❸，以后每个人的所有信息，包括心理和生理健康状态的信息都可以在相应的代码空间中即时地被量化、

---

❶ Executive Office of the President. Big Data：Seizing Opportunities，Preserving Values ［R/OL］. （2014-05-01）［2019-12-16］. https://obamawhitehouse. archives. gov/sites/default/files/docs/big_data_privacy_report_may_1_2014. pdf.

❷ 德专家就德国之翼空难发布中期报告 ［R/OL］. （2015-07-01）［2019-12-17］. http://world. people. com. cn/n/2015/0701/c157278-27237326. html.

❸ 成田真琴. 数据中间商 ［M］. 邓一多，译. 北京：北京联合出版公司，2016：234.

分析和处理。

(二) 大数据技术的社会影响

如在第五章讨论过的，大数据技术使得人类可以逐渐摆脱信息分析和处理这一繁重任务，本质上提高人的信息能力。这将产生比市场交易更为有效的信息处理和分析机制，也会改善，甚至逐渐取代市场经济制度，诞生出新的人类社会制度，其被称之为有机社会组织或"合作共享社会"（Collaborative Commons）。❶ 有机社会中，社会成员针对稀缺资源将是合作分享而不是竞争占有为主。社会成员的组织形式将发生革命性变化，私权、民主、法治、平等以及自由等概念和价值观都将逐步退出历史舞台，因为这些价值和概念都是基于市场经济的私权利社会而存在的，就如同在印第安人的世界里就没有这些概念。❷ "在真正的有机生活中，个人是自觉的，并且奉献于自己的工作，感觉自己和所做的工作是快乐的整体的一部分。他是自觉的，因为他知道在整个事件网络中存在着危险，知道在作为一个家庭、国家、人类以及不管何种更大信念所构想的存在的成员而努力。"❸

在私权利社会中，交易成本的存在使得稀缺资源的持有人必须有足够的时间来消化这些交易成本，而保障这一时间的制度便是私权制度。当大数据技术可以取代交易制度成为更有效的信息处理机制时，产权制度便逐渐失去价值。因为信息技术使得社会成员不需要通过市场交易这种方式便可以获得所需要的社会信息，从而决定自己的行为。"新经济模式的合作特征与经典经济理论是根本不同的，经典经济理论太注重于这样的假设，即个人在市场上对私利的追求是驱动经济增长的唯一有效方式"。❹

个人注重私利的根本原因是对稀缺资源的竞争压力，以及对是否能够获得合理的稀缺资源的不确定性两者的共同作用造成的，是如何获得稀缺资源的信息能力不足的非理性后果。大数据技术下，社会成员可以通过商品市场交易之外的信息智能处理机制来进行信息交换，实现稀缺物品提供者和消费者的直接自动匹配，社会组织不再主要依赖于市场进行有关稀缺资源的最优

---

❶ RIFKIN J. The Zero Marginal Cost Society [M]. London：Palgrave Macmillan，2014：10.

❷ 早期的英法人编写的印第安人语言词典中没有"自由"一词。一位从事贸易的商人写道，印第安人的词汇中也没有"描述暴政、武断的国王、受压迫的或者俯首听命的臣民之类的词"。参见：埃里克·方纳. 美国历史：理想与现实（上册）[M]. 王希，译. 北京：商务印书馆，2017：30.

❸ 查尔斯·霍顿·库利. 社会组织 [M]. 北京：中国传媒大学出版社，2013：77.

❹ RIFKIN J. The Zero Marginal Cost Society [M]. London：Palgrave Macmillan，2014：126.

配置,那么与市场经济有关的制度因素,如企业、产权以及交易规则等制度特征也会逐步消失。❶ 这将极大节省由于市场经济中信息不对称所造成的资源浪费和解决资源分配的不均衡。当社会分工不再需要市场交易来分享各自的稀缺资源和劳动贡献时,私权制度便也没有存在的必要了。有机社会中稀缺资源的分配将以"共同创造—共享—按需(理性)分配"模式取代私权利社会中的"分工—私权—交易"模式。如瑞夫金所指出的,"在新出现的合作共享社会中的创新民主化是基于新的激励机制,对财富回报的期望越来越少,而对提高人类社会福祉的期望越来越多"❷。

这种社会组织形式如同人体一样,社会成员类似于人体中的细胞,这些细胞形成不同的组织并承担人体所需的各自功能,而细胞之间和组织之间都协调地受着神经系统的指挥,以应对人体整个系统的需求,稀缺资源也根据这种需求而动态配置,如同人体的带有营养的血液一样。❸ 在这种社会组织中,社会成员根据自己的特征和意愿,理性地竞争各种社会组织中的功能部门,这种竞争不是为了最大限度地获得和占有稀缺资源,而是为了最大限度地满足自己作为社会组织成员的理性需求。"市场将被网络所取代,获得比所有权更为重要,对自利的追求将被合作利益所缓和,而传统的对富裕的追求将被可持续的生命品质的新追求所取代。"❹

这种竞争压力的减轻,使社会成员之间由于竞争产生的对抗性减弱,那么社会成员的行为便更加具有理性,降低了非法竞争行为的可能性。因此,大数据技术下的社会,剥夺社会成员自由的监狱和惩罚体系将会极大瓦解,其根本原因是大数据社会不需要这些奖罚制度来增强管理者的信息能力。奥斯特罗姆曾经指出,在一些情形下,即使没有外部约束力,某些社会团体中

---

❶ 例如,在今天的电子商务中,相关消费者对商品的评价成为其他消费者决定是否购买的重要信息,从而减弱了传统市场经济中对企业的信誉以及对商品的品牌的绝对依赖。那么像商标权这样的私权,其功能便开始减弱了。有调查显示,自2012年美国广告市场已经开始萎缩,因为消费者从被动接受信息的方式转为主动和平等的分享商品信息。参见:RIFKIN J. The Third Industrial Revolution [M]. London:Palgrave Macmillan,2008:178.

❷ RIFKIN J. The Third Industrial Revolution [M]. London:Palgrave Macmillan,2008:34.

❸ 经济学家马歇尔在20世纪20年代已经感受到这种有机性社会组织的发展趋势:"有机体——不论是社会的有机体还是自然的有机体——的发展,一方面使其各部分之间机能的再分部有所增加,另一方面使各部分之间的关系更密切,这个原理没有很多例外情况。每部分的自给自足都变得越来越少,而为了自身的福利却越来越多地依赖其他部分。因此,一个高度发达的有机体的任何部分出了毛病,都会影响其他各部分。"参见:阿弗里德·马歇尔. 经济学原理 [M]. 廉运杰,译. 北京:华夏出版社,2005:206-207.

❹ RIFKIN J. The Third Industrial Revolution [M]. London:Palgrave Macmillan,2008:22.

的成员也可以通过自我承诺和监督来解决成员之间的公地悲剧问题，成员之间不仅仅因为背叛而无处躲藏，而且也会对该团体产生耻辱感和负疚感。❶ 这种邻里效应的产生是成员相互之间信息能力增强的结果，而大数据技术下，可以将这种邻里效应扩大到整个网络中。如库利所说的，"从心理学角度来看，历史的本质事实可以被认为是社会共识和理性合作逐步扩大的过程"。❷

作为大数据存在的个人数据信息的价值在于被社会充分的发掘和使用，沉淀的数据是没有价值的。但是，这种使用会不会使某些社会主体对公民造成损害，从而与促进社会福利增长的目的相悖？如美国的《大数据与隐私报告》指出，"虽然确实有一类数据信息对于社会来说是如此敏感，即使占有这些数据信息便可以构成犯罪（如儿童色情），但大数据中所包含的信息所可能引起的隐私顾虑越来越与一般商业活动中、政府行政中或者来自公共场合的收集中的大量数据无法分开。信息的这种双重特征使得规治这些信息的使用比规治收集更合适"❸。如何实现公民权利与大数据使用之间的相互融合是包括美国、欧盟和日本等在内的国际社会所关切的问题。例如，欧盟以 GDPR 取代已经过时了的 1995 年《个人数据保护指令》❹，其问题之一便是《个人数据保护指令》过于依赖个人的信息性选择（Informed Choice）。而经验表明，个人既不阅读也不理解这些隐私政策，个人根据这些信息所作出的同意实际上是空话。❺ 但是，不论是美国的财产权保护方案，还是欧洲的隐私权保护方案，都是他们各自历史与文化的产物，与中国的情况相差甚远，而且在他们本国实施过程中也是争议重重。

笔者认为，这些问题的产生与社会从私权竞争关系到共享合作关系的转变这一大背景有关。当以大数据技术为支撑的个人数据信息的使用可以促进人类社会向组织效率更高的有机社会转变时，这种以隐私权或者财产权来规治个人数据信息使用的制度选择便出现了难以逾越的困难，对此下面将详细

---

❶ OSTROM E. Governing the Commons, the Evolution of Institutions for Collective Action [M]. London: Cambridge University Press, 1990: 59.

❷ 查尔斯·霍顿·库利. 社会组织 [M]. 北京: 中国传媒大学出版社, 2013: 89.

❸ Executive Office of the President, President's Council of Advisors on Science and Technology. Report to the President Big Data and Privacy: A Technological Perspective [R/OL]. (2014-05) [2019-12-17]. https://bigdatawg. nist. gov/pdf/pcast_big_data_and_privacy_-_may_2014. pdf.

❹ Directive on the Protection of Individuals with Regard to the Processing of Personal Data and on the Free Movement of Such Data.

❺ IRA R. Big Data: The End of Privacy or a New Beginning? [J]. International Data Privacy Law, 2013: 2.

论述。

二、对个人数据信息作为隐私利益保护的批判

在第七章中讨论过的，隐私可以分为信息性隐私和物理性隐私。物理性隐私是禁止他人未经许可对本人的身体、住所或者私人物理空间的侵入；而信息性隐私是指当本人的个人信息被以收集、存储、分享以及使用时，本人因此而产生的对隐私的期望。❶ 个人数据信息所涉及的隐私利益更多的是信息性隐私。

（一）以私权保护隐私利益的正当性的制度背景

人类社会是竞争的产物，信息能力是重要的竞争工具和竞争利益，而隐私利益便是这种信息能力所产生的利益的特定表现。❷ 尽管隐私权所保护的隐私利益似乎是信息技术发展之后的私权利社会的制度产物，但对信息能力的竞争却是贯穿于人类社会的整个历史。不同的社会制度对应着不同的竞争关系，也产生了不同的竞争主体，也决定着哪一方享有隐私利益的控制权力。当社会制度发生变化时，竞争主体和竞争关系便也发生了变化，隐私利益的控制方也随之发生变化。

在公权力社会中，文字与有形媒体的使用使没有血缘关系的官僚组织可以取代封建氏族社会中的血亲体系，成为社会组织的信息传播与分析体系。❸ 公权力组织便努力享有该社会组织的信息能力优势，否则这种社会便会组织效率低下，制度内生成本高，社会组织的公共利益严重受损。社会成员之间的隐私利益和隐私权的保护只会增加公权力组织者获得和分析信息的效率性和准确性，损害社会组织的整体效率。即使有像便携式照相机这样的技术，公权力社会性质的政治制度中也不会产生针对普通民众的隐私权观念。

私权利社会是以社会分工和市场交易为组织形式的社会制度，社会成员通过分工和市场交易来实现合作关系，不再完全依赖公权力组织的信息分析

---

❶ CRAIG T, LUDLOFF M E. Privacy and Big Data ［M］. California：O'Reilly，2011：14.

❷ 由于隐私利益与竞争关系有着直接的关联，同样的信息在不同的竞争关系时会有着截然不同的隐私利益，因而试图按照学者张新宝的想法在个人信息中划分出"个人敏感隐私信息"并加以特别保护的做法是难以实现的，这将使得本来就非常难以确定的隐私概念变得更加玄虚，因为个人敏感隐私信息的内容是随着不同的竞争关系和竞争对象而随时发生变化的。参见：张新宝. 从隐私到个人信息：利益再衡量的理论与制度安排 ［J］. 中国法学，2015（3）：50.

❸ 吴伟光. 网络新媒体的法律规治：自由与限制 ［M］. 北京：知识产权出版社，2013：3.

和处理机制。❶ 私权利社会组织的社会成员对自己以何种方式和何种程度参与社会分工和市场交易进行判断，寻找相对于自己来说最有效率的合作方式。而这一过程便是社会成员对信息的自我获得、分析和判断的过程，即民法理论中的民事主体自愿原则。在社会成员依据信息判断作出选择之前，他人不能对其法益进行占有或者利用，这便产生了私权制度。私权利制度一方面为权利主体提供了自愿作出信息判断的时间差，另一方面也将需要交易的法益以文字形式加以描述，从而增强信息传播、分析和判断的效率性和准确性，这便是私权的内容。私权制度将除了基于权利人同意的交易行为之外的其他占有或者利用其私权利益的行为都排除在制度所许可的行为之外，包括公权力组织也不得非法占有或者使用私权所保护的利益。隐私权便是私权利社会下所产生的针对隐私利益的私权，使得权利人可以根据自己的信息分析和判断来决定隐私利益的贡献和使用。❷

在信息技术还不发达的年代，信息获得和传播的障碍成为隐私利益的天然保护，还不需要专门的法律制度来规范社会成员对他人隐私利益的不当获得和利用。但是，随着信息技术不断发展，一些人可以通过发达的信息技术提高自己的信息能力，从而获得相对更多的信息时，社会组织成员之间的竞争平衡便被破坏了。直接后果便是一部分社会组织成员处于不利的竞争地位，从而丧失更多的自由。为了恢复竞争的平衡，减弱社会成员之间竞争的有效性，需要在制度上设置私权来限制这种不当的竞争行为，这便是隐私权制度的意义。❸ 无救济便无权利，隐私权的意义在于相应公权力救济能力，以弥补私力救济在信息社会中的失能。

隐私利益与社会制度之间的关系也决定了不同历史发展路径的国家或者地区，对待隐私利益的态度和文化是不同的。例如，普通法系国家尤其以美国为代表，社会竞争关系和秩序是企业通过市场来形成的，因此美国的隐私

---

❶ 吴伟光. 网络新媒体的法律规治：自由与限制 [M]. 北京：知识产权出版社，2013：4.

❷ 这种制度上的价值选择被称为 "个人自决、个性或者个人人格。来维持民主社会以及对国家权力的限制"。参见：张新宝. 从隐私到个人信息：利益再衡量的理论与制度安排 [J]. 中国法学，2015（3）：41.

❸ 例如，在讨论赋予公民隐私权的必要性时，沃伦和布兰代斯认为："摄影技术是这样一种状态，对于画像来说，一个人如果不是为此目的有意识地端坐在那里，这样的画像很难完成，那么合同法或者信托法就能够足以赋予一个谨慎的人来防止对其肖像不当使用的能力。但是，由于摄影技术的最新发展已经能够即时地拍摄照片，合同或者信托原理已经无法满足这样保护的需要了。"参见：WARREN S D, BRANDEIS L D. The Right to Privacy [J]. Harvard Law Review, 1890, 4 (5)：211.

权制度主要是限制政府，而不是限制企业和市场。❶ 而欧洲大陆国家的社会竞争关系和秩序是政府主导下形成的，因此其隐私权制度主要是防止企业和市场对个人隐私利益的过度使用。如怀特曼指出，"重要的是两者之间的核心价值不同：一方面，欧洲人对受到大众媒体威胁的个人尊严很在意；另一方面，美国人则对受到政府威胁的自由很在意。在大西洋两岸，这些价值深深地根植于可感知的社会政治理念中，他们的历史可以回溯到 18 世纪晚期的革命时代"❷。怀特曼指出，美国对将隐私视为个人尊严和荣誉这一观点的抵制源于两个基本的价值，即 "言论自由的价值和市场自由的价值"❸。而大陆法系国家则是在受到英国资产阶级革命胜利后的竞争压力下，通过政府主导向市场经济国家的转变，政府的意志在制度设计中有着明显的痕迹。当人权理念成为欧洲国家的立国理念后，这种思想也必然体现在像个人数据信息的保护政策上。"欧洲的法律仅仅允许在获得相关主体的明确同意后才能为有限的目的以及有限的次数来收集消费者的信息，并且要受政府的监管。而美国人则更能忍受产业的自律……更喜欢市场导向的个人数据信息保护。"❹

大数据技术下，围绕信息隐私所产生的新问题是由于大数据技术对个人信息的收集、存储、分析和利用的能力显著提高而产生的。隐私利益密度很小的独立个人数据信息汇集成大数据之后，数据主体可以利用大数据技术从大量数据中获得该信息相关方的隐私利益，形成所谓的 "数字人"。例如，在美国的 Patrick E. Dwyer v. American Express Company 案中，法院认为信用卡用户通过对信用卡的使用自愿将自己的信息提供给被告信用卡公司，而被告通过分析来获得用户的消费习惯和消费偏好的行为并不侵犯用户的隐私权。❺ 这样的后果便是公众与数据主体之间出现严重的信息能力差异。那么，在大数据技术下，赋予个人对其数据信息以隐私权保护能够恢复被破坏的平衡吗？

---

❶ 2013 年 10 月 9 日，美国的苹果、谷歌、微软、脸谱、雅虎、推特以及美国在线等公司向美国总统和国会发出了公开信，要求美国政府对网络监管进行改革，以恢复网络用户对这些网络公司的信任。他们担心如果网络用户们发现和这些公司分享的信息不是被保密的，那么他们将对这些公司失去信任。RICHARDS, N M, KING J H. Big Data Ethics [J]. Wake Forest Law Review, 2014：415.

❷ WHITMAN J Q. The Two Western Cultures of Privacy：Dignity versus Liberty [J]. Yale Law Journal, 2004, 113 (6)：1219.

❸ WHITMAN J Q. The Two Western Cultures of Privacy：Dignity versus Liberty [J]. Yale Law Journal, 2004, 113 (6)：1208.

❹ WHITMAN J Q. The Two Western Cultures of Privacy：Dignity versus Liberty [J]. Yale Law Journal, 2004, 113 (6)：1193.

❺ Patrick E. Dwyer v. American Express Company, Ill. App. 3d 742；652 N. E. 2d 1351 (1995)

(二) 对个人数据信息作为隐私利益保护的批判

为了恢复公众与其个人数据信息使用者之间信息能力的平衡性,有些人主张将个人数据信息明确纳入隐私权的保护范围之内,并且赋予个人对这些信息内容的占有和处置能力。隐私权是私权利社会制度中特有的权利,其本质上是赋予社会成员对自己的隐私利益加以自我判断如何使用的能力,是赋予了社会成员自己进行相关信息分析和计算的能力,有学者将这种模式称为"隐私的自我管理模式" (Privacy Self-management)。❶ 隐私的自我管理模式在欧盟的个人数据信息保护方面有明显的表现,其注重个人对其数据信息的控制和管理能力,赋予个人一系列相应的权利。"欧洲人严厉谴责针对消费者数据的交易行为,欧洲法学者认为市场主体能够购买他们喜好的信息是严重侵犯隐私权的行为,对此必须给予规制。"❷ 我国有学者也建议在民法中明确对个人数据信息给予隐私权的保护。❸ 但是,将个人数据信息视为一种隐私利益给予保护的做法却产生了难以解决的问题,因为隐私权概念是私权利社会的制度要求,而大数据技术正在某些方面形成比私权利社会更为高效的有机社会,隐私权保护与这种高效的有机社会要求发生了冲突。

在实质方面,由于对个人数据信息使用的目的多样性、数据之间的关联性和可智能处理性,通过大数据技术的挖掘、开发和处理可能产生出很多衍生的信息和结果,而这些衍生的信息和结果很多是无法在一开始便能准确预见的。❹ 私权利社会的制度正义性来自于社会成员具有足够的理性,根据自己的意愿来决定自己的行为,并且承担由此产生的后果。但是,在大数据技术下,个人通过自己的理性判断是无法准确获知其每次允许使用的单次和零碎

❶ SOLOVE D J. Introduction:Privacy Self-Management and the Consent Dilemma [J]. Harvard Law Review 2013,126 (7):1880.

❷ WHITMAN J Q. The Two Western Cultures of Privacy:Dignity versus Liberty [J] Yale Law Journal,2004,113 (6):1192.

❸ 王利明. 隐私权的新发展 [G] //《人大法律评论》编辑委员会. 人大法律评论 (2009 年卷). 北京:法律出版社,2009:21.

❹ 例如,德国之翼航空公司的飞行员蓄意坠机事件发生后,媒体发现有一系列有关该飞行员意图自杀的信息公布在网络上,以及在医院就医等信息记录表明其身体已经不适合飞行。如果这些个人数据信息经过收集、分析和处理,那么就有可能向航空公司提出预警,从而减少这种事故发生的可能性。但是,这种不适合飞行的自杀倾向只有在获得足够的个人数据信息并且经过分析处理之后才有可能发现,因而在一开始是无法预知的,也就无法事先对这一具体结果征得相关个人的同意。参见:德国之翼空难 "最后 8 分钟" 内情揭秘 [EB/OL]. (2015-05-30) [2019-12-18]. http://www.hi.chinanews.com/hnnew/2015-03-30/379456.html.

的个人数据信息在使用者的智能处理下会产生什么后果。例如,有关个人数据信息的匿名权问题,这种通过匿名来保护自己隐私的做法在大数据技术下是掩耳盗铃的做法,无数的证据表明,通过大数据技术可以轻易地破解这种匿名状态。如美国《大数据报告》中提到:"今天所碰到的最一般的隐私风险还是'小数据'的风险,如为了金融欺诈的目的而对个人银行信息的泄露。这些风险还不包括大容量的、高速率以及快变化的信息,也没有与大数据相关的任何复杂计算……隐私学者、政策制定者以及技术专家们现在面临的问题是如何在 FIPP 为基础的框架下管理大数据。"❶ 面对大数据技术,之前管理小数据的制度、理论和经验都变得过时了。❷

在程序方面,如果赋予个人数据信息以隐私权保护,那么个人数据信息的使用方会努力突破或者规避法律的限制而获得信息,如各种技术手段的应用以及要求用户放弃隐私权的格式合同的泛滥。而拥有隐私信息的一方由于无法准确判断自己隐私利益的应用,经常处于禁止还是允许使用自己隐私信息的两难选择之中。"几乎没有人有时间、能力或者决心浏览一遍网上的复杂条款和同意的条件,更不用说要对每次给定的同意书都进行浏览。"❸ 这种双方相互猜疑和对立的两难选择,实质上意味着以私权观念来保护隐私的制度遇到了障碍和挑战。在大数据技术下,要求双方针对复杂多变的隐私利益进行一对一的谈判和定价来确定对隐私利益的使用范围、程度和方式,这在交易成本上来看几乎是不可能的事情。"'通知与同意'的方式是实践中应用平台、程序或者网站服务要求个人明确同意对其个人数据信息收集使用的做法。但是,只有在臆想的世界中用户才真正阅读这些通知的内容,并在表明其同意之前真的理解其含义。'通知和同意'在服务者和用户之间形成了一个不平等的有关隐私的谈判平台。服务者提供了一个复杂的,要么同意要么离开的隐私条款,而实际上,用户仅仅有几秒钟的时间去评估它。这是一种市场失效。"❹

---

❶ Executive Office of the President. Big Data: Seizing Opportunities, Preserving Values [R/OL]. (2014-05-01) [2019-12-18]. https://obamawhitehouse. archives. gov/sites/default/files/docs/big_data_privacy_report_may_1_2014. pdf. 其中的 FIPP 是指"公平信息实践原则"(Fair Information Practice Principles).

❷ 如有学者指出,"即使向欧盟那样的通过'遗忘权'式的总括隐私方案也会难以应对大数据的恢复能力,甚至是依赖过去或者现在的数据来重构个人信息的能力"。GARRETT B L. Big Data and Due Process [J]. Cornell Law Review Online, 2014 (99): 108.

❸ RICHARDS N M, KING J H. Big Data Ethics [J]. Wake Forest Law Review, 2014: 413.

❹ Executive Office of the President, President's Council of Advisors on Science and Technology. Report to the President Big Data and Privacy: A Technological Perspective [R/OL]. [2019-12-18]. https://bigdatawg. nist. gov/pdf/pcast_big_data_and_privacy_-_may_2014. pdf.

由于个人数据信息所包含的隐私利益的琐细性、模糊性和双重性，使数据信息的个人主体很难针对每一次个人数据信息的收集、传播或者使用作出及时和精确的判断。因此，以个人意愿来决定该数据信息使用的合法性往往使得数据信息所有人处于要么全部拒绝，要么全部同意其使用的两难选择。而如果拒绝服务方有关个人数据信息使用的协议，则意味着无法接受服务方的相关服务。因此，个人一般都是不得不简单地接受这种协议。这说明依赖个人的独立判断来决定个人信息中隐私利益的使用是效率低下的选择。在大数据技术下，这种低效的选择无法与高效的数据处理相适应，因而个人不得不通过一揽子同意来将自己的个人信息交付给大数据技术系统来处理。❶

我国有些学者也发现了个人数据信息与隐私之间存在着差异性，建议在人格权中增加个人信息资料权这种新权利。"个人信息资料权是指个人对于自身信息资料的一种控制权，并不完全是一种消极地排除他人使用的权利，更多情况下是一种自主控制信息适当传播的权利。"❷ 这表明对个人数据信息以隐私权这种消极排他性权利来保护已经无法满足社会成员合作的需要了，而其中的"自主控制信息适当传播"的权利内容意味着这种权利已经不是严格意义上的人格权，权利人可以处分权利所保护的法益了，这种思想与美国对个人数据信息以财产权保护的思想很相似。那么，以财产权保护个人数据信息可以恢复被破坏的平衡吗？

三、对以财产权保护个人数据信息的批判

(一) 对财产给以私权保护的正当性的制度背景

主张对个人数据信息给予财产权保护的理由主要包括以下两方面。

一方面，这被认为符合"天赋人权"的自然权利思想。主张拥有财产权的人相信他们的权利来自于自然规律，是基于上帝或者科学的指导。❸ 这种观点认为财产权是民主法治社会的基本人权和社会基石，对个人数据信息给予

---

❶ 例如，有媒体报道浙江省高级法院与淘宝网合作，利用淘宝网中的个人数据信息来提高法院司法文件送达的准确性，也将对司法判决的履行情况与在淘宝网中的个人信用关联在一起。在司法机关与淘宝网的大数据合作中，包含有自己个人信息的主体以侵犯个人隐私权来阻止或者改变这种司法机关与淘宝网之间有关个人数据信息使用的合作几乎是不可能的。大数据服务司法创新云平台助推司法公正 浙江高院联手阿里巴巴打造"智慧法院" [EB/OL]. (2015-11-25) [2019-12-18]. https://www.chinacourt.org/article/detail/2015/11/id/1755976.shtml.

❷ 王利明. 隐私权概念的再界定 [J]. 法学家，2012 (1): 108-120.

❸ JESSICA L. Information Privacy/Information Property [J]. Stanford Law Review, 2000, 52 (5): 9.

财产权保护是公民个人决定自己的个人信息是否以及如何被他人使用的基本保障，是公民个人免受他人的侵害和政府迫害的制度要求。这种主张认为财产权利在法治或者国家出现之前便已经存在了。在政治制度出现并对其加以干扰之前，财产已经被社会成员所拥有并交易。❶ 根据这种理论，个人数据信息也当然给予财产权的保护。

但是，社会大分工是私权利社会形成的前提条件，社会分工程度与社会交易成本是关联在一起的。❷ 而决定交易效率的重要因素便是信息，信息效率构成了交易成本的绝大部分。❸ 当交易成本较高时，分工和交易方式便不能产生较高的生产力，而没有交易时，私权是没有意义的。如芮夫金所批评的，第一次工业革命使得产品极大丰富，人们的生活水平有了很大提升，"启蒙经济学家们便开始颂扬市场中私权关系的天生美德，开始认为对私产的获得是固有的生物性所驱动的，而不是由某种特定的传播与能源模式所塑造的社会倾向而已"❹。因此，私权利社会的成功是人类社会发展过程中信息能力和能源能力大幅度提高的结果，而不是人性有本质的改变。而所谓的人格、尊严或者"天赋人权"等主张都是事后为支持私权利制度的正当性而产生的概念，一旦脱离这样的制度背景，这些概念便没有意义了。当以这种理论作为前提来论证对个人数据信息以财产权保护的正当性时，恰恰应该警惕其前提上的局限性。

另一方面，对个人数据信息以财产权的保护来自于一些经济学家，尤其是自由资本主义经济学家的支持。他们认为市场的自由交易要好于政府的管制，赋予个人数据信息以财产权便使得信息主体可以在市场上依据自己的意愿来进行有关数据信息的交易，这样个人就可以依据财产权来管理和控制自己的隐私利益。现在的隐私危机是由于市场失效造成的，而赋予个人对于数

---

❶ 如自由经济学家哈耶克所主张的，"贸易比国家还古老"。参见：哈耶克. 致命的自负 [M].冯克利，等，译. 北京：中国社会科学出版社，2000：45.

❷ "生产力是由分工水平决定的，而分工是由交易效率决定的。"参见：杨小凯. 发展经济学：超边际与边际分析 [M]. 张定胜，张永生，译. 北京：社会科学文献出版社，2003：95.

❸ "为了进行市场交易，有必要发现谁希望进行交易，有必要告诉人们交易的愿望和方式，以及通过讨价还价的谈判缔结契约，督促契约条款的严格履行等。""设立企业有利可图的主要原因似乎是，利用价格机制是有成本的。通过价格机制'组织'生产的最明显的成本就是所有发现相关价格的工作。"参见：罗纳德·哈里·科斯. 企业、市场与法律 [M]. 盛洪，等，译. 上海：格致出版社，2009：6, 39.

❹ RIFKIN J. The Third Industrial Revolution [M]. London：Palgrave Macmillan, 2008：213.

据信息以财产权，并且可以依据价值而定价则至少在理论上可以解决这一问题。❶ 支持个人数据信息财产化的主张还认为，随着技术的发展，交易成本会迅速下降从而使得个人可以针对其数据信息的公开和使用进行交易。个人甚至可以将其数据信息交付给智能的软件工具来代理行使其权利。❷

在大数据技术下，以财产权来保护个人数据信息以及规范其使用却是无法实现其制度目的的。根本原因在于作为私权的财产权，其使用的质量和效率是由权利主体即自然人的判断能力来决定的，而自然人的信息处理能力无法与大数据技术下的智能信息处理能力相比，这注定了对个人数据信息的财产权保护既损害了公共利益，也损害了个人利益，因而恰恰是效率低下的。人类社会发展过程中的重要政治任务便是解决社会成员之间由于各自自私性而导致的相互不信任，造成囚徒困境的问题。封建氏族社会依赖的是血缘关系的利他性，公权力社会依赖的是公权力组织的自觉性，私权利社会依赖的是市场交易的透明性和重复博弈性。但是，在大数据技术下，依赖私权交易来解决围绕着个人数据信息的不信任问题恰恰造成了相关各方的囚徒困境和低效率，对此下面再详细讨论。

（二）对个人数据信息以财产权保护的批判

首先，以自然权利思想来作为对个人数据信息的财产权保护的依据是苍白和无力的。因为人类的发展历史告诉人们，所谓的"天赋人权"思想和私权神圣的理论仅仅是私权利社会的制度价值和正当性主张。在私权利社会形成之前的封建氏族社会或者公权力社会，都没有这样的价值观和正当性；在大数据技术下可能形成的有机社会中，也没有私权利存在的制度价值和正当性。因此，这种理论更多的是为私权利社会辩护的事后诸葛亮的做法，或者如怀特曼在评价隐私权是一种普遍人权的观点时所指出的，这是一种直觉论的主张（Intuitionist Arguments）。"这些主张假想人类具有某些能够针对对错的直接和直觉的掌握能力———一种能够在通常的伦理道德判断中指导我们的直觉能力……既然侵犯隐私对每个人来说看起来都是很可怕的事情，对隐私的保护便一定是法律的首要责任，就像对财产和合约的保护一样重要。如此，

---

❶ JESSICA L. Information Privacy/Information Property [J]. Stanford Law Review, 2000, 52 (5): 6-7.

❷ JESSICA L. Information Privacy/Information Property [J]. Stanford Law Review, 2000, 52 (5): 11.

隐私对我们如此重要，那么法律对其保护一定是属于基本人权。"❶ 怀特曼随后指出，这种直觉论对于隐私来说是错误的。那么，对个人数据信息以财产权保护是一种自然权利的主张，又何尝不是一种直觉而已。

其次，对个人数据信息以财产权，保护在制度上的低效率。在一般情况下，将个人劳动成果财产权化之所以有效率，是因为一方面，财产权化的劳动成果具有排他性，解决公共物品的公地悲剧问题，如版权制度；另一方面，市场交易是比公权力分配更有效率的信息处理机制。因此，社会分工与市场交易构成了财产权制度的本质需要。但是，个人数据信息并不存在这样的公地悲剧问题，因为个人数据信息的产生目的并不是直接为了获得稀缺资源，这与版权制度的作品产生是不同的。即使没有财产权保护，个人数据信息也不断产生，它只是个人参加社会生活的信息记录而已，不会因为没有财产权保护而出现产出不足的问题。个人数据信息也具有非排他性的特征，财产权所保护的客体的前提条件是其具有稀缺性，因而需要提高其利用的经济效率性。但是，非排他性的个人数据信息，如果不被人为地以制度或技术手段来强制排除他人使用，它们更像空气或者阳光一样具有充裕性，而充裕性的资源在制度目的上仅仅评价其使用的正当性而不是效率性。❷ 在经济学上，产权的概念仅仅是针对稀缺物品而言的❸，因为稀缺才有分配的效率问题，从而产生了产权与交易的需要，对于像阳光和空气这样不稀缺和不排他的充裕物品是没有竞争性的，因而也不需要产权制度来规范其使用。因此，以赋予个人财产权来限制不具有稀缺性的个人数据信息的使用，在制度上不具有正当性。

最后，个人数据信息财产权保护的市场失效性。对个人数据信息以财产权保护目的是赋予权利人根据自己的意志判断来决定个人数据信息是否以及如何使用，是个人判断以何种方式和多大程度参与社会合作的过程。这种制度选择的前提条件是针对个人数据信息的交易成本足够低，使得通过私权交易的方式来获得和使用个人数据信息是最有效率的方式。但这一前提条件是不成立的，这会导致对个人数据信息的财产权保护的市场失效现象。这一前

---

❶ WHITMAN J Q. The Two Western Cultures of Privacy: Dignity versus Liberty [J]. Yale Law Journal, 2004, 113 (6): 1154.

❷ 例如，人们不考虑空气使用的效率性，却关心其使用的正当性，不能为了杀人而利用空气制造有毒气体。

❸ "稀缺性在经济学中扮演着重要的角色：选择之所以关系重大，正是因为资源是稀缺的。" 参见：约瑟夫·E. 斯蒂格利茨. 经济学（上册）[M]. 4版. 黄险峰，等，译. 北京：中国人民大学出版社，2012：7.

提条件不成立的原因是前面提到的个人数据信息的五个特征。个人数据信息价值的低密度性使得相关个人无法就单独的个人数据信息进行财产权的交易，因为单独的个人数据信息几乎没有市场价值。❶ 因此，相关个人对于每次个人数据信息的产生都是明示或者默示同意，也就是个人数据信息产生的意志一致性特征，就如同每次到银行 ATM 机上的交易数据或者每次在电子商务中的交易数据。而当这些个人数据信息量级足够大，形成大数据时，其财产价值才有所体现。但是，包含个人数据信息的大数据却是在其他相关方的系统内形成的，如银行系统中或者电子商务服务商系统中。在美国的 Patrick E. Dwyer v. American Express Company 案中，对于被告将作为客户的原告们的个人姓名等数据库商业出租给第三方是否是对原告姓名的不当使用问题上，法院认为："不可否认，每个开户人的名字对于被告都是有价值的，名字越多就越有价值。但对于被告（或者某商人）来说，单一的和随机的名字是几乎没有价值的。相反，只有将个人名字与被告的名单结合在一起才有价值，被告通过对这些名字的分类和集合才产生了价值。而且，被告的行为也没有丝毫剥夺原告对其名字上所拥有的任何价值。"❷ 即使在以私权保护观念浓重的德国，对于个人信息的公共性在司法实践中也被认识到，20 世纪 80 年代的德国联邦宪法法院在一个有关人口普查的判决中就写到："即使与个人相关，信息也是对不能独自属于受影响之人的社会事实的一种反映。"❸

相关个人对这种数据信息的产生既没有劳动贡献，也不存在独占性，那么对其财产权主张就没有了正当性。而如果采取像知识产权那样的制度性强制排他权，例如，以行政或者司法救济来强制相关方不得使用个人数据信息，则会产生极高的制度成本，而其所要实现的制度目的是不明确的，因为知识产权的制度目的是鼓励创新，而个人数据信息是不需要制度激励便已经产生并且共享。这些都说明，以赋予个人财产权保护个人数据信息并促进其使用是低效率的。

---

❶　有日本分析师估算一个人的个人信息平均是 20~30 日元，非常有价值的则超过 100 日元。即使是 100 日元换算成人民币也仅仅是 6、7 元，相对于相应的交易成本，这样的价值个人几乎无法交易。参见：成田真琴. 数据中间商 [M]. 邓一多，译. 北京：北京联合出版公司，2016：32.

❷　Patrick E. Dwyer v. American Express Company, Ill. App. 3d 742；652 N. E. 2d 1351（1995）

❸　Bundesverfassungsgericht. Judgement dated on 15 December 1983 – BVerfG, 15. 12. 1983 – 1 BvR 209/83, 1 BvR 269/83, 1 BvR 362/83, 1 BvR 420/83, 1 BvR 440/83, 1 BvR 484/83. % 65, 1, 44. WINFRIED V. The GDPR：The Emperor's New Clothes–On the Structural Shortcomings of Both the Old and the New Data Protection Law [J]. Neue Zeitschrift Für Verwaltungsrecht，2018（10）：5.

四、作为公共物品的个人数据信息使用的法律规范与治理

(一) 将个人数据信息以公共物品保护的合理性

根据以上的分析，可以发现不论是以隐私权还是以财产权来对个人数据信息的使用进行规制，都使得相关方无法准确计算和有效率地行使该私权，从而使得私权制度失去其功能。大数据技术下的社会形态正在从私权利社会向以共享形式的有机社会转变，尽管这一过程还比较漫长，但在边际领域已经开始转变。个人数据信息便是处于边际领域的一个明显例证，对个人数据信息的使用应该超越私权观念，而作为公共物品加以保护和规治应该更为可取。

首先，将个人数据信息以公共物品来使用和规治在制度上更有效率。个人数据信息中的隐私利益和财产利益的低密度和不可预测性，使个人数据信息所有者通过交易方式来判断其使用是成本很高的过程，即有关个人数据交易和使用的市场失效现象。❶ 这导致私权制度失去了功能，个人数据信息具有经济学上公共物品的特征，而对于公共物品使用的价值追求是正当性而不是效率性，那么为了稀缺资源配置效率而存在的私权与交易的制度特征便不适用于个人数据信息上。因此，对于一个国家来说，其法域内的个人数据信息应该像空气和阳光一样作为不稀缺的公共物品为社会公众所共享，而对这些数据信息的使用要求便是不损害国家利益、公共利益和个人利益。既然将个人数据信息作为公共物品对待，那么弱化个人对个人数据信息的占有，允许相关方对个人数据信息的收集、分析和使用便是一种新型的社会合作关系。因为这种合作关系不再需要以个人对自己数据信息的判断和允许他人使用为前提，放弃了私权利社会中的个人自愿原则。

其次，放弃对个人数据信息的私权利保护并不意味着对已经存在的隐私权制度和财产权制度有根本的改变。对公民法益的私权保护仍然是私权利社会的制度基石，也是民主法治社会的基础，这一总体制度特征并没有改变。因此，社会成员在共享和使用个人数据信息时，如果其使用的方式或者结果侵犯了他人的私权利，如隐私权或者财产权，仍然要承担侵权责任。但是，对于个人数据信息的收集、使用或者转让本身并不必然直接构成侵犯隐私权

---

❶ SCHWARTZ P M. Property, Privacy, and Personal Data [J]. Harvard Law Review, 2004, 117 (7)：2059.

或者财产权。例如，电信公司为了公共利益或者用户利益的需求而依据法律程序将电信用户的电话号码，甚至是通信内容向有关部门提供，是合法的行为。这些公共利益或者用户的利益可以是公共安全问题，也可以是用户个人或者相关人员的人身安全或者健康问题。但是，如果不是出于这种正当理由而将个人通信内容向他人提供，按照已经存在的有关隐私权保护的法律来判断，这种行为便可以构成侵犯该用户隐私权的行为，因此不需要重新立法。

再次，在从私权利社会的合作关系向有机社会的合作关系转变过程中，需要公权力组织对转变过程进行控制，以塑造新型的社会竞争秩序和伦理道德。"在大数据时代，隐私不能理解为仅仅是保守秘密，而应该是关于个人信息收集与披露的伦理道德的一套规则体系。"[1] 由于与个人数据信息相关的各方在信息处理能力上有较大差别，这会产生不平衡的竞争优势，而这种不平衡的竞争优势会成为一些主体攫取其他主体利益的工具。如在美国的《大数据报告》中所担心的那样，"在这次调研中揭示了一些有关大数据分析的、更为根本性的挑战，大数据分析可能导致非常迥异的不公平的对待，特别是对一些弱势群体，或者产生不透明的决策环境，使得个人的自治丧失在一系列无法理解和预知的算法之中"[2]。如有学者所指出的，"这种无法预知的后果而产生的潜在损害将很快超过大数据技术可能给我们带来的好处。"[3] 信息能力的不对称状态会使这些企业或者组织享有信息能力优势从而获得强大的竞争能力，这种竞争能力会形成剥夺个人利益与自由的工具，损害社会共同利益。因此，作为公权力的政府成为保护个人数据信息这一公共物品的承担者，确保个人数据信息为提高公共福利被使用。

最后，社会主体获得和使用个人数据信息的能力有很大差距，这种差距可能为他们带来不当利益而损害公共利益。如索罗夫在 2001 年就指出，"数据库的问题不是我们被监视、被控制以及被限制的问题，也不是我们对个人信息缺少所有权的问题，而是我们与公共和私立机构的关系中的力量和影响问题，我们没有能力对我们的个人信息的收集和使用进行有意义的参与。作为结果，我们必须将注意力集中到现代社会权力的构建上，以及如何对这些

---

❶ RICHARDS N M, KING J H. Big Data and the Future for Privacy [J]. Handbook of Research on Digital Transformations, 2016: 272-290.

❷ Executive Office of the President. Big Data: Seizing Opportunities, Preserving Values [R/OL]. (2014-05-01) [2019-12-20]. https://obamawhitehouse. archives. gov/sites/default/files/docs/big_data_privacy_report_may_1_2014. pdf.

❸ DAVIS K. Ethics of Big Data: Balancing Risk and Innovation [M]. California: O'Reilly Media, 2012.

机构进行治理"❶。因此，为了弥补这种信息能力上的不平衡所造成的问题，在制度上便需要对这些企业或者组织赋予特殊的义务。例如，要求这些企业或者组织向政府监管部门就个人数据信息的收集和使用的方式、程度以及目的进行备案，对一些特定目的的收集或者使用可能需要事前审批。政府监管是市场中信息严重失衡的需要，因为依赖个人判断来保障个人数据信息为了个人利益和公共利益的使用的做法，在从私权利社会向合作共享的有机社会的转变过程中无法实现。因此，在社会转型期间，一般需要一个强大的外力来对监督和平衡这种正在培养的脆弱的新型合作与竞争关系，规范具有大数据技术优势的企业。通过这种制度设计，才能在竞争和合作关系还不稳定时构建起相互信任的有机社会。

(二) 作为公共物品的个人数据信息保护的立法要点

当把个人数据信息作为公共物品给予保护时，其在立法政策上的变化便是将对个人数据信息的规治，从个人权利体系转移到了公法体系。对个人数据信息的保护和应用的治理将不是个人和企业之间基于私权保护而产生的义务，而成为国家为了国家安全和公共利益而需要承担的规范社会成员使用公共物品的行为。

首先，在立法目的上，是为了公共利益而促进个人数据信息的共享和使用，而不是直接为了保护个人私权。将个人数据信息作为公共物品对待时，其使用的正当性不再是基于市场经济中的价高者得的效率性，而是基于提高社会福利的公共利益性。因此，对其规制的主体是政府机构，规制措施主要是公法而不是私法。将个人数据信息视为一种非稀缺的和共享的公共物品，不将其直接归于私权的保护，包括隐私权和财产权的保护或者介于两者之间的某种的保护。这意味着任何人获得、分享和使用个人数据信息，即使没有得到相关主体事先的明确或者默示同意，也不会侵犯其隐私权、财产权或者其他私权。这样，作为大数据的个人数据信息便可以平等地为社会主体所共享，不会因为私权的干预而使得具有更强交易能力的主体独占大数据资源。政府作为公权力组织，对于个人数据信息的产生、存储、转移和使用要通过公法来调整和规制，规制的目的是为了国家安全、公共安全和公共福利。那么个人数据信息的产生、收集、使用或者分享中的正当性，都是与其目的联

---

❶ SOLOVE D J. Privacy and Power: Computer Databases and Metaphors for Information Privacy [J]. Stanford Law Review, 2001 (53): 1461.

系在一起而判断的，其目的和结果决定了前期的行为的合法性或者正当性。

其次，在立法手段上，作为公权力的政府专门机构对个人数据信息的使用进行监管。由于美国社会的秩序渊源在于企业，企业家具有较好的自律性，对于个人数据信息的治理可以依赖企业自律性，同时美国联邦贸易委员会也对企业违反自己的隐私保护政策的行为进行纠正和处罚。❶ 如在第六章已经讨论过的，由于历史上的不同发展路径，我国还没有充分形成自律强的企业群体和相应的伦理道德，因此不能像美国那样更多依赖企业的自律性，而应该是政府成为大数据使用的制度、法律和道德的塑造者。政府相关机构应该在有关个人数据信息的形成、占有、转移和使用等关键环节依法加以干预，通过前期的备案、审批、监督和事后的追责制度来规范个人数据信息的使用过程。尽管个人数据信息的使用中如果侵害具体公民的私权利，侵权者要承担民事责任，但在有关个人数据信息的公法规制中则主要是行政责任和刑事责任，而不是民事责任，也就是说应该将公共利益的保护和促进作为该法所保护的主要法益。❷ 如同污染空气一样，尽管公民个人权益受到损害是显然的，但保障空气质量的法律措施主要是公法。例如，美国《儿童在线隐私保护法》赋予政府检察官很大的权力来对违反者提起民事诉讼，而不是依赖权利人个体来实施。❸ 有学者发现这种做法可以弥补以个人诉讼来保护隐私所造成的困难，即法律上的困难、无效率的救济以及有限的赔偿。❹

再次，在立法内容上，并不直接影响和改变已经存在的私权利。将个人数据信息作为公共物品来加以治理并不直接改变或者减损公民或者法人已经存在的私权利，包括隐私权和其他财产权如知识产权等。这意味着，一方面，尽管个人数据信息视为公共物品可以共享，但却不能为了从其他主体那里获得该数据信息而损害已经存在的私权，如侵犯他人商业秘密或者侵入其他主体的代码空间等，就如同不能为了获得不受私权保护的空气而擅自进入他人的住宅一样。另一方面，尽管对个人数据信息的使用本身不必然侵犯他人权益，但其某种具体使用方式或者结果本身可能会侵犯他人私权利。例如，医

---

❶　美国联邦贸易委员会认为企业违反其隐私保护政策的行为是"影响商业的不公平与欺诈行为"，因而委员会可以提起诉讼并申请禁止令救济，实际上已经有多起案例发生，大多通过和解解决。参见：SOLOVE D J. The Origins and Growth of Information Privacy Law [J]. PLI/PAT, 2003 (748)：47.

❷　《中华人民共和国刑法修正案（九）》已经增加了有关泄露用户信息要承担刑事责任的内容。

❸　15 U. S. C. § 6504；US Code-Section 6504；Actions by States-See more at：http://codes. lp. find-law. com/uscode/15/91/6504#sthash. iU5gHOTq. dpuf.

❹　SCHWARTZ P M. Internet Privacy and the State [J]. Connecticut Law Review, 2000, 32 (3)：856.

院可以将患者的治疗信息作为医院的大数据占有、使用或者为了科研和疾病预防等目的而与其他主体分享，但如果将其中特定患者的信息在网络上公开而没有合法理由，显然是侵犯相关患者的隐私权的。也就是说，应该从对个人数据信息的使用结果是否给他人私权造成损害来衡量其法律义务和责任，而不是仅仅从占有或者使用本身来衡量。

最后，对于涉及国家安全和公共安全的问题，立法上要区别对待。由于国际上国家之间竞争的复杂性，其性质与国家内部社会成员的竞争有很大不同，所以对于个人数据信息的使用涉及国家之间竞争时，其公共物品的特征和公共福利的目的便不再必然存在了。在这种环境下，国家安全、公共安全和国家在国际竞争中保持信息优势成为个人数据信息规治的首要目的。因此，对于发生在中国境内的个人数据信息在不同国家之间的分享、转移和使用便不再是基于公共物品的自由使用，而是基于国家主权利益的限制和监管。只有在不会对国家利益造成损害的前提下，才允许个人数据信息的跨国使用。在有关个人数据信息的规治法律中，必须对这一特殊情形进行特殊的处理，这种利益关系上的冲突实际上在美国和欧盟有关个人数据信息如何分享和转移的争论和妥协中就已经表现出来，对此在第九章中已经讨论过。

五、结论

大数据技术为社会的发展提供了新措施和新途径，将促进社会制度的变革，形成更加平等、高效、共享和自由的有机社会。个人数据信息作为大数据的重要组成部分，在其中发挥着重要作用。但是，这些发展的前提条件是社会中相关各方能够顺利地获得和使用个人数据信息。而由于社会主体对个人数据信息的获得和分析能力的不同所造成的竞争能力的不均衡可能造成大数据的滥用，从而损害了公共利益。那么如何解决大数据的使用方与个人数据信息利益的关切方之间的冲突，实现各方的合作共赢便成为至关重要的问题。

不论是以隐私权，还是以财产权等私权来作为对个人数据信息进行保护和利用的依据都无法对个人数据信息的使用方式、目的和效果产生有效的规治，私权利制度在大数据技术下正失去作用，这是社会组织进步造成的结果。大数据技术正在将人类社会从私权利社会带入到代码社会，整个代码社会就如同人体的有机组织，大数据技术下的个人数据信息就如同连接各个不同组织或者器官的神经，将社会各个成员组织成更为和谐和高效的社会形态。但在这个神经系统中，有些社会组织像神经节一样具有获得个人数据信息优势的能力。为了防止这些社会组织为了私利而滥用这种优势，破坏整个机体的平衡和和谐，需要一个监督、管理和规范这些神经节的大脑，使整个社会能够维持良好运行的有机体，而不是为了各自利益相互竞争和损害的癌症患体。有关个人数据信息的法律规治便是创设这个大脑的需要。所以应该放弃以私权观念来规治个人数据信息的立法意图，而将大数据下的个人数据信息作为公共物品来规治。对这种公共物品的法律规治，其目的应该是为了社会公共利益，国家和公共安全。规治的法律性质应该是公法性质的行政法规，而不是私法，而规治的主体应该是政府设立的专门行政机关。这样的立法措施才符合大数据技术下个人数据信息规治的理念和我国自己的政治、经济和社会的需要。

第十二章
代码空间与代码空间权*

代码作者就是建筑师。

——伊桑·卡什

  网络、大数据、区块链以及 AI 都是代码技术，代码技术是网络社会中的基础技术，人们通过代码技术可以重新组织社会，形成新的社会组织形式和信任关系。"我们应当避免将信任网络看作是原始的礼俗社会所遗留的残渣，他们绝非仅限于传统的血缘组织，也绝非仅受制于传统社会，而是无论何时都在被创造或被恢复……信任网络不断推陈出新。"❶ 网络社会之前的工业社会是以商品生产为社会供给的载体，以市场交易为组织方式而形成的基于私权的互信组织形式，对商品的私权保护和对交易秩序的维护便是这种社会最核心和神圣的秩序基础。而法治社会主要是对这种社会组织形式的认可和保护。

  但是，在今天的网络社会中，仅仅依赖工业社会时期的主要针对有形商品的产权法律制度已经难以支撑网络社会的秩序大厦了，因为网络社会中的基本群体形式已经开始脱离传统的企业组织而形成新的组织形式，人类社会已经从"我思故我在"向"我联故我在"转变。❷ 例如，可以感觉到商品和服务这两个在工业社会中比较清楚和独立的概念，在网络社会中他们之间的界限变得越来越模糊；所谓"软件即服务"（Soft Ware as a Service，SaaS）的概念，"软件即平台"的概念（Soft Ware as a Platform，SaaP）等都说明软件

---

  * 本章主要内容已发表。参见：吴伟光. 构建网络经济中的民事新权利：代码空间权［J］. 政治与法律 2018（04）：111-123.

  ❶ 梯利. 信任与统治［M］. 胡位钧，译. 上海：上海世纪出版集团，2010：16-17.

  ❷ 肯尼思·J. 格根. 关系性存在：超越自我与共同体［M］. 杨莉萍，译. 上海：上海教育出版社，2017：406.

不再是一个个商品，而是基于平台的服务，是一种代码空间。传统的软件企业，如微软和思爱普（System Applications and Products，SAP）等都在向云服务方向发展。这说明以互联网络为代表的代码技术正在成为新的社会组织形式。企业利用代码技术将自己的商品、服务、劳动、智慧以及创意等综合在一起形成新的社会供给，不断和实时地提供给社会。这一通过代码技术所形成的组织即所说的代码空间已经成为市场之外的新型社会组织形式。代码空间的普及和崛起代表着中国社会开始进入代码社会，这是继血缘、文字、大众传播和货币之后的一种新型组织媒介。

但代码空间还没有成为明确的权利客体，这使得围绕着代码空间这一新型社会供给和法益的行为规范和纠纷处理都变得越来越复杂和不确定，损害了整个网络社会与经济活动的信任基石。例如，围绕着所谓虚拟财产的犯罪问题，应该依赖何种罪名来定罪和量刑在我国的理论和实践中都产生诸多分歧和争议。这些分歧的主要原因便是无论是依据现有的侵害财产权的罪名，还是依赖侵害计算机系统的罪名来定罪量刑都无法令人满意。❶ 又例如，在共享经济中，被单个产权所保护的物正被网络化而形成众多产品的网络化组织，即物联网，那么对其中单个财产的侵害行为该如何定性也遇到了理论上和实践中的问题。如破坏网络共享单车的行为，包括毁损、上锁专用、贴二维码诈骗、竞争性破坏等行为，如何评价这些行为的法律性质，其各自应该承担什么法律责任等都产生了很大分歧。❷ 而之前很多与网络经济相关的争议由于没有明确的权利依据而不得不依赖《反不正当竞争》中的第 2 条来解决。❸ 这表明围绕着代码空间所产生的纠纷越来越频繁和剧烈，但代码空间却不是一个明确的权利客体，与其有关的竞争秩序处于失范状态。

这些困境的产生都说明我国目前的民事权利配置都是网络社会之前的工业社会的产物和概念，是以规范和保护独立和静态的商品的产权与市场交易

---

❶ 在刑事案件中，传统刑法相关条款如何适用成为一个焦点问题，具体见：于志刚. "两层社会"中传统刑法的适用空间——以"两高"《网络诽谤解释》的发布为背景［J］. 法学，2013（10）：102-110.

❷ 关于破坏共享单车的行为在刑法上如何定性的问题，专家学者们在盗窃罪、破坏生产经营罪还是寻衅滋事罪上都有较大争论；在犯罪数额上计算的标准是单车还是共享等也都有较大争论。参见：刑事实务. 专家研讨：对共享单车虐待、上锁专用等行为的定性［EB/OL］. （2017-03-14）［2019-12-20］. http://mp. weixin. qq. com/s/Eqq0W0bYJ_O73JxnVqn_JA.

❸ 有学者统计，有关互联网络的新型不正当竞争案件主要涉及浏览器、安全软件、搜索引擎、游戏、网页、数据库以及通信等，这些案件在不正当竞争行为认定时大都需要依据《反不正当竞争法》第 2 条。参见：张钦坤. 中国互联网不正当竞争案件发展实证分析［J］. 电子知识产权，2014（10）：26-37.

为主要目的。但是，这种权利配置在网络经济中越来越力不从心，因为网络经济中的经营主体可以依赖代码技术形成网络化和动态的网络空间，并且运营和管理这一空间，而被数据化的人或者物都仅仅是这一网络空间中的一部分而已。这种空间越来越成为明确的社会供给和独立的法益，因而需要新型民事权利来认可和保护。本书将针对代码空间的新型民事权利称为"代码空间权"，这一权利的客体是"代码空间"，而权利主体则被称为"代码空间主体"。

从保护和治理大数据技术来说，代码空间的概念有特别的意义。将数据直接作为权利客体来加以保护制度成本太高了，不论是对数据的识别、公示，还是实现排他性控制都很困难。克服这些困难需要很高的制度成本，这往往意味着该制度在实施中会事倍功半。而数据在网络中都是存储于代码空间中的，对代码空间的保护便间接实现了对其中大数据的保护。代码空间本身便具有公示性、排他性和独占性，在制度上更容易实现保护，企业对代码空间具有了专有权便对其中的数据具有了权利控制。因此，应该放弃直接将数据作为财产权客体来保护的做法，而以对代码空间的保护来实现对其内部数据的保护。

一、代码空间与代码空间权的相关概念、特征和法理基础

（一）代码空间的相关概念

代码空间权的提出和构建涉及两个重要的概念：代码空间和代码空间主体。

1. 代码空间的概念

代码空间是代码空间主体利用代码技术所形成的运营和组织空间。该空间存在的技术基础是代码空间主体在网络或者其他信息技术媒介中运行和维护的代码程序；存在的表现是利用代码技术所形成的具有技术上的公示性和排他性的组织空间，如同利用砖瓦形成的物理空间一样。代码空间的功能是代码空间主体利用该空间所提供的各种虚拟的或者与现实相关联的社会供给，是一种新型的劳动成果的载体和表现。代码空间内可以仅仅是利用代码技术将人组织起来，以代码分享数据和规范行为，如像淘宝或者京东这样的购物平台；也可以是将物组织在一起，通过代码技术来控制物，如自动驾驶汽车、无人码头、无人机以及未来的 AI 等。代码空间是代码空间主体利用代码技术

所产生的组织空间，社会成员以何种方式和身份在代码空间中活动是代码空间主体的规范自由。从人类社会发展过程来看，人类可以利用血缘关系形成社会组织，即家庭；利用文字法令形成社会组织，即政府；以及利用资本形成社会组织，即企业。那么在代码社会，人们正在利用代码技术形成代码空间，当利用代码空间将人组织起来时便是一种新型的社会组织，即代码空间组织。

代码空间所提供的组织内容和类型非常的广泛，并且不断在增加和变化，因为创设代码空间是代码主体的自由，就如同市场经济中的企业，其组织形式和经营内容可以丰富多彩一样。代码空间可以存在于一个计算机之中，如单机的电脑游戏，但最主要的形式是通过网络形成庞大的网络空间，如电子商务平台、云平台、社交网络平台或者网络游戏等。代码空间可以是完全虚拟的，其用户利用通用终端加入代码空间之中，如微信是一种代码空间，而其中的各个微信群又是次一级的代码空间；其也可以是与现实中的特定种类的物联系在一起形成所谓的物联网空间，如网络共享单车、自动驾驶汽车或网络化的各种电器等。代码空间中的用户行为可以仅仅局限于代码空间的内部，如虚拟空间的电子游戏，也可以延伸到代码空间的外部现实世界，如代码控制的智能机器人或者无人飞行器，即与有体物相联系而形成的与现实相结合的物联网空间。例如，小米公司所提供的多种电器都可以通过手机上的APP（Application，应用程序）相互连接并通过网络控制❶，这一以 APP 为控制核心的将众多电器联系在一起的体系便是一种代码空间。

代码空间与知识产权尤其是版权所保护的客体的重要区别是，代码空间的形式和内容可以是动态的和变化的组织活动，而不是静止的和固定的内容或者信息。代码空间不是一个产品或服务，而是一种组织。代码空间是以通过技术所形成的排他性来实现权利的公示，如域名、账号管理和各种限制性技术措施等，而不是通过独创性概念或者商标注册、专利申请这样的制度方式来实现权利的公示。

就目前代码空间所能提供的社会供给状况来看，代码空间可以分为五类。第一类主要是提供信息内容的虚拟型的代码空间，如门户网站、视频网站以及信息存储服务网站等。第二类是基于交互式信息交换的代码空间，如社交网站或者 APP，网络游戏以及电子商务网站或 APP 等。第三类是与实体物相

---

❶　南方日报. 小米宣布成全球最大智能硬件 IoT 平台［N/OL］.（2017−11−30）［2019−12−10］. http://www.southcn.com/nfdaily/nis−soft/wwwroot/site1/nfrb/html/2017−11/30/content_7686003.htm.

连接和控制的代码空间即物联网，如共享单车、车载 GPS（Global Position）设备以及网络控制的街景车等，这一类代码空间是通过实体物将自然人的行为通过网络来组织、管理和服务。第四类代码空间将是未来的人工智能产品，如自动驾驶汽车和智能机器人。人工智能本质上是代码空间主体所设计、管理和控制的代码空间。这类代码空间的特点是通过该空间将智能机器直接进行网络化控制、管理和提供服务，使得自然人成为该代码空间供给的纯粹接受者。第五类是为各种上层代码空间提供底层服务的代码空间，如提供云服务、网络安全服务和数据存储服务的代码空间。不同的代码空间其组织方式、管理程度和对社会的供给都不同，也会产生不同的权利义务关系。

2. 代码空间与其他相关概念的联系与区别

与代码空间相近的概念还有虚拟空间（Virtual Space）、网络空间（Cyber Space）、网络平台（Internet Platform）以及计算机系统等。代码空间与这些概念都有关联性或者一定的重合性。但本书中采纳代码空间这一概念主要有两个理由。

一方面，代码空间的概念在技术上更具有一般性和包容性。代码是计算机和网络技术的基础，也是代码空间主体在计算机和网络中构建、组织和管理该空间的基本技术工具。其他的概念像虚拟空间、网络空间、网络平台或者计算机系统等都是代码技术的某种具体表现。例如，一般认为方兴未艾的物联网是与虚拟空间相对立的概念，但从代码技术来看都属于代码空间。另外，像人工智能和区块链等技术，他们的表现形式也都是代码空间。因此以代码这一最根本和最一般的技术特征来描述这一新型组织更具有包容性。而空间一词则表明了该权利客体是利用代码技术所构建的具有自主性和自治性的组织区域，具有以代码技术表现出来的公示性和排他性。

另一方面，目前在刑法中多采用计算机系统这一概念来指代与计算机有关的法益载体[1]，但代码空间这一概念比计算机系统的法律含义更丰富。计算机系统本质上是一个技术概念，指的是计算机运行的指令体系，并不是明确和稳定的法益载体，因此作为一般意义上民事权利客体来对待将遇到困难。例如，互联网络在技术上被划分为应用层、传输层、网络层、数据链路层和

---

[1] 我国《刑法》第 285 条和第 286 条的非法侵入计算机系统罪和破坏计算机系统罪。

物理层❶，这些层次都可以被认为是某种系统，但却不是这里所说的代码空间，因为代码空间是这些层次中各个系统所支撑的在应用层的一种应用和社会供给。刑法相关罪名中的破坏或者损坏计算机系统指的是对该系统造成物理上的损害或者功能上的减损，与其具体的民事权利无关。❷例如，计算机程序也属于计算机系统，但其却是著作权保护的作品，是作为财产的静态客体即商品，而不是这里的代码空间。因此计算机系统是代码空间的技术形成，但不是代码空间本身，如同砖瓦和钢筋混凝土可以构成物权中的建筑物空间，但不是建筑物空间本身一样。

3. 代码空间主体

代码空间权的权利主体是代码空间主体。代码空间主体是指利用代码技术来构建、运营或者管理代码空间的主体，是代码空间这一社会供给的提供者，如卡什所说的，"代码作者就是建筑师"❸。代码空间主体不是具体构建和维护代码空间的技术人员，就如同建筑物区分所有权人不是建筑者一样，而是对代码空间承担制度责任的人或者企业代码空间主体对于代码空间这一客体来说既是权利主体，又是管理和规范代码空间的义务主体。代码空间主体可以是自然人和法人，包括《民法典》中所列举的营利性法人、非营利性法人和特别法人等。❹例如，阿里巴巴公司便是淘宝网络交易平台这一代码空间的代码空间主体；腾讯公司是微信这一代码空间的代码空间主体，微信群主可以是该微信群的代码空间主体；利用代码技术控制的无人机或者智能驾驶汽车的人是该无人机或者无人驾驶汽车的代码空间主体。在国际法层面上，主权国家也可以是代码空间主体，对主权国家所运营或者保护的代码空间享有主权。

与代码空间主体相近的概念还有网络服务提供者或者信息社会服务提供者。这些概念与代码空间主体有联系也有重合，但这些概念有时过于宽泛，它们可以包括从网络接入服务提供者到网络应用服务提供者的所有相关主体，如电信公司以及互联网公司。例如，中国教育和科研计算机网是所有中国大学接入互联网的接入服务提供者，但却不是这里的代码空间主体。有时这些

---

❶ TANENBAUM A S. 计算机网络 [J]. 3版. 熊桂喜，王小虎，等，译. 北京：清华大学出版社，1998：27.

❷ 我国刑法中有关计算机系统的犯罪都属于妨害社会管理秩序罪这一类罪名之中。见：张明楷. 刑法学（下）[M]. 北京：法律出版社，2016：1046-1054.

❸ 劳伦斯·莱斯格. 代码 [M]. 李旭，等，译. 北京：中信出版集团，2004：112.

❹ 《民法典》第76条，第87条，第96条。

概念又过于狭窄，因为强调的是网络服务，而不能包括在单个终端中存在的代码空间，以及像将来对自动驾驶汽车、智能机器人等物联网或者智能机器人加以控制的代码空间主体。因此，尽管这些概念和代码空间主体有一定的相关性和交叉性，但不能代替代码空间主体这一概念。

（二）代码空间权的基本特征

1. 代码空间权的权利客体是代码空间

代码空间是由代码技术构成的组织形态。代码空间主体利用网络和代码可以构建出代码空间，并可以利用代码技术来规范代码空间中成员的行为或者对物进行操控。代码空间的存在是以代码技术所显示的空间存在告示或者技术限制来宣示空间的存在和其边界的，例如，域名、技术保护措施以及依据 Robots 协议对爬虫软件的控制等，如同物理世界中房屋的四周物理边界。

代码空间既可以仅仅存在于单个电脑或者终端之中，也可以存在于包含有多个电脑或者终端的网络之中，后者常常被称为网络空间或者虚拟世界，也可以是其他各种有形物通过网络形成的空间，即所谓的物联网空间。例如，网络游戏是一种典型的代码空间，里面的背景、角色和规则都是代码空间主体自由决定的。但是，由于代码空间的参与者是同时处于现实世界中的人类，代码空间中的内容通过人这一跨界的主体可以影响到现实世界中的社会秩序。例如，侵入他人电脑并遥控摄像头窥视他人隐私的行为既是对受害人的代码空间的侵入行为，也是对受害人在现实世界中隐私权的侵犯行为。

2. 代码空间权的权利人是代码空间主体

由于代码空间并不是天然存在的，而是民事主体利用代码技术构建出来，并加以运营和维护的，那么构建、运营和维护该代码空间的代码空间主体便应该对其享有权利，如同著作权的主体一般是作者，专利权的主体一般是发明人一样。淘宝或者京东所构建、运营和维护的电商平台都属于代码空间，因此阿里巴巴公司或者京东公司便是享有其权利的代码空间主体。而其他像网络游戏运营者、共享单车平台的运营者以及门户网站的运营者等都可以是代码空间主体。除了营利性法人之外，其他性质的法人也可以是代码空间主体，如用于政务或者公益服务的网站或者手机 APP 的运营者和管理者等。

目前，代码空间主体主要是企业法人，但也可以是非营利性法人以及政府机构。在一些情况下，公民个人也有可能成为代码空间主体，如他所经营的网店或者网络直播平台或者微信群等，但这些代码空间往往镶嵌在更大的代码空间之中，他们之间的法律关系应该主要通过两个代码空间主体的协议或者上层代码空间的自治政策来确定。

3. 代码空间权所保护的法益是代码空间组织自由和内部数据

代码空间权所保护的法益是代码空间主体利用代码空间可以进行任何合法的组织活动的自由以及由此产生的数据，包括提供内容的门户网站；提供存储服务的虚拟空间、云盘等；提供社交服务的社交网站，如微信；提供网络游戏服务的网络游戏空间；提供商品交易的电子商务网站；提供分享服务的网络分享经济，如共享单车；以及将来可能出现的各种以代码和网络为基本技术而形成的物联网经济，甚至人工智能机器人等。代码空间权所保护的法益基本上是财产性利益，即"自由就是财产"。❶ 但是，由于代码空间在社会中的功能不同，其也可以包含其他法益，包括公共利益和国家主权与安全利益。例如，利用代码技术来实现社会管理和公共安全的做法越来越普遍，而代码空间是所有终端的链接和管理中心，那么对这种代码空间的破坏便损害了公共利益。❷ 而有关国家主权、政权安全和军事安全的代码空间，其法益便包括国家利益，这些代码空间也可以构成《网络安全法》中的关键基础设施。❸

网络和代码技术的无国界性特征使得代码空间也是超越国界的。目前的网络技术由于需要服务器和路由器等物理设施，而这些物理设施是被固定在国家领土上的，因而可以通过控制这些物理设施来对代码空间进行一定的干预，如防火墙。但是，当人类可以大规模的直接使用卫星通信时，一个国家的公民便可以直接利用卫星在世界范围形成代码空间而完全忽略国家的领土限制。那么，利用代码空间的组织行为与国家主权之间的冲突和合作将是国际社会中的新问题。在大数据技术方面，数据跨境流动中的主权冲突问题本质上也是代码空间权与国家主权的冲突问题。

4. 代码空间权属于民事权利

代码空间权是代码空间主体利用代码和网络技术创造社会供给的自由，

---

❶ 约翰·R. 康芒斯. 资本主义的法律基础 [M]. 寿勉成，译. 北京：商务印书馆，2003：37.

❷ 例如，有媒体报道有执法部门已经开始利用智能手环来监管违法人员，这些智能手环便是通过代码空间来管理和实施的，而对这种代码空间的破坏则不但损害了财产性法益，也损害了公共利益。见：通州执法办案中心. 智能手环可定位嫌疑人行踪 [EB/OL]. （2017-03-19）[2019-12-20]. http://news.xinhuanet.com/legal/2017-03/19/c_1120652907.htm.

❸ 《网络安全法》第31条。

是自己劳动自由的延伸。因此，在权利性质上应该是民事权利，目前来看主要属于财产权类，是对世权、绝对权、支配权和准物权。但是，这也不排除代码空间权在将来会有人格权性质，因为代码空间的具体内容和形式是不断发展变化的，当代码空间主体的人格利益在代码空间上有投射时，这种人格利益可能表现为代码空间权中的人格权部分。例如，人工智能机器可以被视为一种代码空间，而将来的人工智能机器很可能有自然人的人格利益投射，那么对人工智能的代码空间权就有可能有人格权性质。但就目前来看，代码空间权还应该主要表现为财产权性质。另外，代码空间权的客体和法益在法律上是没有固定期限的，因而代码空间权与一般的知识产权不同，其也没有法律上的期限。当代码空间因为各种原因消灭之后，代码空间权也就随之消失。如果代码空间在不同的服务器或者网络中迁移，代码空间权也跟随迁移，这一权利的客体不会因为有新的计算机系统来作为支撑，便发生了变化。因为代码空间这一客体在网络中属于应用层上的表现物，而不依附于某一传输层或者接入层。例如，代码空间主体可以选择不同的网络接入服务商来运营其代码空间，这是代码空间主体与网络运营商之间的基础服务选择问题，而不直接影响代码空间主体对其代码空间的权利。

5. 代码空间权的两项权利

代码空间权作为一项新权利可以包含若干具体的权能。目前来看主要包括两项主要权利，一是对代码空间的自主权；二是对代码空间的自治权。代码空间权中的自主权和自治权对应着两种社会关系，前者是代码空间作为一个组织与其他组织或者个人之间的关系调整的需要，而后者是代码空间作为组织内部用户之间以及用户与代码空间主体之间的关系调整的需要。这两个权利奠定代码空间的秩序基础。随着代码技术的发展，代码空间的形式不断增加，可能还会产生新的权利。例如，当自动驾驶汽车真的成为可能时，众多的自动驾驶汽车一定是通过代码空间来管理的，其代码空间主体可能就享有新权利。如果是自动驾驶急救车，该代码空间主体便享有优先通行权，也就是说，急救车的代码空间主体在其他代码空间主体面前享有优先通行权，其他代码空间中的自动驾驶汽车必须以代码技术加以识别和避让。就目前而言，各个代码空间在物理空间还是相互独立的，主要冲突在代码技术层面上。因此，这里主要讨论代码空间自主权和代码空间自治权这两个权利。

6. 代码空间主体享有制度剩余控制权

很多代码空间都有大量的用户，这些用户实际上被代码技术所组织起来，构成代码空间组织。当这些用户享受代码空间主体所提供的各种服务时，代码空间主体也享有该代码空间组织的制度剩余控制权。这些制度剩余控制权的具体表现形式会因为不同的代码空间而千差万别。例如，有制度剩余控制权表现为直接收取平台费用或者从销售中分成，如苹果公司的应用商店。有的是利用用户的资金进行金融投资而获得利润，如蚂蚁金服的余额宝服务。有的是将庞大用户的时间投入，即所谓的流量销售给广告商来挣钱，如百度和谷歌等公司。当代码空间主体掌握有庞大的代码空间组织时，代码空间主体所享有的制度剩余控制权将潜力无限。如 360 公司董事长周鸿祎所说的，"互联网发展这么多年，许多伟大的互联网公司的实践已经证明了这样一点：如果一个公司能把免费服务做得很好，比如谷歌把搜索做得很好，腾讯把聊天做得很好，那么在以这种免费服务汇聚了巨大的用户量之后，总有办法在海量用户基础上构建一种新的商业模式。这种模式不是我们发明的，实际上已经被中国互联网证明了"。❶

（三）设立代码空间权的法理基础和必要性

1. 设立代码空间权的法理基础

设立代码空间权是以明确的民事权利来保护代码空间这一新型财产性法益的需要。人是以追求自身的自由为根本目标，技术是人类获得竞争优势的重要手段。每一种新技术的出现都赋予人利用这种技术来竞争的自由。代码是一种新技术，代码空间主体有利用代码技术构建出代码空间的自由。代码空间是代码空间主体劳动和智力的结晶，是一种新型的社会供给，不同于之前的服务或者商品的新型社会供给。学者本科勒指出，"社会性生产（Social Production）正在改变商业运行的条件……但是，对商业环境的更大影响是社会性生产正在改变企业和企业之外的与个人之间的关系，并通过这一改变来改变企业内部的策略……消费者正在转变成用户，比在工业信息经济中的消费者更活跃和有生产性……当企业开始这样实施时，用来合作的平台和工具在提高，社会性产生的机会和重要性在提升，政治经济也开始转变"❷。传统民事法律中针对商品和服务二分的权利设置已经无法有效保护这种新型的社会供给形式，因而需要有专门的权利来保护这一方兴未艾的重要法益。代码

---

❶ 周鸿祎. 周鸿祎自述：我的互联网方法论［M］. 北京：中信出版集团，2014：112.

❷ BENKLER Y. The Wealth of Networks：How Social Production Transforms Markets and Freedom［M］. Connecticut：Yale University Press，2006：126-127.

空间权可以类比于物权中的空间权❶，但相比于空间权，代码空间更需要专门的权利保护，因为代码空间主体对代码空间的私力保护能力更弱。代码空间权与商标权有相似的功能。商标权所保护的商誉是经营者所有经营信誉、智慧和劳动的集合，因而需要新权利给予保护，商标标识仅仅是商誉这一法益的载体。经营者通过商誉来实现与消费者之间的沟通和合作，可以超越空间和时间。而代码空间像商标一样，也是代码空间主体向其用户实时地和超越物理空间地提供效用的载体。而针对代码空间这一明确客体的代码空间权将为代码空间主体对围绕着其代码空间的各种行为加以规范提供权利基础。代码空间主体通过这一权利作为基础，以契约、代码设计和侵权责任作为制度工具来实现对网络社会行为的治理和保护。❷ 另外，代码空间也为大数据技术的法律规范提供了权利基础。大数据技术的法律规范中的一个难题是大数据这一重要和核心法益的权属性质问题。❸ 而由于数据的表现和存在形式都是代码，大数据也都是处于某一代码空间之中的大量代码的集合，任何人如果想获得这些大数据都需要进入这个代码空间来获得这些代码，对代码空间的保护便实现了对数据的间接确认和保护。❹

2. 设立代码空间权的司法实践需要

在网络时代，代码空间主体由于没有针对代码空间的明确权利，在已经发生的诸多纠纷中还主要依赖分散的传统民事权利（如知识产权和所谓虚拟财产权）来保护和规范相应的行为，而传统民事权利的特征都是针对物理边界相对清楚的、内容固定的和状态稳定的独立客体的私权利，并没有针对动

---

❶ 《中华人民共和国物权法》第136条规定："建设用地使用权可以在土地的地表、地上或者地下分别设立。新设立的建设用地使用权，不得损害已设立的用益物权。"这就在法律上确认了空间权。所谓空间权，是指权利人基于法律和规划的规定，对于地上和地下的空间依法利用，建造建筑物、构筑物及其附属设施的权利。参见：王利明. 物权法研究（下卷）[M]. 3版. 北京：中国人民大学出版社，2013：893.

❷ 例如，在代码技术下的著作权保护中，技术措施已经成为重要的保护措施，这是一种代码技术的保护。著作权法又对技术措施专门给以保护，体现在《中华人民共和国著作权法》第48条第（六）项中，破坏技术措施的行为是独立的侵权行为。如莱斯格所说的，"代码能够取代法律成为保护知识产权的主要武器，而且，它的作用越来越大。这是一种私人的防护，而非国家法律的保护。"参见：劳伦斯·莱斯格. 代码[M]. 李旭，等，译. 北京：中信出版集团，2004：156.

❸ 目前，在我国司法实践中也只能依赖反不正当竞争法来对大数据加以保护。微梦公司诉淘友公司不正当竞争案，北京知识产权法院民事判决书（2016）京73民终588号。

❹ 有学者不支持将数据作为民事权利保护客体，因为数据没有确定性或者特定性特征，缺乏独立性，也不是民事客体中的无形物以及数据作为客体与民法中客体的实体权表彰功能不相契合等理由。见：梅夏英. 数据的法律属性及其民法定位[J]. 中国社会科学，2016（9）：169-172.

态变化的代码空间这样的法益。例如，在分享经济的共享单车经营中已经出现了很多针对共享单车的侵害行为，包括毁坏识别码、盗窃单车、破坏单车的行为以及给单车额外加锁来为自己所用的行为。这些行为目前更多的是以侵害财产权，尤其是物权的行为来追究法律责任。实际上可以发现，这些行为所造成的损害远不是以单车形式体现的单个财产损失，而是对整个共享单车这一网络组织的侵害，即对其代码空间的整体侵害。这说明，以传统的针对物的财产权作为权利基础来构建网络时代的社会秩序已经力不从心了。

又例如，在有关侵害虚拟财产的刑事案件中，由于财产这一概念本身便是模糊不定的❶，这使对有关虚拟财产的犯罪行为是依据有关侵害计算机系统的犯罪，还是有关侵害财产权的犯罪，在案件裁决和学术理论上也争执不断❷。这些分歧和争执的根本原因是代码空间的特殊性，它既构建在计算机系统之上，但又不仅仅局限于技术层面。它是社会成员的组织平台和行为平台，也是代码空间主体的意志向用户传递的组织方式。因此，这些争议中所涉及的虚拟财产既有社会组织的关联性，又有财产价值，其所涉及的直接法益与两个罪名都有关系，但每一个都不能完全涵盖。如果认为虚拟财产是法律上的财产，那么无法解决一个根本问题：虚拟财产权的权利内容、边界和保护的客体是什么。而这些问题如果无法解决，虚拟财产权便是一个模糊的、无法确定的概念，也就无法有效地被遵守。现实世界中的财产如物权、知识产权或者证券类的财产，其权利的内容、边界和所保护的客体都十分明确，要么通过占有，要么通过法定公示的方式来加以明示，但这些特征在虚拟财产上都表现不足。其根本原因是现实世界中的财产权在制度上是保护法定的秩序，因而财产权的客体具有法定性。但是，虚拟财产所对应的是代码空间主体的组织自由，而不是法定秩序。那么创设何种虚拟财产是代码空间主体自由的实现，这使虚拟财产的表现形式、权利内容和边界等特征永远处于变化

---

❶ "财产（Property）指什么？要给这个术语下定义是极其困难的，有位著名的美国财产法学者甚至认为'这个问题无法回答'。其症结在于'财产'的法律含义与一般含义具有相当大的区别。普通人认为财产就是物（Things），而律师则把财产视为权利（Rights）。"参见：约翰·G. 斯普兰克林. 美国财产法精解 [M]. 2版. 钟书峰，译. 北京：北京大学出版社，2009：1.

❷ 这一问题的争论在民法和刑法领域很多，具体可见：于志刚. 论网络游戏中虚拟财产的法律性质及其刑法保护 [J]. 政法论坛，2003（6）：122-132；张明楷. 非法获取虚拟财产的行为性质 [J]. 法学，2015（03）：12-25；梁根林. 虚拟财产的刑法保护——以首例盗卖QQ号案的刑法适用为视角 [J]. 人民检察，2014（01）：6-13；申晨. 虚拟财产规则的路径重构 [J]. 法学家，2016（01）：84-94，177-178；梅夏英，许可. 虚拟财产继承的理论与立法问题 [J]. 法学家，2013（06）：81-92，175-176.

之中而无法稳定。因此，将虚拟财产类比于现实世界中的财产来加以保护有严重缺陷。

这些在司法实践中出现的困境都表明，代码空间权的重要性和必要性。可以想象，在企业法人这一概念被法律明确下来之前，人类社会的基本群体是家庭，家庭作为组织享受着权利并承担着义务，如果以对家庭的法律规范来处理企业法人问题将会有多么的不适。而今天的代码空间也遇到了类似的难题。

3. 设立代码空间权的政治经济秩序的需要

赋予代码空间主体以代码空间权也是构建网络社会管理秩序的需要。民事权利不仅仅是对民事主体的法益给予法律认可与保护，民事主体还可以利用该权利来规范社会其他成员行为。[1] 网络经济中，代码空间主体已经成为规范网络秩序的中坚力量，即所谓的网络平台的责任。如莱斯格所指出的，"尽管规制现有网络中的行为很难，但政府采取措施改变或添补网络的架构却不难。并且，正是那些措施，反过来使网络行为更可规制"[2]。通过对网络架构的规制来规制代码空间中的行为即是韩非子所说的"禁奸之法，上者禁其心、中者禁其言、下者禁其事"中的"禁其言"。"代码可以被控制是因为代码的作者可以被控制。"[3] 赋予代码空间主体以代码空间权，同时也赋予了其相应的义务，代码空间主体要通过对代码空间的维持、运营和管理为社会提供积极供给，否则便是违法行为，要承担相应的法律责任。[4] 而目前由于没有直接将代码空间视为权利的客体，代码空间主体对于用户利用代码空间进行违法行为便没有了直接的监督和管理的义务以及相应的法律责任。这种法律责任的分配已经无法满足网络社会与经济中的治理需要，在有关网络的民事和刑事案件中，代码空间主体是否应对用户的违法行为承担责任产生了较大的混乱和不确定性。回顾历史会发现，无论是在血缘社会中的家庭、宗教社会中的教会、公权力社会中的政府还是在私权利社会中的企业都分别对当时的社会秩序承担着最主要和直接的责任。那么，可以预测在网络社会与经济中，代码空间主体将像历史中这些制度核心主体一样，针对代码空间中用户的违

---

[1] "权利为主观的法律，法律为客观的权利。"根据权利的法力说，权利是为满足特定人享受的合理利益，由法律赋予特定权利人的一种法律手段。郑云瑞. 民法总论 [M]. 7 版. 北京：北京大学出版社，2017：113-114.

[2] 劳伦斯·莱斯格. 代码 [M]. 李旭，等，译. 北京：中信出版集团，2004：55.

[3] 劳伦斯·莱斯格. 代码 [M]. 李旭，等，译. 北京：中信出版集团，2004：131.

[4] 《民法典》第 131 条，第 132 条。

法行为承担越来越直接和重要的责任。❶ 这是网络社会中公权力与私权利共治的理念和制度表现。❷ 而这一切都是以对代码空间这一权利客体的确认和私权保护为基础的。

设立代码空间权是对《网络安全法》中的网络主权这一重要概念和政治主张的具体民事权利支撑，使这一国际公法中的权利主张更具有说服力。我国在国际社会中已经明确主张"网络主权"❸，并且在《网络安全法》中也已经明确规定❹。但是，由于网络主权这一国际法中的权利概念在我国的民商事法律中并没有明确的私权利相对应，使这一重要的国际法主张并没有明确的公民权利来对应。如狄骥所说的，"个人没有权利，集体也没有权利"❺。尽管国家主权的理论多种多样，❻ 但国家主权应该是国民权利在国家主体上的体现和延伸，国家主权的存在是为了在国际社会中保护其公民权益的需要，这表现在国家主权中的自保权和不干涉原则❼，这是一个国家公民的生命权、自由权和财产权不受其他国家侵犯的体现。而代码空间权的提出和落实为网络主权中的不干涉原则和自保权提供了更明确的民事权利基础，使网络主权的政治和法律主张更有合理性和正当性。

代码空间权的设立也为中国企业的国际化和中国制度输出提供法律基础。如本书第一篇所讨论的那样，具有竞争力的社会组织和制度必然会继续扩大该社会组织的规模和影响力，即制度输出。历史上，有依赖血缘关系的组织扩张；有依赖公权力的组织扩张，即战争和殖民手段；也有依赖资本的组织扩征，即现代西方国家的经济全球化。而在代码社会中，依赖代码技术的组

---

❶　"社会治理是国家治理的重要方面。必须加强和创新社会治理，完善党委领导、政府负责、民主协商、社会协同、公众参与、法治保障、科技支撑的社会治理体系，建设人人有责、人人尽责、人人享有的社会治理共同体，确保人民安居乐业、社会安定有序，建设更高水平的平安中国。"中共中央关于坚持和完善中国特色社会主义制度 推进国家治理体系和治理能力现代化若干重大问题的决定（2019 年 10 月 31 日中国共产党第十九届中央委员会第四次全体会议通过）。

❷　高秦伟. 社会自我规制与行政法的任务 [J]. 中国法学, 2015 (5)：73.

❸　习近平. 在第二届世界互联网大会开幕式上的讲话 [EB/OL]. (2015-12-16) [2019-12-20]. http://news.xinhuanet.com/politics/2015-12/16/c_1117481089.htm.

❹　《网络安全法》第 1 条："为了保障网络安全，维护网络空间主权和国家安全、社会公共利益，保护公民、法人和其他组织的合法权益，促进经济社会信息化健康发展，制定本法。"

❺　罗斯科·庞德. 通过法律的社会控制 [M]. 沈宗灵，译. 北京：商务印书馆, 2013：55.

❻　篠田英朗. 重新审视主权——从古典理论到全球时代 [M]. 戚渊，译. 北京：商务印书馆, 2004：3-11.

❼　关于国家主权中的自保权和不干涉原则等，见：周鲠生. 国际法（上）[M]. 武汉：武汉大学出版社, 2007：160-162.

织扩张和制度输出将更为高效，而中国将是这一角色的主要扮演者。通过代码技术形成的组织空间将人、资本和物结合在一起，形成了更加高效的社会组织，将中国的影响力、组织力和价值观通过这一组织网络而向世界推广。中国的组织力和制度输出能力越大，中国在世界中就越安全，也会享有更多的制度剩余控制权，同时对世界的贡献也越大。

二、代码空间权的权利种类与内容

代码空间权可以包含若干具体的权利，就目前而言主要有对代码空间的自主权和对代码空间的自治权。

（一）代码空间的自主权与内容

代码空间自主权的内容包括代码空间主体有产生代码空间，并保持和运营代码空间的自由，有禁止他人未经许可对代码空间加以破坏、干扰、侵入或者占有的权利。这一权能在国际法上的延伸和体现的是主权国家的网络主权观念和主张。❶ 代码空间主体对代码空间的自主权在技术上经常表现为账号类的进入资格识别技术，如游戏账号、QQ 号码、微信账号、微博账号、识别密码以及利用域名或者 Robot 协议所进行的公示行为等。

代码空间自主权包括禁止他人进入自己代码空间的排他性权利。由代码空间主体产生和运营的代码空间应该由代码空间主体决定什么人以什么条件来进入和利用代码空间。代码空间自主权还包括自由处分代码空间的权利，包括中止、迁移、转让、赠予、升级改造以及终止自己的代码空间。由此给代码空间用户造成的影响主要依赖双方之间的契约关系来解决。如果出现不公平的情形，则主要依赖有关对格式合同的规制以及消费者权益保护的法律规制。对于特殊领域的代码空间，如金融等，则依赖特别法来调整和规范。

未经代码空间主体的许可破坏、破解、规避、盗取或者转让这些登录代码空间类账号的行为实际上是对代码空间主体的代码空间自主权的侵害。这

---

❶ 例如，有媒体报道美国曾为侦测中国重要项目将木马植入我国铁路系统，这既是对我国铁路系统的代码空间空间权的侵犯，也是对我国网络主权的侵犯。安恒信息每日资讯. 美国曾为侦测中国重要项目将木马植入我铁路系统 Nuclear Bot 木马源码泄漏或引发大量针对银行服务的攻击［EB/OL］. （2017-04-01）. ［2019-12-10］. http://mp.weixin.qq.com/s/moWsbocA_dEVu2ih02EHsA.

些行为在司法实践中常以盗窃罪被定罪量刑❶，也有类似案件是以侵入计算机系统罪来定罪量刑的。❷ 如之前已经讨论的，这种行为可统称为侵犯代码空间自主权的行为，以解决司法上的分歧和混乱。由于数据都是以代码形式存在于代码空间之中的，数据主体依赖代码空间自主权便可以保护其代码空间中的数据，而不需要对数据直接赋予权利来获得保护，这将解决在数据上直接赋权成本过高的问题。例如，在微梦诉淘友不正当竞争案中❸，法院判决认定被告未经原告许可而获取原告数据的行为构成不正当竞争行为。如果以代码空间权这一概念来理解，可以认为被告未经许可进入原告的代码空间，并获得相关数据的行为是侵害原告代码空间自主权的行为。

(二) 代码空间自治权与内容

代码空间自治权首先包括代码空间主体利用代码技术对代码空间内的行为和关系加以规范的权能，即"代码就是法律"。❹ 代码空间主体有权利对其所创设的代码空间的虚拟设置、行为规范和惩戒措施等加以规定，就如同现实世界中的房屋所有人对房屋内的内容和行为有处分的权利一样，或者企业管理者对企业内容行为的规范一样。他人在其房屋内违背房屋所有人的意志的行为便是对其房屋所有权的侵犯，因而房屋所有人有权利将违反者驱逐出房屋。类似的，企业也是一个组织，因此企业管理者的经营权包括对企业雇员的规范权利，且司法机关是不干预这一权利的行使的。❺ 例如，网络游戏中玩家只能通过代码空间主体所允许的游戏规则来升级，而不能通过改变代码

---

❶ 例如，在章立春等盗窃案中，被告人章立春等非法人侵趣游公司"我顶网"游戏充值服务器，非法生成该公司"傲剑游戏""元宝"1039800 个，窃取该公司预期利益价值人民币 103980 元。又利用章立春制作的非法充值网络链接，非法侵入北京极光公司游戏充值服务器，非法生成"极光世界""元宝"50 余万个，窃取该公司预期利益价值人民币 1 万余元。一审法院以盗窃罪判处被告有期徒刑 11 年，二审维持原判。见：章立春等盗窃案一审判决书：北京市石景山区人民法院（2012）石刑初字第 446 号；二审裁定书：北京市第一中级人民法院（2013）一中刑终字第 115 号。

❷ 例如，在该案中，上诉人汪某伙等侵入芜湖市交警支队计算机信息系统，对该计算机信息系统实施非法控制，在他人通过芜湖市交警支队十选一选号系统申请车辆号牌时，私自进入十选一选号系统数据库，用申请人满意的车牌号码替换十选一选号系统流水号底下十个车辆号牌中的一个，从而让选号者选中替换后的车牌号码。违法所得人民币 63000 元。二审法院以非法控制计算机信息系统罪，判处汪某有期徒刑二年零六个月。见：汪某等犯非法控制计算机信息系统罪二审刑事判决书，安徽省芜湖市中级人民法院刑事判决书（2015）芜中刑终字第 00304 号。

❸ 北京知识产权法院民事判决书（2016）京 73 民终 588 号。

❹ 威廉·米切尔（William Mitchell）所言，"代码就是网络空间的'法律'"。参见：劳伦斯·莱斯格. 代码 [M]. 李旭，等，译. 北京：中信出版集团，2004：7.

❺ 《中华人民共和国公司法》第 46 条。

或者利用黑客手段破坏代码来获得升级。代码空间的用户也不能利用代码空间的代码技术漏洞违反代码空间的规则来破坏代码空间的秩序。❶ 否则，代码空间主体可以以代码技术加以处罚，如强行降低游戏中的级别；也可以采取其他措施来处罚，如以代码措施禁止其进入代码空间继续游戏等。像微信这样的代码空间，其代码空间主体即腾讯公司对微信群中的用户的信息发布或者传播行为等进行规范，并且依赖代码技术进行惩戒，这是这一权利的行使。对代码空间的自治权在物联网为特征的共享经济中的规范作用会更加明显，代码空间主体通过这一权能可以实现对现实世界的巨大塑造力，而这种塑造力正是网络社会中的一种新供给。❷

从历史发展的路径来看，人类经历了依赖家族、宗教、政府和企业来组织社会成员的过程。相应的，家长、宗教领袖、国王以及企业家就成为当时社会最核心的组织者和管理者，以克服人性中腐败的一面，实现社会组织成员之间的合作性，对社会产生正外部性。而网络时代，代码空间逐渐成为新的社会组织形式，不再依赖血缘、命令、信仰和资本来组织社会成员，而是依赖代码。那么代码空间的运营者必然像过去的组织者一样要承担起对代码空间内的活动的规范职能，即"建立能够创造价值的平台和生态"。❸ 例如，美国的 Facebook 要求实名制，而使用假名者便会被开除。且穿着暴露、骚扰他人、发表仇恨言论甚至叫人混蛋的用户都会被开除。Facebook 公司有这方面的审查员，《新闻周刊》称之为"扫黄警察"。苹果公司为了防止低质量的应用程序进入它的 APP 平台而减损平台的价值，对应用程序进行质量控制，通过质量评估的程序才能进入其应用商店等。❹ 腾讯公司最近也宣布在微信内

---

❶ 例如，在杨国辉案中，由于被告是利用游戏运营方的系统漏洞来虚假充值或者充游戏币，变现获得经济收入的行为，法院以非法获取计算机信息系统数据罪来定罪处罚，而不是破坏计算机信息系统罪。但是，这一案件中被告人行为的本质是被告违反代码空间秩序的行为，破坏了运营者的代码空间秩序，并不是为了获得所谓的数据。

❷ 例如，有媒体报道上海准备出台的共享单车管理规范中，要求使用者将共享单车停靠在电子围栏之中，而电子围栏是代码空间的一部分，是代码空间主体对代码空间自治权的实施。陈玺撼. 近四成共享单车乱停放，上海或用"电子围栏"破解 [EB/OL]. (2017-03-10) [2019-12-10]. http://www.jfdaily.com/news/detail?id=46884.

❸ 戴维·S. 埃文斯，理查德·施马兰奇. 连接：多边平台经济学 [M]. 张昕，译. 北京：中信出版集团，2018：113.

❹ 戴维·S. 埃文斯，理查德·施马兰奇. 连接：多边平台经济学 [M]. 张昕，译. 北京：中信出版集团，2018：151-165.

建立争议解决机制，来处理微信用户之间的争议和冲突。❶ 腾讯公司还公布将对利用微信账号发布违法违禁品销售信息的行为给予阶梯性的处罚，这些都是代码空间自治权的体现。

　　除了以代码技术对代码空间加以规范之外，代码空间自治权还包括以该权利为基础通过契约关系规范代码空间用户行为的能力。代码空间的用户如果违反这些行为规范，其行为既可以构成违约行为，需要承担违约责任，如终止其账号，也可以构成侵权行为，因为侵害了代码空间主体的空间自治权，因此需要承担侵权责任。例如，像淘宝这样的电子商务企业中，对平台中的电商违反其平台规则销售假冒伪劣商品的行为目前只能依赖平台与电商之间的契约关系来追究其违约责任。但如果有代码空间自治权，那么电商平台也可以以侵犯代码空间自治权为诉因，追究电商的侵权责任并要求赔偿侵权损失。随着物联网的发展，代码空间主体的自治权将更加广泛和深入。例如，对于共享自行车乱停放所导致的公共秩序混乱问题，有经营者已经通过电子围栏的形式要求使用者将自行车停放在指定的区域，否则将被经营者处罚。❷依赖代码技术加强和完善社会治理将会是社会制度的一个巨大飞跃，而中国正处在其前沿。

三、对代码空间权的保护和侵权认定

（一）对代码空间自主权的侵权认定

　　由代码自由所延伸出来的代码空间权是代码空间主体对于代码空间享有排他性权利的体现，未经代码空间主体的同意，其他人不得进入这一空间或者对其运行进行任何干扰，这表现为代码空间主体对代码空间的自主权。典型的侵害行为有以下几种。

---

　　❶ 北青 Qnews. 微信上线"争议与协商"功能，被投诉者 7 日内不沟通或被限制登录［EB/OL］.（2019-06-21）［2019-12-10］. https://www.toutiao.com/a6704931002730414605/?timestamp=1561422744&app=explore_article&group_id=6704931002730414605&req_id=201906250832230101520192299930C36A.

　　❷ "骑着共享单车准备停车的时候，APP 地图上会显示蓝色的 P 和灰色的 P，蓝色是可以停车的区域，灰色是禁停区域。第一次违停只有警告，第二次会收取 2 元调度费，第三次及以上，每次会收取 5 元调度费。6 月起，东城区的故宫、王府井周边，共享单车停放在指定停车区域内的，则按普通价格计费结算；在指定停车区域以外随意停放的，将被增收'调度费'。"参见：北京日报客户端. 北京这些地方共享单车 6 月"入栏结算"，违停最高收 5 元调度费［EB/OL］.（2019-05-27）［2019-12-10］. https://www.toutiao.com/a6695540749158580739/?timestamp=1558933894&app=explore_article&group_id=6695540749158580739&req_id=20190527131134010152049202260F0E.

1. 非法侵入或者破坏代码空间的行为

这种行为主要包括以代码技术非法进入代码空间的行为，如非法的远程登录、非法的植入木马程序以及非法的访问等。

非法破坏代码空间的行为是指通过代码技术或者其他手段对代码空间主体的代码空间加以破坏，使代码空间丧失或者减损功能的行为。例如，利用DDOS技术使得代码空间登陆瘫痪❶，利用电脑病毒使得代码空间的功能丧失或者秩序混乱的行为，以及利用技术手段非法进入代码空间获取或者改变其内部数据的行为❷。不是以代码空间为直接侵害客体的行为则不是这里的非法侵入或者破坏代码空间的行为。如断网和断电的行为会损害代码空间的存在和运营，但不属于直接侵害代码空间权中的自主权的行为。

在物联网中对代码空间的识别标识进行破坏，使得代码空间的合法用户无法及时进入代码空间的行为也是破坏代码空间的行为。例如，曾经发生过破坏共享单车二维识别码的行为，这种行为的目的和后果应是破坏代码空间功能的行为而不是针对个体财产，即单车的损害行为。

非法侵入代码空间的行为在民事案件中常有发生，由于目前没有明确的私权利来保护代码空间，这类行为则不得不依赖《反不正当竞争法》第2条这一般性条款来解决，造成法律秩序的不确定和对司法自由裁量权滥用的担心。❸ 例如，与Robots协议有关的不正当竞争案中，争议的焦点便是搜索方是否可以忽略被搜索方的Robots协议禁止搜索告示而对被搜索方的页面进行数据抓取❹，或者被搜索方没有作出禁止搜索的警告是否就意味着允许搜索引擎

---

❶ 例如，在"向保非法控制计算机信息系统案"中，被告人向保在"劲舞团"游戏过程中采用分布式拒绝服务攻击，即DDOS攻击方式，攻击"劲舞团"服务器，致使网络中断，其他玩家掉线，从而自己抢先登录第100号房间，以此获得其他玩家的羡慕、崇拜。2010年1月至8月，被告人向保通过运行黑客软件非法侵入并远程操控55台他人计算机作为"傀儡机"（俗称"肉鸡"），对"劲舞团"服务器发动DDOS攻击，即对"劲舞团"服务器ip发送"icmp"或"syn"数据包，使服务器网络带宽被占用，网络通信被堵塞，导致被攻击的服务器网络中断、玩家掉线，造成久游公司经济受损，玩家满意度下降，品牌价值降低，公司形象受到了影响。法院认定向保犯非法控制计算机信息系统罪，判处有期徒刑11个月，并处罚金人民币2000元。向保非法控制计算机信息系统案判决书，上海市徐汇区人民法院（2011）徐刑初字第287号。

❷ 汪某等犯非法控制计算机信息系统罪二审刑事判决书，安徽省芜湖市中级人民法院刑事判决书（2015）芜中刑终字第00304号。

❸ 蒋舸. 关于竞争行为正当性评判泛道德化之反思 [J]. 现代法学，2013（6）：93.

❹ 百度公司与360公司不正当竞争纠纷案，北京市第一中级人民法院民事判决书（2013）一中民初字第2668号。

的使用等问题❶，都是依赖《反不正当竞争法》第 2 条的一般性条款来判断。而根据代码空间权中的自主权，没有正当理由而未经许可进入代码空间的行为可以直接认定为侵权行为，因为代码空间主体所拥有的域名下的网站是代码空间，代码空间主体有权利决定进入其代码空间的人员资格。而忽视 Robots 协议下的禁止进入的告示进行数据抓取的行为便应该是侵权行为。

在刑事案件中，对于非法进入代码空间的行为，由于我国没有明确的私权利来对代码空间加以保护，司法中主要属于非法侵入计算机信息系统罪和提供侵入、非法控制计算机信息系统的程序、工具罪等这些。这些类型的犯罪行为属于妨害社会管理秩序罪这一大类中，其所保护的法益主要是公共利益而不是个人的民事权利。❷ 还有类似案件是以盗窃罪定罪量刑的❸，或者以非法经营罪来定罪量刑。❹ 这些案件中的犯罪行为实际上都可以归属于非法侵入代码空间这一行为，属于侵犯代码空间权中的自主权。

2. 非法获得代码空间进入资格的行为

代码空间主体作为代码空间的权利人有权决定进入代码空间的资格，这种进入的资格可以是人格性质的，也可以是契约性质的。这是代码空间主体的自由决定，除非有些代码空间承担着公共利益而有特殊义务。任何人未经代码空间主体的许可而非法获得或者转让进入代码空间资格的行为，都是对代码空间权中的自主权的直接侵犯。

例如，像网络游戏账号或者 QQ 号这样进入代码空间的资格是否可以被转让或者继承的问题，有两种观点。一是契约关系的观点，认为是否可以被转让或者继承应该依据网络服务提供者和用户之间的契约决定;❺ 二是虚拟财产

---

❶　大众点评诉百度不正当竞争案一审判决书，上海市浦东新区人民法院民事判决书（2015）浦民三（知）初字第 528 号。

❷　《刑法》第 285 条、第 286 条。

❸　顾某盗窃案，上海市浦东新区人民法院刑事判决书（2015）浦刑初字第 1882 号。

❹　在董杰、陈珠非法经营案中，法庭审理认为：被告人董杰、陈珠以牟取利益为目的，违反国家规定，未经国家主管部门批准，也未获得上海盛大网络发展有限公司许可和授权，将明知是破坏他人享有著作权的互联网游戏作品技术保护措施并修改他人游戏作品数据的非法互联网出版物"外挂软件"使用到上海盛大网络发展有限公司享有著作权的游戏程序上，进行有偿代练经营活动，谋取了巨额非法利益，侵害了上海盛大网络发展有限公司的合法权益，属于出版非法互联网出版物的行为，具有严重的社会危害性，构成非法经营罪。

❺　申晨. 虚拟财产规则的路径重构［J］. 法学家，2016（1）：94-95.

的观点，认为这些虚拟财产已经是独立的法益，因而可以被继承。❶ 笔者认为关于虚拟财产的继承或者转让不应该以所谓财产权这样的模糊概念来判断，而是应该依据代码空间主体的代码空间自主权来判断。因为代码空间主体有决定进入代码空间的条件，如是否是人格性，还是完全契约性的❷，即对于契约性的进入代码空间的资格是否可以转让或者继承也应该是代码空间主体自由决定的内容。也就是要根据代码空间主体在代码空间中的政策来确定用户在代码空间中的代码活动内容是否以及如何被转让或者继承。❸ 如果政策中没有明确约定，则需要依据合同法来对未约定的内容进行合理解释。

另外，在我国曾经发生的多起有关盗卖"QQ 靓号"的案件，在司法实践中如何定性引起了很大争论。❹ 而根据代码空间自主权，这种行为是非法获得进入代码空间资格的行为，因而在民事上可以直接构成侵权行为，而不需要寻找和借用模糊的财产权利来实现对其法益的保护目的。就如同为了进入他人住宅的目的而盗取房屋钥匙的行为应该是非法侵入住宅的行为，而不是针对钥匙的盗窃行为。❺

(二) 对代码空间自治权的侵权认定

根据代码空间权中的自治权的规定，代码空间主体有权决定代码空间内的结构、布局、虚拟物品的状态、所要实现的功能等代码性设置，也有权决定代码空间内的行为规则。总之有对代码空间经营和管理的自由。这类似于现实世界中建筑空间所有权人对该空间的自治权利，是代码空间主体自由的延伸。如果他人未经许可而对代码空间中的上述法益加以侵害，便属于侵害代码空间自治权的行为，本质上是对代码空间主体自由的侵害。

---

❶ 梅夏英，许可. 虚拟财产继承的理论与立法问题 [J]. 法学家，2013 (6)：91.

❷ 例如，如果某一代码空间是专门为特殊人士，如同性恋人士服务的，那么这种进入资格是否不适合被他人继承的问题在学术界经常以保护用户的隐私为由而主张排除在可继承的财产范围之外。参见：李岩. 虚拟财产继承立法问题 [J]. 法学，2013 (4)：81-91；杨立新，杨震.《中华人民共和国继承法修订草案》建议稿 [J]. 河南财经政法大学学报，2012 (5)：15.

❸ 就如同一个画家在其租住的房屋墙壁上画了一幅壁画，那么这一壁画是否可以转让或者被继承应该由房屋主人和画家之间的协议确定，一般而言房屋主人依据对房屋的所有权可以拒绝该壁画被转让或者继承。

❹ 相关的争议见：梁根林. 虚拟财产的刑法保护——以首例盗卖 QQ 号案的刑法适用为视角 [J]. 人民检察，2014 (1)：8；张明楷. 非法获取虚拟财产的行为性质 [J]. 法学，2015 (03)：12-25.

❺ 《刑法》第 245 条。

1. 破坏或者窃取代码空间中的代码表现物的行为

代码空间的用户或者非法侵入代码空间的人如果对代码空间中的代码表现物进行了破坏，那么就属于这类行为。这类行为常常表现为对所谓的装备这种虚拟财产的侵害，如破坏或者窃取网络游戏中的装备、网络游戏角色或化身的装饰品等；❶ 也表现为对货币类虚拟财产的侵害，如盗窃 Q 币或者金币等。❷ 这些都是对代码空间内的代码表现物的侵害行为，本质上是对代码自治权的侵害。这些行为不应该被认定为对这些所谓虚拟财产的侵害，因为对这些所谓的财产本身的损失，代码空间主体都可以通过代码技术轻而易举的恢复。因此，代码空间主体损失的不是这类虚拟财产本身，而是代码空间秩序被破坏，这恰恰是代码空间自治权所保护的法益。

例如，在雒彬彬职务侵占案中，被告的行为是属于盗窃罪还是职务侵占罪，一审和二审有着不同意见。❸ 而盗窃罪与侵占罪的本质区别便是是否改变了占有关系。这类案件中，虚拟财产本质上是代码空间主体对代码空间的规范表现，根本没有可占有的财产存在。这些行为是对游戏规则的破坏，对游戏服务商造成了经济损失，而不是对可占有的财产侵害，有财产价值但不必要占有的特征恰恰是网络社会和共享经济的特征。有刑法学者已经呼吁在刑法中引入网络空间的概念，"如果不能随着社会的发展构造出新的法律观念，

---

❶　例如，在迟某犯盗窃罪案中，"'QQ 华夏'是腾讯公司开发的一款游戏，酷游网络游戏交易平台是该游戏进行物品交易的第三方平台。2014 年 12 月，被告人迟某利用酷游网络游戏交易平台的技术漏洞，通过修改游戏角色编号的方法，多次进入被害人唐某的"QQ 华夏"游戏角色的交易平台，并出售唐某虚拟装备'金某某'385 个。经日照市价格认证中心出具的日价鉴字（2015）13 号《山东省涉案物品价格鉴定（认证）结论书》鉴定，所盗虚拟网络游戏装备'金某某'的价值共计人民币 9625 元。"

❷　例如，在崔某某盗窃案中，被告人崔某某利用非法获取的绍兴希望网络科技有限公司网站的账号、密码，在广州市岭南区一网吧内登录该公司网站后台，将该公司在数网 SUP 供货平台上代售的 Q 币和网易一卡通点卡的价格由人民币 1 元/个篡改为人民币 0.01 元/个，并以此窃走价值人民币 60 760 元的 62 000 个 Q 币和价值人民币 34 416 元的 34 764 个网易一卡通。崔某某盗窃案，浙江省绍兴市越城区人民法院刑事判决书（2016）浙 0602 刑初 1205 号。

❸　北京市朝阳区人民法院经审理查明：雒彬彬于 2012 年 5 月至 11 月期间，担任北京武神世纪网络技术股份有限公司客服专员，获权使用公司配发的名为"武神"的网络游戏的管理员账号。其在未获公司授权的情况下，擅自使用管理员账号中的"92 号工具"，生成游戏中的"金锭"29 562 497 枚（根据游戏确定的兑换比例 1 元人民币 = 15"金锭"，价值人民币 1 970 833.13 元）。由于"金锭"无法直接交易，雒彬彬使用"金锭"在游戏商城中换取游戏道具后，通过网络平台低价销售谋利，非法获利人民币 50 余万元。后雒彬彬被查获归案。雒彬彬职务侵占案一审：北京市朝阳区人民法院刑事判决书（2013）朝刑初字第 2164 号；二审：北京市第三中级人民法院刑事判决书（2014）三中刑终字第 66 号。

那么被抛弃的只能是人自己。网络空间在由虚拟性向现实性过渡的过程中，
'网络空间'必然会发展成实体的概念"❶，而代码空间权的构建便可以解决
这一问题。

2. 破坏代码空间规范秩序的行为

代码空间主体的代码空间自治权还表现为对代码空间的规范能力，他人
违反代码空间秩序的行为便是对其代码空间自治权的侵害。

由于代码空间主体的自治权，代码空间的用户与代码空间主体之间是基
于代码空间权的契约关系，代码空间自治权为其与用户之间的契约关系提供
了私权基础。如果代码空间用户遵守了代码空间规则的前提下仍然造成了他
在代码空间内的相关利益损失，如所谓的虚拟财产的丢失，那么代码空间主
体应该依赖与用户之间的契约关系来赔偿损失，而不应该产生所谓的对用户
的虚拟财产的侵权行为。❷ 与代码空间主体没有契约关系的第三人也可以利用
技术手段破坏代码空间秩序，这也属于侵害代码空间主体自治权的行为。例
如，在网络游戏中已经发生多起的"游戏外挂"的行为，在司法实践中应该
认定为何种罪名也经常发生分歧。❸ 如果采纳了代码空间权的概念，那么这些
行为可以被认定为是侵害代码空间自治权的行为。

代码空间的用户如果违反代码空间的秩序规则，那么既可以构成破坏代
码空间秩序的行为，也可以和违约行为竞合。❹ 例如，在共享单车这种共享经
济中，共享单车这一代码空间的运营者制定了共享单车的使用规范，并且要
求使用者要遵守这些规范。但在实践中发生了使用者为了能够独享单车而将

---

❶ 于志刚. 网络"空间化"的时代演变与刑法对策 [J]. 法学评论, 2015 (2): 120.

❷ 例如，在韩林以虚拟财产被盗为由诉上海盛大网络发展有限公司娱乐服务合同纠纷案，河南
省开封市鼓楼区人民法院民事判决书 (2005) 鼓民初字第 475 号中，法院依据合同法认定被告应该恢
复其用户所丢失的虚拟装备。在该案中，原告是代码空间的合法用户，被告是代码空间的运营者即代
码空间主体，而原告在游戏中所产生的各种装备实际上是依赖被告的代码空间中的规则而产生的，因
此两者之间是契约关系，而不是产权关系。该案法院的判决是正确的。

❸ 在余刚、曹志华等侵犯著作权犯罪，上海市徐汇区人民法院刑事判决书 (2011) 徐刑初字第
984 号一案中，法院认定利用外挂游戏的方式获利的行为是侵犯著作权犯罪的行为。

❹ "阿里以网络服务合同纠纷为由将销售假冒 ROEM 和 MO&CO 服装的 80 后淘宝卖家高某诉至
杭州市互联网法院，索赔 10 余万元。"参见: 阿里首诉造假店至互联网法院 80 后卖家被索赔 10 余
万 [EB/OL]. (2017-12-06) [2019-12-20]. http://www.sohu.com/a/208790527_161623.

单车加锁的行为。❶ 对于这种行为的定性，在目前的法律体系中就比较困难。❷ 而这种行为在这里却十分明确，这是破坏代码空间秩序的行为，属于对代码空间自治权的侵害。因为用户的这种行为是利用外界的物理手段使得代码空间主体在代码空间中的规范能力失去了效力，是对代码自由的损害。因而用户的这种行为既是违约行为，也是侵权行为。

例如，在"暴力加粉"干扰微信运营的不正当竞争案中❸，被告微源码公司开发了一种叫"数据精灵"的软件包，其用户利用该软件包所提供的功能便可以避开微信中的技术限制而实现多种交互功能。"暴力加粉"是指一次操作便可以向附近的 100 个微信用户发出招呼，成为微信好友，而微信本身的功能是一次只能发送给一个用户。该案中被告的行为被判定为不正当竞争。但被告的行为实际上是对原告的代码空间自主权和自治权的侵害，从代码空间的角度来看，可以直接被认定为侵犯代码空间权的行为。又如租用共享汽车之后，违反共享汽车运营者的行为规范，改变汽车的用途以及利用技术手段屏蔽汽车行驶轨迹的行为都属于对代码空间自治权的侵犯，但目前，在司法实践中被认定为盗窃行为。❹

四、结论

代码自由来自于人对技术使用的自由，是人的自由的自然延伸。代码空间主体依赖所享有的代码自由而构建代码空间，并对代码空间享有代码空间权，包括自主权能和自治权能。代码空间主体所享有的代码空间权应该作为新的民事权利受到法律的保护，这种权利上升到国家层面便是网络主权。采纳代码空间权这一概念也为将来的共享经济、物联网经济以及人工智能等社会经济活动的法律规范提供了民事权利基础。

我国的民法典无疑是处于信息技术发生重大变化的背景下进行制定的。"互联网+"改变着中国的社会结构和组织形式。但是，这些重大技术进步所

---

❶ 步超. 人民日报：《破坏共享单车这事得管》［EB/OL］. （2017-02-20）［2019-12-10］. http://it.people.com.cn/n1/2017/0220/c1009-29092439.html.

❷ 专家研讨：对共享单车虐待、上锁专用等行为的定性［EB/OL］. （2017-03-14）［2019-12-10］. http://mp.weixin.qq.com/s/Eqq0W0bYJ_O73JxnVqn_JA.

❸ 广东省深圳市中级人民法院民事判决书（2017）粤 03 民初 773 号。

❹ 滴滴司机开途歌拉活，为省租车费用屏蔽器屏蔽行车里程，被控盗窃罪受审［EB/OL］. （2019-07-15）［2019-12-10］. https://www.toutiao.com/a6713730602962518541/?timestamp=1563175277&app=explore_article&group_id=6713730602962518541&req_id=20190715152116010152019037570F2F6.

引发的社会变革却还没有以明确的民事权利来表现和支持。因此，赋予民事主体以明确的"代码空间权"变得非常的必要。我国《民法典》已经为设立代码空间权提供了民法权利基础和立法空间❶，我们应该科学地利用这一授权性条款，积极通过单行法律来推动代码空间权的形成，为中国的网络经济、大数据技术以及人工智能的发展和治理提供坚实的权利基础。构建一种新的民事权利往往是一项巨大的系统工程。关于代码空间权的构建还有很多具体的问题需要讨论和研究，如该权利可能产生的对他人自由的不当干扰问题，以及该权利被滥用可能产生的不良后果问题等。这些问题都极为重要，需要专门加以研究。

---

❶ 《民法典》第 127 条，"法律对数据、网络虚拟财产的保护有规定的，依照其规定"。

第十三章

总　结

> 我们不但善于破坏一个旧世界，我们还将善于建设
> 一个新世界。
>
> ——毛泽东❶

　　作为大自然自组织规律的一种表现形式的人类，以自己的欲望驱动着平均体重仅仅有几十公斤的身躯，生生不息地构建和扩张自己的组织性，从维持自己的生命这一与其他生命一样卑微的祈求，到希望掌握浩瀚宇宙的秘密以成为它的主人，即成为自由人这一鸿浩理想。❷ 为了这一冥冥之中的使命，人类经历了艰苦卓绝的努力，与天斗，与地斗，与自己斗。而在这一漫长的过程中，人类所面临的最根本的制度难题便是和同类的关系，即如何能够构建一个共同的组织，而自己在这一组织中能够最大限度地满足自己的欲望，以实现自己的自由。这是集体的自组织性和个体的自组织性之间的冲突。❸ 如罗素所说的，"人不是独居的动物，只要社会生活继续，自我实现就不应该作

---

❶　毛泽东. 毛泽东在中国共产党第七届中央委员会第二次全体会议上的报告［G］//毛泽东. 毛泽东选集（第四卷）北京：人民出版社，1991：1439.

❷　恩格斯认为，"自由不在于幻想中摆脱自然规律而独立，而在于认识这些规律，从而能够有计划地使自然规律为一定目的服务。"参见：弗里德里希·恩格斯. 反杜林论［G］//卡尔·马克思，弗里德里希·恩格斯. 马克思恩格斯选集（第3卷）北京：人民出版社，2012：491.

❸　"在个人与个人之间的关系中，暴力（除了在自我防卫的情况下）从来就不是不可避免的最后手段，而在群体与群体的关系中，人们通常可以认为暴力是一种重要手段。反过来，个人不刻意使用暴力的原因在于，通常个人受到集体暴力的保护……因此，正是因为集体暴力被认为是正当的，个人暴力就缺乏依据。换言之……只要人们认为可以接受日常的集体暴力可以保障个人的正常生活，道德就完全可以谴责个人与个人之间的暴力。"参见：贾恩·弗朗哥·波齐. 国家：本质、发展与前景［M］. 陈尧，译. 上海：上海世纪出版集团，2007：17.

为最高的道德原则"❶。

与其他生命同源同宗的人类之所以能够逐渐胜出并成为地球的主宰者，其主要原因在于人能够充分利用信息技术而形成大规模和高效率的社会组织。合作与发展是社会组织的基本价值，直至今天仍然被中国领导人视为唯一的普世价值观。❷ 每当信息技术有巨大变化时，人类社会的组织形式和组织规模都将随之发生巨大的变化，该社会组织中的制度规则也必然需要与之相适应。从血缘社会走向代码社会，中国的社会制度也从宗法制度，经历了法制和法治，开始走向代码自治制度。因此，在今天的代码社会中，我们既要看到代码社会的特殊性，更应该注意到其与其他社会制度内在的一致性。只有这样，我们才能更好地预见未来，也能够更好的指导当下的制度设计和政策决断。

在口语时代，以血缘关系构建的社会，由于相近基因之间的天然利他性，使得该种社会制度成本较低，能够容易形成社会组织。在血缘社会中，家长即大宗的品质决定了这个血缘集团的品质，这些家长是否有能力和毅力克服自身的贪婪欲望而有效地依赖血缘关系来维护和发展这个血缘集团，是这个社会长治久安的关键。这种社会有着必然的制度缺陷，组织规模较小，血缘关系会因为时间而淡薄，不同血缘组织之间的竞争异常激烈。

在文字时代，人类终于有了可以超越血缘关系而形成共同意志的信息工具，即律法。商鞅变法和秦朝统一中国使中国社会在政治上超越了血缘集团而形成了没有血缘关系的官僚组织。这个组织的共同意志以律法的形式表现出来，昭示社会并由官僚组织来解读和执行。至此，中国社会进入到了法制时代，即公权力社会，该社会形态一直持续到辛亥革命。但是，中国整个社会官僚组织与血缘家庭组织的混合体，法制仅仅对官僚组织有效力，而家庭组织之间和其内部则是依赖血缘关系的自治社会，乡绅士大夫成为官僚组织和家族组织之间的过渡组织。2000余年的中国社会是政府公权力组织与家庭自治组织相结合的二元社会结构模式。血缘组织对中国社会造成的负面影响可以说是贯彻整个中国历史。直到今天，家族利益造成的经济效率低和政治不清廉仍然是中国政治经济制度上需要克服的障碍。改革开放之后的第一代

---

❶ 肯尼思·J. 格根. 关系性存在：超越自我与共同体［M］. 杨莉萍，译. 上海：上海教育出版社，2017：41.

❷ "中国将高举和平、发展、合作、共赢的旗帜，恪守维护世界和平、促进共同发展的外交政策宗旨，坚定不移在和平共处五项原则基础上发展同各国的友好合作，推动建设相互尊重、公平正义、合作共赢的新型国际关系。"见：习近平：《决胜全面建成小康社会 夺取新时代中国特色社会主义伟大胜利——在中国共产党第十九次全国代表大会上的报告》（2017年10月18日）。

中国企业家所面临的考验便是是否能够超越家族式企业组织模式的束缚而形成超越血缘关系的现代大型企业，而政治家们所面临的考验便是是否能够抛开私人关系和家族的狭隘利益而以天下为公。❶

　　而大致在同一时期的西方则是以《圣经》作为律法，形成高度法制的政教合一的基督社会。文字的使用使《圣经》可以成为 1000 多年的西方社会的行为规范，形成了超越家庭血缘关系的、以上帝为共同信仰的社会组织，这种社会组织与中国古代社会相比，其组织范围更广，可以超越民族国家和种族；其组织程度更深，打破了家庭的屏蔽，每个社会成员无论老幼都必须成为基督徒；其时间更为持久，1000 余年都在基督教会的统治之下❷，而不是古代中国的"皇帝轮流做，明年到我家"。与古代中国不同的是，西方社会组织结构是"宗教组织—政府组织—家庭组织"的三元社会结构。家庭组织在西方社会中的地位和作用要比中国社会弱很多。

　　在公权力社会中，掌握着公权力的官僚组织或者教会组织的品质决定着社会组织的品质，当官僚组织或者教会组织自身无法克服腐败的欲望或者没有能力贯彻其意志时，社会组织便开始解构，改朝换代的转折点便来临了。15 世纪的欧洲宗教改革和 20 世纪中国的辛亥革命都是这种转折时刻。

　　以古登堡现代印刷机为肇始的大众传播技术的到来，使社会成员可以广泛地获得信息技术，从而形成自组织，即企业组织。西方社会开始解构公权力社会，进入私权利社会。大众传播技术首先解构了教会的统治，由于教会组织自身的腐败性，而现代印刷技术下教徒们可以直接获得和阅读圣经而面对上帝，使得教会组织存在的合理性被严重削弱。马丁路德的宗教改革使得部分民族国家从教会的统治中解放出来，形成新教国家。而作为现代国家肇始国的英国人并没有就此停止，而是进一步解构公权力组织，形成了以企业主自治为社会组织模式的政治形式。通过所谓的光荣革命，将国王的权力通过法治来加以约束，而企业主们则以企业这一新型社会组织来治理社会。人类社会开始从法制社会进入到法治社会，即从公权力社会进入到了私权利社会。社会组织结构转变为"政府—企业—家庭"的三元模式，其中企业组织成为最重要的社会组织。但需要特别注意的是，在这一巨大的制度转变过程

---

❶　《中国共产党章程》第 2 条；《中国共产党纪律处分条例》第 85 条、第 86 条、第 87 条。

❷　"对一个人为建立的机构而言，即使是维持 50 年或一个世纪的短暂时光，也如此困难，以至于天主教会意味深长地指出，它几个世纪的生命力证明了它的缔造者是上帝而不是人类。"参见：彼得·德鲁克. 公司的概念 [M]. 慕凤丽，译. 北京：机械工业出版社，2019：21.

中，基督教起到了重要的传承和孵化作用。基督教同化了欧洲人的认同感和价值观，形成了超越家庭血缘关系的社会组织，给人们灌输了平等观念、法治理念和契约精神，而新教改革又将基督教的价值观和道德观与私权和市场相结合，使作为新教徒的企业家们有着市场经济制度所要求的内在特征和自治性。因此，以美英为代表的现代国家，一方面表现为政教分离的世俗国家，另一方面却是实实在在的宗教国家，"美国好像同时是最宗教化和最世俗化的"❶。美国人大多数是新教徒，而中国人大多数是孝子，这种区别使得中国人和美国人的行为模式有很大的差别。

自 1840 年开始，竞争失败之后的中国处于组织解构的状态，社会失序、国防失守。如何将中国从一个"官僚组织—家庭组织"的二元社会转变为"政府组织—企业组织—家庭组织"的三元现代国家的社会组织模式，成了近现代中国人的焦虑和努力目标，而从洋务运动到辛亥革命等历次努力都以失败为结局。与西方现代国家的形成过程相比较，中国有很多障碍。由于时间的紧迫，中国社会的制度变迁需要解构"官僚组织—家庭组织"二元社会和构建"政府组织—企业组织—家庭组织"三元社会同步进行，这需要一个强大的政治组织来实现本可能需要一二百年才能完成的历史大变革，历史的选择是中国共产党。

改革开放之前，中国的社会组织模式是"中国共产党—政府组织—单位组织—家庭组织"，这是一种四元模式，中国共产党以强大的变革力量将中国社会从基于血缘关系的农业社会向超越血缘关系的工业社会不断推进。而自改革开放以来，中国社会便开始进入到"中国共产党—政府组织—企业组织—家庭组织"的四元结构模式中，其中中国共产党的领导是中国社会秩序的基础和变革动力，企业组织是中国的新型社会组织形式，各个组织是否能够培养出适应现代国家的品质特征，去除古代中国制度中的弊端将是中国是否能够顺利地实现其伟大目标的关键。

当中国社会还处于"中国共产党—政府组织—企业组织—家庭组织"的四元结构模式变革过程时，网络新媒体开始出现并迅速发展，人类社会进入到代码技术时代。代码技术是比大众传播技术更为先进的信息技术，其所能孵化出的各种新技术现在还无法准确预测，如网络技术、大数据技术、物联网技术、区块链技术以及 AI（Artificial Intelligence，人工智能）技术等都方

---

❶ HERBERG W. Protestant, Catholic, Jew: An Essay in American Religious Sociology [M]. Chiacago: The University of Chicago Press, 1983: 3.

兴未艾。社会成员利用代码技术可以形成新型社会组织，即代码空间组织，这一组织不同于之前的家庭、政府和企业，是一种新型的组织方式，其组织内容丰富多彩、前途无量。令人欣慰的是，在这一次新的信息技术面前，中国人没有再次错失机会，而是抓住机遇，积极发展和利用，中国社会已经率先踏入了代码社会的大门。目前中国的社会组织模式已经开始出现"中国共产党—政府组织—企业组织—家庭组织—代码空间组织"的五元模式。对包括大数据技术在内的代码空间组织的规治，关键点便是处理好这五个组织之间的关系，尤其是代码空间组织和其他四个组织之间的关系。

　　从历史发展的经验可以看出，人类社会发展不是利用一种新类型的社会组织完全代替另一种旧类型的社会组织的过程，而是在信息技术的可能下，人类的社会组织类型越来越丰富多彩，并可以重叠并存。因为每种社会组织都有其自身的优点和作用，但也有相应的缺点和局限。好的社会便是能够发挥各种类型社会组织的优点而抑制其缺点，而坏的社会便是各种类型的社会组织之间相互干扰和摩擦，整个社会组织处于失序状态，或者社会治理成本奇高。中国的大数据技术规治应该以这一大的理念和体系性来构建。中国社会从开始的血缘社会，历经 5000 多年的历史发展到今天的五层社会组织形式，从信息技术层面来看，是从血缘社会到代码社会的发展过程，期间又历经了文字社会和大众传播社会。今天中国社会的动人之处也许就是能够发挥这五层社会组织形式的优点，并且利用各层组织形式的优点来抑制和弥补其他组织层次的缺点，使中国社会具有自己独特的制度特征和文化魅力。也许这是具有中国特色社会主义制度的另一种解读。而对大数据技术的规治原则便是利用这一先进的信息工具和组织形式来继续解决各个层次组织中的缺点和不足，而不是放大其缺点和解构其优点。

　　"辛亥革命，到今年，不过四十五年，中国的面目完全变了。再过四十五年，就是二千零一年，也就是进到二十一世纪的时候，中国的面目更要大变。中国将变为一个强大的社会主义工业国。中国应当这样。因为中国是一个具有九百六十万平方公里土地和六万万人口的国家，中国应当对人类有较大的贡献。而这种贡献，在过去一个长时期内，则是太少了。这使我们感到惭愧。"[1] 今天的中国社会，正在利用历史上依次出现的信息技术形成独特的社会组织形式，这种社会组织形式可以发挥和保持各种类型社会组织的优点，因而充满活力。这种社会组织也因此表现为包容、多元和自由。她既能克服

---

[1]　毛泽东. 纪念孙中山先生 [G] //毛泽东. 毛泽东文集（第七卷）北京：人民出版社，1999：157.

中国古代社会的缺点，也能超越西方私权利社会的局限性，形成具有中国特色的社会主义国家。中国人应该有信心和能力以此来告慰对中华民族充满殷切期望的毛主席和无数无私奉献的革命先驱们。❶

---

❶ "中国共产党是为中国人民谋幸福的政党，也是为人类进步事业而奋斗的政党。中国共产党始终把为人类作出新的更大的贡献作为自己的使命。"见：习近平：《决胜全面建成小康社会 夺取新时代中国特色社会主义伟大胜利——在中国共产党第十九次全国代表大会上的报告》（2017 年 10 月 18 日）。

参考文献

中文论文

[1] 程啸. 论大数据时代的个人数据权利 [J]. 中国社会科学, 2018 (3)：102-122.

[2] 丁晓东. 论个人信息法律保护的思想渊源与基本原理——基于"公平信息实践"的分析 [J]. 现代法学, 2019 (3)：96-110.

[3] 丁晓东. 个人信息私法保护的困境与出路 [J]. 法学研究, 2018 (6)：194-206.

[4] 丁晓东. 被遗忘权的基本原理与场景化界定 [J]. 清华法学, 2018 (6)：94-107.

[5] 高秦伟. 社会自我规制与行政法的任务 [J]. 中国法学, 2015 (5)：73-98.

[6] 高秦伟. 分享经济的创新与政府规制的应对 [J]. 法学家, 2017 (4)：17-29, 175.

[7] 高富平. 个人信息保护：从个人控制到社会控制 [J]. 法学研究, 2018 (3)：84-101.

[8] 高富平. 论个人信息保护的目的——以个人信息保护法益区分为核心 [J]. 法商研究, 2019 (1)：93-104.

[9] 纪海龙. 数据的私法定位与保护 [J]. 法学研究, 2018 (6)：72-91.

[10] 蒋舸. 关于竞争行为正当性评判泛道德化之反思 [J]. 现代法学, 2013 (6)：85-95.

[11] 吴伟光. 从隐私利益的产生和本质来理解中国隐私权制度的特殊性 [J]. 当代法学, 2017, 31 (4)：50-63.

[12] 吴伟光. 大数据技术下个人数据信息私权保护论批判 [J]. 政治与法律, 2016 (7)：116-132.

[13] 吴伟光. 构建网络经济中的民事新权利：代码空间权 [J]. 政治与法律 2018 (4)：111-123.

[14] 周汉华. 探索激励相容的个人数据治理之道——中国个人信息保护法的立法方法 [J]. 法学研究, 2018 (2)：3-23.

[15] 王利明. 论个人信息权的法律保护——以个人信息权与隐私权的界分为中心 [J]. 现代法学, 2013, 35 (4): 62-72.

[16] 王利明. 隐私权概念的再界定 [J]. 法学家, 2012 (1): 108-120, 178.

[17] 王成. 个人信息民法保护的模式选择 [J]. 中国社会科学, 2019 (6): 124-146, 207.

[18] 左亦鲁. 告别"街头发言者"——美国网络言论自由二十年 [J]. 中外法学, 2015 (2): 417-437.

[19] 张新宝. 从隐私到个人信息: 利益再衡量的理论与制度安排 [J]. 中国法学, 2015 (3): 38-59.

[20] 于志刚. 论网络游戏中虚拟财产的法律性质及其刑法保护 [J]. 政法论坛, 2003 (6): 122-132.

[21] 于志刚. 网络"空间化"的时代演变与刑法对策 [J]. 法学评论, 2015 (2): 113-121.

[22] 张明楷. 非法获取虚拟财产的行为性质 [J]. 法学, 2015 (3): 12-25.

[23] 梁根林. 虚拟财产的刑法保护——以首例盗卖 QQ 号案的刑法适用为视角 [J]. 人民检察, 2014 (1): 6-13.

[24] 申晨. 虚拟财产规则的路径重构 [J]. 法学家, 2016 (1): 84-94, 177-178.

[25] 梅夏英, 许可. 虚拟财产继承的理论与立法问题 [J]. 法学家, 2013 (6): 81-92, 175-176.

中文专著

[1] 费孝通, 吴晗, 等. 皇权与绅权 [M]. 上海: 华东师范大学出版社, 2015.

[2] 郭廷以. 近代中国史纲 [M]. 3 版. 上海: 格致出版社, 2012.

[3] 梁漱溟. 乡村建设理论 [G] //梁漱溟. 梁漱溟全集 (第二卷). 济南: 山东人民出版, 2005.

[4] 赵林. 基督教与西方文化 [M]. 北京: 商务印书馆, 2013.

[5] 冯友兰. 英汉中国哲学简史 [M]. 南京: 江苏文艺出版社, 2012.

[6] 顾颉刚. 中国史学入门 [M]. 北京: 中国青年出版社, 1983.

[7] 吉同钧. 大清律例讲义 [M]. 闫晓君, 整理. 北京: 知识产权出版社, 2018.

[8] 黄仁宇. 中国大历史 [M]. 北京: 三联书店, 2007.

[9] 李强. 自由主义 [M]. 3 版. 北京: 东方出版社, 2015.

[10] 李军. 大数据: 从海量到精确 [M]. 北京: 清华大学出版社, 2014.

［11］漆侠. 中国改革史［M］. 石家庄：河北教育出版社，1997.

［12］俞可平，等. 中国的治理变迁（1978～2018）［M］. 北京：社会科学文献出版社，2018.

［13］冯端，冯少彤. 溯源探幽：熵的世界（修订版）［M］. 北京：科学出版社，2016.

［14］蒋廷黻. 中国近代史［M］. 武汉：武汉出版社，2012.

［15］吴伟光. 网络新媒体的法律规治：自由与限制［M］. 北京：知识产权出版社，2013.

［16］萧璠. 中国通史·先秦史［M］. 北京：九州出版社，2009.

［17］苏力. 大国宪制：历史中国的制度构成［M］. 北京：北京大学出版社，2018.

［18］涂子沛. 大数据（3.0升级版）［M］. 桂林：广西师范大学出版社，2015.

［19］周燮藩. 伊斯兰教的先知——默罕默德［M］. 北京：中国社会科学出版社，1998.

［20］张国刚. 家庭史话［M］. 北京：社会科学文献出版社，2012.

［21］王融. 大数据时代：数据保护与流动规则［M］. 北京：人民邮电出版社，2017.

［22］吴敬琏. 当代中国的经济改革教程［M］. 上海：上海远东出版社，2010.

［23］吴军. 智能时代：大数据与智能革命重新定义未来［M］. 北京：中信出版集团，2016.

［24］杨小凯. 经济学：新兴古典与新古典框架［M］. 张定胜，等，译. 北京：社会科学文献出版社，2003.

［25］叶振鹏. 中国历代财政改革研究［M］. 北京：中国财政经济出版社，2013.

［26］张铭新. 中国法制史［M］. 武汉：武汉大学出版社，1992.

［27］张尼，张云勇，等. 大数据安全：技术与应用［M］. 北京：人民邮电出版社，2014.

［28］郑云瑞. 民法总论［M］. 7版. 北京：北京大学出版社，2017.

［29］周其仁. 产权与中国变革［M］. 北京：北京大学出版社，2017.

［30］周鸿祎. 周鸿祎自述：我的互联网方法论［M］. 北京：中信出版集团，2014.

［31］TANENBAUM A S. 计算机网络［M］. 3版. 熊桂喜，王小虎，等，译. 北京：清华大学出版社，1998.

[32] 阿瑟·赫尔曼. 苏格兰：现代世界闻名的起点 [M]. 启蒙编辑所，译. 上海：上海社会科学文献出版社，2016.

[33] 阿弗里德·马歇尔. 经济学原理 [M]. 廉运杰，译. 北京：华夏出版社，2005.

[34] 埃里克·伯克维茨. 性审判史——一部人类文明史 [M]. 王一多，朱洪涛，译. 南京：南京大学出版社，2015.

[35] 埃哈尔·费埃德伯格. 权力与规则：组织行动的动力 [M]. 上海：格致出版社，2017.

[36] 埃尔文·E. 罗斯. 共享经济：市场设计及其应用 [M]. 富帅熊，译. 北京：机械工业出版社，2016.

[37] 艾伦·德肖维茨. 你的权利从哪里来？[M]. 黄煜文，译. 北京：北京大学出版社，2014.

[38] 安·兰德. 自私的德性 [M]. 焦晓菊，译. 北京：华夏出版社，2010.

[39] 安东尼·刘易斯. 言论的边界：美国宪法第一修正案简史 [M]. 徐爽，译. 北京：法律出版社，2009.

[40] 布鲁斯·L. 雪莱. 基督教会史 [M]. 刘平，译. 上海：上海人民出版社，2012.

[41] 保罗·塞缪尔森，威廉·诺德豪斯. 经济学（上册）[M]. 19 版. 萧琛，等，译. 北京：商务印书馆，2017.

[42] 戴维·波普诺. 社会学（第 11 版）[M]. 李强，等，译. 北京：中国人民大学出版社，2007.

[43] 戴维·S. 兰德斯. 国富国穷 [M]. 门洪华，等，译. 北京：新华出版社，2011.

[44] 戴维·S. 埃文斯，理查德·施马兰奇. 连接：多边平台经济学 [M]. 张昕，译. 北京：中信出版集团，2018.

[45] 贾雷德·戴蒙德. 枪炮、病菌与钢铁 [M]. 谢延光，译. 上海：上海译文出版社，2016.

[46] 大卫·哈维. 资本主义社会的 17 个矛盾 [M]. 许瑞宋，译. 北京：中信出版集团，2017.

[47] 丹·席勒. 信息资本主义的兴起与扩张：网络与尼克松时代 [M]. 翟秀凤，译. 北京：北京大学出版社，2018.

[48] 蔡美儿. 起火的世界 [M]. 刘怀昭，译. 北京：中国政法大学出版社，2017.

［49］道格拉斯·C.诺斯. 经济史上的结构和变革［M］. 北京：商务印书馆，2007.

［50］大卫·斯隆. 美国传媒史［M］. 刘琛，等，译. 上海：上海人民出版社，2010.

［51］黑格尔. 历史哲学：人对私利的追求是历史的原动力［M］. 张作成，等，译. 北京：北京出版社，2008.

［52］G. F. 穆尔. 基督教简史［M］. 郭舜平，等，译. 北京：商务印书馆，1996.

［53］赫伯特·乔治·威尔斯. 世界简史［M］. 谢凯，译. 北京：民主与建设出版社，2015.

［54］赫尔曼·哈肯. 大自然成功的奥秘：协同学［M］. 凌复华，译. 上海：上海译文出版社，2018.

［55］杰瑞·纽科姆. 圣经造就美国［M］. 林牧茵，译. 上海：复旦大学出版社，2017.

［56］F. A.哈耶克. 致命的自负［M］. 冯克利，等，译. 北京：中国社会科学出版社，2000.

［57］劳伦斯·斯通. 英国革命之起因（1529—1642）［M］. 舒丽萍，译. 北京：北京师范大学出版社，2018.

［58］劳伦斯·莱斯格. 代码［M］. 李旭，等，译. 北京：中信出版集团，2004.

［59］罗伯特·莱特. 道德动物［M］. 周晓林，译. 北京：中信出版集团，2013.

［60］罗纳德·哈里·科斯. 企业、市场与法律［M］. 盛洪，等，译. 上海：格致出版社，2009.

［61］马丁·诺瓦克，罗杰·海菲尔德. 超级合作者［M］. 龙志勇，魏薇，译. 杭州：浙江人民出版社，2013.

［62］梅因. 古代法［M］. 沈景一，译. 北京：商务印书馆，1997.

［63］汤姆·斯坦迪奇. 维多利亚时代的互联网［M］. 多绥婷，译. 南昌：江西人民出版社，2017.

［64］托克维尔. 论美国的民主［M］. 董果良，译. 北京：商务印书馆，1991.

［65］肯尼思·J. 格根. 关系性存在：超越自我与共同体［M］. 杨莉萍，译. 上海：上海教育出版社，2017.

［66］伊恩·莫里斯. 文明的度量：社会发展如何决定国家命运［M］. 李阳，

译. 北京：中信出版集团，2014.

[67] 伊恩·莫里斯. 战争：从类人猿到机器人，文明的冲突和演变 [M]. 栾力夫，译. 北京：中信出版集团，2015.

[68] 伊丽莎白·爱森斯坦. 作为变革动因的印刷机 [M]. 何道宽，译. 北京：北京大学出版社，2010.

[69] 西蒙·辛格. 码书 [M]. 刘燕芬，译. 南昌：江西人民出版社，2018.

[70] 杰米·巴特利特. 暗网 [M]. 刘丹丹，译. 北京：北京时代华文书局，2018.

[71] 本·伯南克. 金融的本质 [M]. 巴曙松，等，译. 北京：中信出版集团，2017.

[72] 奥利弗·E. 威廉姆森. 治理机制 [M]. 石烁，译. 北京：机械工业出版社，2016.

[73] 彼得·德鲁克. 功能社会：德鲁克自选集 [M]. 曾琳，译. 北京：机械工业出版社，2016.

[74] 爱德华·威尔逊. 知识大融通：21 世纪的科学与人文 [M]. 梁锦鋆，译. 北京：中信出版集团，2016.

[75] 成田真琴. 数据中间商 [M]. 邓一多，译. 北京：北京联合出版公司，2016.

[76] 巴斯. 进化心理学 [M]. 张勇，蒋柯，译. 北京：商务印书馆，2017.

[77] 保罗·艾克曼. 说谎：揭穿商业、政治与婚姻中的骗局 [M]. 邓伯宸，译. 北京：三联书店，2016.

[78] 彼得·德鲁克. 公司的概念 [M]. 慕凤丽，译. 北京：机械工业出版社，2019.

[79] H. 哈肯. 信息与自组织 [M]. 成都：四川教育出版社，1988.

[80] 阿克顿. 自由与权力 [M]. 侯健，范亚峰，译. 南京：译林出版社，2014.

[81] 费正清. 中国与美国 [M]. 4 版. 张理京，译. 北京：世界知识出版社，1999.

[82] 穆雷·罗斯巴德. 权力与市场 [M]. 刘云鹏，等，译. 北京：新星出版社，2007.

[83] 赞姆斯·格雷克. 信息简史 [M]. 高博，译. 北京：人民邮电出版社，2013.

[84] 埃里克·方纳. 美国历史：理想与现实（上下册）[M]. 王希，译. 北京：

商务印书馆，2017.

[85] 埃里克·方纳. 美国自由的故事 [M]. 北京：商务印书馆，2018.

[86] 凯文·威廉姆斯. 一天给我一桩谋杀案：英国大众传播史 [M]. 刘琛，译. 上海：上海人民出版社，2008.

[87] 肯尼斯·阿罗. 组织的极限 [M]. 陈小白，译. 北京：华夏出版社，2014.

[88] 李侃如. 治理中国：从革命到改革 [M]. 胡国成，等，译. 北京：中国社会科学出版社，2010.

[89] 罗斯科·庞德. 通过法律的社会控制 [M]. 沈宗灵，译. 北京：商务印书馆，2013.

[90] 罗伯特·波斯特. 民主、专业知识与学术自由——现代国家的第一修正案理论 [M]. 左亦鲁，译. 北京：中国政法大学出版社，2014.

[91] 罗纳德·M. 德沃金. 没有上帝的宗教 [M]. 於兴中，译. 北京：民主法制出版社，2015.

[92] 古斯塔夫·勒庞. 乌合之众：大众心理研究 [M]. 冯克利，译. 北京：中央编译出版社，2005.

[93] 马克思·韦伯. 新教伦理与资本主义精神 [M]. 北京：北京大学出版社，2012.

[94] 马克·布尔金. 信息论：本质. 多样性. 统一 [M]. 王恒君，等，译. 北京：知识产权出版社，2015.

[95] 尼克·斯尔尼塞克. 平台资本主义 [M]. 程水英，译. 广州：广东人民出版社，2018.

[96] 塞缪尔·亨廷顿. 文明的冲突与世界秩序的重建 [M]. 周琪，等，译. 北京：新华出版社，2010.

[97] 梯利. 信任与统治 [M]. 胡位钧，译. 上海：上海世纪出版集团，2010.

[98] 托马斯·埃特曼. 利维坦的诞生：中世纪及现代早期欧洲的国家与政权建设 [M]. 郭台辉，译. 上海：上海世纪出版集团，2010.

[99] 托克维尔. 旧制度与大革命 [M]. 冯棠，译. 北京：商务印书馆，2012.

[100] 维纳. 人有人的用处——控制论与社会，陈步，译. 北京：北京大学出版社，2010.

[101] 威廉·戈兹曼. 千年金融史 [M]. 北京：中信出版集团，2017.

[102] 乌尔里希·贝克. 风险社会 [M]. 何博闻，译. 南京：译林出版社，2004.

［103］休斯顿·斯密斯. 人的宗教［M］. 刘安云，译. 海口：海南出版社，2013.

［104］尤瓦尔·赫拉利. 人类简史：从动物到上帝［M］. 林俊宏，译. 北京：中信出版集团，2017.

［105］亚当·斯密. 国富论［M］. 杨敬年，译. 西安：陕西人民出版社，2001.

［106］伊恩·莫里斯. 西方将主宰多久：东方为什么会落后，西方为什么能崛起［M］. 钱峰，译. 北京：中信出版集团，2017.

［107］约翰·R. 康芒斯. 资本主义的法律基础［M］. 寿勉成，译. 北京：商务印书馆，2003.

［108］赞姆斯·弗农. 远方的陌生人［M］. 张祝馨，译. 北京：商务印书馆，2017.

英文论文

［1］BACH D, NEWMAN A L. The European Regulatory State and Global Public Policy：Micro-institutions, Macro-influence［J］. Journal of European Public Policy, 2007, 14（6）：827-846.

［2］European Commission. Communication Fromthe Commission to the European Parliament and the Council：Stronger Protection, New Opportunities-Commission Guidance on the Direct Application of the General Data Protection Regulation as of 25 May 2018. ［R/OL］. （2018-01-24）［2019-12-20］. https://ec. europa. eu/commission/sites/beta-political/files/data-protection-communication-com. 2018. 43. 3_en. pdf

［3］The European Union Agency for Network and Information Security. Handbook on Security of Personal Data Processing［R/OL］. （2017-12）［2019-12-20］. https://www. enisa. europa. eu/publications/handbook-on-security-of-personal-data-processing/at_download/fullReport.

［4］Information Commissioner's Office. Big Data, Artificial Intelligence, Machine Learning and Data Protection［R/OL］. （2017-09-04）［2019-12-20］. https://ico. org. uk/media/for-organisations/documents/2013559/big-data-ai-ml-and-data-protection. pdf.

［5］World Economic Forum. Unlocking the Value of Personal Data：From Collection to Usage ［R/OL］. （2013-02）［2019-12-20］. http://www3. weforum. org/docs/WEF_IT_UnlockingValuePersonalData_CollectionUsage_Report_2013. pdf.

［6］ KELLER D. The Right Tools: Europe's Intermediary Liability Laws and the 2016 General Data Protection Regulation ［J］. Berkeley Technology LawJournal, 2018, 33（1）: 287-364.

［7］ GREGORY V W. Looking at European Union Data Protection Law Reform Through a Different Prism: The Proposed EU General Data Protection Regulation Two Years Later ［J］. Journal of Internet Law, 2014, 17（9）: 11-24.

［8］ FABBRINI F. Human Rights in the Digital Age: The European Court of Justice Ruling in the Data Retention Case and Its Lessons for Privacy and Surveillance in the United States ［J］. Harvard Human Rights Journal, 2015（28）: 65-96.

［9］ BRADFORD A. The Brussels Effect ［J］. Northwestern University Law Review, 2012, 107（1）: 1-68.

［10］ WARREN S D, BRANDEIS L D. The Right to Privacy ［J］. Harvard Law Review, 1890, 4（5）: 193-220.

［11］ GREGORY S. Globalization and Social Protection: The Impact of EU and International Rules in the Ratcheting Up of U. S. Data Privacy Standards ［J］. Yale Journal of International Law, 2000（25）: 1-88.

［12］ WINFRIED V. The GDPR: The Emperor's New Clothes-On the Structural Shortcomings of Both the Old and the New Data Protection Law ［J］. Neue Zeitschrift Für Verwaltungsrecht, 2018（10）: 686-696.

［13］ CHIVOT E, CASTRO D. What the Evidence Shows About the Impact of the GDPR After One Year ［R/OL］. （2019-06-17）［2019-12-20］. http://www2. datainnovation. org/2019-gdpr-one-year. pdf.

［14］ TAL Z. Incompatible: The GDPR in the Age of Big Data ［J］. Seton Hall Law Review, 2017, 47（4）: 995-1020.

英文专著

［1］ WEIGEND A. Data For the People: How to Make Our Post-Privacy Economy Work for You ［M］. New York: Basic Book, 2017.

［2］ WHITHEAD A N. Science and the Modern World ［M］. London: The Macmillan Company, 1925.

［3］ MEIKLEJOHN A. Political Freedom: The Constitutional Powers of the People ［M］. New York: Harper & Brothers Publishers, 1948.

［4］ RUSSELL B. The Problem of China ［M］. Beijing: Central Compilation & Translation Press, 2011.

［5］ BAKER C E. Human Liberty and Freedom of Speech ［M］. Oxford: Oxford University Press, 1989.

［6］ TILLY C. Coercion, Capital, and European States, AD 990–1990 ［M］. New York: Basil Blackwell, Inc. , 1990.

［7］ NORTH D C. Institutions, Institutional Change and Economic Performance ［M］. London: Cambridge University Press, 1990.

［8］ HANNAN D. Inventing Freedom: How the English–Speaking Peoples Made the Modern World ［M］. New York: Broadside Books, 2013.

［9］ OSTROM E. Governing the Commons, the Evolution of Institutions for Collective Action ［M］. London: Cambridge University Press, 1990.

［10］ FUKUYAMA F. The Origins of Political Order: From Prehuman Times to the French Revolution ［M］. New York: Farrar, Straus and Girous, 2012.

［11］ NISSENBAUM H. Privacy in Context: Technology, Policy, and the Integrity of Social Life ［M］. California: Stanford Law Book, 2010.

［12］ BERMAN J J. Principles of Big Data: Preparing, Sharing and Analyzing Complex Information ［M］. Massachusetts: Academic Press, 2013.

［13］ RIFKIN J. The Zero Marginal Cost Society ［M］. London: Palgrave Macmillan, 2014.

［14］ RIFKIN J. The Third Industrial Revolution ［M］. London: Palgrave Macmillan, 2008.

［15］ DOCKER John. The Origins of Violence: Religion, History and Genocide ［M］. London: Pluto Press, 2008.

［16］ KISSINGER H. Diplomacy ［M］. New York: Simon & Schuster Paperbacks, 1994.

［17］ KATSH M E. The Electronic Media and the Transformation of Law ［M］. Oxford: Oxford University Press, 1989.

［18］ SEABRIGHT P. The Company of Strangers: A Natural History of Economic Life (Revised Edition) ［M］. Princeton: Princeton University Press, 2010.

［19］ HEYMAN S J. Righting the Balance: An Inquiry into the Foundations and Limits of Freedom of Expression, in Freedom of Speech ［M］. New York: Prometheus Books, 2009.

［20］ O'CALLAGHAN P. Refining Privacy in Tort Law ［M］. Berlin: Springer, 2012.

［21］ DRUCKER P F. The New Society, The Anatomy of Industrial Order ［M］. New

Jersey: Transaction Publishers, 2010.

[22] SOUTHERN R W. Western Society and the Church in the Middle Ages [M]. London: Penguin Books, 1970.

[23] Richard Dawkins. The Selfish Gene (30th Anniversary edition) [M]. Oxford: Oxford University Press, 2006.

[24] BAKER R. Sperm Wars: Infidelity, Sexual Conflict and Other Bedroom Battles [M]. London: Fourth Estate, 1996.

[25] HILLED S. Fundamentals of Islamic Culture [M]. London: Koros Press Limited, 2014.

[26] DAVIDOWITZ S S. Everybody Lies: Big Data, New Data, and What the Internet Can Tell Us about Who We Really Are [M]. New York: Harpercollins, 2017.

[27] KURAN T. Private Truth, Public Lies: The Social Consequences of Preference Falsification [M]. Boston: Harvard University Press, 1995.

[28] CRAIG T, LUDLOFF M E. Privacy and Big Data [M]. California: O'Reilly, 2011.

[29] SCHÖBERGER V M, CUKIER. Big Data, A Revolution That Will Transform How We Live, Work and Think [M]. Boston: Eamon Dolan/Mariner Books, 2003.

[30] GERVEN W V. The European Union, A Polity of States and Peoples [M]. California: Stanford University Press, 2005.

[31] DURANT W, DURANT A. The Lessons of History [M]. New York: Simon and Schuster, 1968.

[32] BEASLEY W G. The Rise of Modern Japan [M]. New York: St. Martin's Press, 1990.

[33] GERVEN W V. The European Union, Polity of States and Peoples [M]. California: Stanford University Press, 2005.

[34] MORRISM I. The Measure of Civilization [M]. Princeton: Princeton University Press, 2013.

[35] FOX T. Lesssons Learned on Compliance and Ethics [M]. Ethics 360 media, 2012.

[36] PIKETTY T. Capital in The Twenty-Frist Century [M]. Arthur Goldhammer, translated. Boston: The Belknap Press of Harvard University Press, 2014.

[37] BENKLER Y. The Wealth of Networks, How Social Production Transforms Markets and Freedom [M]. Connecticut: Yale University Press, 2006.

后　记

本书是清华大学自主科研计划文科专项经费支持的三年期课题"大数据技术的法律规治：原理、立法与实施"的成果之一。首先感谢清华大学对文科、前沿和交叉学科研究的经费支持。本书的部分内容还得到了"清华大学——微软创新与知识产权联合研究中心"以及阿里巴巴公司的经费支持，在此也表示衷心感谢。

短暂的三年研究过程中得到了很多单位、学者和研究生的支持与帮助。中国法学会的刘金瑞博士、阿里巴巴集团综合政策研究室主任朱卫国博士、榛杏科技公司创始人周开宇博士、国双大数据公司的苗蕊和冯鸳鹤总监、芯盾时代公司的创始人孙悦和郭晓鹏、中国社会科学院大学的韩伟副教授和北京师范大学法学院的刘德良教授等都为本课题做了精彩和重要的学术演讲或评议，为本课题的研究提供了重要的研究思路、知识和信息。向这些优秀学者们的慷慨和专业性的支持和贡献表示感谢。

此外，腾讯研究院的王融女士、河北通信管理局的闫宏强局长、中国互联网络信息中心的张晓博士、阿里巴巴集团的李晴女士、新浪公司的王磊博士、美团点评公司的李小武博士、国双大数据公司的石鹏副总裁、中国社会科学院大学的刘晓春博士以及西南政法大学的陈亮、李雨峰和曹伟三位教授等都为本课题的科研活动提供了重要的支持和贡献，向他们表示感谢。

清华大学社会科学院的张成岗教授和马克思主义学院的朱安东教授是本课题三方合作单位中的另外两方负责人，只有两位教授的共同参与才使得这一交叉学科的研究成为可能。两位教授在本课题研究过程中为我们提供了非常专业的支持和贡献，这在本书的相关篇章都能感受出来，这里也向两位老师表示由衷的感谢！感谢我的同事、院长申卫星教授为拙作慷慨做序。

还要特别感谢的是校友、北医君康（北京）网络科技有限公司董事长李东升先生的慷慨支持与合作，使得"清华大学法学院健康医疗大数据应用与治理研究中心"能够成立和运行，使本书中的理论能够付诸于实践。

铁打的营盘，流水的兵。清华大学法学院的博士研究生李海敏、林一英、章凯业、吴琦、林威，硕士研究生陈子娴、居里都斯·叶斯木、柴康珺和西山和希等同学在就读期间直接作为本课题的成员或者后期积极参与本课题的研究并作出了贡献，向这些同学们表示感谢！

　　本书中的内容以及任何缺点、错误和不当之处都由笔者负责。